ULLSTEIN

Das Buch

Für alle, die wissen wollen, worum es hier auf Erden wirklich geht, wieso Bestellungen beim »Lieben Gott« nur bedingt wirken, warum Missbrauchserlebnisse, Familiendramen, Scheidung, Mobbing, Karriereknick, Unfälle, Krankheiten, Wiedergeburt und Tod, aber auch ein Lottogewinn oder ein Fernsehstar zu sein oder Fußballgeschichte zu schreiben in ein Leben gehören wie die Butter aufs Brot, und warum man sie manchmal für so überflüssig hält wie einen Kropf.

Es geht um das persönliche Thema im Leben, das es letzten Endes zu bearbeiten gilt! Das ist der Hintergrund für die Geschehnisse auf Ihrer Lebensbühne und für dieses Buch! Finden Sie Ihr wesentliches Thema!

Tief in Ihnen schlummert das Wissen um die Aufgabe, die Sie sich für dieses Leben vorgenommen haben, die sich daraus ergibt. Und damit auch die Chance, sie jetzt zu lösen, damit Ihre Seele einen weiteren großen Entwicklungsschritt gehen kann und Sie ihr Glück, das Paradies auf dieser Welt, erschaffen, nach dem Sie sich schon so lange sehnen. Alles, was Ihnen im Alltag und den Etappen Ihrer Biographie begegnet, weist Sie auf diese Lebensaufgabe hin.

Der Autor

Nach langjähriger Forschungsarbeit entwickelte Satyam S. Kathrein die ganzheitlich wirksame spirituelle Methode **der Lebensthementherapie.** Sie bewerkstelligt die *Erlösung* von Krisen auf all diesen Ebenen, die Transformation der *Lebensthemen*. Als Therapeut, Lehrer und Seminarleiter bieten er und sein Team Einzelsitzungen, Ausbildungskurse, Therapie-, Quantensprung- und Fortbildungsseminare im Neo Holistic Institut München an, sowie in Seminarhäusern im In/Ausland.

Satyam S. Kathrein und sein Team gründen den Verein *Arbeits- & Lebensgemeinschaft für innovative Schulung* und arbeiten mit Gleichgesinnten an der Umsetzung einer *Enklave der Wahrheit, der Realität – gelebter Paradigmenwechsel der äußeren und inneren Werte* in Form eines Zentrums mit Kursbetrieb, einem Seminarhotel, mit Kuraufenthalt für Transformation und Meditation, ein Platz an dem Neues erprobt, Gemeinschaft erlebt und Schulungen für viele Bereiche der Gesellschaft vorbereitet und durchgeführt werden. Das Herzstück ist dabei immer die Aufarbeitung der eigenen Thematik, *die Erlösung der Lebensthemen!* Zurzeit bereitet der Autor sein neues Buch vor, das 2005 unter dem Titel *Leben wie ein Buddha* erscheinen wird.

Der Erstausgabe dieses Buches war eine CD mit einer geführten Meditation zur Musik von HAINDLING beigegeben. Diese CD ist in der vorliegenden Ausgabe nicht enthalten und wird ab 2005 separat beziehbar sein.

Satyam S. Kathrein

Erlösung der Lebensthemen

Der Schlüssel zu Liebe,
Gesundheit, Berufung und Glück

Ullstein

Besuchen Sie uns im Internet:
www.ullstein-taschenbuch.de

Ullstein Esoterik
Herausgegeben von Michael Görden

Umwelthinweis:
Dieses Buch wurde auf chlor- und säurefreiem Papier gedruckt.

Ullstein ist ein Verlag der Ullstein Buchverlage GmbH, Berlin.
Überarbeitete und erweiterte Neuausgabe
1. Auflage Dezember 2004

Umschlaggestaltung: FranklDesign, München
Titelabbildung: Shivananda Ackermann
Gesetzt aus der Bembo
Satz: KompetenzCenter, Mönchengladbach
Druck und Bindearbeiten: Ebner & Spiegel, Ulm
Printed in Germany
ISBN 3-548-74190-8

Inhalt

Einleitung

Alles, was uns im Leben widerfährt, möchte uns dazu auffordern, unsere Lebensthemen zu erkennen. Probleme, Mobbing, Krankheit und Leid zeigen uns spiegelbildlich, wie wichtig es ist, die Lebensreise zu erforschen. Das, was wir so mühselig und meist über stetiges Wiederholen Körnchen für Körnchen an Wahrheit darüber herausfinden, lässt sich mit der Lektüre dieses Buches beschleunigen. Das jahrzehntelange Herumtappen im Dunkeln hat damit ein Ende. Der Prozess wirkt wie ein Turbolader. Fassen Sie Mut und lassen Sie sich darauf ein!

Wenn Sie diese Herausforderung annehmen, kommt ein Umwandlungsprozess in Gang, der Sie schneller zur Erlösung und Transformation Ihrer Lebensthemen führt. Gesundheit, Glück, Fügung, Liebe und die unumstößliche Gewissheit des Einsseins mit der göttlichen Schöpferkraft ziehen in Ihr Leben ein.

Wenn wir die Evolution verstehen, können wir auch Techniken entwickeln, die den Evolutionsprozess vereinfachen und schneller vorantreiben. Das haben wissenschaftliche Erkenntnisse gezeigt.

Entsprechend der von ihr gewählten Lebensthematik entscheidet sich die Seele schon in der anderen Dimension für die Eltern, das Umfeld und die Zeitschiene bei ihrer erneuten Inkarnation.

Die Lebensthemen, die wir uns in der anderen Dimension ausgesucht haben, führen uns dann in der Zeit des Aufwachsens zu dem Moment, in dem wir anfangen, uns dem »Erlösungs-

Programm« zu widmen. Der Mensch erlebt die anschließenden Jahre in dem Maße, wie er seine Lebensthemen erkennt und erlöst.

Wenn alle Lebensthemen nacheinander transformiert sind, beginnt der Teil des Lebens, den der Volksmund als »Himmel auf Erden« bezeichnet. Die Transformation der Lebensthemen ermöglicht dann eine allzeit gesunde, bewusste und authentische Entscheidungsfindung aus der inneren Mitte. Wir erfahren unsere Kraft als Teil der Schöpfung und nehmen unseren angestammten Platz im Leben ein. Die Seele wird sich der Verantwortung für Vergangenheit, Gegenwart und Zukunft bewusst und handelt dementsprechend.

Anhand der Fallbeispiele aus meiner Praxis können Sie sich in diesem Buch an Ihre eigenen Lebensthemen herantasten. Mithilfe der hier vorgestellten Werkzeuge und Lösungsmöglichkeiten können Sie sich selbst einordnen und aus der Verstrickung in alte Schattenmuster befreien. Die Übungen unterstützen Ihren Lernprozess und die Integration neu festgelegter Handlungsweisen.

Wenn Sie zum Beispiel mit dem Schlüssel des Bewusstseinsschalters arbeiten, haben bei konsequenter Handhabung die Schattenmuster keine Chance mehr, Sie in alte Fallen zu lotsen. Auch die Umsetzung der Gedankenstille können Sie mit verschiedenen Techniken der Meditation vollenden, sodass Sie Ihre innere Stimme dann endlich störungsfrei hören und verstehen. Sie sind damit an Ihre Intuition angeschlossen, und die liegt bei allen Entscheidungen richtig.

Wenn Ihnen Ihr Lebensthema klar wird, ist das ein wichtiger Schritt in die Erlösung. Ein weiterer Schritt ist anschließend die Integration und Umsetzung neuer Erkenntnisse und Entscheidungen, für die Sie in diesem Buch alles Nötige erfahren.

Mit Leichtigkeit verwirklichen Sie sich so in Ihrem Umfeld, Ihrer Partnerschaft und Familie. Es wird Ihnen gelingen, den Beruf mit Ihrer Berufung in Deckungsgleichheit zu bringen und Ihre Vision umzusetzen. Ein solch gesundes, kraftvolles Sein hat eine ganz natürliche Ausstrahlung und erweitert zusätzlich das kollektive Bewusstsein – die Entwicklung der menschlichen Spezies.

Die Lebensthementherapie

Schnelle und effektive Hilfe

Dies ist eine Einladung an Sie, etwas für sich zu tun, um die Dinge zu erreichen, die Ihnen wichtig sind. Mit diesem neuen Therapie-Ansatz zu experimentieren erweist sich als höchst lohnend. Für den Mutigen eröffnen sich ungeahnte Dimensionen. Nach dem Lesen dieser Zeilen werden Sie den Sinn des Lebens und den Sinn der Probleme, die Ihnen Ihr Dasein vergällen, verstehen.

Mein spiritueller Therapie-Ansatz ist insofern völlig anders als die herkömmlichen, da er – sogar in der Selbstbehandlung – schnell und effektiv Ihre Lebensthemen in die Bahnen lenkt, die die Erlösung bedeuten.

Der Kern des Ansatzes liegt darin, aus dem, was der Mensch seit seiner Geburt erlebt hat, Rückschlüsse auf seine Lebensthemen zu ziehen. Ein weiterer zentraler Aspekt ist der, das innere Schatzkästchen zu finden, das in jedem Menschen die Lebensthemen beherbergt. So können der Therapeut und auch Sie selbst von beiden Seiten an der Erlösung der Thematik arbeiten. Und dann natürlich die Feststellung als wichtigste Information: Wohin die Reise geht!

Die hier vorgestellte Therapie basiert auf der Gewissheit, dass jede Seele einen Evolutionsweg beschreitet, an dessen Ende die Buddhaschaft steht. Das ist eine neue Ausgangsbasis, die bislang bei den verschiedenen Therapieformen keine Beachtung fand. Aus dem Zusammenwirken des äußeren Erlebens und des inneren Schatzkästchens bildet sich ein synergetisches Energiefeld, das Ihre Realität in einem Quantensprung, vom einen Augenblick zum nächsten, komplett verändert. Ein jahrelanges Abmühen in Therapiesitzungen ist nicht mehr notwendig. Eben noch sitzen wir da wie ein Fragezeichen und mit dem Sprung in die Veränderung werden wir schwubs zum Ausrufezeichen!

Menschen, die das erfahren haben, berichten von Wendungen ihres Schicksals um 180 Grad. Zum ersten Mal in ihrem Leben fühlen sie sich nun frei und nicht mehr von Dingen und Situationen getrieben, die sie nicht verstehen. Sie gelangen zu einer Reife, die ihnen wunderbare Partnerschaften ermöglicht und den von Teamgeist geprägten beruflichen Alltag wie Urlaub erscheinen lässt. Visionen und Berufung, die sich aus der frei fließenden Intuition ergeben, werden umgesetzt und verwirklicht.

Mir geht es nicht darum, mit einer weiteren Therapieform den Menschen für die Gesellschaft funktionstüchtig zu erhalten. Vielmehr ist es mein Ziel, beim Klienten ein grundlegendes Verständnis für den Sinn des Lebens, das Auf und Ab, die glücklichen und schmerzvollen Momente, für Armut und Krankheit sowie Reichtum und Gesundheit zu entwickeln.

Jede Seele erfährt die Reise auf der Evolutionsspirale individuell anders. Von Geburt an wandeln wir auf dem Spielfeld dieses Planeten, um an der Erlösung unserer Seele zu arbeiten. In jedem Leben steigen wir auf der Entwicklungsspirale ein Stückchen weiter nach oben, bis wir den Bewusstseinsstand eines Buddha erreichen. Das bedeutet **Transformation**. In seltenen Fällen tritt sogar ein ganz besonderer Quantensprung ein, der den betreffenden Menschen direkt zum Ziel führt.

In den östlichen Mysterienschulen wurde seit jeher mit dieser Wahrheit experimentiert. Die alten Zen-Meister waren für erfolgreiche Quantensprünge ihrer Schüler bekannt. Eine derartige Häufung an Seelen, die in die Meisterschaft gegangen sind, hat es seit Jahrhunderten auf der Erde nicht mehr gegeben. Diese Meister schufen Energiefelder, in denen die Erleuchtung ganz plötzlich mit einem Plopp einsetzte. Ein Zen-Koan spricht davon in unglaublicher Schönheit: »Ein Frosch springt ins Wasser, plopp!«

Diesen Prozess nenne ich die **Erlösung der Lebensthemen**.

Wir brauchen dafür nicht unbedingt die Unterstützung eines Therapeuten, normalerweise schubst uns das Leben selbst auf den richtigen Pfad der Weiterentwicklung. Verstehen wir das nicht, versuchen wir über Lernhilfen, wie zum Beispiel dieses Buch, die Entwicklung voranzutreiben.

Wenn wir uns Zeit zum »Aufräumen« nehmen, gewinnen wir ein so unglaubliches Geschenk, dass ich hier ganz laut und deutlich sagen möchte: Die Reise lohnt sich!

Was sind die Lebensthemen?

Alles begann mit dem Urknall, da entstand die materielle Form der Erde. Danach kam die Evolution von Pflanzen, Tieren, Menschen in Gang. Die Entwicklung der Menschheit hat ihren höchsten Grad erreicht, wenn alle Seelen den Prozess der Meisterschaft abgeschlossen haben und sich eventuell aufmachen, woanders im Universum Wesen bei der Transformationsarbeit zu helfen. Vielleicht genießen sie einfach das Einssein mit der universellen Energie oder fassen den Entschluss, den Evolutionsreigen von vorne zu beginnen.

Alles, was man an Erfahrungen, Erlebnissen, verschiedenen Energieformen, Seinszuständen und äußeren Ereignissen durchleben kann und was sich irgendwann in eine neue Form transformiert, alle Facetten der Entwicklungsphase bis hin zum Buddha – das sind die **Lebensthemen**, das ist die Palette der Lebensthemen.

Jede Seele hat Tausende von Leben hinter sich, bis sie zur Meisterschaft aufgestiegen ist. Am Anfang steht die Inkarnation in die feste Materie auf dem Planeten Erde. Davor gab es nur das Sein in reiner Energieform. Als Nächstes kommen die Erfahrungen als Pflanzen und Tiere, und danach erfolgt die Menschwerdung. Alle Seinsformen haben ihre ganz eigenen Themen, die die Seele so erfährt.

Wenn wir auf der Erde die Tierwelt betrachten, fällt auf, welch große Vielfalt an Arten es gibt. Jedes Tier hat eine Seele und diese Seele wird irgendwann einmal zu einem Menschen. Es kann sogar sein, dass ein Mensch nach diversen Erfahrungen auf dieser Ebene noch einmal die Erfahrungen eines Hundes machen möchte.

Also, die Spielarten, die uns das göttliche Sein zur Verfügung stellt, sind mannigfaltig. Wir können immer wieder zwischen den Formen und den dazugehörigen Themen frei wählen.

Während des Aufenthalts in der anderen Dimension, in der die Seelen nach dem Tod des Körpers eine Auszeit nehmen, wird jede Seele mit einer weiteren Inkarnationsmöglichkeit vertraut gemacht. Es finden sich geistige Helfer oder Engel ein, die der Seele bei der Wahl der neuen Lebensthematik helfen.

Quasi wie vor einer Kinoleinwand, nur dreidimensional, sitzt die Gruppe beisammen und sieht sich verschiedene Filme an. Diese zeigen einerseits gemachte Lebenserfahrungen, um es der Seele zu erleichtern, aufgrund der gewonnenen Erkenntnisse sich im Austausch mit den Helfern für das nächste Thema zu entscheiden. Doch da sind auch die Themen zu sehen, die die Seele infolge des Zusammenspiels von Tipps, Erkenntnissen und eigener Neigung in das nächste Leben führen, die noch zur Bearbeitung anstehen.

Nach einer ersten Vorauswahl von einigen in Frage kommenden Lebensthemen wird eine endgültige Entscheidung gefällt. Die Seele legt die Themen für ihre Reinkarnation fest. In den dazugehörigen Auswahlfilmen sieht die Seele die für ihre

Themen in Frage kommenden Eltern. Sie sucht nun das geeignetste Elternpaar für den Startschuss in die Aufarbeitung der neuen Themen aus. Zur Auswahl können mehrere Elternpaare an diversen Orten der Erde stehen, zum Beispiel in Afrika, Indien, den USA oder in Deutschland. Je nachdem, wohin es die Seele zieht, und in Absprache mit den Helfern wird sie dann, einer Endausscheidung ähnlich, das Elternpaar sowie das Land und die Zeitschiene bestimmen, die in diesem Moment die günstigste Konstellation für den Sprung in die Lebensthemen bilden.

Nun geht es auch schon los. Die Seele verabschiedet sich von den Helfern aus der anderen Dimension, aus den wunderbaren Energiebereichen und findet sogleich in die Gebärmutter der gewählten Mutter. Sobald die Seele gelandet ist, beginnt das, was man als Startschuss in die Erlösung der Lebensthemen bezeichnet. Das heißt, alles, was der Seele nun widerfährt – ob noch in der Gebärmutter, während und nach der Geburt, in den Säuglingsjahren im Umfeld der Familie, danach in Kindergarten und Schule, Ausbildung etc. – ist Teil der Lebensthemen, die erlöst werden sollen. Die Verbindungen in die andere Dimension sind nunmehr gekappt. Es ist nur noch ein Nachhall vorhanden, den man gelegentlich in den Augen der Kinder beobachten kann. Der Tropfen hat sich aus der Wolke gelöst und geht auf die Reise, bis er wieder im Ozean landet.

Das optimale Elternhaus, das Umfeld und die Zeitschiene

Das neue Elternhaus ist das optimalste Energiefeld, um der Seele den Start ins Leben zu ermöglichen. Dies wird sie im Lauf der Jahre mit den Lebensthemen, die sie in der anderen Dimension ausgesucht hat, in Verbindung bringen.

Wenn Ihnen jetzt in den Sinn kommt, dass Hunderttausende Kinder in unmenschlichen Verhältnissen aufwachsen, so ist dazu zu sagen: Das gehört für die betreffenden Seelen gerade zu ihrer Lebensthematik. Jegliche Wertung, die sich hierzu aufdrängt, sollten wir vermeiden. Auch wenn die Kindheits- und Jugendjahre mit tragischen Dingen wie Missbrauch, Schlägen, Hunger, Obdachlosigkeit gespickt sind, gehört dies mit zu dem Thema des jeweiligen Kindes, das es als Seele erleben möchte. Die Seele hat vermutlich in einem anderen Leben gegen ein Kind Gewalt ausgeübt und möchte diese Erfahrung in der Rolle des Opfers jetzt selbst machen. Oder sie will die ganze Palette der Emotions- und Leidenserfahrungen der Menschen kennen lernen.

Dies klingt unglaublich, ändert aber nichts am Wahrheitsgehalt.

Das soll aber nicht heißen, dass wir als Erwachsene keine Verantwortung für die vielen Konfliktherde, Missbrauchsthemen oder hungernden Kinder auf der Welt haben, im Gegenteil, wir sind aufgerufen, angefangen im eigenen kleinen Umfeld bis hin zur Veränderung auf dem ganzen Planeten, dafür zu sorgen, dass solche Dinge nicht mehr passieren.

Je mehr Menschen und Seelen in ihrer Entwicklung voranschreiten und den Entschluss fassen, sich für eine bessere Welt einzusetzen, umso weniger Seelen haben es schließlich nötig, als Kinder und Jugendliche in solche leidvollen Erziehungsjahre zu inkarnieren. Hier besteht ein direkter Zusammenhang zwischen den Entscheidungen der Seelen im Diesseits und im Jenseits.

Die jeweilige Lebensthematik sorgt direkt und indirekt dafür, dass der junge Mensch immer wieder mit neuen Problemen oder wunderbaren Erlebnissen konfrontiert wird. So entwickelt sich dann das Kind in die Richtung, an seiner Erlösung der Lebensthemen zu arbeiten – der Lebensthemenspannungsbogen entsteht. Das kann auch über Umwege und Wiederholungen vonstatten gehen. Der Lehrplan der Inkarnation ist durch die Lebensthemen vorgezeichnet, und so entdeckt der junge Mensch langsam, in der Zeit des Erwachsenwerdens, welcher Sinn seinem Leben zugrunde liegt, und er bemüht sich bewusst oder unbewusst, seine Thematik zu erlösen.

Der Lehrplan und das universale Gesetz ermöglichen dem Menschen die Entscheidung, den Erlösungsweg durch bewusstes Lernen zu beschreiten. Dies erreicht er, indem er die auftretenden Anforderungen, die ihm die zur Erlösung stehenden Themen aus dem Schatzkästchen vorsetzen, freiwillig und vor allem aktiv löst. Dazu gehört die Fähigkeit, überhaupt erst an diesen Punkt der Erkenntnis zu gelangen, was für einen jungen Menschen schon eine große Aufgabe darstellt.

Wenn wir diesen Weg nicht gehen können, weil wir noch nicht so weit sind oder die universellen Gesetze in jugendlichem Leichtsinn in den Wind schlagen, dann tritt ganz automatisch die Möglichkeit des unbewussten Lernens in Kraft. Wenn also der Mensch sich der Aufgabe nicht stellt, ein Problem bewusst zu lösen, wird er vom Schicksal in Lernerlebnisse getaucht – das können Krankheit und Leid oder Geschehnisse des Alltags sein, die ihn auf den Boden der Realität zurückholen.

Das heißt, wenn der Mensch sich bewusst oder unbewusst zur unbewussten Art des Lernens entschließt, so sind damit stets auch leidvolle Konsequenzen und Erfahrungen verknüpft.

Erst wenn der Jugendliche seine Haltung in Frage stellt und bereit ist, seine Grenzen zu erweitern, klettert er aus diesem Rahmen des Gefangenseins. Er kann bewusst den Weg wählen, seine Aufgaben zu meistern. Dann braucht er sich nicht vor Nackenschlägen in Acht zu nehmen, da ihn nun der Lebensfluss trägt. Dadurch erlöst er den Bereich der Erfahrungen, die aus dem verborgenen Schatzkästchen in die Transformation drängen. Die Fäden, die ihn wie eine Marionette an der Hand des Puppenspielers zappeln lassen, werden durchtrennt. Das kann natürlich auch bedeuten, dass er erst einmal Grenzen erleben muss, um seinen Überschwang in gesunde Bahnen zu lenken.

Das wäre die optimalste Art und Weise, wie die Jugend unglaublich schnell weltweit ihre Themen erlösen könnte. Leider ist dies in unseren Gesellschaftssystemen nicht leicht durchführbar, da die etablierten unterschiedlichen Systeme sich weigern, für das fortschrittlichste Wissen und die Wahrheit einzutreten.

Die Zeitschiene lässt eine Seele erst dann zur Reinkarnation zu, wenn der Zeitgeist und die Geschehnisse auf Erden einen geeigneten Einstiegszeitpunkt bieten. In jedem Augenblick der Zeitschiene herrscht weltumspannend ein anderes Energiefeld, sodass jede Veränderung in diesem Feld im Kleinen wie im Großen Auswirkungen auf die Landemöglichkeit der Seele hat. Für manche Seelen, die spezielle Thematiken auf der Welt bearbeiten und erlösen wollen, muss erst wieder eine bestimmte Energiekonstellation sich ergeben, damit die Basis dafür geschaffen ist, dass sich die Thematik der Seele auch in den äußeren Umständen widerspiegelt.

So hatten wir Generationen, die zu bestimmten Kriegszeiten gelebt haben, um da ihre Erfahrungen zu machen; und andere benötigten eine friedliche Grundstimmung, um ihre Themen bearbeiten zu können. Jede Seele erwischt definitiv ihren optimalen Geburtstag. Die Geburt liegt an einem bestimmten Punkt auf der Zeitschiene und alles, was in diesem Moment passiert, gehört energetisch und praktisch zum Startschuss für die Entwicklung der Seele. Wie weit die Seele dann fähig ist, auf ihrer Lebensbahn aus den Startlöchern in die Transformation zu gelangen, liegt in ihrer Verantwortung, diesen Weg bewusst oder unbewusst zu beschreiten. Bei harten Kindheitserfahrungen kann das bedeuten, dass die Seele nur unter Schwierigkeiten zur Heilung findet, doch auch in diesem Fall gilt: Alle Erfahrungen auf dem Schicksalsweg sind ein Teil der selbst gewählten Thematik.

Ein ganzheitlicher Ansatz

Dank meiner Ausbildungszeit im Fernen Osten ist es mir gelungen, den westlichen mit dem östlichen Therapieansatz zu verbinden. Im Laufe meiner Lehr- und Praxisjahre wurde ich langsam mit der Nase auf diese neue Art der Therapie gestoßen. Wir vermögen nun sehr effektiv hinter die Kulissen zu blicken und die jeweiligen Lebensthemen zu betrachten. Der Erfolg bei meinen Klienten gibt meiner Arbeit Recht.

Dieses Schauen der inneren und äußeren Welt führt den Klienten fast zwangsläufig zur Einsicht. Angesichts der Tatsache, dass es tatsächlich merkwürdige Verbindungen zwischen Geschehnissen, Zufälligkeiten und Realitäten gibt, sollte sich dem niemand mehr verschließen. Im Gegenteil, wie von unsichtbarer Hand geführt, ergibt sich oft das eine aus dem anderen, oder aber es verquicken sich bestimmte Umstände schicksalhaft und nehmen ihren Lauf. Sobald wir erkannt und akzeptiert haben, dass alle Erlebnisse unserer bisherigen Lebensspanne in einem Zusammenhang stehen, können wir den Weg in die Transformation der Lebensthemen bewusst beschreiten.

Ich verstehe meine Form der Therapie als ganzheitlichen Ansatz. Der Klient soll mit ihr die eigene Lebensthematik herausarbeiten und annehmen, dann eine Neuordnung vornehmen, Entscheidungen für neue Handlungsweisen treffen und diese in sein Leben integrieren.

Ganzheitlich ist dieser Ansatz insofern, als wir hier alle Bereiche des Seins beleuchten. Der Mensch besteht aus einem Dreiklang: Körper, Geist und Seele. Wir müssen für eine vollständige Gesundung und Transformation alle drei Teile beachten. Ist ein Teil aus dem Tritt geraten, so wirkt sich dies auch auf die beiden anderen Teile aus. Folglich nützt es nicht viel, wenn wir nur einen Teil therapieren. Viele Ärzte werden bestätigen, dass bei der Behandlung eines Patienten etwas völlig anderes herauskommt, wenn man nur mit einer Pille an der »Peripherie« herumdoktert, wie wenn der Therapeut direkt zu den Wurzeln des Übels vordringt. Und die »Wurzeln des Übels« sind die Lebensthemen. Sobald wir erfahren, dass uns das Spiel des Lebens etwas sagen und zeigen will, werden wir spüren, wie sich ein unglaubliches Loslassen vollzieht, wie jegliche Anspannung von uns weicht und wir uns in der kosmischen Liebe aufgehoben fühlen. Energien, die in Spannungen, Krankheiten oder Anstrengungen gebunden waren, unterstützen auf einmal zusätzlich den Genesungs- und Transformationsprozess.

Diese Form der spirituellen Therapie lädt uns dazu ein, die göttliche Instanz wieder bewusst in unserem Körper-Geist-Seelehaus Platz nehmen zu lassen. Mit der göttlichen Instanz meine ich unsere Verbundenheit mit der anderen Dimension, mit einer universellen Kraft, die in allem und durch uns wirkt. Wir sind mit ihr verbunden und zugleich ein Teil von ihr. Bislang nutzten wir die Schöpferkraft für unsere Lebensthemen in der Weise, wie sich das Leben rund um uns herum kreiert, wie es passiert – also auch in der »negativen« Weise. Wenn sich das Leben so zeigt, ist das nichts anderes als der Widerhall aus dem inneren Schatzkästchen. Es mahnt uns aufzuwachen und den Sinn des Ganzen zu erkunden.

Auch spielen alle Menschen weltweit im sozialen Miteinander »Rollen«, die ganz wunderbar ineinander greifen. Dies dient dem Wachstum der Seelen. Mit unserer Schöpferkraft bewegen wir uns wie von Geisterhand geführt in einem Reigen, in dem allen zur rechten Zeit das »Richtige« passiert. Gerade wenn wir mit Schicksalsschlägen konfrontiert sind, fällt es uns oftmals schwer, diese in Demut anzunehmen. Aber sie gehören zu uns, sie sind ein Teil des göttlichen Schauspiels, das wir selbst für unser Fortkommen inszenieren.

So ist alles mit allem verbunden. Indem wir unser Selbst

immer mehr klären, erhöht sich die Lebensenergie und verbinden wir uns außerdem mit reiferen Menschen. Alte Freunde gehen, neue Freunde kommen.

Wenn die Themen erlöst, sprich bearbeitet sind, werden wir feststellen, dass die darin gebundene Energie sich plötzlich in eine Schöpferkraft verwandelt, die uns nun für die Kreativität zur Verfügung steht. Wir erleben, wie wir zur hohlen Bambusflöte werden, auf der die göttliche Melodie ihre Töne erklingen lässt. Je freier von Gedanken, desto klarer sind wir in der Intuition und folglich mit der inneren Stimme, mit dem göttlichen Einssein verbunden. Dadurch kann die Schöpferkraft in reinster Form durch uns hindurchfließen. So tragen wir Menschen unser Lied in die Welt, indem wir unsere Berufung ausüben und unsere Visionen Wirklichkeit werden lassen. Anders ausgedrückt, wenn die »negativen« Lebensthemen erledigt sind, lassen wir als letztes Thema die Berufung zur Blüte gelangen.

Im Grunde steht die göttliche Instanz allen Seelen jederzeit als Berater zur Seite. Doch zunächst müssen wir Vertrauen in die Intuition entwickeln, und damit sind wir bei der inneren Stimme. Wenn wir sie hören wollen, übernimmt sie auch die Beraterfunktion. Meistens sind wir jedoch in den Problemen gefangen, verstandesorientiert und tauchen ab ins Unbewusste. In den nun ablaufenden Prozessen fühlen wir uns oft abgespalten und allein. Aber genau dies führt uns auch allmählich wieder ins Licht des Verstehens und zur Integration neuer Handlungsweisen. Ein Sprichwort sagt: »Wenn die Nacht am dunkelsten, ist der Tag am nahsten.« Und jedes Mal wenn wir auf der bewussten Seite auftauchen, entwickeln wir uns in der Transformation, also auf der Evolutionsspirale, ein kleines Stückchen weiter.

Die Lebensthemen-Therapie ist keine Angelegenheit des Verstandes. Sie erwächst vielmehr aus der inneren Mitte, aus der Intuition, gepaart mit Meditation. Ein guter Therapeut arbeitet sowohl mit der Kompetenz seiner Ausbildung und Erfahrung als auch mit der Kraft des Loslassens. Er macht sich innerlich frei und stimmt sich auf den Klienten ein. Selbst wenn der Klient es nicht merkt, so umschweben ihn dennoch unsichtbar die Informationen zu seinen Lebensthemen. Sie hängen sozusagen in seiner Aura, in seinem persönlichen Energiefeld.

Sie können ebenfalls mit dieser Ebene experimentieren. Dazu lösen Sie sich innerlich von allen Gedanken und stimmen sich auf sich selbst ein, indem Sie auf Bilder oder Worte der Intuition achten. Was da auftaucht, das sind die Tipps, nach denen Sie Ausschau halten. Wenn diese klaren Aussagen erscheinen, dann schalten Sie bitte nicht Ihren Denkapparat ein, sondern nehmen Sie einfach ein Blatt Papier und schreiben Sie alles auf. Auf diese Weise verhindern Sie, dass Sie wichtige Informationen vergessen. Eingebungen sind sehr flüchtig, deshalb ist rasches Handeln wichtig. Betrachten Sie bitte in den darauf folgenden Tagen mehrmals täglich in meditativem Zustand die Notizen. Diese Tipps sollten Sie unbedingt auch eine Zeit lang befolgen. Sie werden überrascht sein, was sich dadurch alles in Ihrem Leben verändert. Falls Sie sich irgendwann über etwas Bestimmtes unklar sind, stimmen Sie sich einfach wieder ein und warten auf neue Eingebungen.

Der Mensch ist von feinstofflichen Körpern umgeben, diese nennt man die Aura. Jeder von uns kennt die Aura bis zu einem gewissen Grad. Wenn wir zum Beispiel einen Raum betreten, in dem sich Freunde aufhalten, die glücklich und guter Stimmung sind, spüren wir das. Kommen wir in einen Raum, in dem ein Mensch schlechte Stimmung verbreitet, spüren wir auch das. Dieses Spüren findet auf einer Ebene statt, die jenseits des naturwissenschaftlich Erklärbaren liegt. Wir fühlen und erfahren nämlich mit unserer eigenen Aura die Aura der anderen. Wir können vielleicht die Informationen nicht im Detail entziffern, doch den Gesamtzustand fühlen wir. Auch das Erspüren der Aura sollten Sie eine Weile üben. Nach einiger Zeit werden

Sie merken, dass Sie sich bei Begegnungen immer stärker auf Ihre Intuition verlassen können. Versuchen Sie es einfach mal – gehen Sie durch eine Fußgängerzone und erspüren Sie die Menschen, ohne sie mit dem Verstand zu kategorisieren.

Die drei Eckpfeiler

Ein wichtiger Bestandteil meiner Therapie ist die Anamnese. Der Klient berichtet von seinen akuten Problemen und erzählt aus seinem Leben. Danach lege ich großen Wert darauf, mit dem Klienten die Basis unserer Zusammenarbeit zu klären.

Es geht darum, dem Klienten drei wichtige Eckpfeiler der Therapie aufzuzeigen. Der erste dieser Eckpfeiler ist die Gewissheit, dass die Lebensthemen noch in der anderen Dimension gewählt werden, bevor die Seele auf Erden in einem Körper inkarniert. Ich erkläre ihm, dass die Seele vor jeder Wiederkehr die Möglichkeit hat, sich auf der Palette der Lebensthemen einige auszusuchen. An der so gewählten Lebensthematik will die Seele ab der Wiedergeburt lernen oder arbeiten.

Als Zweites gilt es für den Klienten, einen weiteren neuen Pfeiler in seine Weltsicht einzubauen: Er muss anerkennen, dass das gewählte Elternhaus das für seine Thematik am besten geeignete auf dem ganzen Globus ist und dass mit dieser Entscheidung gleichzeitig Umfeld, Wohnort, Land, Kontinent und Zeitschiene ab dem Geburtsjahr festgelegt wurden. Alle Ereignisse auf der Welt haben auf das Leben der Menschen, die zur gleichen Zeit auf der Erde weilen, einen gewissen Einfluss. Je nachdem, wie stark wir daran beteiligt sind, wirkt sich dies in irgendeiner Weise auf alle aus.

Wir sind also immer zur rechten Zeit am richtigen Ort. Jede Sekunde unserer Lebenszeit passt exakt ins Themenraster. Daraus wird deutlich, dass das Leben permanent die Lebensthemen widerspiegelt. Der alte Spruch »Wie innen so außen« trifft auf die Situation des Menschen unbedingt zu. Wir müssen also akzeptieren, dass wir alle Ereignisse unseres Lebens selbst kreieren, um unsere Lebensthemen zu transformieren.

Sobald wir das verstanden haben, fühlen wir in uns tiefe Liebe und Dankbarkeit aufsteigen. Wir nehmen unsere augenblickliche Lebenssituation an und erkennen sie als »Geschenk«. Zeiten innerer Not und Spannung gehören zu den fruchtbarsten Wachstumsphasen des Lebens!

Danach hat der Klient – als dritten Eckpfeiler – die Möglichkeit, aktiv den Selbstfindungs- und Transformationsprozess zu steuern. Das heißt, er übernimmt zum ersten Mal die alleinige Verantwortung für seine Vergangenheit, Gegenwart und den weiteren Lebensweg. Verantwortung übernehmen bedeutet, aus dem ***Seinszustand des Opfers auszusteigen.*** Nicht die Umstände oder andere Menschen sind am momentanen Seinszustand schuld, sondern die Seele hat ein bestimmtes Lebensthema zur Transformation ausgewählt und in die Bearbeitung geschickt.

Mit dem so gewonnenen Einblick erwächst im Bewusstsein des Klienten die Notwendigkeit, seinen Umgang mit der Außenwelt neu zu gestalten. Auf dem Bildschirm seines inneren Auges erscheinen Handlungsmöglichkeiten, die im Einklang mit der Erlösung der Lebensthemen stehen. Als Nächstes entscheidet er sich intuitiv für die richtigen, in die Transformation führenden ***neuen Handlungsweisen.***

Bevor wir aber in diese Entscheidungsphase eintreten, ist es immens wichtig, zuerst die Beziehung zu den Eltern des Klienten zu klären. Grundsätzlich ist den Elternseelen ein **Dank** auszusprechen dafür, dass sie sich dem Klienten als Inkarnationshilfen zu Verfügung gestellt haben. Egal wie schön oder unangenehm die Kindheit verlaufen ist, diese zwei Seelen, unsere Eltern, helfen uns, mit den Lebensthemen in Kontakt zu kommen.

Der nächste Schritt besteht gegebenenfalls darin, den Eltern alle »schlimmen« Handlungsweisen, die sie uns angetan haben, zu **verzeihen**. Wir müssen an dieser Stelle nicht die komplette Kindheit aufarbeiten. Es gilt einfach pauschal zu verzeihen.

Falls die Eltern noch auf der Erde wandeln und uns nach wie vor in alter Weise behandeln, müssen wir ihnen nun bei Übergriffen deutliche **Grenzen setzen** und diese mit allem Nachdruck aufrechterhalten. Dadurch bekommen auch die Eltern die Möglichkeit, ihren Standpunkt zu hinterfragen. Für uns ist es wichtig zu wissen, dass wir in keinster Weise für unsere Eltern verantwortlich sind. Wenn wir also erkennen, dass ein krank machendes Verhalten unserer Erzeuger seinen Grund darin hat, dass diese nicht an ihren eigenen Lebensthemen gearbeitet haben, so schlüpfen wir trotzdem nicht in die Rolle des Missionars. Die Verantwortung für ihr Tun und die daraus resultierenden Konsequenzen haben die Eltern selbst zu tragen.

Wie unsere Eltern prägen uns natürlich auch das Umfeld, die Schule, Land und Leute und führen uns ebenfalls in die Lebensthematik.

Nachdem das innere Schatzkästchen gehoben ist, die Abwehrmechanismen gegen eine Neuordnung und -gestaltung ausgeschaltet sind und die Lebensthemen herauskristallisiert wurden, kann mit der wichtigsten Arbeit begonnen werden.

In den Einzelsitzungen spielen der Klient und ich den Ball für neue gesunde Entscheidungen nun hin und her. Heraus kommt dabei ein ganzes Bündel von klaren, richtungsweisenden **neuen Handlungsideen**, mit denen der Klient ab sofort experimentieren soll. Ich möchte noch einmal darauf hinweisen, dass diese aus der Intuition geborenen Hilfen gleichermaßen für die Körper-, Geist- und Seelenebene stimmig sind.

Je nachdem wie stark die Motivation und die **geistige Disziplin** des Klienten für eine eindeutige Umsetzung sorgen, kann er nach relativ kurzer Zeitspanne als gesund entlassen werden.

Doch er geht nicht seines Weges, ohne genügend kleineres und größeres **Handwerkszeug** für sein tägliches Handeln bekommen zu haben. Dies hilft ihm bei auftauchenden Fallstricken, die auf alten Schattenmustern basieren. Der Klient kann auf die Werkzeuge zurückgreifen, sobald ihm bewusst wird, dass er im Begriff steht, alte Handlungsmuster einzusetzen. Er hat dann die Möglichkeit, mit einem kleinen Trick das alte Programm zu löschen und durch ein neues zu ersetzen.

Das neue Programm ist genau das, wofür sich der Klient bei seiner inneren Aufarbeitung entschieden hat. Er baut sozusagen in seinem inneren Computer eine Brücke; das heißt, wenn alte Muster sein Handeln bestimmen, erkennt das Programm dies und schaltet das Bewusstsein ein, damit die Energie umgeleitet wird, noch bevor der alte Mechanismus voll einrasten kann. Damit hat der Klient es erstmals geschafft, mit seiner neuen Entscheidung nach außen zu treten. Dies erzeugt ein inneres Glücksgefühl und Dankbarkeit und macht Mut. Wenn Sie das einmal geschafft haben, ist Ihnen klar, dass Sie es immer wieder schaffen werden, immer wieder denselben Weg gehen können.

An dieser Stelle möchte ich ein sehr wesentliches Hilfsmittel ansprechen: die **Meditation**. Meditation – richtig angewandt, verstanden und dann auch mit täglichem Bemühen ausgeführt – wird jedem eine große Stütze sein. Wenn wir mit unseren alten Schattenmustern konfrontiert werden, können wir dem entgegenwirken, indem wir das in der Meditation Gelernte in längeren Phasen anwenden. Das heißt, wann immer wir den Verstand mit seinen rasenden Gedanken nicht brauchen, schalten wir ihn ab.

Bei wichtigen Entscheidungen nähern wir uns in dieser Stille unserer inneren Mitte, dem Ort, an dem die Intuition zu Hause ist, die innere Stimme zu uns spricht. Wenn wir dieser Ebene näher kommen, wirkt sich das auch auf die Erlösung der Lebensthemen aus. Das Sein wird automatisch mit den Erfahrungen, Erkenntnissen und Transformationsmöglichkeiten verknüpft. Damit werden die Energiebahnen direkt zum Bereich der Entscheidung freigeschaltet. Es ist nun Aufgabe des Klienten, für neue Handlungsweisen grünes Licht zu geben.

Mein Ansatz der spirituellen Therapie zeigt uns den Weg in die Transformation. Welches Thema wir auch immer gewählt haben, wir können es erlösen, weil es auf der Erde nichts gibt, das nicht in die Transformation gehen kann. Außer wir bemühen uns weder bewusst noch unbewusst um Erkenntnis und entscheiden uns gegen jegliche Veränderung. Das bedeutet dann, dass sich die eine oder andere Seele die Erlösung für ein weiteres Leben aufhebt. Eines ist jedenfalls gewiss: Die Erlösung der Lebensthemen ist der Sinn unseres Seins.

Zum Verständnis der eigenen Bewusstseinsreise

Der Lebensthemenspannungsbogen

– Die Wahl der Lebensthemen

Bevor die Seele auf Erden in die Mitte zweier passenden Elternteile schlüpft erwählt sie ihre diesmaligen Aufgaben für die kommende Lebenszeit. Im großen Bündel der Lebensthemen lugt oder blinken eine, zwei oder mehrere ganz besonders entgegen. Meist genau die Angesagtesten werden dann auch genommen. Die Seele weiß in dem Moment genau, worauf sie sich einlässt!

Beratende Seelenhelfer machen Mut, sprechen aufmunternd und geben gegebenenfalls noch einen kleinen Schubs, damit die Seele loslässt und sich auf die neue Abenteuerreise begibt. Natürlich kann man in dieser Phase erkennen, was einen erwartet, und man weiß auch, wie oft man über dasselbe Thema das eine oder andere Mal ausgebüxt ist, wie häufig die Transformationsaufgaben nicht erfüllt wurden, und nimmt sich für diese Inkarnation das Gelingen fest vor. Oder aber man beschließt, gleich ins völlig Unbekannte aufzubrechen, eine Etage höher auf der Evolutionsspirale winken neue Erfahrungen, locken weitere Hürden, die es zu erklimmen gilt.

Lebensthemen bieten Wachstumsmöglichkeiten für die Seele. Doch die zu erlösenden Aufgaben brauchen den Lebensthemenspannungsbogen, in dem in der Jugend, meist unter Druck, ein optimales Energiefeld für die Entfaltung der Seele geschaffen wird. Das Energiefeld fühlt sich für den Jugendlichen meist nicht angenehm an, aber die Seele kann ohne die leidvollen Erfahrungen nicht in ihr Wachstum gelangen. So lernt sie dann im Laufe des Lebens Schritt für Schritt oder mit einem gewaltigen Satz über die gewählten Transformationshürden in ihre Glückseligkeit aufzubrechen.

Je nach Thema macht sie auf der kontinuierlichen Reise der Wiederkehr, der Reinkarnation, vielfach »negative« Schleifmomente des inneren Kristalls als Seelenerfahrung. Die oft bestimmte Dinge als Anschub für die Dauer des ganzen Lebens benötigen, wie ohne ein Elternteil aufzuwachsen, ein Unfall, bittere Armut, Vertreibung durch Kriegsgefahr, Verlust von Gliedmaßen, eine Erfahrung am Rande des Todes durch eine Krebserkrankung oder im Rollstuhl zu enden, um genau daraus die benötigte Seelensubstanz zu ziehen.

Wenn wir uns an die Geschichte der Menschheit erinnern staunen wir über die brutalen Erlebnisse, denen die jeweiligen Zeitgenossen in allen Jahrhunderten ausgesetzt waren. Krieg, Zerstörung und dadurch entfachtes großes körperliches und psychisches Leid verursachten wichtige Lernerfahrungen für alle darin verwickelten Seelen. Erst langsam wuchsen manche Seelen über diese Praxis hinaus. Bis heute werden allerdings nach wie vor viele Seelen auf Erden wiedergeboren, die sich aus dieser Ebene immer noch nicht erheben können.

– Der heilige Kreuzweg

Dem heiligen Kreuzweg begegnen wir alle in irgendeiner Weise. Jeder sieht ihn gespiegelt in seinen traumatischen Kindheits- und Jugenderlebnissen. Von klein auf wird das Kind in die Zwickmühle der Lebensthemen genommen. Die Auswahl der Eltern, des Startschusses und des Umfelds geißeln die meisten jugendlichen Erdenbürger in mannigfaltiger Weise. Viele zerbrechen im Lauf der Jahre an der Last der gemachten Erfahrungen, wollen nicht den Sinn darin erkennen. Dieser heilige Kreuzweg aber dauert bis ans Ende dieses Lebens, wenn wir nicht anfangen, uns damit auseinander zu setzen.

Es gilt den Kreuzweg, benannt nach dem Weg der letzten Tage des *Jesus von Nazareth,* als heiligen Steig über den Lebensthemenspannungsbogen hinaus bis hin zur Transformation der jeweiligen Themen als ehrwürdig anzuerkennen und anzusehen. Ohne den »Segen« der Traumatisierungen würde unsere Seele nicht diese ihr so wichtige Erfahrungsessenz erzeugen können.

Verstehen Sie mich jetzt nicht falsch, natürlich gilt das Ziel der Evolution dem Verschwinden von Gewalt, Schmerz und Machtkämpfen und der Hinwendung zu Liebe, Synergie und der Bewusstseinserweiterung eines Buddhas, aber um sich in eine Bewusstseinsanhäufung zu entwickeln, brauchen die Seelen anscheinend den dornigen Kreuzweg.

Denn auch wenn wir als Mensch gedemütigt, geschlagen oder misshandelt wurden, uns dies ja tatsächlich widerfahren ist, müssen wir besagtes trotzdem als unseren ganz persönlichen Leidenslernweg annehmen. Keinerlei Erlebnisse sind darüber hinaus als dermaßen untragbar einzustufen, als dass wir nicht befähigt wären, sie über die Transformationsarbeit ins Licht zu führen, es ist genau dies das Mysterium des Lebens, das Schleifen des inneren Kristalls. Es macht auch vor dem Tod des Körpers nicht halt, in der anderen Dimension findet Körperlichkeit in dieser Form ja nicht statt, die Seele bleibt ganz. Natürlich verherrlichen diese Zeilen keine Gewalt, sondern beschreiben nur, was so ist.

Wir brauchen für ein Darüberhinauswachsen ein bestimmtes Maß an Bewusstsein und die in diesen Zeilen enthaltenen Informationen, damit über das Verstehen die Opferhaltung nachlässt. Übrigens auch die Austeiler von Gewalt sitzen im gleichen Boot, sie wurden meist selbst gedemütigt, sind ein weiteres Glied in der Gewaltkette. Sie tragen am Ende in jedem Fall auf verschiedenen Ebenen die Konsequenzen ihres unbewussten Handelns, und was aber noch wichtiger ist, sie sind ebenfalls auf dem Weg ins Licht!

– Die erste und letzte Verantwortung trägt die Seele

Viele Klienten, die meine Praxis aufsuchen, klagen über die Unauslöschbarkeit der Folgen ihrer Kindheitserlebnisse. Diese trüben vehement ihre Seinsfreude. Sie werden ihres Lebens einfach nicht mehr Herr. Behutsam führe ich die Traktierten temporär an ihre Lebensthemen heran, und damit beginnt dann langsam deren Aufarbeitung.

Nach relativ kurzer Therapiedauer werden sie sich ihrer Thematik bewusst und erkennen die volle Selbstverantwortung für die gemachten wichtigen Erfahrungen ihrer Seele, und vor allem, in welche Entwicklung diese sie bringen sollen.

Mit großer Erleichterung wird jetzt endlich die bereits eingefleischte Opferhaltung losgelassen. Man erwacht aus dem Trauma der Kindheitstage und startet mit der Befreiung aus den Konsequenzen, der Nichterkennung des Sinns der gemachten Erfahrungen, neu auf der Lebensbühne. Die innere Schatzkiste wird komplett gehoben und auf weitere Lebensthemen abgeklopft. Nach der tapfer getanen Bewusstseinsarbeit steht die befreite Energie ab sofort als geballte Schöpferkraft für den Aufbruch in Liebe, Gesundheit, Berufung und Glück, dem Erfahren des Füllhorns Gottes zur Verfügung. Der Klient steht in seiner Authentizität und tanzt spontan mit dem Lebensfluss!

Falls Sie, werter Leser, jetzt, Ihren eigenen heiligen Kreuzweg zwar vor Augen, doch trotz eines gewissen Verstehens immer noch an der Richtigkeit des Geschilderten zweifeln, nützt Ihnen leider die Vermeidung dieser Art von Aufräumung nichts. Denn ob Sie wollen oder nicht, spielt keine Rolle, die Lebensbühne bleibt Ihr Experimentierfeld und die Lebensthemen drücken weiterhin aus dem inneren Schatzkästchen an die Oberfläche. Und bedenken Sie, Sie tragen wie immer die Konsequenzen Ihres »freien« Handelns. Auch wenn wir es uns anders wünschen, so funktioniert eben das Mysterium des Lebens!

Ob die Zeit des Lebensthemenspannungsbogens in der Jugend eine glorreiche, denn auch Gelingen, Geld und Adel etc. verpflichten zur Weiterbildung, oder traumatische war, in allen Fällen trägt jede Seele die volle selbstgewählte Verantwortung für ihren persönlichen Startschuss und den Umgang mit der weiteren Erlösungsarbeit.

– Das frisch geborene heilige Kind

Die Seele tritt ein in die Welt, noch mit dem Schleier der göttlichen Liebe umhüllt. Sie hat als Neugeborenes freilich keine Ahnung mehr von der anderen Dimension, aus der sie erscheint, und trotzdem strahlt der Glanz eines unirdischen Lichtes nicht nur aus den Augen, sondern irgendwie in demselben Maße aus allen Poren, die Haut umhüllt eine gewisse glänzende Aura.

Natürlich ist es für uns unglaublich, was so vielen Babys gleich nach der Geburt angetan wird. In welches unaussprechliche Umfeld viele hineingeboren werden. Aber auch in unmittelbarer Nähe, dem Freundeskreis und gerade in der eigenen Familie kennen wir Verhältnisse, die nicht immer Glück und liebevollen Umgang miteinander verheißen oder darstellen.

Und tatsächlich erschrecken die Neugeborenen fast zu neunundneunzig Prozent, wenn sie dem ansichtig werden, was ab sofort ihr zu Hause zu sein scheint. Mir war völlig unklar, und vielen der Leser ging es sicherlich genauso, wieso es in unserem Familienverbund so grobstofflich zuging. Ich wollte am liebsten sofort wieder umdrehen in meine eigentliche Heimat! Doch bekanntlich ist uns dieser Rückweg bedauerlicherweise versperrt. Dennoch fragen wir uns sofort, ja was geschieht denn hier mit mir?

Was auch immer passiert, bis zu dieser Schwelle stehen wir in der Seelenkraft, in der heiligen Unschuld, und schon im nächsten Moment umschwirren uns die Lebensthemen entsprechenden Verwicklungen.

– Was geschieht hier? – meine Eltern!

Der Zustand der Menschheit spiegelt sich im Bewusstsein, Wissensdurst und Umgang miteinander, und leider gilt es nach wie vor immer noch als unschicklich, den größtmöglichen Blick hinter die Kulissen des Lebens zu werfen. Trotz 68er Generation, Rot/Grün-Regierung, Therapieangeboten, der Esoterik oder diversen Reformpaketen reicht der Veränderungs- und Leidenslevel der Gesellschaft in Deutschland nicht aus, um eine größere Anzahl an Wissensdurstigen und Vorreitern entstehen zu lassen oder dass sie aktiv etwas wirklich Neues – Anderes – erschaffen!

Der gegebene Status quo, in den man automatisch hineinwächst, kann nicht für den so nötigen Blick über den Tellerrand Sorge tragen. Unerlöste Lebensthemen garantieren seit Generationen ein Hand-zu-Hand-Reichen von unsinnigen Moralvorstellungen, Gesellschaftsstrukturen und Bewusstlosigkeit. Fast alle bewegen sich lebensthemengemäß wie die fremdgesteuerten Puppen in ihren Hamsterrädern der Vernunfts- und Sicherheitspolitik auf allen Etagen. Feige Seelen halten die Evolution unnötig auf!

Wir müssen mehr wagen und vor allem Neues experimentieren. Es finden sich neue Strukturen, die den Leuten mehr helfen, dorthin zu gelangen, wohin ihre Seelen eigentlich wollen. Automatisch geben wir sodann die Schlüssel der Wahrheit, der Realität, den Tip des funktionierenden Turbo, wie zum Beispiel diese hier beschriebene Therapie, an viele Bedürftige weiter, damit glückliche Jahre folgen.

Der junge Erdenbürger trifft also meist auf Eltern, die ihren lebensthemengemäßen gesellschaftlich aufgepflanzten Träumen hinterherjagen oder die Kinder als ihr persönliches Eigentum sehen, *mit meinem Kind mache ich, was ich will,* und Kinder wiederum in diesem Sinne erziehen. Die Heiligkeit der Seelenreise interessiert nicht weiter. Dies beinhaltet nicht selten, dass Liebe und Geborgenheit, wenn überhaupt, lediglich auf niedrigem Level weitergereicht wird. Doch genau dieses hier beschriebene Wissen bringt den Eltern das wunderbare des Mysteriums des Lebens nahe, in dem sie ein kleines, aber äußerst wichtiges Rädchen sind. Mit diesem Verständnis entsteht eine auf mehr Achtsamkeit beruhende Geborgenheit und Erziehung für die Kinder.

Im Heute sucht sich zwar die gerade gelandete Seele genau diesen mageren Level ihren eigenen Lebensthemen gemäß aus, doch etwas mehr fortschrittlicher Geist würde für einen völlig anderen Bewusstseinsgrad in der weltweiten Kindererziehung sorgen. Ebenfalls würde dies aufgeschlosseneren, evolutionär höher stehenden Seelen ein vermehrtes Landen auf diesem Planeten ermöglichen. Und damit natürlich auch für ein völlig anderes, glücklicheres Miteinander, da die Energie des Bewusstseins des Morphogenetischen Feldes aller Seelen dementsprechend leichter in eine höhere Ebene der Evolution aufsteigt.

Von alledem weiß allerdings das Neugeborene überhaupt nichts. Die wache Seele samt dem frischen Körper und der leuchtenden Aura trifft auf die Aura und Körperlichkeit der Eltern. Schon das Treffen der Auren verbreitet oftmals Schockwellen für den kleinen Winzling. Konfrontiert mit dem relativ grobstofflichen Gebaren der Eltern in den nächsten Tagen, Wochen, Monaten und Jahren, kommt im neuen Erdenbürger sehr schnell das Gefühl auf, Schuld dafür zu tragen. Dahingehend, dass wegen der so wenigen nährenden Liebeswellen, die ihn erreichen, er sich anscheinend verändern muß. Um letztendlich das bisschen Liebe zu erhaschen, was den Eltern möglich ist zu geben. Denn auch wenn es wehtut braucht das Kind irgendeine Art der Berührung, um zu überleben!

Die Eltern schüren oft unbewusst und aus ihrer Sicht sogar berechtigt und gerne das Schuldbewusstsein des Kindes, indem sie es beim Aufflackern seiner authentischen Lebensenergie sofort in ungesunde Schranken weisen. Auch völlig krankhafte Grenzsetzung, aus eigener Unerlöstheit geschürt, macht vielen Kindern schwer zu schaffen. Oder aber es fehlen jegliche vernünftigen Grenzen und entfachen im Kind den kleinen Tyrannen.

– Aua – Liebe tut weh – ohne Liebe sind wir tot!

Es beginnt mit den Schwingungen in der Aura von Mutter und Vater oder anderen Betreuern, geht weiter über die sprachlichen Ausstöße, und letztlich zeigt die Weise der Berührung dem Kind, wo es langzugehen hat oder nicht.

Bitte verstehen Sie mich jetzt nicht falsch, lieber Leser, natürlich gehören gesunde Grenzen gesetzt. Aber sollten wir werdenden Eltern nicht eigentlich der Aufgabe eine neue Seele auf der Erde begrüßen zu dürfen mehr Bewusstsein entgegenbringen?

Gesellschaftliche Prägung macht aus den Jungvätern und -müttern leicht romantische Hupfdolen, die völlig verzückt oder über die Zufälligkeit entnervt ihre Familien- oder Fehlplanung unbeleuchtet durchziehen.

Wenn wir uns dem Sinn der Reinkarnation und der dementsprechenden Begegnung zwischen Kindern und Elternteilen etc. bewusst sind, können wir unserer eigenen Lebensthematik und der offensichtlichen Thematik der Kinder ganz anders begegnen. Mit etwas mehr an substantiellem Wissen und Bewusstsein lässt es uns ein völlig anderes, liebevolleres, gesünderes Miteinander erschaffen.

Denn so, wie wir jetzt mit der Begegnung Eltern-Kind umgehen, zieht das Kind die Schuld für dieses Sein unbewusst voll auf seine Seite, das Gefühl des Makels entsteht. Es kann die Anforderungen für Liebeszuwendung nur bedingt erfüllen. Dieses

Schuldgefühl schleppt es dann bis in das Alter, in dem es sich notgedrungen für die Transformation interessieren muß, mit sich herum. Nach dem Motto, wenn ich anders wäre, würden Papa und/oder Mama mir endlich die so lang ersehnte volle Liebe gewähren, die mir doch von Anfang an zugestanden hätte und die ich noch aus der anderen Dimension her so gut kenne.

Genau hier entsteht schon das Sehnen nach einer Art Nabelschnur, und das traumatisierte innere Kind will von nun an, oftmals ein Leben lang, tyrannisch von allen Menschen, vor allem immer noch von den Eltern, aber ebenfalls von Freunden und Partnern und sogar Kollegen und sogar absolut Fremden, ganz selbstverständlich jedes Maß an Aufmerksamkeit und Energiezuwendung ergattern, dessen es habhaft werden kann. Im erhöhten Krankheitsbild sogar darüber hinaus, über alle gesunden Maße. Der große Tyrann entsteht!

Den entstandenen Makel finden wir wieder im späteren erwachsenen Ich in der Form des Minderwertigkeitsgefühls, der Bedürftigkeit, das in permanenten Hamsterrädern, in totaler Überanstrengung, fast erfolglos um sein existenzielles Überleben kämpft.

Eine weitere Nuance dieses Krankheitsbildes zeigt die Seele, verknüpft mit einer künstlichen Nabelschnur, die sie auswirft, um den Eltern zu zeigen, entweder gebt ihr mir jetzt die benötigte Energie oder ich verrecke vor eurer Nase. In scheinbar völliger Ohnmacht verweigert der innere Boykotteur jegliche Verantwortung. Der Mensch lässt sich gehen bis zur Insolvenz, hin zur Verwahrlosung oder Unselbstständigkeit durch Krankheit, in anderen Fällen verwickelt das Geschehen ihn z. B. in einen folgenschweren Unfall.

Den Anteil der Eltern daran kann man an den Energietentakeln ablesen, die diese aus den eigenen unerlösten Lebensthemen heraus Richtung Kind schicken, um ihrerseits das Kind nach Bedarf energetisch zu melken. Während des Lebensthemenspannungsbogens erzeugten sie bewusst und unbewusst dieses Energiefeld zu ihrem Kind, und später versuchen sie das, was sie unterschwellig an Zuwendung jeglicher Art daraus bekommen, bis ins hohe Alter aufrechtzuerhalten. Dabei immer mit der Verlockung der pervertierten Liebesbezeugung wedelnd in Form von Anklagen, Beleidigungen, Unnahbarkeit, selbstverständlichen Forderungen, konkurrenter Herunterschraubung des Selbstwertgefühles, ein ewiger Kreislauf des Energieraubes und der gegenseitigen Zerstörung. Ein gefährlicher Kuhhandel, der alle daran beteiligten Seiten im Unglück behält. Keiner will aus Angst, es könnte noch schlimmer kommen, aufwachen!

– Wir müssen uns verbiegen – der Überlebensmechanismus entsteht

Um also von klein auf an genügend Liebe heranzukommen, müssen wir uns verbiegen. Aus der Authentizität unseres ursprünglichen Seelendaseins und mit dem unbewussten Eingestehen von Schuld und der Plazierung dieser Energie in unserer Aura versuchen wir uns nun so zu den Elternteilen zu stellen, dass wir ihnen noch relativ viel an »Liebesenergie« abringen. Und wenn Zuwendung auch nur durch zornige Worte oder ein paar deftige Ohrfeigen geschieht, ist es doch zumindest Energie, die uns zufließt, die uns überleben lässt und nach der wir dann süchtig werden.

Sogar nach energetischen, psychischen und körperlichen Übergriffen wie z. B. der sexuellen Unzucht strecken Minderjährige zwar völlig traumatisiert aber dennoch relativ oft die Hände nach wie vor Richtung »wirklicher Liebe« dem Peiniger entgegen. Sie kennen es nicht anders, und dies zieht sich dann weiter über Generationen, solange die Erlösung in der Aufarbeitung nicht passiert. Daher diese große Gewaltbereitschaft bis hin zu Missbrauch und Perversion bei Erwachsenen, die waren halt auch mal klein und mussten Unglaubliches erleiden. Doch die Verweigerung einer Aufarbeitung egal welcher Lebensthemen ist heutzutage nicht mehr entschuldbar!

Wir müssen uns also gegenüber den Eltern aus unserer inneren Mitte heraus verbiegen, um einen gewissen Energiefluss aufrechtzuerhalten. Das Kind ist nicht mehr, was es wirklich ist, ein authentisches Wesen, sondern trägt nun eine Maske, die Persona ist geboren. Das Verbiegen der Blume in der Hoffnung nach Sonnenlicht erzeugt den so genannten Überlebensmechanismus. Dem Überlebensmechanismus verdanken wir, mit einigermaßen heiler Haut in ein vom Elternhaus unabhängiges Dasein aufzubrechen. Es ermöglicht, mit dem Schein der Maskerade wie in einem schützenden Glasballon, geringere Reibungsflächen. Auch während der Ausbildung bis hin zur Eigenständigkeit hilft dieser Mechanismus erst einmal beim Beschreiten des Lebensweges.

Wenn wir hingegen mit den Jahren in das Erwachsenenalter münden und über den druckvollen Lebensthemenspannungsbogen hinauswachsen, weist der Überlebensmechanismus uns den Weg über die Transformation zurück zum authentischen Sein!

Denn jetzt steht uns nämlich der Überlebensmechanismus, für ein Leben, das wir eigentlich führen wollen, total im Wege. Die weitere Aufrechterhaltung dieses Abwehrmechanismus treibt von nun an mit Sicherheit in eine Krise, weil wir mit der Welt nicht richtig in Kontakt sind. Wir fühlen uns nicht verbunden, irgendwie abgeschottet, isoliert. Jetzt gilt es die »Eierschale« von innen her aufzupicken, sonst wird sie automatisch von außen zerstört. Auf ins Freie, dem Leben vollends ansichtig werden, heißt nun die Devise. Dies allein ist bereits Teil der aufzulösenden Lebensthematik.

Aus dem Unverständnis heraus, meist erst nach vielen Jahren der Frustration und Depression, gelingt dann gegebenenfalls mit therapeutischer Hilfe das Herausschälen des geläuterten Seelendaseins aus dieser lebensthemengemäßen Persona-Jacke.

Man verhält sich derweil über Jahrzehnte hinweg letztendlich wie abgeschnürt, eingehüllt in eine Blase. Das eigentliche scheue Seelensein führt in dieser Zeit eine eher untergeordnete Aschenputtelrolle im Dornröschenschlaf, zeigt sich lediglich manchmal in äußerst vertrauten, intimen Momenten.

Die Maskerade der Persona wirkt im Umgang mit Freunden, Kollegen und der Umwelt wie eine undurchdringliche Mauer für beide Seiten. Höchst vorsichtig und selten, aus Angst vor schwer wiegenden Nackenschlägen, traut das verschreckte Seinswesen dem freien Blick nach draußen durch etwaige Mauerisse, um meist sofort wieder auf den inneren Tyrannen zu horchen und dank den Abwehrmechanismen gleich alle Luken wieder dichtzumachen.

Voll in diesem Krankheitsbild stehende Betroffene erscheinen vielfach in meinen Praxisräumen und wissen nicht mehr ein noch aus, sie haben meist gar keine Ahnung, was draußen und drinnen eigentlich los ist, warum es ihnen so schlecht geht.

Das erste Ziel des Menschen, muß man dabei wissen, ist das existenzielle Überleben. Um dieses zu gewährleisten entwickelt schon das kleine unbewusste Baby einen Mechanismus, um dem Tod zu entfliehen. Es muß sich aus seiner eben noch vorhanden Seelenkraft des All-Eins-Seins in die Abhängigkeit der Zuwendung von den Eltern verbiegen, um das Überleben mit Hilfe dieses Überlebensmechanismus zu garantieren. Bei dieser Abspaltung aus der Authentizität beginnt der Reigen des Lebensthemenspannungsbogens. Jahre vergehen, in denen diese Prägung vonstatten geht. Danach haben die jungen Erdenbürger die Pflicht, innerhalb ihrer Erdenzeit jene Thementraumata zu transformieren.

– Die Prägungen der Jugend – der Lebensthemenspannungsbogen

Die Chancengleichheit ist der Jugend nicht gegeben. Individuell verschieden, erleben die gelandeten Seelen ihre Prägungsjahre. Diese Zeit wird mit dem Lebensthemenspannungsbogen beschrieben. Das Zusammenspiel aller auf dem Planeten Erde zur selben Zeit manifestierten Seelen kreiert den Eintopf der in jedem Winkel dieser Welt sinnbildlich gegessen wird.

Andere Jahrzehnte, andere Generationen, andere Erlebnisse, andere Arten von persönlichen Lebensthemenspannungsbögen. Dasselbe Spiel funktioniert überall auf der Erde zu jeder Zeit quer durch die Jahrhunderte genau gleich, es existieren keine Ausnahmen.

Die Evolution kennt nur diesen Weg der Weiterentwicklung. Kein Mensch kann aussteigen oder eine Sonderrolle einnehmen. Wir haben das Mysterium dieses universalen Gesetztes zu akzeptieren. Damit hat auch jeder für sich seinen Weg durch die Evolutionsinstanzen.

Wer das einmal verstanden und verinnerlicht hat, wird auch vor seinen persönlichen Herausforderungen nicht zurückweichen, sondern mit der nötigen Abenteuerlust sich in die Aufarbeitung stürzen. Denn dann fällt die lähmende Opferhaltung einfach ab, wir sind uns der Zusammenhänge voll bewusst. Wir heißen sogar nun die Dinge, die da harren, voll des Mutes und voller Freude willkommen, es sind doch genau die richtig proportionierten Wachstumserfahrungen, die jede Seele braucht, um mit diesen essentiellen Veränderungen den heiligen Olymp der Evolution, den letztendlichen Urgrund der Seelenreise, der Bewusstwerdung der Buddha-Natur zu begegnen. Das ist der Sinn des Lebensthemenspannungsbogens!

– Jetzt geht's los – endlich »erwachsen«!

Die meisten Jugendlichen haben ja von diesen Zusammenhängen gar keine Ahnung, sie wollen unter Volldampf in ihr eigenes Leben aufbrechen. Endlich unkontrolliert in ihren Abenteuern loslegen, mit großem Wagnis nie Dagewesenes Erleben. Alle »alten« Leute mit ihren tausend Tips sind da eher störend. Aufbruchsstimmung, donnernde Hufe sind angesagt!

Tja, und trotzdem gelingt nicht alles, man macht so seine Erfahrungen, und Lehrjahre sind ja auch wirklich noch keine Herrenjahre. Man spürt Widerstände, hat vielleicht Entwicklungsängste oder steht in der Liebe irgendwie auf dem Schlauch, alles nervt – vor allem die Eltern. Diese ganze Palette von Emotionen und Erlebnispartikeln, Frust oder Erfolg etc. stammen aus der gewählten Seelenthematik und des daraus entstehenden Lebensthemenspannungsbogens. Es ist der Start in das anschließende Zeitfenster des Restlebens. Jahrzehnte gewidmet dem individuellen Vorhaben einer jeden Seele, der Erlösung, Weiterentwicklung, der Transformationsschulung auf der Evolutionsspirale.

– Nichts geht los – Ich habe Angst – Ich sterbe

Was bei den einen mit Volldampf voraus losgeht, kann bei anderen sogleich im Hagel des Frusts, der Schwierigkeiten auf allen Ebenen versumpfen, sodass bevor das Leben richtig startet das Gefühl erwächst, es ist eigentlich schon zu Ende.

Doch auch hier sind die Informationen dieses Buches eben immens bedeutsam. Wären Schulen und Elternhäuser mit diesem Wissen bestückt, könnten alle Seiten den betroffenen Jugendlichen in jedem Falle helfen und sie unterstützen. Die Erlösungsarbeit würde noch bevor der Teenie abtriftet in ihm die Seelenerfahrung, den Quantensprung bewirken.

Als Autor und Therapeut, der mit diesen Dingen tagtäglich konfrontiert ist, plädiere ich mit aller Kraft dafür, dass die neuesten Offenbarungen, wie diese hier, schnellstens den unmittelbaren Weg in die Schulen und Haushalte finden. Wir können uns beim Zustand unserer Gesellschaft, Wirtschaft und den planetaren Katastrophen nicht mehr leisten in längst Verstaubtem unser Heil, ewig im Kreise drehend, dermaßen fortzuführen!

Die Seelenerfahrung des nicht Gelingens oder ähnliche Schicksalsschläge gehören selbstverständlich zu dem Themenkreis der Entwicklung. Doch wie lange diese »Pechsträhnen« und Krisen anhalten, kommt auf die jeweilige Kenntnis der Realität und die persönliche Entschlusskraft für Neuerungen an. Also genau die Zeitspanne, die der Betroffene benötigt, um in die Transformation aufzuwachen. Bei dem einen gelingt dies sehr schnell, bei einem anderen wird es ein lebenslanger Prozess mit ungewissem Ausgang. Das ist der normale Gang der Evolution. Mit der Lebensthementherapie kann man diese ewige Wartezeit nun sinnvoll verkürzen. Man findet nicht nur aus dem Tunnel, der Platz der Berufung kann eingenommen werden!

Alle in diesem Buch beschriebenen Bewusstseinswerkzeuge helfen hier wunderbar. Ansonsten besser mal eine Therapieerfahrung machen als ewig in der Verliererkiste herumhängen. Die von mir und dem Neo Holistic Institut angebotenen *Quantensprung-Seminare* der *Lebensthementherapie* lege ich dafür jedem Fortschrittswilligem ans Herz.

– Die Abwehrmechanismen

Die Abwehrmechanismen sind die Instanz, die von sich glaubt, alle Informationen zu besitzen, die für ein Überleben des Menschen notwendig sind. Damit versucht dieser Mechanismus nur Dinge zuzulassen, die ihm das Überleben des Bereiches eines Menschen garantieren, den er als den wirklichen Menschen anerkennt. Die Abwehrmechanismen entstehen mit der Geburt des Kindes. Sie sind an sich als Schutz für die Seele des Neugeborenen installiert. Durch die Schocks der ersten Stunden, Tage und Monate entwickeln sie eine Abscheu gegen alles Neue, was sich vielleicht wie nach der Entbindung als eher kalt, grell und unangenehm herausstellt. Und dabei passiert es: In Bruchteilen von Sekunden verschwindet das Seelensein bei »Angriffen« aus dem neuen Umfeld von der Bildfläche, die Angst erwacht und damit wird der Überlebensmechanismus aktiviert.

Der Überlebensmechanismus entwickelt die Persona, ein Schutzschild, eine Maskerade, ein nicht echtes, künstliches Gebilde, ein Schauspiel, das den Lebensthemen entsprechend innerhalb des Lebensthemenspannungsbogen konditioniert wird. Dies Schauspiel dauert dann so lange, bis die Persona mit ihren Kollegen der Dreifaltigkeit in die Transformation treibt.

Ein Mensch, der in seiner Persona verhaftet ist, wirkt eher wie ein Roboter, aber er kann nicht wirklich spielerisch, frei, tanzend und singend durchs Leben wandern. Die Werte der liebevollen Menschlichkeit sind ihm völlig fremd.

Eine weiter Ebene dieser Dreifaltigkeit ist das innere Kind. Es ist der abgespaltene Teil des ganzheitlichen Menschen, der verschreckt und frustriert bildlich gesprochen nach innen in eine Nische verschwindet und den Vorhang der Unsichtbarkeit hinter sich zuzieht. Dieser Teil möchte ungesehen bleiben. Wenn die weiteren Umstände, wie die Liebe der Eltern, ihn nicht mehr hervorlocken, entwickelt dies den mehr und mehr verstockten kleinen Tyrannen und als äußersten Zwistbruder dann den Monstertyrannen.

Die dritte Ebene ist unser eigentliches Seelensein, das sich traumatisiert und geschockt im System Mensch auf Erbsengröße reduziert und sich erst wieder im Laufe der Erlösung der Lebensthemen als Phönix aus der Asche zeigt, seinen Stammplatz einnimmt.

Es zieht sich zurück in einen Kokon aus »Plexiglas«, durchsichtig, aber unzerbrechlich, und überlässt das Spielfeld komplett den Dreifaltigkeitskollegen. Nur selten schaut das Wahre Sein aus seinem Gehäuse heraus und wird erst wieder richtig gefordert wenn die Lebensthemen aus der Schatzkiste dermaßen drängen, dem Menschen schwer wiegende Dinge zustoßen, das Sein der Seele dermaßen gefordert endlich transformatorisch das ihm gebührende Zepter in die Hand nimmt und ordentlich aufräumt. Das ist die Wiederauferstehung der Seele als geläutertes, gewachsenes Sein, von der schon in der Bibel gesprochen wurde.

Doch die Abwehrmechanismen identifizieren lediglich die künstliche Persona und den inneren Tyrannen als schützenswert. Sie fühlen sich verpflichtet, diese Mechanismen vor dem Untergang zu retten, ein Mechanismus, gewachsen aus der Todesgefahr des Kleinkindes. Dadurch versuchen sie leider automatisch jegliche Art von Weiterentwicklung und Transformation zu verhindern, zu stoppen. Der Überlebensmechanismus ist ein berechtigter und guter Helfer in den Zeiten der absoluten Wehrlosigkeit, doch jetzt, im Erwachsenenleben, müssen wir über diesen nun schädlichen Würgegriff hinauswachsen.

Vor der »Schädigung«, nämlich der Erlösung der Persona und des kleinen Tyrannen, wird abgeschottet. Das ist mit der elementarste Grund, warum Transformation dem Menschen so schwer fällt!!!

Bei der Überwindung der Abwehrmechanismen und einer gleichzeitigen neuen Einstellung und Öffnung Richtung Transformation und Erlösung muß das Sein sehr schnell handeln, damit die Abwehrmechanismen nicht diese Möglichkeit in die Realität aufzubrechen torpedieren.

Das Abwehrsystem umlagert das Seelensein und das innere Schatzkästchen, aus dem die Lebensthemen ihren Tribut fordern. Wenn nun Transformationsgelegenheiten anstürmen und sich das Sein entschließen möchte, versuchen die Wachtürme der Abwehrmechanismen dies zu boykottieren und wenn möglich in gewisser Weise sogar abzuschießen.

Auf diesen die Abwehrmechanismen umlagernden Ebenen existieren Mienenfelder, Schützengräben, Abwehrbatterien aller Art. Diese attackieren sofort jegliche Wachstumschance. Tausende von kleinen und größeren Transformationsgelegenheiten sind hier in die ewigen Jagdgründe eingegangen. Der Mensch schlüpft nicht durch die Tore der Erlösung, auf der Lebensbühne verdichten sich weiterhin die Geschehnisse!

Der Mensch bemerkt dann im Bewusstsein bloß im Nachhinein, wenn sich die Nebel lichten, dass er irgendwie etwas nicht genutzt hat, was von Bedeutung gewesen wäre. Er wird über das Sein nicht rechtzeitig informiert, gegenzusteuern, da das Seelensein ja von den Abwehrmechanismen im Dunklen gehalten wird. Das Wahre Sein weiß über die entscheidenden Dinge oft nicht Bescheid. Innere Eingebungen oder äußere Anstöße wurden frühzeitig abgefangen. Man glaubt es kaum, aber der Mensch schaut in die Welt durch eine Brille mit Scheuklappen, mit der er wichtige Details einfach nicht sehen kann. Die Brille sind die Abwehrmechanismen!

Im meinen Einzelsitzungen oder auch in den Seminaren treffe ich immer wieder Härtefälle, die trotz Einsichtgewinnung plötzlich versuchen auszusteigen, sie fallen mir nichts, dir nichts auf sich selbst herein. Die Klappe der Abwehr rastet ein und damit muß der Therapeut durch verwinkelte Seitenwege versuchen, sich in den »Computer« wieder Eintritt und Gehör zu verschaffen.

Es verwundert also nicht, dass es rund um die Abwehrmechanismen aussieht wie auf einem Kriegsschauplatz, diese Ebene gleicht den Schlachtfeldern früherer Kriegsscharmützel, und der eigentliche Chef im Ring weiß nichts davon.

– Der Käfig der Persona

Eingekerkert in der Zwangsjacke der Themenerlösung recken viele Menschen Hilfe suchend ihre Köpfe aus der Umklammerung, doch finden sie selten den direkten stimmigen Ausweg, den der sofortigen elementaren Transformationserfahrung. Alle Abwehrriegel verbeißen sich eher und führen in die kraftlose Kapitulation oder mutwilliges Darüberwegsegeln. Wenn wir dem über Jahrzehnte folgen und uns auch nicht von den Zusammenbrüchen auf der Lebensbühne beeindrucken lassen, gibt es am Ende nur noch einen Ausweg. Haushohe Abwehrmechanismen und tyrannisches Kleinkindverhalten stehen irgendwann plötzlich vor der Ausweglosigkeit, am Abgrund des diesmaligen Seelendaseins.

Schwere Schocks, lang anhaltende goldene Käfighaltung, schwere unheilbare Krankheit, tyrannische Perversitäten oder plötzlicher Sekundentod erscheinen einzig als letzte Ausfahrt. Sogar jegliche Art der Kriminalität ist auf diese Ausweglosigkeit zurückzuführen.

Das bedingt als Lösung keinen mitleidigen Persilschein oder Aufschub von Konsequenzen für Uneinsichtige, die ja »nichts« dafür können, sondern tatkräftiges Anpacken längst überfälliger und jetzt so dringend notwendiger Bewusstseinsarbeit.

Diese Dinge sollten als das genommen werden, wofür sie zuständig sind, als dringend anstehende Erweiterung des Seelenpotenzial. Nicht mehr und nicht weniger ist relevant. Jeglicher Unsinn, dem man dies Geschehen auf Erden zuschreibt, sollte zukünftig der Realität weichen. Damit verkürzen gleichzeitig die Erlösungszeiten, und selbige befreite Kraft wirkt sofort für den längst überfälligen Quantensprung.

Persona heißt künstlich aufgepfropfte Verhaltensweisen und Identifikation mit der aufgepressten Konditionierung von Außen, inklusive dem Überlebensmechanismus. Jedoch sind alle, auch zugehörige Komponenten, eigentlich gleichsam wichtige Bestandteile des Lebensthemenspannungsbogens, der wiederum genau den gewählten Lebensthemen entspricht und damit sinnvoll in die Transformation weist.

Mit jedem Transformationsschritt legen wir automatisch einen Teil von dem was wir meinen, das wir dank dem Themenspannungsbogen sind, ab und schälen unser weiter gewachsenes Seelensein heraus. Der Mensch muß im Laufe seines Erdenlebens den »Sicherheitsbereich« der Persona ablegen, um damit seinen Seelensinn zu erfüllen.

Die Persona hat also ihren außerordentlich bedeutenden Stellenwert im Prozess der Evolution, sie schützt das Kleinkind vor Übergriffen seitens der Eltern und des Umfeldes. Der achtsame und verantwortungsvolle Umgang mit diesem Teilbereich der Erdenzeit wird in Zukunft, mit erhöhtem Bewusstseinsstandard der Menschheit und der Unterbringung des Wissens über die Funktionsweise der Persona, dem inneren Tyrannen und dem Wahren Sein in unseren Schulungssystemen, zu einem veränderten Umgang mit diesen wichtigen Entwicklungsjahren führen.

Es bleibt diesem Mechanismus natürlich eine klare Einordnung als Evolutionswerkzeug der Existenz erhalten, doch wird in einer höher entwickelten Gesellschaft die Notwendigkeit dafür immer mehr verschwinden. Jeder Mensch kommt mit der achtsamen Anwendung der Transformation schon in jungen Jahren schneller seiner Bestimmung näher.

– Der Heimzahlungsnimbus – in der Liebe, Freundschaft, Berufung

Je nach erlebter Traumatisierung in der Kindheit vergiftet der Heimzahlungsnimbus später im Erwachsenendasein die Lebensfreude. In verschieden bedeutenden Augenblicken zischt er plötzlich wie ein Blitz aus dem Inneren des Betroffenen Richtung Partner oder Kollege, und wie von einem elektrischen Schlag getroffen zuckt dieser dann verwundert, pikiert und beleidigt zurück. Die unerlöste alte, ewig gleiche Geschichte verhockt seit vielen Jahren im Austeiler und unterbricht oder boykottiert an diesen Stellen immer wieder seinen Lebensfluss. Man muß wie ferngesteuert diese Handlungen nach außen schleudern. Die angesammelte Wut findet nur diesen Ausweg, da sie sich nicht einfach in Luft auflösen kann.

In einer Partnerschaft versucht man zusätzlich Macht über den anderen zu bekommen, ihm Energie zu entziehen, und danach verliert man dann jeglichen Respekt. Es fällt extrem schwer, Gefühle über einen längeren Zeitraum zuzulassen, vorher muß man dem anderen erst einmal einen reinwürgen. Dieser Kreisel endet früher oder später in einer Katastrophe, dem Ende von jeglicher Beziehung. Damit eckt man natürlich häufig an und bekommt nie, was man wirklich will.

Wir alle kennen ebenso die Situation, wenn wir vom endlich gefundenen Lebensabschnittsgefährten nicht genügend Aufmerksamkeit bekommen und anfangen nach ihm zu grapschen. Reicht diese »sanfte« Weise der Annäherung nicht aus, bekommt der unbedingte Wunsch nach sofortiger Befriedigung des dringenden Bedürfnisses einen ordentlichen Drall, die Ausdrucksweise und Gesichtsmimik verraten baldigen Vulkanausbruch. Und da geht's auch schon los, holter die polter ...!

Das sind alles unausgereifte Rangeleien nach Energie, wir wollen uns unbedingt eine Nabelschnur des Aufgehobensein im anderen erzeugen, ohne die wir glauben zu sterben! Der innere Tyrann wendet sich aggressiv nach außen und fordert von dort die Zeit der Gebärmutter zurück. Wir alle verfallen gerne dieser Illusion von Liebe, die uns ein Partner zu geben hat, doch das hier drinnen verborgene Lebensthema heißt: Lerne das absolute *Alleinstehen* ohne Abhängigkeiten, die drei Zauberworte hierfür sind: *Alleinsein, Liebe, Freiheit!*

An dieser Stelle möchte ich folgendes kurz dazwischenschieben: Der erste Antrieb jedes Lebewesens auf diesem Planeten gilt zwar dem Überleben und der zweite der Fortpflanzung der Gattung, doch ab einer bestimmten Entwicklungsstufe auf der Evolutionsspirale kommt ein noch wichtigerer Sinn des Lebens zum Vorschein, die bewusste und aktive Evolution der Seele in ihre letztendliche Bestimmung, das Aufsteigen in die Buddha-Natur.

Damit entspricht die höchste Funktion unseres Daseins nicht mehr dem unbedingten Finden eines Seelenpartners und der Aufzucht des Fortbestandes der Menschheit, sondern fortan hat in jedem weiterem Leben die absichtsvolle Entwicklung der eigenen Seelenkapazität die Präferenz. Das ist gemeint mit dem von den vielen Meistern angekündigten **Neuen Menschen.**

Was aber nicht heißt, dass der bewusste, der Neue Mensch keine Kinder liebevollst aufzieht und Spaß mit seinen wechselnden Familiensituationen verspürt oder sich nicht dem Tanzen, Rodeln, einem tollen Auto, der Musik, dem Tennisspiele oder welchen irdischen Genüssen auch immer hingeben darf, all dies geschieht dann aber aus dem veränderten Fokus einer größeren Bewusstheit. Gerade er liebt ganz selbstverständlich, doch mit dem Wissen der Realität nimmt er nicht mehr in Anspruch, dass dieses Miteinandersein immer ein Leben lang halten muß oder dass er unbedingt einen Partner aufstöbert. Man weiß in Zukunft um die Endlichkeit von Beziehungen und findet dies sogar völlig in Ordnung. Es werden sich neue Formen der Familienstrukturen herauskristallisieren die die Palette der wunderbaren Möglichkeiten von Zusammenleben und Alleinesein erweitern. Lebensthemenabschnittsgefährten heißen die neuen Bewusstseinshandwerker, die sich für die Erlösung bestimmter Themen in einer Zusammenarbeit ihrer Wahl treffen oder aber lernen, sich selbst genug zu sein.

Doch bevor das integrierend kapiert wird, haben wir uns nach wie vor mit vielen Kapriolen des traumatisierten kleinen inneren Kindes, das wir einst waren, herumzuschlagen. Ein entscheidender Geselle, der immer noch in uns drinnen hockt und uns dabei über den **Heimzahlungsnimbus** das Leben vergällt. Er ist genau die innere Instanz, die wie oben beschrieben einen Veitstanz aufführt, wenn ihre Bedürfnisse nicht augenblicklich gestillt werden. Es geht an dieser Stelle, werter Leser, um das Erwachen aus dem für ihn selbst und andere unangenehme Vernichtungspotenzial, das dieser kleine oder große Tyrann über den Heimzahlungsnimbus ausstrahlt und nicht selten auch durchaus handfest im Umfeld auslebt.

Der Tyrann gehört zu einem Menschen, der nicht seinem Lebensthema entsprechend in die Fortentwicklung schreitet, sondern wo immer er kann so seine gemachten traumatischen Erfahrungen anderen heimzahlt, an anderen auslässt. Manche Mitbürger tun dies völlig unbewusst, dafür aber total, wie von der Leine gelassen, ohne Halten, und andere erfreuen sich obendrein noch im Geheimen diebisch ihres »Erfolgsquotienten«.

Ob nun in der Liebe, gegenüber dem Partner, Freunden oder Arbeitskollegen, der Heimzahlungsnimbus wird entweder gleich direkt über die Sprache ausgeteilt oder energetisch meist von hinten anschleichend angewandt, sozusagen für den Gevatter unbemerkbar, einem Dolch ähnlich, in den Rücken gestoßen. Und vor allem im Erfolgsfall merkt der Gemeinte häufig nicht mal, dass es ihn jetzt vom Gegenüber direkt erwischt hat. Auf leisen Sohlen und dennoch mit gewaltiger psychischer Verletzbarkeit schlägt der entfesselte innere Tyrann des Peinigers gnadenlos zu. Der Austeilende kann nur selten noch sein Handeln bemerken und dosieren, er wird zur Puppe des inneren Puppenspielers.

Die mentale und psychische Zerstörungskraft wird in der Regel vom Opfer in den ersten Minuten gar nicht durchschaut oder bewusst wahrgenommen. Der Übeltäter sieht ihm zwar dabei auch noch fest in die Augen, aber dies mit vom inneren Tyrannen hypnotisch gesteuertem Blick. Treu gläubig fällt man auf den Tyrannen herein. Sogar später noch wird man meist felsenfest behaupten, einem »guten Freund« gegenübergestanden zu haben. Außerdem wird dieses Verhalten oft vom Tyrannen ebenso geschickt vor dem inneren Auge des Austeilers verborgen.

Es interagieren sogar in vielen Fällen die Tyrannen meist gegenseitig vom Sein völlig unbemerkt, erst anschließend müssen die beteiligten Menschen die Konsequenzen tragen. Das ist das wirklich schlimme an dieser zwischenmenschlichen Kommunikation, so vieles findet unbemerkt statt. Mit katastrophalen Folgen für die Menschheit. Nur ein Erwachen aus der Unwissenheit und dem Unbewusstsein bringt den Umschwung.

Obwohl es den jetzt Angeschlagenen vielleicht nach weiteren schweren Treffern sogar für einige Zeit umhaut, buchstäblich aus dem Verkehr zieht, kommt er oftmals nicht auf die Idee, wer ihn gerade so ausgenockt haben könnte, und erst recht nicht, wie dies mit seinem innersten Thema zusammenhängt. Manchmal, erst etwas zeitverzögert, klagt man dann plötzlich über starke Unpässlichkeit. Die Psyche ist bereits vorher getroffen, doch der Körper reagiert gewöhnlich in solchen Fällen etwas verspätet, aber dann ausgiebig mit längerem Krankheitsbild.

Der Heimzahlungsnimbus ist also nicht zu unterschätzen und vor allem kommt er in Haushalten, Freundeskreisen und Arbeitsstätten öfters vor, als man denkt. Natürlich dient er wie alles, was Leid hervorbringt, zur Weiterentwicklung der Seelen.

Doch er zeugt in erster Linie vom Vermissen der Liebe und sogar dem nicht Lebenkönnen und auch nicht Erlebenwollen von wirklicher Liebe. Der innere Tyrann hat lange vor dieser Zeit bereits mit der Liebe abgeschlossen, das ist ja der Grund seines Entstehens. Bevor er über den Heimzahlungsnimbus aufgibt, zerschlägt er lieber kurzfristig oder schön langsam, eher kriechend, aber am Ende doch gewaltig, sämtliches Porzellan, er kann nicht anders. Nur die Transformation, das Bewusstsein hilft über diese Hürde. Achten Sie also auf unehrliche Kommunikation, Machtgelüste über den Seelenpartner oder darauf, wenn Sie als Mittelpunkt immer alles unter Kontrolle haben müssen.

– All-eins-Sein – direkt neben dem Schmerz liegt die Glückseligkeit

Was uns vor dem Alleinsein so extrem davonrennen lässt ist die gewesene schmerzvolle Erfahrung des Rausschmisses aus dem Paradies. Nach dem Aufgehobensein in der anderen Dimension, zwischen dem Tod der letzten Inkarnation und dieser Wiedergeburt, wird dann der ungeheure Sprung auf die Erde, in ein abgespaltenes Alleinsein unter Fremden, doch als relativ hart erlebt. Erst wird das Aufgehobensein während der neun

Monate im Bauch der Mutter noch als relative Fortsetzung paradiesischer Zustände empfunden, aber spätestens bei der Geburt dann erblickt man das harte Licht der Welt. Totale Gegensätze, die noch unterstützt werden von den Erlebnissen im Lebensthemenspannungsbogen, also nach der Geburt im Elternhaus.

Das ist der Urgrund für das Erzeugen der energetischen Nabelschnüre, die wir die komplette Lebenszeit über versuchen den Eltern, Partnern, Kindern, Freunden und Kollegen anzuhängen, wir wollen nach Hause, zurück in die schwerelose Liebe des Paradieses, die ewige Umarmung. Doch die Lebenserfahrung soll der Tropfen sein, der aus dem Ozean aufsteigt, in der Luft über das Land wandert, vom Regen auf die Erde geschickt wird, über die Erfahrungen der dortigen Erlebnisse sich am Ende wieder mit dem Ozean vereint.

Das ist die Funktion des Mysteriums. Bereichert mit der Transformation der Lebensthemen kehren wir irgendwann wieder als Seele heim in die andere Dimension. Dem so vollführten Schleifen unseres Bewusstseinskristalls können wir auch auf andere Weise begegnen als mit Unwillen, einem tyrannischen Nein oder dem Ausbüxen in Unfall oder Krankheit. Warum nicht mal versuchen, sich positiv mit der Sache auseinander zu setzen?

Begeben Sie sich meditativ ohne Wertung oder Schuld direkt in den Schmerz hinein, wenn Sie sich einsam fühlen, bleiben Sie aber nicht in der Trauer stecken, gehen Sie weiter, loten Sie das dortige Umfeld aus! Sie werden Tiefe spüren, eine unbekannte Weite tut sich plötzlich auf, Sie erfahren sich dort als aufgehobener Tropfen auf der Reise zum Ozean. Trotz völligem Alleinsein sind sie hier nicht einsam, göttliches Sein umringt Sie. Es greift Ihnen unter die Arme und gibt Ihnen Mut. Das ist Realität, und der nun gefundene Mut zum Aushalten hilft Ihnen den Schleifprozess Ihres Bewusstseins dankbar zu überstehen.

Sie begegnen dort dem Nichts. Der absoluten reinen Stille, einer im Werden begriffenen schöpferischen Kraft. Sie begegnen Ihrer eigenen inneren Quelle, die verbunden ist mit der universalen Quelle des Göttlichen. Es ist das Alles in Einem und das Eine in Allem.

Wer sich hier entspannt aufhalten kann, hält, wie Castaneda und Don Juan sagen würden, die Welt an. Das Tun geht über in Nicht-Tun. Das ist der Moment, worüber die Meister dieser Welt gesprochen haben, wenn sie sagten, hier liegt der Schlüssel zur Erleuchtung!

Doch den zu finden bedarf es der Kraft und Energie und Entschlossenheit eines Meisters, der sich nicht mehr in alte Muster, Lebensthemen oder Ego-Anteile verliert. Der die Herausforderung seines Lebens zweifelsfrei annimmt und sich nicht in Verzweiflung oder Einsamkeitswahn gehen lässt!

Aber bitte Vorsicht, verwechseln Sie diesen Bereich nicht mit dem Eingesponnensein im Kokon der Angst! Diesen müssen Sie als Auswuchs des Überlebensmechanismus erkennen, kennzeichnen und bei einem Wiederauftauchen sofort aus dem System werfen. Gar nicht lange fackeln, raus damit! Einmal die Realität geschnuppert und eingeatmet, bedarf es keinerlei klein karierter Zufluchtnahme mehr in diesen Bereich, das Lebensthema ist erlöst! Ihr Leben beginnt!

Vermeidung von Erlösung – die verborgenen Nabelschnüre in den Abgrund

– Das bringe ich schon mit auf die Welt

Nicht alle scheinbar hausgemachten Schwierigkeiten einer gelandeten Seele bedingt der Lebensthemenspannungsbogen. Unerledigtes aus anderen Leben drängt ebenfalls auf die Lebensbühne und harrt der Transformation. Genau das ist das Drama eines unerfüllten Lebens, die Lebensthemen wurden nicht aufgeräumt, man muß in einem neuen Leben noch mal an dasselbe Thema ran. Solange bis alles erlöst ist!

Daher stehen Eltern manchmal ratlos vor dem Scherbenhaufen der Taten ihrer Kinder und verstehen einfach nicht, warum sich ein Kind so despotisch oder bösartig verhält. Liebevollst und mit aller Rücksicht versuchten sie ihren Früchtchen alles zu geben, wessen sie vermögen. Hierbei darf man nicht vergessen, dass Eltern gleichermaßen ihre Lebensthemen an ihren Kindern erledigen. Und diese Aufarbeitung fordert hier und da einen gesunden grenzsetzenden Stopp für die eventuell schon sehr weit ins Tyrannische abgedrifteten Kinder.

Je mehr wir hinter die Bühnenbilder des Lebens blicken, desto klarer können wir schon in den frühen Jugendjahren einschreiten. Das fortgeschrittene Bewusstsein unterlässt keine Gelegenheit des Eingreifens im Sinne der Evolution. Kinder und Erwachsene danken es uns mit ihrer schönsten Aktion, dem Sprung über ihre Transformationshürde in die Liebe!

– Das innere Kind

Während der Lebensthemenspannungsbogen wirkt, katapultieren seine Vasallen, den Lebensthemen entsprechend die Eltern, Familie und das Umfeld, Schule, Freunde, von Geburt an den neuen Erdenbürger mit mehr oder weniger traumatischen Erlebnissen in die Zwickmühle, sodass ein Teil des Kindes der Maskerade verfällt, ein anderer Teil, das Seelensein, sich weit ins Innere zurückzieht. Und der dritte Teil, den wir später das innere Kind nennen, begibt sich hinter einen imaginären Vorhang innerhalb des Menschen. Dort spricht es kein Wort mehr und schaut den Dingen, die da auf der Lebensbühne ablaufen, nur noch unbeteiligt zu. Es fühlt sich beleidigt, gedemütigt, misshandelt und entschließt sich, nie wieder hinter dem Vorhang hervorzuschauen. Der Vorhang ist zweifellos durchsichtig, dadurch kriegt es alles mit, aber die Angst ist der Energiegeber des inneren Kindes. Und die Angst ist in dieser Ecke kein guter Berater.

Zahllose Individuen bleiben ein Leben lang auf der Entwicklungsstufe des kleinen inneren Kindes gefangen und ihr eigentliches Sein dabei auf der Strecke. Man wird zwar alt und älter, aber an Weisheit kann man unter den Bedingungen nicht gewinnen. Außerdem besteht wegen des geringen Bewusstseinslevels ständig die Gefahr, dass etwas explodiert.

Das innere Kind lässt sobald ein Anlass näher rückt die geballte Kraft des Puppenspielers von der Leine, und das bedeutet für sein Umfeld nichts Gutes. Daher die ewigen Streitereien rings um den Erdball. Denn das innere Kind hat sich zum inneren Tyrannen gemausert und die Bewusstseinslage auf unserem Planeten ist so gering, dass die Menschen immer wieder in die Falle der Bedürftigkeit tapsen, die den Tyrannen auslöst.

Mit den Jahren fühlt sich das innere Kind dementsprechend doch ganz wohl in seiner Klause hinter dem Vorhang und seine Angst mündet in Machtbewusstsein, das innere Kind bemerkt, dass es durchaus Kraftschnüre ins Außen spannen kann und damit auf seine Weise den Menschen regiert, Befriedigung erhält. Dies gereicht aber nie zum Segen des ganzheitlichen Selbst und schon gar nicht für seinen Umkreis.

Es kommt bei dieser Auseinandersetzung naturgemäß zu Interessenskonflikten mit den anderen Teilen, die einen Menschen ausmachen. Doch der kleine Despot lehnt gemeinsame Sache mit denen ab, will nicht mehr hinter seinem Vorhang hervor, er glaubt weder an irgendeine Art von Liebe noch an eine Verbundenheit mit den »Kollegen« und schon gar nicht im gesunden Sinne mit der äußeren Welt, und so findet der Mensch leider nie als Tautropfen zurück ins Meer, nie in seine Authentizität zurück. Es sei denn, er beendet die Identifikation mit dem Tyrannen und nimmt so das Zepter des Seins in die eigenen Hände, erst dann ist das Kommando wieder reine Chefsache, und nur das wahre Sein sollte der wirkliche Boss sein.

Als Gegenmittel für einen überkandidelten Tyrannen empfehle ich, mit einer strengen geistigen Haltung und der Entscheidungskraft des Seins in einer neuen Ausrichtung das Heil zu suchen. Rituale, in denen das erwachsene Sein das innere Kind bildlich liebevoll in die Arme nimmt oder dem inneren Kind bei einer guten Tasse Kakao und einem Apfelstrudel mit Sahne zeigt, dass man es nun selber ja viel besser auffängt, nährt und mit Geborgenheit versorgt als früher die Eltern, erzeugen im inneren Kind den Raum für ein großes Loslassen und Glücksgefühl, um endlich nach Hause zu kommen, erwachsen zu werden!

Mit dem ewigen Auswerfen von künstlichen Nabelschnüren, dem Tropf des Unbewussten, dem Bettelstab des Abhängigen, der Angstbesessenheit eines in der Kindheit Zukurzgekommenen, der lieber verreckt, als in die Transformation zu gleiten, wird damit der Garaus gemacht. Hallo, wach, wunderbar, willkommen in der Realität! Nach der Transformation das Füllhorn Gottes!

– Der kleine Tyrann bleibt hinter dem Bewusstseinsvorhang

Der Mensch spürt normalerweise keinen Unterschied zwischen dem eigenen authentischen Sein und dem inneren Kind, das als kleiner oder großer Tyrann im Hintergrund die Strippen zieht. Aus der Verletztheit der traumatischen Jugend erstrahlt hinter dem Bewusstseinsvorhang ein eher derber, meist richtig bösartiger Geselle, der in finsterem Haß seine Wut in den diversen Heimzahlungsaktionen an sein Umfeld abgibt.

Wir erleben solche Zeitgenossen immer mit zwei Gesichtern. Man kann es manches Mal gar nicht fassen, dass der eben noch als liebevoll empfundene Freund im nächsten Augenblick derartig aggressiv und ungerecht agiert. Das kommt daher, dass beide Teile nicht miteinander verbunden sind, damit wechselseitig nicht spürbar. Entweder ist man im Sein oder im Tyrannen. Jedweder Tyrann ist durch Lebensthemen bedingt, also dafür geschaffen, uns in die Transformation dieser Bedingungen zu führen. Deshalb ist es von außerordentlicher Wichtigkeit, dass wir unser Sein und unser Handeln in der Beobachtung halten, den bewussten inneren Beobachter einschalten. Genau erkennen, wann wir aus dem Wahren Sein und wann aus dem Tyrannen agieren!

Und ganz wesentlich! Der Tyrann kennt keine Liebe, und alles, was er spricht, ist reine Lüge! Kein Funken Wahrheit kommt aus dem vom Tyrannen manipulierten Verstand. Er lügt wie gedruckt, damit er die Macht erhält!

Er kennt keine Verwandten und keine Bekannten, nur er selbst ist sich wichtig, dafür tut er sich aber unendlich selbst Leid. Bis ins Mark sinnt er dabei auf Rache. Und wenn er am Ruder ist, merkt man sofort die Eiseskälte, die von ihm ausgeht. Ein ausgewachsener Tyrann würde wenn er könnte regelrechte Massaker anrichten. Dies kommt ja auch tatsächlich oft genug vor in der Welt!

In meinen therapeutischen Seminaren freut mich immer der Moment, an dem die Teilnehmer gegenseitig und bei sich selbst anfangen, den kleinen Despoten wahrzunehmen. Ich mache dann darauf aufmerksam, dass man die Nahtstelle, den Übergang zwischen Sein und Tyrann, so kennzeichnen kann, dass man automatisch bemerkt, wenn das System umschaltet und vor allem, welche Ebene den Schalter betätigt.

Hin und wieder erlebe ich auch bei einem Seminaranfänger, dass der tyrannisch Besetzte versucht, komplett über diese Ebene auszubüxen. Nun bedarf es sehr viel Fingerspitzengefühls oder einer therapeutischen Breitseite, um den Davoneilenden zurück ins Bewusstseinsboot zu holen.

Gleiches kann allerdings Fortgeschrittenen ebenfalls passieren. Diverse Fälle von tyrannischem Versagen zeugen davon, dass der innere Despot, wenn man nicht mit aller Kraft, über einhundert Prozent Anstrengung gibt, in einer unachtsamen Sekunde so zurückschlägt, dass auf Jahre kein Wechsel an der Spitze der Bestimmungsinstanz mehr Aussicht hat auf Erfolg.

Derjenige, dem dies passiert, wendet sich gewöhnlich vollkommen ab von der Transformations-Chance, für die er eben noch so dankbar gewesen ist. Die geleistete Transformationsarbeit wandelt sich zurück und schlimmer noch, der Despot sitzt jetzt fester im Sattel den je.

Nun schickt die innere Schatztruhe wieder ein ums andere Mal das zu erlösende Thema über die Lebensbühne, das heißt, dem Betroffen geschehen im Leben Dinge wie Krankheit, Mobbing, Scheidung, die ihn dann aus der Umlaufbahn schmeißen sollen. Die Existenz versucht so, den evolutionären Reigen fortzusetzen. Und ich wiederhole mich gern, das ist ebenfalls der letztendliche und freie Wille der Seele, getroffen vor dem Aufbruch ins diesmalige Erdendasein.

Diese Augenblicke der Bewusstwerdung sind für alle Kursteilnehmer regelrechte Geschenke. Man kann daran wunderbar die gerade erlernten Bewusstseinswerkzeuge testen. Aber manch eine Seele ist halt noch nicht so weit gefeit vor diesem Möchtegern Alleinherrscher, um sich richtig vor ihm in Acht zu nehmen. Gerade nach einem Seminar kommt es vor, dass der erreichte Zustand von den Abwehrmechanismen über den Verstand erfolgreich angegriffen werden kann. Dadurch gewinnt der innere Tyrann zuweilen dermaßen an Stärke und Macht, alle Kräfte fließen ihm ja jetzt zu, und mutiert geschwind in den großen Tyrannen.

Dem auf dem Bewusstseinspfad Gestrauchelten fällt dann das Fahrenlassen seines Bewusstseins allemal leichter, als unter dem Aufwenden äußerster Energiereserven, über einen Platzverweis für den Tyrannen, den Weg in einen weiterhin befreiten Seinszustand abzusichern. Spätestens ab diesem Zeitpunkt kennt der instand gesetzte Alleinherrscher dann gar keine Bekannten mehr.

Natürlich spreche ich hier von der wichtigsten Aufgabe der Seelenreise, der Transformation, und es stimmt ganz klar, dass Muster und Systeme, die über Jahrzehnte im selben

Mechanismus laufen, nur sehr, sehr schwierig verändert werden können, aber es nützt alles nichts: *Der Sinn des Lebens bleibt der Sinn des Lebens, und das ist nun mal genau diese Erlösungsarbeit!*

Der Mensch, der den eigenen diktatorischen »Kameraden« nicht erkennt, erfährt justament mit sich selbst ein Hamsterrad der Extraklasse. Der Wutpegel des vom Sein nicht mehr wahrgenommenen Tyrannen steigt unaufhörlich, bis sogar die kleinste Gelegenheit von ihm hergenommen wird, um für deftige Entladung zu sorgen. Er benimmt sich ab sofort in höchstem Maße despotisch! Ihm gebührt nichts anderes als die rote Karte, die beim Fußballspiel den Feldverweis nach sich zieht. Am besten auf Nimmerwiedersehen!

Dem übrigen Menschsein, der Persona und dem völlig reduziertem wahren Sein, gaukelt der große Tyrann allerdings bei geglückter Machtübernahme die ganze Zeit über vor, also außer bei seinen Explosionen fortwährend, dass er keinerlei Aggressionen in sich trägt. Sein gesamtes, wahres Zustandsbild bleibt dem Menschen damit völlig verborgen. Dabei läuft der Mensch Tag ein Tag aus, permanent herum wie eine wandelnde Tretmine, kippt ständig seinen Müll über andere aus und meint trotzdem, der friedlichste Mitbürger aller Zeiten zu sein. Was für eine Verblendung!

Das Schlimmste daran ist, dass diesem Zeitgenossen dann so gut wie gar nicht mehr zu helfen ist. Er hockt im Anschluss daran bis zum Lebensende überwiegend in den Krankenzimmern der Doktoren, verschleißt mannigfache Therapeuten, zeigt als Firmenchef jedem, wer der Boss ist, oder drangsaliert Familienangehörige, bis er gänzlich alleine und vereinsamt sein Lebensboot Richtung Abgrund steuert. Nach dem Motto: Nächstes Leben, neue Chance!

Sie, lieber Leser, können sicherlich ebenfalls einige erlebte Geschichten zu diesem Thema beisteuern. Oder erkennen Sie sich sogar selbst ein wenig? Wenn ja, nutzen Sie dieses Buch, um in der Realität aufzuwachen, und erlösen Sie das bei Ihnen zugrunde liegende Thema.

– Der große Tyrann sitzt auf seinem Diwan

Ein Zeichen des großen Tyrannen ist die mit aller Kraft vermiedene tatsächliche Erlösung. Vordergründig will er die Transformation, doch in Wahrheit sucht er Rat, Trost, Heilung etc. nie bei der wirklich helfenden Instanz.

Krankheit zieht eher Krankheit an, um die Auseinandersetzung mit Gesundheit zu vermeiden. Gesundheit gaukelt der Tyrann lediglich vor. Genau dieses gilt für den Großteil der Suchenden, sie tun so als ob, und wenn es um die Wurst geht, kneifen sie.

Der große Tyrann sucht eher Gleichgesinnte oder Unterdrückbare, um Transformation für alle und für sich selbst zu vermeiden. Im Geschichtenteil werde ich einige Geschichten vom so trickreichen großen Tyrannen erzählen.

In jedem Fall sitzt der große Tyrann genüßlichst dick und fett auf seinem Diwan und lässt dabei die Puppen im Außen nur so tanzen. Ob der Mensch, in dem er hockt, dabei draufgeht oder nicht, ist ihm dabei vollkommen egal. Er holt sich alles, was er braucht, betrügt und gaunert völlig ungeniert, er will jeder Energie und Emotion habhaft werden, ob Liebe, Haß, Wut.

Die einzig wirksame Waffe gegen diesen Kaiser Nero des Tyrannentums ist das unendliche Anpirschen dieser in die Sackgasse geratenen Kreatur. Das aktive Bewusstsein, um ihn mit entfachter Bewusstheit von jeglicher Energiezufuhr abzuschneiden. Damit trocknet man den Tyrannen-Sumpf aufs Gänzlichste aus.

Aber aufgepasst, das ist ja ein weiteres offenes Geheimnis, dass nach einmaliger Transformation bis zur endgültigen Erlösung der Bewusstseinsarbeiter stets vor sich selbst auf der Hut sein muß. Er muß sich selbst vierundzwanzig Stunden am Tag eigenhändig anpirschen, um mit aller Wachsamkeit und Achtsamkeit Rückfälle unter die Geißel des Despoten, die Abwehrmechanismen und den plappernden Verstand zu vermeiden.

– Der ewige Kuhhandel mit der vermeintlich nährenden Nabelschur

Ein Leben lang versucht die Seinsperiphene der Persona und das innere Kind überall mit ihren Energietentakeln aus Gründen der Kraftgewinnung anzudocken. Dies geschieht nicht aus Liebe, sondern aus dem Lebensthema der Bedürftigkeit, des Bettelmanns, der in sein meisterliches Sein aufbrechen soll.

Wo eine Zusammenkunft der armen Opfer-Ichs gelingt, treffen sie dann auf ihr thematisches Spiegelbild. Sie fabrizieren einen meist unbewussten Kuhhandel der Energiegewinnung, alle Beteiligten bekommen wechselseitig die gewünschten Energierationen. Diese Abmachung erlaubt eine Kraftübertragung, bei der eine Pseudoliebe vorgespielt wird, man sich mit Erlösungsthemen möglichst in Ruhe lässt, den Abwehrmechanismen und dem kleinen Tyrannen den Bauch pinselt und trotzdem keinen wirklichen Kontakt von Sein zu Sein herstellt.

Nichts wirklich Nährendes kommt dabei heraus. Ein Rührmichnichtanpakt entsteht. Doch niemand wird dabei glücklicher. Sie erweisen sich als arme Kreaturen, die in diversen Kostümen auf dem Energiefeldzug ihr Unwesen treiben. Man verwickelt sich in künstliche Nabelschnüre, bis sie einen rund um den Hals denselbigen abschnüren und man jämmerlich erdrosselt daran verendet.

Im Gegenteil dazu lebt man im Wahren Sein aus der eigenen inneren Quelle heraus. Man versorgt sich zu jeder Zeit bis zum Überquellen aus sich selbst. Keinerlei Energieraub ist mehr vonnöten. Mit den Mitmenschen entsteht ein einzigartiges Energiefeld der Liebe und Synergie. Unabhängiges Dasein trifft auf unabhängiges Dasein, kreiert genau die Form der Kommunikation des *Neuen Menschen*. Deswegen ist es von so ungeheurer

Wichtigkeit, dass wir alle lernen, alleine im All-eins-Sein stehen zu können. Im All-eins entsteht eine Unabhängigkeit, die nicht mehr am Missbrauch mit Menschen zur Energiegewinnung interessiert ist. Und zur Verblüffung der Ungläubigen geschieht genau von diesem goldenen Moment an das, wonach wir alle uns sehnen, wir können von nun an in Frieden, Freiheit, Liebe und völliger Entspanntheit miteinander sein.

– Der Überlebensmechanismus wird zur Falle

Mit dem Auslaufen der Jugendjahre und dem endgültigem Beginn der Erlösungsarbeit konfrontiert uns der Lebensthemenspannungsbogen mit einer neuen überraschenden Erkenntnis. Das im Durchkommen dieser Jahre aufgebaute Instrument, der Überlebensmechanismus, kann nicht weiter aufrechterhalten werden, da jetzt sein Sinn ins genaue Gegenteil umschlägt. Die ehemalige Schutzfunktion, die das Überleben sicherte, kapselt nun den Erdenbürger von seiner Umgebung völlig ab. Man sitzt in der Falle und weiß nicht wie aussteigen.

Der Tropfen fühlt sich vom Ozean abgespalten und nicht erwünscht. Die Kindheitstraumata führen über den Überlebensmechanismus in eine schützende Hülle der inneren Abschottung, doch jetzt muß der Mensch den Sinn des Ganzen verstehen und ohne Unterlass alles daransetzen, aus diesem Ein- und Ausgesperrtsein auszusteigen. Es nützt ihm nichts, sich als größtes Opfer aus dem wirklichen Leben auszuklammern. Die Bewusstseinswerkzeuge dienen hier, in permanent hundertprozentiger Anwendung, vortrefflich, die stete Hülle einzureißen.

Man kann jetzt in dieser Situation umgehen wie Alexander der Große mit dem Gordischen Knoten, endlich dank eines Schwerthiebes die Ummantelung zerschlagen oder vorgehen wie bei der Häutung einer Zwiebel, um nach einiger Zeit festzustellen, dass es gar keinen schützenswerten Kern gibt, sondern sich dort im Inneren lediglich nur Luft befindet, und da man

Luft nicht aufhalten kann, hat sich diese längst mit dem Ganzen gemischt, man ist also wieder direkt mit der Existenz verbunden.

Angstvolles Zurückziehen muß der Transformationswillige möglichst sofort ablegen, auch wenn das bei einem längeren Kampf bedeutet, nur langsame, zaghafte kleine Schritte ins Außen voranzukommen. Es bleibt ihm nichts anderes übrig und er wird nun merken, dass er gerade wegen seines mutigen Stehens in seiner Kraft und trotz gelegentlichem Erzittern vor Angst genau mit diesem Gegenhalten erkennt, ich sterbe ja gar nicht! Das Vorgegaukelte ist nicht die Realität! Bei jedem erneuten Stehenbleiben in der Energie, anstatt jämmerlich in sich zusammenzufallen, stärkt dies die Authentizität der inneren Mitte, dem eigentlichen Zuhause des Seins. Damit gelingt der Transformationsschritt, der ewig gleiche Evolutionskreisel ist durchbrochen!

– Das Tyrannen-Monster

Hochkaräter der absoluten Bewusstseinsverweigerung schrecken allerdings vor keinerlei Despotismus, Gewaltanwendung oder Perversität zurück. Ein Adolf Hitler ist das Paradebeispiel eines inneren Tyrannen-Monsters. Früher sprach man in so einem Fall von einem Satansbraten! Teufelsaustreiber oder Schamanen wurden früher in schweren Fällen dieser Art mit der Heilung betraut, ich spreche hier aber nicht von der Inquisition der katholischen Kirche. Oder denken Sie nur an die vielen Mißbrauchsfälle und perversen Tötungsdelikte innerhalb unserer Gesellschaft bis hin zum Kannibalismus oder sonstigen verrückten Taten, all dies hängt mit der Spaltung im inneren des Menschen zusammen und damit, dass die Täter nicht rechtzeitig mit der Realität konfrontiert wurden und somit ihre Lebensthemen nicht aufräumen konnten.

Es wäre in jedem Fall einen Versuch wert, ob man nicht mit diesem hier Beschriebenen, verbreitet als Grundwissen in den

Ausbildungsstätten und Familienverbänden dieser Welt, an den stinkenden Aussonderungen der bisherigen Gesellschaftsstrukturen etwas ändern könnte. Zu lange schon haben wir Neuem unser Herz verschlossen und angstvoll an Altem festgehalten. Denken Sie nur an das Ende des Zweiten Weltkrieges, erst mit der fast völligen Zerstörung Deutschlands wehte ein neuer Fortschrittswind durch die Lande. Das Debakel muß man nicht wiederholen, doch nutzen wir lieber die heutigen Krisen, anstatt sie unentschlossen oder mit nicht funktionierenden Hilfsmitteln noch zu vergrößern, haben wir Mut zu neuen Experimenten, packen wir's an!

Mit dem Erlösen der Lebensthemen halten wir endlich das Instrument, den Schlüssel, in der Hand der in jedem Menschen den Quantensprung in die Liebe, Gesundheit, Berufung und das Glück auslösen kann! Und damit passieren automatisch Veränderungen in allen Bevölkerungsschichten und Gesellschaftsebenen, tyrannische Monster haben keinen Nährboden mehr.

– Der freie Fall in den Abgrund

Die weniger kräftigen Tyrannen-Monster sitzen eher in allen möglichen Wartesälen, sie vergiften über ihre Ausdünstungen das Geschehen jedweder Art und verdunkeln mit ihrer Aura, wo immer sie wandeln.

Die Lebensbühne erfahren sie als eine Verdichtung von Zufällen, die gerade ihnen passieren, um in Projektionen die Schuldigen im Außen benennen zu können. Ob Unfall, Krankheit, Unansehnlichkeit, nichts kann ihnen etwas anhaben. Und doch sind sie todunglücklich, aber wehe, man spricht sie auf Selbstverantwortung an oder zeigt einen Heilweg auf, den sie ganz alleine beschreiten könnten, es zeigt sich sofort die wutentbrannte Tyrannen-Gosche. Diese Menschen muß man alleine lassen, ihnen ist nicht zu helfen, sie wählen den direkten oder den lang anhaltenden Pfad in den Abgrund.

– Bewusstsein contra Bewusstseinsspaltung

Bewusst oder unbewusst, im Sein erwächst während der Entstehung des Lebensthemenspannungsbogen eine Bewusstseinsspaltung, der eine Teil ist mit der anderen Seite dabei in keinster Weise verbunden. Das bewusste Sein hat von den vielen Dingen, die im Unterbewussten liegen, meist gar keine Ahnung. Trotzdem meint der Mensch sich genau zu kennen, er sieht, was er sieht. Er hat das Gefühl, ihm bleibt nichts verborgen. Nach dem derzeitigen Wissensstand weiß er um das, was irgendwie in ihm wirkt. Doch dieses Bild ist nicht das der Realität, nur das, was die Abwehrmechanismen auf dem inneren Bildschirm zulassen, gelangt ins Bewusstsein.

Aber alle vermeintlichen Bilder sind lediglich Illusion, sie existieren so nicht wirklich. Sie sind reiner Schein, eine Maskerade des inneren Tyrannen, der ein für das bewusste Sein angeglichenes Bild, eine Fassade, auf den Screen projiziert. Der Mensch selbst macht sich etwas vor, er hat keine Ahnung, was hinter dem Vorhang der Unbewusstheit wirklich abläuft.

Entweder ist er also bewusst und damit in der absoluten Realität oder aber im Sumpf des Unbewussten, und der spiegelt sich gerne in der Sucht nach Energie, Macht, Fassade des Gutmenschen, Geld und Anerkennung, Vorstandsposten und Politikgröße, oder aber nach Krankheit und Gebrechen, dem Spiel des hilflosen armseligen Opfers, dem Bedürftigen, dem vor Lebensangst Zitternden, dem Verantwortungslosen, dem perversen Gewalttätigen, dem Zerstörer und Vernichter ganzer Welten, dem Besserwisser voll des Hochmuts im Ego verfangen. Er fällt permanent auf seinen inneren Tyrannen herein und unterliegt den Abwehrmechanismen.

Stets ist er dabei bemüht, aus seinem Umfeld Energie abzuziehen. Einem schwarzen Loch gleich verschlingt, frisst er alles energetisch auf, was ihm in den Weg kommt. Damit verbreitet er automatisch ungesunde Schwingungen in seiner Umwelt. Es ist wie bei vielen Vorlagen aus der Literatur, in denen das Gute und das Böse sein Unwesen treiben. Auf gar keinen Fall will die unbewusste Seite aufgeben, sie wehrt sich mit allen ihr zur Verfügung stehenden Mitteln. Und wie gesagt, die bewusste Seite weiß von der dunklen nicht viel.

Es ist jedoch die Seite, die ein Großteil der Menschheit dringend aufzuräumen hat. Sie ist verbunden mit der von außen aufgeprägten Persona und dem inneren Tyrannen, der es ja, wie in all den Lebensjahren bewiesen, nicht verdient, in Liebe und Einklang mit sich und dem Umfeld zu leben. Im inneren hockt unerkannt das traumatisierte kleine Kind, das wir einst waren, nun mutiert und aufgeblasen zu einem Monster, einem Tyrannen, der, auf seinem Diwan hockend, die Puppen tanzen lässt und der niemals zufrieden ist, auch nicht wenn die Welt um ihn herum in Schutt und Asche zerfällt. Ohne die alte Nabelschnur, der nie als nährend erfahrenen Liebe seiner Eltern, schickt der innere Tyrann den Menschen in die zerstörerische Lebensuntauglichkeit. Der so geeichte Mensch muß sich unbedingt um seine bis dato unerlösten Lebensthemen kümmern, sonst ist er für dieses Leben verloren und zieht noch etliche Seelen mit in die abgründige Erfahrung.

Denn der Tyrann macht vor nichts halt. Sogar den eigenen Körper, in dem eigentlich die Seele der Boß sein sollte, wird er in jedem Fall auf die eine oder andere Weise zerstören, wenn wir nicht mit unserem bewussten Sein hinzuspringen, dieses verhindern und den inneren Tyrannen mit einem gekonnten Tritt ins Weltall befördern, meinetwegen bis zur Sonne, dort kann er friedlich verglühen, ins Licht eingehen!

Hier zeigt sich wieder unsere Transformationsaufgabe. Doch leider gibt es all die Hintertürchen, auf die wir nur allzu gerne immer wieder hereinfallen. Die Abwehrmechanismen flüstern permanentes Festhalten am krankhaften Ego ins Ohr des eigentlichen Chefs, dem bewussten Sein. Dieses wagt kaum den Widerspruch, verweist nicht in Schranken, zu lange hat es in der leidvollen, aber bequemen Sicherheit, im Käfig der Persona, ausgehalten. Ihm wird meist mit Erfolg eingetrichtert, »wenn du diesen Schritt in die Befreiung wagst, erfolgt der sofortige Tod deiner Existenz«. Doch in Wahrheit ist es genau umgekehrt, der Tyrann, die Persona, das Ego, muß sterben, das ist in diesem Fall der Grund des Erdendaseins, die Transformation dieses Lebensthemas.

Es überlebt letztendlich entweder der Tyrann mit seinen Abwehrmechanismen, das bedeutet den Tod des Körpers, oder das eigentliche bewusste Sein tritt in seinen erlösten Zustand, der Transformation seiner Lebensthemen.

Bewusstseinsarbeiter stellen fest, dass sie ihren Bewusstseinsschalter gelegentlich im Sekundentakt umswitchen müssen, um dem jeden Augenblick eintretenden Puppenspieler Einhalt zu gebieten. Es fühlt sich an, als ob zwei Kräfte in einem System um die Macht streiten, nur hat die eine keine Ahnung, was die andere wirklich so treibt. Und doch muß der Bewusstseins-Erfolgreiche mit allen meisterhaften Tricks die Oberhand gewinnen, damit er den Sinn seines Lebens nicht verpasst.

Sie werden sicherlich erstaunt feststellen, wie ebenfalls in Ihnen dieser manipulierende Verstandeswind seine unheilvollen Gedanken einschleust. Und nun kennen sie auch dieses schlimme Phänomen, die Ausflüchte, die das verängstigte Seelensein meist betreibt, um der eigentlichen Transformation, dem Tod der Persona, des Tyrannen und des Egos zu entgehen.

Ein ums andere Mal klemmt der Bewusstseinsbolzen, und alte Mechanismen greifen sofort wieder nach dem Chefsessel. Lassen Sie dies aber auf gar keinen Fall zu, erlernen Sie lieber die in diesem Buch beschriebenen Bewusstseinswerkzeuge, damit brechen Sie ganz wunderbar in Ihre Transformation auf. Wenn Ihnen das dann immer noch nicht gelingt, buchen Sie im Neo Holistic Institut eine Einzelsitzung und besuchen Sie die Quantensprung-Seminare!

– Der einzige Ausweg – die Transformation

Wenn Sie meinen, Sie könnten sich die Transformationsarbeit sparen, weil Sie ja schließlich genügend Wissen in sich tragen, all das Wichtige zu tun, was Sie sich vorgenommen haben, täuschen Sie sich gewaltig. Mit genügend Will-Power wird es schon gelingen, meinen Sie. Jedoch kann alle Willenskraft nicht darüber hinwegtäuschen, dass Sie Ihren Bewusstseinsaufgaben nicht entrinnen können, da das innere Schatzkästchen ja Ihre Lebensthematik beherbergt. Aus diesem heraus kreieren Sie unbewusst auf der Lebensbühne Ihre Geschehnisse, die sich umso mehr verdichten, je weniger Sie Ihre Transformationssprünge wagen. Sackgassen wie Krankheit, Zusammenbruch, Verlust von materiellen Werten, Trennungen und erfahrene Unterdrückung etc. zeugen davon, dass man über den eingeschlagenen Weg nicht das bekommt, was man so sehr erwünscht.

Nun entscheidet sich der Mensch meist für die eine oder die andere Seite der Medaille, nur für die gesunde, glorreiche Mitte bringen die wenigsten die Kraft, Geduld und das Bewusstsein auf. Entweder man steuert Richtung Krankheit, Absturz der Luftschlösser, Selbstmord oder man versucht, in jegliche Hamsterräder zu springen, die einen vermeintlich auf die sichere Seite, in den Erfolg, bringen sollen. Dank dem Verstandesberater gelangt ein Großteil der Menschheit früher oder später an den Rand der Verzweiflung und schmeißt dann diese einmalige Möglichkeit eines Lebens in irgendeiner Form in den Schlund des Abgrundes oder in zweifelhafte Sicherheitszonen, die mit einem freien, glücklichen, liebevollen Leben nichts zu tun haben.

Der Mutige, Tapfere, der nicht ruht, bis er an Erkenntnis gewinnt, ist die einzige Antwort auf die Frage des Sinns hinter all dem Leid. Mit geballter Kraft blickt er hinter die Kulissen und erahnt den lichten Streif am Horizont und lässt sich ungebeugt davontragen, bis er die Türen der Transformation durchquert.

Weise Männer und Frauen aller Zeiten riefen und rufen denen, die hören wollen, fortwährend zu, »mach weiter, fahre fort, der Weg lohnt sich, der Weg lohnt sich«!!

Wer auf ein neues Leben ohne vollbrachte Bewusstseinsarbeit, in dem er nicht mehr mit dieser Thematik belästigt wird hofft, irrt gewaltig! Er wiederholt lediglich ähnliche Lebensbedingungen und steht dann abermals vor derselben Aufgabe. Der einzige Ausweg aus der Misere ist also der Pfad der Transformation, der Erleuchtung!

– Das Füllhorn Gottes

Gleich hinter diesem Transformations-Tor steht dann sogar zu allem Überfluss noch der liebe Gott und empfängt, überschüttet uns mit seinem Füllhorn. Das glauben Sie nicht, werter Leser? Und doch sind auch Sie Zeuge, denn auch Ihnen ist es schon widerfahren, wenn Sie einen noch so kleinen Schritt in Ihre Freiheit und Erlösung gewagt haben. Sie hatten manchmal das Gefühl, mit totaler Leichtigkeit Ihre Wünsche in Erfüllung zu bringen, genau das ist damit gemeint. Ihre Schöpferkraft führte Sie in die Transformation und diese wurde belohnt oder machte den Weg frei, sodass sich das Gewünschte materialisierte.

Das universale Gesetzt besagt, *die Seele ist frei*, aber mit der freien Themenwahl vor der Geburt bleibt ein Leben lang bei Abweisung der Transformations-Tore die Konsequenz des Misslingens, des Abgrundes. Dieser zeigt sich für jeden Menschen in völlig individueller Weise. Und der »liebe Gott« darf aus gutem Grund nicht eingreifen, denn der Mensch hat die freie Wahl bis zum Schluss, und dies respektiert Gott unabdingbar. Er darf nicht eingreifen und retten, sonst würde Gott ja die Transformation bewerkstelligen und nicht die Seele. Erst beim Überspringen seiner thematischen Hürden wird der Mensch von dem winkenden und vor Freude hüpfenden Gott in seinen weit geöffneten Armen empfangen.

Deswegen macht es halt erst recht keinen Sinn, mit der Verweigerung der Weiterentwicklung den ewigen Kreislauf des Andockens, die alte energetische Nabelschnur der Abhängigkeit und des Energieklauens, weiter überallhin auszuwerfen. Der innere Tyrann will permanente Aufmerksamkeit von Papa, Mama, Liebhabern, Freunden, Arbeitgebern, Untergebenen, Kollegen, Partnern, Patienten, Klienten oder ferner sogar von völlig fremden Mitbürgern und bei dementsprechender Berufswahl von TV-Zuschauern oder Fußballfans. *Doch damit ist jetzt Schluss. Selbstverantwortlich holen wir uns den Pokal des Hürdenlaufs – das Füllhorn Gottes!!!*

– Das Ego – eine Gefahr bis zur Buddhaschaft

Das Ego ist ein weiteres Kunstprodukt des Lebensthemenspannungsbogens, durch die Konditionierung seitens Eltern, Schule und dem Ort des Aufwachsens bekommt der junge Mensch eine Prägung die ihn in die Zielvorstellungen dieser, für diese Prägung verantwortlichen Leute schickt.

Das Ego korrespondiert direkt mit der Maske der Persona, mit dem Scheinsein, und auch der innere Tyrann hat seine Fäden mit im Spiel. Das Ego erzeugt einen Wettlauf zwischen den Menschen, treibt sie in die Sackgasse des sich nicht mehr mit den anderen Verbindens, Freundschaft aus Liebe hat hier nichts zu suchen. Dieser Energiestrang, der so oft bei den Menschen Lebensthemen und Lebensthemenspannungsbogen bedingt, hat einen Teil seiner Wurzeln auch im genetischen Bereich. Nicht nur das Überleben war vor Jahrtausenden wichtig, sondern nur der Stärkste hatte die Chance, so zu überleben, dass er im Clan eine bedeutende Rolle spielte. Man gehörte sonst zu den Untergeordneten, und diese waren lediglich Vasallen, Sklaven, Bedienstete.

Dieser Impuls des Nachvornestürmens, der vom gesellschaftlichen System nach wie vor sehr stark gefördert wird, damit zumindest die Besten gewinnen und sich den »Kuchen« teilen, bringt uns im Endeffekt zwar in ausgeprägt starke Egos, jedoch nicht in den Zustand, der es uns erlaubt, menschenwürdig miteinander umzugehen. Den Sinn des Lebens verfehlt diese Art der Lebensführung völlig. Erlösung steht hier momentan noch in keinster Weise zur Debatte. Im Gegenteil, im Laufe der Zeit müssen die aufgeblasenen Egos ihren traurigen Nonsenszustand über die Erfahrung des Misslingens machen. Denn die Egomanen gehören natürlich ebenfalls dem Zyklus des Transformationsprozesses an, wie gesagt, keiner macht da eine Ausnahme!

Nach den Problemen des Egos hat es der Sucher anschließend mit dem spirituellen Ego zu tun. Eine weitere entscheidende Zeit, der Feuertest, dient hier fast schon als Abschlussprüfung. Er kann jederzeit ins Verzagen oder in den Fehltritt, den spirituellen Missbrauch fallen. Denn die zwei Gevattern, Persona und kleiner Tyrann, liegen dem Menschen gerade jetzt mit aller restlich verbliebener Kraft in den Ohren, und der Auszubildende muß nun endgültig mit eiserner Disziplin und der Stärke der Meditation vom Ego Abstand nehmen und so die Hürde der spirituellen Weiterbildung meistern. Leiten lassen kann er sich selbstverständlich von seiner geschulten Intuition, seiner inneren Stimme. Aber aufgepasst, das spirituelle Ego kann über seine Gehilfen sogar manchmal die Eingebungen vernebeln und damit den Quantensprung im letzten Augenblick noch vermasseln.

Also versetzt sich der »Hürdenspringer« in höchste Achtsamkeit, denn in der Zeit vor dem letzten Quantensprung hat er die gefährlichsten energetischen Störungen zu bewältigen. Die Abwehrmechanismen geben zusätzlich ihr Bestes und stellen dem Transformationswilligen gerne öfters mal ein Bein. Dazu treten mit Vergnügen die alten, unnötigen Schatten der Angst wieder auf. Furcht vor einem Fehltritt, dem Verzagen und Versagen, der Unsicherheit, dem Machtmissbrauchs, dem Überagieren gegenüber Mitmenschen aus der Gewissheit des Sehens ihrer Lebensthemen, das sind alles Gefahren beim Übertritt in die höchste Bewusstseinsklasse.

Aber wir wissen ja jetzt, wie und warum die Abwehrmechanismen bis zum Schluss, dem Schritt in die Erleuchtung, immerfort Abwehrschlachten auf der Lebensbühne entgegenwerfen. Manipulation, Energieklau, Powertrip, Besserwisserei, spiritueller Übermut bis geistiges Gefangenhalten von suchenden Seelen heißen deren Zauberwörter und diese lauern sogar noch auf den letzten Metern am Wegesrand zur Buddha-Natur.

Es passiert sehr leicht, dass dem Menschen vor dem letzten Quantensprung die Auseinandersetzung mit den Abwehrinstanzen in Form eines Absturzes auf eine niedrigere Bewusstseinsebene doch noch misslingt. Es bedarf daher der absoluten Bewusstseinsstärke und Achtsamkeit, die Prüfung des spirituellen Egos zu bestehen.

– Wie stelle ich mich den Abwehrmechanismen entgegen, damit der Fortschritt gelingt?

In meinen Einzelsitzungen und Seminaren lernen die Patienten und Klienten sehr schnell die Handhabe verschiedener Bewusstseinswerkzeuge. Damit gelingt etwas, das in der Zeit der Not oder des unbewussten Herumirrens unerreichbar schien, die Erlösung aus den unangenehmen Sackgassen. Gerade das in diesem Buch vermittelte Wissen der Zusammenhänge der Seelenreise auf Erden, des Sinns des Lebens sind die fehlenden Bausteine innerhalb der Menschheitsgeschichte für das Mosaik des Bewusstseins. Sie bieten den Schlüssel für die aktive und weit reichende Veränderung.

Das Gewahrsein der eigenen traumatischen Erlebnisse als lebensthemenbedingter Sinn für die Seele und zusätzlich das Erkennen der vollkommenen Selbstverantwortung dafür, bieten endlich die Chance für absichtsvolles Seelenwachstum ohne weitere Opferhaltung oder aufkeimenden Machtmissbrauch. Viele Klienten durchschritten mutig dieses Nadelöhr und zeugen nun von einem klaren und deutlichen Aufschwung in ihrer Bewusstseinsreise.

Aber wir müssen uns auch völlig klar darüber sein, dass, sobald wir hier auch nur einen Millimeter von unserem Lernpfad abweichen, schon etliche Kumpanen der Abwehrmechanismen bereitstehen und uns sofort von der erreichten Evolutionsstufe hinunterstoßen in eine erneut ausweglos anmutende Situation. Damit, wenn wir Pech haben, wiederum in den ewig selben Teufelskreis des blinden Ablehnens von Bewusstseinsfortschritt. Jetzt allerdings ganz behende eingebleut und noch verstärkt durch den inneren Tyrannen, der sich hinter seinem Vorhang in diesem Moment köstlichst und ekstatisch die Hände reibt.

Also bitte, größte Wachheit, ja Wachsamkeit ist angesagt, und als inständiges Bewusstseinswerkzeug empfehle ich hier den bewussten Beobachter, der, richtig installiert, allzeit in seiner Achtsamkeit steht und uns früh genug aufrüttelt, bevor wir drohen fehlzugehen.

– Der Schlüssel zum Erfolg

Jetzt ist es endlich so weit, unsere kühnsten Träume werden wahr. Denn die Aufarbeitung und Transformation der diesmaligen Lebensthemen bringt uns in die Position des Wir-können-nun-alles-Erschaffen, was wir wollen!

Was immer wir jetzt kreieren entsteht aus dem geläuterten Sein der Erlösung, damit eben nicht mehr aus dem Kunstprodukt des Egos, des Heimzahlungsnimbus oder eines vom inneren Tyrannen abhängigen machtbesessenen Despoten. Misslingen, Abstürze oder unbefriedigende Partnerschaften haben ebenso ein Ende, der Weg ist frei für unsere reine göttliche Schaffenskraft. Die Dinge, die der transformierte Mensch anpackt, kommen allen Seelen zugute, auch wenn sie das aus ihrem Blickwinkel nicht immer gleich wahrnehmen. Was eben noch wichtig schien erfährt neue Prioritäten. Wir brechen auf in ein wahrhaftiges, erfülltes und absolut glückliches Sein!

– Der Lebensfluss

Tja, was ist eigentlich ein Lebensfluss?

Wir alle kennen Flüsse, sie entspringen meist irgendwo im Gebirge als kleines Rinnsal aus der Quelle, und dieses fließende Wasser, das zum tiefsten Punkt hintreibt, umschifft dabei so manche harte Sohle, bahnt sich einen Weg in leichteren Gefilden, die sich mit der Zeit weiter auswaschen, Erde und Kies werden mitgenommen, transportiert über viele Meilen, Sandbänke entstehen, mal geht es nach links, dann wieder nach rechts, es gurgelt und zischt, pfeift und kracht die Felsspalten hindurch. Das Wasser strömt über Kanten, Wasserfälle versprühen ihre Gischt, und im freien Fall unter tobendem Getöse trifft sich alles wieder, um hernach in flacheren Gefilden vom kleinen Bach endgültig in Flussgröße zu transformieren. Dieser Fluss verläuft niemals gerade, stößt immer wieder auf Hindernisse, bahnt sich trotz allem seinen Weg und kommt in jedem Fall nach langer Müh und Qual, Freude und tänzerischer Leichtigkeit am Ziel der Reise, dem Ozean, an. Machen Sie es wie er, lassen Sie sich vom Lebensfluss treiben, und Sie kommen immer ans Ziel ihrer Transformation!

Die Reise der Seele

Evolution

Die Evolution der Seele ist älter als die Menschheitsgeschichte, sie setzte in dem Moment ein, als die Erde geboren wurde. Ob mit dem Urknall oder von Gott in sieben Tagen erschaffen, hier beginnt die Geschichte der Evolution der Seelen auf unserem Planeten durch die verschiedenen Stadien bis hin zu den ersten Spuren von Lebewesen. Während der Jahrmillionen entwickelte sich das Bewusstsein und damit die Seele hin zum Menschen von heute.

Dies ist ein Teil der Reise auf der Entwicklungs- oder Evolutionsspirale. Auf dieser Spirale »schreitet« jede Seele bei ihrer Fortentwicklung mit jedem Leben ein Stückchen weiter nach »oben«. Die letzte Stufe dieser Evolution ist die Bewusstheit eines Buddha.

Die Evolution vollzieht sich aber nicht nur in der einzelnen Seele, auch das Kollektiv Mensch geht insgesamt in weitere Veränderungen. Immer wieder kommt die Gesellschaft der Möglichkeit zu einem Quantensprung sehr nahe. Auch heutzutage steht die Menschheit vor einem solchen Qantensprung, einem großen Satz nach oben auf der Entwicklungsspirale.

Nach der Jahrtausendwende machen uns die ökologischen und gesellschaftlichen Probleme nach wie vor darauf aufmerksam, dass es in vielen Lebensbereichen »fünf vor zwölf« ist. Gerade im Gefüge des Miteinanders herrscht ein großer Bedarf an neuen Lösungen. Die Grundfrage muss lauten: Wie kann das Individuum Mensch im täglichen Zusammenleben mit anderen Zeitgenossen seiner Gattung erfüllender, liebevoller und freier umgehen und gleichzeitig erkennen, dass auch Reibung Wachstum bedeutet?

Wir müssen zunächst dafür sorgen, dass die körperlichen Bedürfnisse aller Menschen befriedigt sind. Erst dann kann der Mensch sich für Kunst, Dichtung, Malerei, Musik oder Literatur interessieren. Wenn die körperlichen Bedürfnisse gestillt sind, entsteht der psychische Hunger nach Spiritualität, zieht es den Menschen in noch höhere Sphären. Die Schöpferkraft hinter den Kulissen kennen zu lernen ist dann der größte Wunsch des Menschen.

So schaffen viele Menschen mit der Zeit den Quantensprung in die Meisterschaft der Seelenreise. Dies wird möglich, weil die Menschen sich entscheiden, über ihren eigenen Horizont hinauszublicken und Verantwortung zu übernehmen.

Vom Anbeginn der Zeit fragte der Mensch nach dem Sinn und Zweck des Erdendaseins. Ohne diese Frage wirklich klären zu können, spielte er mit allen Möglichkeiten der Macht- und Kraftentfaltung. Um Weltreiche wurde gekämpft und nach ihrer Hoch-Zeit wurden sie wieder in Schutt und Asche gelegt. Wissen und Macht gelangten zur Blüte und verschwanden wieder von der Bildfläche.

Trotzdem wurden gewisse Erfahrungsessenzen von Generation zu Generation weitergereicht und fortentwickelt. Möglichkeiten für ein besseres Miteinander wurden geschaffen und lösten sich wieder auf. Und dennoch bereichert jede dieser Wellen die Menschheit. Langsam klettert dabei das Bewusstsein des Einzelnen wie des Kollektivs Stufe für Stufe höher auf der Bewusstseinsleiter.

Stets waren nicht unbedingt die Könige und Despoten die geistigen Speerspitzen der Gesellschaften, sondern die Weisen, die geistigen Erneuerer. Sie erkannten und vermittelten oft die wichtigen Zusammenhänge der äußeren und inneren Welt. In Lebens- und Mysterienschulen lehrten große »Geister«, die nicht selten als Religionsgründer in die Geschichte eingingen. Diese weisen Seelen waren ihrer Zeit meist um Jahrhunderte voraus und wurden leider zu Lebzeiten von der Masse oft missverstanden oder sogar getötet. Beispiele wie Jesus, Buddha oder Sokrates sind uns allen ein Begriff.

Andere Genies der Menschheit, die großen Entdecker und so intelligente Erfinder wie Archimedes, Newton, Einstein und Edison fanden vor allem durch ihre spielerische Art und ihren immensen Sinn für Humor ihre goldenen Eingebungen. Newton saß zum Beispiel unter einem Baum, als ihm ein Apfel auf den Kopf fiel, und plötzlich hatte er die Idee der Schwerkraft gefunden. Archimedes hatte die interessantesten Gedankenblitze in seiner Badewanne. Einstein spielte am liebsten mit Seifenblasen, deren Ausdehnung und Zerplatzen ihn zur Relativitätstheorie inspirierten. Edison ging im wahrsten Sinne in aller Frühe ein Licht auf, die Glühbirne war geboren!

Viele, die den Prozess der Evolution abgeschlossen haben, arbeiten ein letztes Mal in der Gestalt eines Meisters oder einer weisen Frau für das Bewusstsein der Menschheit, um sich dann für immer mit dem unendlichen Universum zu vereinen.

Der Seelenweg führt über den Verbund mit anderen Menschen. Im Laufe der Jahrtausende bildeten sich unterschiedliche Formen des Zusammenlebens heraus. Lebensformen erscheinen meist fest und stabil, sind jedoch dem Gesetz des steten Wandels unterworfen. Manchmal ziehen sich Veränderungen über Jahrzehnte hin, und dann wieder tritt der Wandel plötzlich ein. Trotzdem gilt der Status quo meistens als unumstößlich. Erst im Rückblick erkennt man, wie sich die Lebensbedingungen im Laufe der Geschichte immer wieder veränderten.

Die Urform der menschlichen Gemeinschaft wurde von den Frauen angeführt. Als Sippe lebten die Menschen vom Sammeln und Jagen. Die Gebärfähigkeit der Frau galt als die natürliche direkte Verbindung zum göttlichen Unbekannten und war damit der Hauptgrund für die weibliche Vormachtstellung.

Das Matriarchat wurde nicht mit Gewalt erzwungen, sondern war ein aus uralten Traditionen überliefertes Gewohnheitsrecht. Es reichte bis einige tausend Jahre vor unserer Zeitrechnung und war von Friedfertigkeit sowie vom Kult der »Großen Mutter«, der Göttin der Wiedergeburt und Fruchtbarkeit, geprägt.

Der Übergang vom Matriarchat zum Patriarchat zog sich über viele Jahre hin. Der untergeordnete gesellschaftliche Status der Männer barg erheblichen Zündstoff. Zudem änderten sich mit dem Aufkommen von Ackerbau und Viehzucht die Lebensumstände, die Menschen wurden sesshaft und die Aufgaben in der Gemeinschaft neu verteilt. So wandelten sich allmählich die Machtstrukturen in den Sippen. Es begann die Herrschaft des Mannes in Familie, Staat und Gesellschaft. Der Mann fing an, als uneingeschränktes Oberhaupt die Frauen zu unterjochen, und entzog ihnen die bislang weit reichenden Rechte.

Die Männer fanden Gefallen an Raub und Beutezügen. Das Kriegsspiel erhielt hohen Stellenwert. Für die patriarchale Vormachtstellung war es geradezu essenziell, die Macht zu besitzen und in Kriegszeiten Tod und Vergewaltigung zu säen. Sogar in religiösen Dingen hatte der Mann das Sagen und galt die Frau nun als unrein.

Die damals entwickelte Lebensform der monogamen Ehe, die sich bis in unser Jahrhundert gehalten hat, konnte erst in den letzten Jahrzehnten in Frage gestellt und in gewissem Umfang aufgelöst werden. Langsam nimmt die Menschheit Abschied vom Patriarchat und wendet sich wieder der Evolution zu.

Es gab natürlich auch Ausnahmen – etwa die Amazonen. In einem Teil der Welt widersetzten sich Frauen dem Diktat des Patriarchats. Die kriegerische Lebensart übernahmen sie jedoch von den Männern und schufen ihre eigenen Reiche. Berittene Frauenheere besiegten zu verschiedenen Zeiten ganze Völker. Die Männer führten bei den Amazonen ein zu Sklaven degradiertes »häusliches« Leben. An Feldzügen und Staatsämtern durften sie nicht teilhaben.

So folgten in der Evolutionskette auf das Matriarchat das Patriarchat und in Reaktion darauf die Amazonen. Obwohl sich letztendlich das Patriarchat durchsetzte, leben die Amazonen noch in Mythen und Sagen weiter.

In der Evolutionsgeschichte spielten auch die Religionen von jeher eine wichtige Rolle. Die Religionsgründer, die der eigentlichen Entstehung der Kirchen vorausgingen, waren meist charismatische Menschen, die den höchsten Grad an Entwicklung auf der Evolutionsspirale hinter sich hatten. Heute würden wir sagen, die ihre Meisterschaft vollbracht oder ihr Erleuchtungserlebnis erfahren hatten. Was diese Meister den Menschen zu sagen hatten, unterscheidet sich doch sehr deutlich von dem, was im Laufe der Jahrhunderte ihre Nachfolger an den Kirchenspitzen vertraten und immer noch vertreten. Unter dem Deckmantel der Religion ermordete allein in den Jahren der »heiligen« Inquisition die katholische Kirche Hunderttausende Menschen.

Die Religionsführer installierten leider nur allzu oft einen institutionellen Apparat als Mittler in der Beziehung zwischen Individuum und Gott. Das hatte zur Folge, dass die Gläubigen das Gefühl eingeimpft bekamen, selbst nicht viel zur Veränderung ihrer Lebensumstände beitragen zu können und keinen direkten Draht zu Gott hätten.

Die Religionen haben also das genaue Gegenteil ihres Gründungsauftrags erreicht. Anstatt den Menschen zu zeigen, wie einfach und leicht der Weg in die Einheit und Freiheit ist, mussten diese in Abhängigkeit und Unterdrückung leben. Einheit meint hier den Einklang der erledigten Lebensthemen mit der Berufung und Vision unseres Seins.

Die Menschheit braucht diese »Brücke« eines institutionellen Apparats heute so wenig wie früher. Jeder Mensch kann die Verbindung zum Göttlichen direkt in seiner eigenen Mitte finden. Falls dieser Weg »verschüttet« ist, gehört die Freilegung der inneren Stimme zu einem der wichtigsten Lebensthemen des Betreffenden.

Die Religionen vermischen sich im Augenblick zusehends. Wir werden also mit einem neuen Phänomen konfrontiert, mit der Entwicklung der Multi-Kulti-Gesellschaft. Dies hat zur Folge, dass Anhänger aller Religionen mit neuen Informationen in Kontakt kommen. Dadurch erhalten die einzelnen Gruppierungen die Chance, auf der Evolutionsspirale ein gutes Stück voranzukommen.

Oftmals übernehmen die Menschen die religiösen Vorgaben aber auch, um sich ein Gefühl der Sicherheit in der chaotischen Welt zu verschaffen. Doch das Sicherheitsdenken kann wie eine Krankheit wirken. Die Menschen wollen das Veränderliche, den ewigen Wandel nicht akzeptieren, sie wollen ihn ausschließen. Sie wollen feste Grundmauern, auf denen sie ihr Lebensgebäude aufbauen können, das nach Möglichkeit unverrückbar sein soll. Der Hang zum Fundamentalismus ist die Folge.

Doch das Leben folgt anderen Gesetzen. So dick und stabil die Grundmauern auch sein mögen, wenn es darum geht, die Lebensthemen zu erfüllen, werden diese Grundmauern weggefegt wie Federn im Wind. Das soll nicht heißen, dass wir keine Verantwortung für unser Wohlbefinden, Auskommen und unsere Familie zu tragen haben. Vielmehr möchte ich damit sagen, dass ein überstarkes, krampfhaftes Festhalten an Sicherheit und Ordnung bedeutet, sich vom Leben auszuschließen und eventuell in einer Sackgasse zu landen.

Das individuelle und kollektive Bewusstsein wird immer wieder durch Schicksalsschläge gereinigt und in den darauf folgenden Jahren Stück für Stück auf ein neues Niveau der Entwicklungsspirale gehoben. Kriege, Seuchen und Naturkatastrophen haben in dieser Hinsicht für die Menschheit schon oft eine entscheidende Rolle gespielt.

Nehmen wir nur die letzten 100 Jahre der deutschen Geschichte. Anfang des letzten Jahrhunderts orientierte sich die Kindererziehung an der kleinen Fibel eines Herrn Schreber, nach dem auch die Schrebergärten benannt sind. Dieses Büchlein hatte einen wahren Siegeszug durch ganz Europa erlebt, aber gerade die Deutschen waren die stürmischsten Verfechter des darin propagierten Erziehungsstils.

Nach dieser Fibel war es die vorrangige Aufgabe der Erziehungsberechtigten, sobald die Kinder einen eigenen Willen erkennen ließen, diesen zu brechen und sie in Disziplin und Gehorsam zu zwingen. Dadurch wurde ein obrigkeitshöriger neuer Menschentyp herangezogen. Das hatte zur Folge, dass gerade die Deutschen sich für das Phänomen eines Diktators wie Hitler dermaßen öffneten. Auch hier spielten das Sicherheitsdenken und die Abgabe von Verantwortung an einen Führer im Außen eine große Rolle.

Erst nach dem Untergang des Dritten Reiches und in der Generation nach Adenauer begannen die Menschen neue Werte und Ziele zu manifestieren. Die Jahre des westdeutschen Wiederaufbaus und Wirtschaftswunders unter Adenauer und Erhard waren eine stockkonservative Zeit mit strengen Strukturen. Man hatte sich strikt nach alten, überkommenen und wieder aufgenommenen Verhaltenskodexen zu richten.

Doch unter der von außen übergestülpten Ruhe brodelte es. Die Jugend begann sich aufzulehnen. Neue Musik tönte aus dem Äther, mit dem Rock'n'Roll und Kultbands wie den Beatles wurde eine völlig neue Lebensart proklamiert. Die Jugend rebellierte gegen das Establishment. 1968 kam es zum Ausbruch der Revolte, in der sich das soziale, wirtschaftliche und politische Unbehagen der Studenten entlud. Die Politiker versuchten mit allem, was ihnen an Machtmitteln zur Verfügung stand, das Neue, Angstmachende zu unterdrücken.

Dann machte sich die APO (*Außerparlamentarische Opposition)* auf den Weg durch die Instanzen, um politische Veränderungen herbeizuführen. Zusätzlich entstand die *Alternative Bewegung*, ein Sammelbecken für alle, die sofort etwas tun wollten. Die APO bestand hauptsächlich aus Studenten, die Alternativbewegung war eher ein bunt zusammengewürfelter Haufen aus Studenten, Hippies, Feministinnen, Atomkraftgegnern, Haschischrauchern, Musikern, Anarchisten und Künstlern – und nicht zu vergessen, den Esoterikern und Spiritualisten. Es gab auch politisch Verwirrte wie die RAF, die der Gewalt frönten.

In den Jahren nach der Studentenrevolte herrschte unter den Politikern große Skepsis gegenüber jeglichen »Auswüchsen« der Alternativbewegung. Die Zeit war geprägt von Missverständnissen, Angst und gewalttätigen Übergriffen. Aber es wuchsen auch Einsicht, Verständnis und Anerkennung dafür, dass diese Strömungen die Gesellschaft mit Ideen und Taten bereicherten und voranbrachten. Als Hafen der Andersdenkenden gründeten die so genannten Weltverbesserer eine neue Partei, *Die Grünen*.

Wir müssen also stets neue Wege wagen, wenn wir die Evolution weiter vorantreiben wollen. Politiker und Gelehrte müssen in die Pflicht genommen werden, immer wieder auf die Umsetzung von neuen Werten zu achten und Experimente für neue gesellschaftliche Lebensformen zu unterstützen. »Helle« Köpfe, die an solchen Unterfangen arbeiten, sollten einen respektvollen Ehrenplatz bekommen.

Bewusstsein

Das Bewusstsein ist der Teil der Seele, der sich in jedem Leben mehr und mehr durch die Erlösung der Lebensthemen erweitert und manifestiert. Leben für Leben wächst so das Bewusstseinspotenzial. Wir werden immer auf der Bewusstseinsebene wiedergeboren, auf der wir im letzten Leben unseren Körper verlassen haben. Die Geschichte der Menschheit zeigt, dass die Seelen ein erhebliches Maß an Zeit brauchen, um ihr Bewusstsein zu entwickeln.

Bewusstsein ist eine Klarheit und Wachheit, die direkt im Hier und Jetzt in der Wahrheit gründet. Die Wahrnehmung sieht die Realität unverfälscht. Das Bewusstsein ist eine höhere Ebene, die direkt mit der Seele, der Intuition und der göttlichen Instanz in Verbindung steht. Je größer das Bewusstsein ist, desto mehr verschwindet das Ego. Wir sind mit der Welt direkt verbunden. Das Einswerden wird fühlbar, Grenzen lösen sich auf. Der Mensch auf dieser Ebene erlebt die Freude und den Schmerz, mit allen Menschen, Tieren und Dingen verbunden zu sein. Er verfällt in Selbstvergessenheit, wenn er eine Seerose auf einem Teich erblickt oder den Sonnenuntergang genießt. Dies nimmt so tief Besitz von ihm, dass eine Einswerdung stattfindet.

Wir alle kennen dieses Gefühl, haben es schon einmal in der Meditation erlebt. Wenn der Blick auf einen Wasserfall uns für einen Moment das Selbst vergessen lässt und wir mit dem Wasserlauf ins Tal verschwinden. Solche Augenblicke vermitteln einen Schimmer von der Wirklichkeit. Wir sollten mehr auf diese Momente achten und ihren Duft tief in uns aufnehmen. Menschen, die auf dieser Ebene angekommen sind, erschaffen regelrecht Situationen, in denen diese Art der Meditation sich vollzieht. Das ist der Weg zu unserer Buddha-Natur.

Das Bewusstsein eines Buddha hat alle sieben Entwicklungsstufen durchlaufen. In der **ersten Stufe ruht der Verstand noch.** Die Materie hat das Bewusstsein fest in sich eingeschlossen. Auf der **zweiten Stufe ist das Bewusstsein fühlbar**. Pflanzen spüren auf dieser Ebene. Bei der **dritten Stufe kommt das Bewusstsein in Bewegung**. Nun sind auch die

Tiere davon erfasst, doch sie werden sich ihrer Existenz noch nicht bewusst gewahr. Auf der **vierten Stufe werden wir uns als Menschen unseres Seins bewusst**. Leider nutzen die wenigsten Menschen auf dieser Ebene ihr Bewusstsein, nur ab und zu erfahren sie einen erleuchteten Moment.

Auf der **fünften Stufe wird das Bewusstsein erstmals erfahrbar**. Es ist der Zustand, der im östlichen Kulturkreis vorübergehende Buddha-Erscheinung genannt wird. **Das Superbewusstsein hat in der sechsten Stufe** Platz genommen. Wir befinden uns Tag und Nacht im Zustand der Meditation. **Die siebte Entwicklungsstufe ist die Buddha-Natur**. Die Meisterschaft lässt das innere Licht nun nach außen leuchten. Früher wurde die Aura solcher Menschen mit einem Heiligenschein dargestellt.

Wenn wir uns heute auf der Welt umsehen, verwundert es doch, dass ein Großteil der Menschheit trotz des umfangreichen Wissens, das den Menschen zur Verfügung steht, immer noch in einem Bewusstsein lebt, das eher dem Mittelalter entspricht.

Deswegen ist es von so großer Bedeutung, dass die Seelen, die ihr Bewusstsein bereits weiterentwickelt haben, dies an andere Seelen weitergeben, sodass jene sich auch auf eine höhere Ebene transformieren können. Wir werden erst dann ein Gleichmaß an Bewusstsein rund um den Erdball erleben, wenn der weitaus größere Teil des kollektiven Bewusstseins auf der höheren Stufe angelangt ist. Je mehr Menschen des Kollektivs auf dieser Stufe stehen, desto größer ist die Chance – auch für die daran nicht beteiligten Menschen –, den Quantensprung zu schaffen. Ein kosmisches Gesetz besagt, je umfangreicher und kräftiger eine Schwingung ist, umso leichter fällt es dem Teil der niedrigeren Entwicklungsstufe auf die höhere voranzuschreiten. Den Prozess des Aufstiegs auf der Entwicklungstreppe können wir fördern, indem wir mit dem Schöpfungsprozess arbeiten.

Schöpfungsprozess

Der Schöpfungsprozess ist der Reigen, der die Seelen auf der Entwicklungsspirale vorantreibt. Wir können bei allen Lebensthemen entweder in eine bewusste Schöpfungsebene gehen oder in der unbewussten Schöpfungsebene bleiben. Wie wir bereits sahen, dient in der unbewussten Schöpfungsebene der »rote Faden« der Lebensthemen dazu, all das zu kreieren, was uns dazu bringt, diese Themen zu transformieren. Wenn wir uns entscheiden, bewusst an der Erlösung der Lebensthemen zu arbeiten, können wir den Schöpfungsprozess dazu nutzen, unsere Berufung und Vision Wirklichkeit werden zu lassen, das ist dann die bewusste Schöpfung.

Die neuen Handlungsweisen ebnen den Weg in das neue Sein. Wir kommen sozusagen vom Entdecken unseres Selbst und gehen zum Erschaffen unseres Selbst über. Wir sind ein Teil der göttlichen Schöpferkraft, ein Teil von Gott. Wir gehören zur selben Energie, sind aus demselben Stoff gemacht. Das, was in uns und durch uns wirkt, ist ein Teil des Ganzen.

Das göttliche Bewusstsein mit seinen unendlichen Ausdrucksformen wird als Schöpfungsprozess wahrgenommen. Wir sind ein Teil des Schöpfungsprozesses. Als personifizierte Schöpfungsmaschine können wir in jeder Minute des Tages einen neuen Ausdruck unseres Selbst manifestieren. Solange wir uns gut fühlen, spüren wir auch bis zu einem bestimmten Grad das Einssein mit dem Ganzen. Das Leben läuft in einer Spur. Erst wenn Hürden oder Barrieren auf dem Weg auftauchen und wir mit den Lebensthemen konfrontiert werden, haben wir plötzlich das Gefühl, nicht mehr mit dem Schöpfungsprozess verbunden zu sein. Das gibt sich wieder nach dem Überspringen der Transformationshürde.

Wenn wir uns deswegen nach innen wenden, gilt es allerdings darauf zu achten, jegliche Wertungen zu unterlassen. In den Prozess, in dem jedes Individuum steckt, einfach so hineinzuschauen, ist schwierig. Doch der Mensch funktioniert so. Wenn er sich auf Begegnungen mit sich selbst und anderen einlässt, versucht er das, was er sieht, einzuordnen und in Schubladen zu stecken. Diese Schubladen entsprechen aber bis zu einem bestimmten Bewusstseinspunkt eher dem Blick durch die Brille der Konditionierungen als dem geöffneten »Dritten Auge« und damit den klaren Informationen aus der Intuition. Die Ego-Brille nutzt hier gar nichts.

Wir haben alle unser ganz persönliches Los gezogen, ob wir jetzt Lottomillionär, Graf oder König, Bettelmann oder Kunstschreiner, Schauspieler, Clown oder Tellerwäscher sind. Für welches Schicksal wir uns auch fortan entscheiden, es entspricht ebenfalls der Transformationsarbeit. So kann auf dem Schicksalsweg der Lottomillionär alles verspielen und unter der Brücke landen und der Bettelmann mit neuen Entscheidungen seine Talente als Kunstschreiner entdecken. Alle Erfahrungen können für den Quantensprung dienlich sein.

Dazu gibt es eine kleine Zen-Geschichte: In einem entlegenen Dorf hatte ein armer Bauer nur ein Pferd. Plötzlich war das Pferd verschwunden und die Dorfgemeinschaft bedauerte diesen armen Bauern sehr. Doch der sagte, wartet ab, man weiß nie, für was es gut ist.

Eine Woche später kommt der Hengst mit sechs Stuten zurück und der Bauer erfreut sich seitdem einer Pferdezucht. Die Dorfbewohner waren verblüfft.

Nach einigen Monaten fiel des Bauers einziger Sohn vom Pferd und verletzte sich schwer am Bein, sodass er bettlägerig wurde. Wieder reagierte die Dorfgemeinschaft mit Bedauern, und auch diesmal mahnte der Bauer abzuwarten, man könne nicht wissen, wofür es gut sei. Kurze Zeit danach wurde das Land in einen Krieg verwickelt und alle jungen Männer wurden zum Militärdienst eingezogen. Viele der jungen Männer aus dem Dorf blieben im Felde. Nur des Bauern Sohn musste nicht in den Krieg ziehen.

Wir verschwenden also nur Energie, wenn wir immerfort alles in Schubladen einordnen wollen. Im Endeffekt können wir höchstens erahnen, wie sich das Glück oder Unglück eines jeden wenden wird. Man kann nie sagen, welches Ereignis sich im Nachhinein als Glücksfall erweisen wird.

Gedanke, Wort und Handlung – das sind die Schritte des bewussten Schöpfungsprozesses. Wenn Sie keine Ahnung haben, für was Sie sich neu entscheiden wollen, und Ihr Verstand die Gedanken hin und her rollt, so greifen Sie zur Kraft der Meditation. Machen Sie sich frei von dem Gedankenwust.

Meditation heißt, mit den Methoden und Techniken aus diversen Lehrbüchern und Seminaren zu experimentieren. Zusätzlich sollten Sie innerlich achtsam den Tätigkeiten des Alltags zusehen und die erholsamen Freiräume des Nichtdenkens dabei aufspüren. Viele erleben das Nichtdenken auch beim Spazierengehen oder beim Sport.

Wenn Sie mit der Kraft der Meditation eine Zeit lang arbeiten, werden Sie merken, dass Ihnen wichtige Informationen oder Tipps plötzlich zufliegen. Sie haben den Kanal der Intuition angezapft. Die Intuition ist der Platz unserer inneren Stimme und ein weit verlässlicherer Partner beim Entwickeln der eigenen Lebensvision als der Denkapparat.

Die Intuition, die innere Stimme, hören wir in Zeiten der Meditation, während wir Gedankenstille üben.

Alles, was auf der Welt existiert, entsteht wie gesagt im gleichen Prozess von Idee, Wort und Handlung. Die erste Ebene der Schöpfung ist die Eingebung. Eine Vision, eine Idee taucht vor dem inneren Auge auf. Sie wird durchdacht und geformt.

Das Wort ist die zweite Schöpfungsebene. Als ausgesprochenes Wort wird schöpferische Energie ins Universum geschickt. Worte haben eine stärkere Schwingungsfrequenz, sozusagen eine größere kreative Kraft. Die Kraft des gesprochenen Wortes unterstützt die Handlung.

Somit kann das Entschiedene auf der Erde Platz nehmen.

Die durch das Wort mit einer ganz klaren Entscheidung gefestigte Idee kann jetzt durch Ihr eigenes Tun geformt werden. Auch hier gilt tägliches fleißiges Üben. Sobald über Idee, Wort und Handlung die Kraft aus Ihnen herausentspringt, kommen Ihnen das Schicksal, Fügungen oder Zufälle entgegen.

Neue Handlungsweisen benötigen in jedem Fall ein bedeutendes Maß an Achtsamkeit, Bewusstsein und eine starke geistige Disziplin, die sagt: Mit dem Alten ist Schluss!

Denn die Pfützen der alten Muster und Handlungsweisen, in die wir leicht stolpern, stellen eine Gefahr auf dem Weg dar. Sobald wir wieder aufwachen und einen Schritt aus der Pfütze tun, gilt es wagemutig, frohen Geistes und ohne Schuldgefühle weiterzuwandern. Wichtig ist, dass Sie wild entschlossen sind, gesund zu werden.

Durch Ihr bewusstes Gewahrsein können Sie sofort erkennen, wenn alte Verhaltensmuster wieder hochkommen, und Sie aber nicht danach handeln. Reagieren Sie jetzt bitte blitzschnell und führen Sie mit der neuen Entscheidung das neue Handeln aus. Wenn Sie diesen Prozess mit weniger wichtigen Dingen – wie etwa »Ich schaue heute Abend nicht TV« oder »Ich esse heute nichts mehr« – ausprobieren, werden Sie sehen, wie erfolgreich Sie schon sind.

Außerdem können Sie den Bewusstseins-Kippschalter noch im selben Moment umschalten. Diesen Schalter empfehle ich meinen Klienten sinnbildlich in der linken Armbeuge einzubauen und, wenn es nötig wird, mit der rechten Hand zu bedienen. Es ist im Grunde so einfach, klick-klack, klick-klack.

Die Schöpfung ist ein Prozess der Selbsterfahrung. In jedem Augenblick erschaffen wir uns neu. Je höher wir uns auf der Evolutionsspirale entwickeln, umso mehr entdecken wir, dass die göttliche Kraft durch uns wirkt. Es ist eine heilige Partnerschaft. Bewusste Schöpfung entspringt der Intuition, jederzeit können wir in sie zurückkehren.

Also, geben Sie niemals auf!

Falls Sie einmal etwas auf dem Weg zu Ihrem Traumjob tun müssen, das Ihrer Vorstellung nicht entspricht, dann passen Sie bitte auf, auf welche Weise Sie es tun. Versuchen Sie es in vollem Bewusstsein und mit Freude als Ihr momentanes Sein zu akzeptieren, dann ist es kein falscher Kompromiss, sondern eine wichtige Erfahrung.

Von entscheidender Bedeutung ist auch, wie wir unsere Vorstellung von Veränderung formulieren. Die Worte »wollen« oder »wünschen« müssen tabu sein, sonst geht das Beschlossene nicht in Erfüllung. Machen Sie sich stets bewusst, dass die Resultate bereits existieren. Nehmen Sie dazu die innere Haltung der Dankbarkeit ein und treffen Sie Ihre Wahl nicht halbherzig, sondern eindeutig – und formulieren Sie es auch innerlich so. Sie werden über die Ergebnisse staunen!

Noch ein anderes Gesetz vermittelt uns in aller Einfachheit das Verständnis von der Verbindung zu Gott, der Liebe und dem Glück: Handelt aus dem Sein! Das heißt, seid der Zustand, den ihr erreichen wollt, seid glücklich und fühlt das ständige Einssein mit dem Göttlichen. Das ist Meditation mit einem Schuss Glücksgefühl!

Der Zustand dieses Handelns fühlt sich an, als ob sich ein Kreis schließen würde. Der geschlossene Kreis zeigt an, dass es allzeit möglich ist, im richtigen Moment das Gesündeste zu tun. Wir können von einem geschlossenen Energiekreis sprechen. Das ganze Körper-Geist-Seelesystem schaltet automatisch auf den höchstmöglichen Energielevel. Manchen fällt es schwer, diese hohe Qualität zu halten. Der Trick dabei ist, so zu tun, als ob der Zustand schon erreicht wäre. Damit wird ein Energiestrom erzeugt, der das Sein auf diesen potenten Energielevel hebt. Wow, versuchen Sie's, es gelingt tatsächlich!

Wenn es Ihnen im Leben an Liebe fehlt oder Sie mit Ihrem Partner zu wenig Liebesbezeigungen austauschen, dann tun Sie einfach so, als ob Sie in dem Gefühl von Liebe schwelgen würden. Versuchen Sie jetzt gleich einmal, ein Gefühl der überströmenden Liebe in sich zu erzeugen. Ja, jetzt in diesem Moment. Haben Sie's? Das fühlt sich doch toll an! Ein göttlich energetischer Orgasmus!

Es ist ein selbst erzeugter »künstlicher« Zustand des Selbstgenährtseins, ohne den Anderen dazu zu benötigen. Üben Sie diese Meditation einige Wochen lang täglich. Sie werden lernen, die innen erfahrene Liebe länger als nur einen Moment zu halten. Diese Veränderung spüren die Menschen in Ihrer Nähe. Manche werden Sie vielleicht mit großen Augen anschauen und sich darüber freuen, Ihre mit so viel Liebe durchflutete Aura zu spüren. Das unterstützt vor allem aber auch die Selbstliebe. Sie empfinden sich selbst plötzlich als liebenswert!

Diese Veränderung lässt Sie mit der Verknüpfung zu Ihrem *inneren Kind* ein friedliches, liebevolles, genährtes Miteinander erleben. Das *innere Kind* ist die Ebene in uns, die alles, was wir an schönen und weniger schönen Dingen in der Kindheit erlebten, gespeichert hat und die wir heute für die Erlösung unserer Lebensthematik nutzen können. Entweder in Liebe oder in der endgültigen Trennung vom Tyrannen!

Auf die gleiche Weise gehen Sie einfach auch mit anderen Dingen um, ob es sich dabei nun um Ihren persönlichen Erfolg, Ihre Visionen, Ihr Einkommen, Ihre Entscheidungen für mehr Lebensqualität, den Urlaub, den Arbeitsplatz, Werte, Teamgeist etc. handelt. Entscheiden Sie sich für das, wohin Sie sich entwickeln wollen, und lassen Sie in Ihrem Körper-Geist-Seelesystem das Gefühl des Erreichten und Vollbrachten Platz nehmen. Schon bald werden Sie erleben, dass sich Ihre Entscheidungen manifestieren.

Wenn wir mit der Schöpferkraft arbeiten, stellt sich immer wieder die Frage, was wir denn von der Palette der frei wählbaren Aspekte des Daseins heraufholen wollen. Die Auswahl fällt manchmal nicht leicht, doch bei der Weite der Palette ist das verständlich. Die meisten Menschen erkennen leider durch die Brille ihrer Schattenmuster oft nur einen kleinen Ausschnitt ihrer Möglichkeiten. Deswegen ist es so wichtig, für das weitere Wachstum etwas zu tun. Sogleich eröffnen sich uns dann die vielen Aspekte des Seins. Danach kommt es nur noch darauf an, die Wahl mutig und kompromisslos zu treffen.

Wir folgen festen Naturgesetzen und entsprechen jederzeit dem von uns gewählten Seinszustand. Die Folgen der Wahl tragen wir als Spiegel unserer Entscheidungen, wer wir tatsächlich sind oder wer wir sein wollen. Das dazugehörige Werkzeug, die Schöpferkraft, steht uns ein Leben lang zur freien Verfügung. Ursache und Wirkung bringen das jeweilige Resultat. Es fordert uns auf, aufzuwachen und die Kraft in unsere Hände zu nehmen und mit vollem Bewusstsein zu steuern.

Damit rücken wir dem Ziel der Seelenreise fortwährend näher und erschaffen ein vollkommen verwirklichtes Sein. Das Göttliche verwirklicht sich selbst in uns und verwandelt Ideen in Erfahrungen, sodass sich unser Selbst im Spiegel dieser Erfahrungen kennen lernt und verwirklicht. Als Nebenprodukt sorgen wir so für eine bessere Welt.

Reinkarnation

Reinkarnation ist das Wissen um die Wiedergeburt der Seele. Die Seele ist der unsterbliche Teil des Menschen, der über den physischen Tod hinaus weiterlebt. Die Seele reinkarniert sich immer wieder neu. Sinn dieser Reise ist die Evolution der Seele. Die Seele inkarniert im Körper, durchläuft ihre Evolutionsreise und vereinigt sich nach dem Verlassen des Körpers wieder mit der anderen Dimension. Das persönliche Energiefeld kehrt in das universale Energiefeld heim. Im Laufe der Erdenleben durchläuft die Seele verschiedene Stufen der Bewusstheit bis hin zur Göttlichkeit; sie wird zu dem, was man einen Buddha nennt.

Reinkarnation stellt man sich üblicherweise so vor, dass die Seele auf der Welt wiedergeboren wird und dies viele Male wiederholt. Mit bestimmten Techniken können wir Rückschau auf frühere Leben halten.

Fakt ist, dass wir mit verschiedenen Techniken Erlebnisse aus früheren Zeiten heraufholen können. Aber oft sind das nicht genau die Dinge, die uns persönlich als Seele passierten, sondern Informationen, die in den Genen und Zellen des Körpers gespeichert sind, also Erinnerungen aus der Ahnenreihe des Körpers. Diese Ahnenreihe hat viele Informationen darüber gespeichert, wie das Leben den Menschen mitgespielt hat. Außerdem gibt es die Informationen, die in der Seele selbst gespeichert sind. Die Reinkarnationstherapie kommt an solche Informationen heran, und so lernen wir, dass auch dies hilfreich ist, um uns in die Erlösung der Lebensthematik zu schicken.

Jeder Erdenbürger hat also genau die Ahnenreihe und die Informationen der Seele, die der Auswahl seiner Lebensthemen entsprechen. Es ist nicht notwendig, die Ahnenreihe Jahrhunderte weit zurückzuverfolgen. Mit der von mir entwickelten Methode einen Einblick in das Elternhaus zu nehmen reicht völlig aus. Schon damit gelingt es, die individuelle Lebensthematik herauszukristallisieren.

Generell geben uns Rückführungen einen gewissen Aufschluss über den Stand der Dinge im jetzigen Leben. Einiges, das wir diesmal zu erlösen versuchen, hat seine Wurzeln in dem einen oder anderen früheren Leben.

Es sei deutlich gesagt, dass Experimente mit der Rückführung zu anderen Leben auch Gefahren bergen. So kann eine Reizüberflutung durch Eindrücke, die in einer Rückführung auf den Betreffenden einstürmen können, Konfusion auslösen. Diese fällt eventuell so stark aus, dass es für den Therapeuten schwierig wird, den Klienten wieder auf seine Basis im Hier und Jetzt zurückzuführen. Man sollte also mit diesen Methoden nicht herumspielen. Es ist wichtig, einen guten Therapeuten zu wählen, mit dem man vertrauensvoll in diese Rückführungen einsteigen kann.

Die andere Dimension

Die dem Erdenleben gegenüberliegende Seite ist die andere Dimension, das Nirwana oder auch Himmelreich genannt. Wir wechseln so oft die Seiten, bis wir das große Ziel, die Meisterschaft der Seele, erreichen. Die andere Dimension ist der Rastplatz, wohin die Seele sich wendet, wenn ihre Zeit auf der Erde für dieses Mal abgelaufen ist.

Tod, Abschiednehmen und Trennungen gehören wie die Geburt und neue Begegnungen zum irdischen Kreislauf. Und das Rad der Wiedergeburt dreht sich bis zur Vollendung der Buddhaschaft immerfort.

In jeder Lebenszeit lernen wir mit den Facetten des Abschieds umzugehen. Für ihren endgültigen Austritt aus dem Körper hat jede Seele ihren individuellen Abflug, und im Augenblick des Übertritts erfährt sie ihr spezifisches Nahtod-Erlebnis. Nicht alle Seelen sind sich des Austritts aus dem Körper bewusst. Manche versuchen im Körper wieder Platz zu nehmen und aufzustehen, um ihre täglichen Aufgaben zu verrichten. Es dauert eine ganze Weile, bis sie gewahr werden, was passiert ist. Sie werden noch einige Zeit die Nähe des Körpers suchen. Auch mit dem Umfeld, Partner, der Familie versuchen sie Kontakt aufzunehmen. Manchmal gelingt das – wenn die adressierten Personen das Gefühl haben, dass noch jemand im Raum anwesend ist.

Bei weit entwickelten Seelen kommt es auch vor, dass sie sich zeigen können, vor allem wenn der Tod so plötzlich eintrat, dass keine Zeit für eine Verabschiedung war. Aus Kriegszeiten wird berichtet, dass verletzte Soldaten im Augenblick ihres Todes, als ihre Seele den Körper verließ, vor dem geistigen Auge geliebter Menschen auftauchten, um sie zu trösten und sich zu verabschieden.

Menschen, die eine Nahtod-Erfahrung infolge eines Unfalls oder einer Krankheit erlebt haben, berichten von dem Energiestrahl, der ihnen an der Grenze zur anderen Dimension entgegengesandt wurde. Sie tauchten für eine Weile durch eine Art Lichtstrahl oder Energietunnel ins Himmelreich ein. Andere, die sich nur schwer trennen können, aber trotzdem den Schritt über die Schwelle getan haben, werden von Begleitern – manche sagen, Engeln – sanft an der Hand genommen und in die andere Dimension geführt.

Hier erleben alle Seelen eine Zeit der Rast, der Rückschau, der Aufarbeitung, inwieweit sie ihre Lebensthemen erfüllen konnten. Einige wandern erst noch in Räumlichkeiten, die denen auf der Erde entsprechen. Sie bauen sich ihre Erdenwelt noch einmal auf, weil sie es nicht verwinden können, davon Abschied nehmen zu müssen. Dort finden sie Personen vor, die sie treffen möchten, werden versorgt, aufgenommen und langsam bereit, endgültig Abschied zu nehmen und in die Phase der Aufarbeitung einzutreten. Das heißt, sie akzeptieren jetzt ihren körperlichen Tod.

Nach vollbrachtem oder unerlöstem Lebensthema treffen die Seelen auf Helfer, mit denen sie den Bilderzyklus ihres Lebens anschauen und besprechen. Sie erfahren in sich und natürlich von den Helfern Verständnis für die versäumten Erlösungs-Kreuzpunkte im Erdendasein. Dies geschieht in einer vollkommen liebevollen Atmosphäre ohne jede Schuldzuweisung oder Verurteilung. Lediglich die bewusste Schau und das Annehmen der Realität sind für die Seele wichtig. Während dieser Schau eröffnet sich das jeweilige Bild wie in einem dreidimensionalen Kino als scheinbare Realität, und da Zeit keine Rolle spielt, ist es auch nicht von Bedeutung, wie lange die Seele sich für die detaillierte Betrachtung Zeit nimmt.

So etwas wie die Hölle existiert in der anderen Dimension nicht wirklich. Unerfüllte Seelen werden bei der Bilderschau erkennen, wie sie sich in ihrem Erdenleben verhalten haben. Die Seelen kreieren dann einen Bereich, in dem sie mit ihrer Aufarbeitung beginnen. Der Schmerz, das Gefühl des Versagens und das Schuldgefühl treiben sie auf eine Ebene, die sie wiederum wie in einem Film für sich selbst kreieren. Dort durchläuft jede Seele dann ihre selbst gewählte Leiderfahrung, die unserer Vorstellung von der Hölle ähneln kann.

Die Seele betreibt ihre Läuterung so lange, bis sie Stück für Stück auf höhere Ebenen gelangt. Daher erahnen diverse Religionen einen Ort wie den Hades – die Unterwelt.

Auf wieder einer anderen Ebene rasten die Seelen, bis sie erneut beschließen, ein weiteres Leben auf der Erde zu beginnen. Bevor sie auf unseren Planeten zurückkehren, bekommen sie, wenn sie das wollen, Berater zur Seite, um mit ihnen die Lebensthematik für das nächste Leben abzustimmen. Hierbei hat die Seele die freie Wahl.

Viele Seelen hegen nach ihrem Ableben den Wunsch, Verwandte, Freunde, Partner, die vor ihnen das Zeitliche gesegnet haben, zu treffen. Dies ist in der Form möglich, wie sie diese früher kannten. Manchmal erscheinen sie aber auch jünger oder in einer anderen Gestalt. Je nachdem, welches Aussehen sich die Seele gewählt hat. Bei solchen Begegnungen finden weitere Lernprozesse statt. Probleme, die Seelen als Eltern mit den Kindern oder umgekehrt hatten, werden nun ausgeräumt.

Angesichts der Tatsache, dass Seelen anderen Seelen bei deren Lebensthematik helfen und für diese Hilfe mit ihrem Leben auf der Erde stehen, ist dies keine Aufarbeitung wie beim Jüngsten Gericht. Vielmehr findet eine friedliche Bewusstmachung statt. Danach entscheiden die Seelen, ob sie einander für weitere Lebensthematik-Erlebnisse zur Verfügung stehen. Einige Seelen freuen sich auf eine Wiedergeburt, in der es zu einer weiteren Begegnung – innerhalb einer Familie oder als Liebes- und Ehepaar – kommen wird.

Manche Seelen verbinden sich in der anderen Dimension zu Seelengemeinschaften, die dort, wie auf der Erde, miteinander zu tun haben. Diese Gemeinschaften treffen eine Art Abmachung zur gegenseitigen Unterstützung ihrer spirituellen Entwicklung. Sie erleben abwechselnd Beziehungen als Freunde, Partner, Kind oder Eltern, sodass sie im Laufe der Erdenleben alle Aspekte miteinander erfahren. Jede Seele hat für ihre Entwicklung alle Facetten zu erleben, alle erdenklichen Blickwinkel, sei es als Kind, Vater, Mutter, als Mann, Frau, sind Teil der Ausbildung. Die Seelen treffen im einen Leben in Afrika, im nächsten in Europa aufeinander; ein anderes Mal kann es sein, dass die Gemeinschaft in Tibet wiedergeboren wird. So wechselt sie in jedem Leben die Lebensverhältnisse und in freier Wahl die Rollen.

Die einzelne Seele begibt sich nach der Aufarbeitung des letzten Lebens, das heißt nach dem Durchlaufen der Reinigungsebenen, in einen Erlebnisbereich, den wir hier auf Erden als Nirwana oder Himmelreich bezeichnen. Sie kreiert sich ihr Himmelreich so, wie sie es sich in ihren kühnsten Träumen erhofft hat. In dieser Erlebniswelt wird alles wahr, was man sich wünscht. Durch die Lüfte zu fliegen ist hier keine Kunst, auch kann man über Klippen springen oder unter Wasser gehen und trotzdem atmen. Kreativität wird hier großgeschrieben!

Landschaften werden gewählt, die den schönsten Teilen der Erde gleichen oder diese in völlig verrückten Farben zeigen. Alle nur erdenklichen Ideen sind hier möglich. Die Seelen machen freien Gebrauch davon, in sämtlichen Schattierungen.

So rastet die Seele, und irgendwann kommt ihr die Idee zu einer weiteren Reise auf den Planeten Erde. Im nächsten Moment zeigt eine Bilderflut die offenen Lebensthemen und die dazu passenden Eltern, zu denen sich die Seele, je nach Themenwahl, hinführen lassen kann. Oft erscheinen in dem Augenblick für die Wahl der Lebensthemen auch Helfer, um der Seele beizustehen. Ist die Wahl dann getroffen und sind die entsprechenden Eltern dazu ausgesucht, geht es auch schon los und die Seele verlässt die andere Dimension, um sich auf der Erde erneut zu inkarnieren.

Nun nimmt die Seele auf der Erde ihren neuen Platz ein. Sie vergisst dabei alles Erlebte aus der anderen Dimension und beginnt von vorne, mit der Geburt, dem Leben als Kind und Erwachsener bis zum erneuten Abflug in die andere Dimension.

Der Kreislauf der Wiedergeburt wiederholt sich so oft, bis alle Lebensthemen erlöst sind und die Seele so weit gereift ist, dass sie den Quantensprung in ihre Buddha-Natur schafft. Damit ist der Erdenzyklus beendet, er wird nur um ein weiteres Leben bereichert – um das Leben als Meister und Buddha, der andere Seelen errettet oder aufweckt.

Für alle, die sich geistig dem Tod und der Reise in die andere Dimension nur mit Angst nähern können, möchte ich an dieser Stelle sagen, dass wir keine Angst vor der anderen Dimension haben müssen. Auch nicht vor einer Art Jüngstem Gericht. Es geht immer um Bewusstsein, und egal wie ein Mensch seine Entscheidungen im Leben getroffen hat, er wird in der anderen Dimension mit Liebe aufgenommen. Wenn die Stunde des Todes gekommen ist und wir sterben, erfahren wir im Augenblick des Loslassens eine unheimliche Freude, eine unfassbare Liebe, die absolute Freiheit und Glückseligkeit, einen gar köstlichen Frieden, der mit nichts vergleichbar ist, was uns auf Erden begegnen kann.

Menschen, die auf Erden so genanntes Böses oder Schlechtes getan haben, erleben die Konsequenzen dafür im Erdenleben und in der anderen Dimension. Bei der erneuten Wahl vor der Reinkarnation werden Lebensthematiken, die auf unrühmliche Art auf Erden abgeschlossen wurden, oft gleich noch einmal gewählt, um dann bewusstere Entscheidungen treffen zu können.

Den Tod als endgültiges Erlöschen gibt es nicht. Die Realität ist, dass wir nur die Fronten wechseln, solange wir uns auf der Evolutionsspirale vorwärts bewegen. Auch nach dem erwachten Leben in Meisterschaft begeben wir uns nicht in eine endgültige Ruhe, sondern in eine weitere Dimension, die mit der

Dualität von Erdenleben und anderer Dimension nichts mehr zu tun hat. Leben ist also ein ewig währender Zustand, der lediglich seine Form ändert.

Menschen, die durch Katastrophen, Unfälle oder Verbrechen einem plötzlichen Tod anheim fallen oder im Krieg umkommen, können letztendlich als Seele dadurch nicht verletzt werden. Das betreffende Ereignis ist ein Teil ihrer Transformation.

Die Buddha-Natur

Der köstlichste Zustand, den ein Mensch erreichen kann, ist der der Erleuchtung, nichts ist mit dem vergleichbar. Die Seele ist in der totalen Stille angekommen, und doch vibriert in ihrem Innern ein Energierad, das sich in Ewigkeit gleichmäßig dreht. Es ist eine Energie, die nach außen strahlt, wie bei einer brennenden Lampe. Der Angekommene sendet Licht ins Dunkel, wo immer er sich aufhält, die Energie wirkt automatisch und erhöht den Energielevel der Menschen, die mit ihm in Berührung kommen.

Die Menschen bemerken diese Radiation nur teilweise. Die Energie des Erwachten ist darauf ausgerichtet, den Menschen auf der Körper-, Geist- und Seelenebene zu Wachstum und Transformation zu verhelfen.

Bei der Reise auf der Evolutionsspirale einem wahren Meister zu begegnen ist ein großes Geschenk. Im Verlauf unserer Bewusstwerdung nähern wir uns dadurch schneller dem Tempel der Buddhaschaft.

Aus den Jahrhunderten der großen Zen-Meister wird berichtet, mit wie viel Kreativität sie dies taten. Wenn zum Beispiel ein Interessierter mit vielen Fragen zu einem Meister kam, konnte es passieren, dass er dem Suchenden eine Tasse mit Untertasse in die Hand drückte, so lange Tee einschenkte, bis das

Getränk über den Rand lief und schließlich über die Untertasse auf den Boden verschüttet wurde. Völlig verdattert blickte der Fragende daraufhin in die Augen des Meisters, der aber keine Miene verzog.

Auf weiteres Drängen bekam er nun die Antwort: »Dein Inneres ist so voll, dass kein weiterer Tropfen mehr hineinpasst. So nützen dir all meine Antworten überhaupt nichts.« Mit diesem Zen-Tipp wurde das Unmögliche erreicht, der Verstand des Fragenden wurde durch die unfassbare Handlung des Meisters angehalten, und damit öffnete sich ein Spalt für spontanes Verstehen und Veränderung. In diesem Moment konnte der Meister mit seinem Werkzeug Hand anlegen.

Genau diese Art der Arbeit fehlt heute oft in der Therapie. Über den Verstand ist es kaum möglich, Einsicht und Veränderung zu transportieren. Wenn der Erwachte in die Hände klatscht, erzeugt das im Energiefeld des Schülers ein erschrecktes Stoppen der Verstandestätigkeit, damit schafft der Meister einen Freiraum, der dann genutzt werden kann.

Der Verstand setzt für einen Augenblick aus und wir befinden uns auf der Ebene des reinen Seins. Hier begegnen sich die Seelen und Energiefelder, Informationen tauschen sich in Lichtgeschwindigkeit aus. Das erwachte Energiefeld vermittelt auch auf diesem Weg Lektionen.

Mehr und mehr öffnet sich das Geist- und Seelesystem beim Suchenden und dank reichlichen Übens der Meditation ruht der Verstand. Meditation ist ein praktischer Schnellschlüssel für die Arbeit an den Erlösungsthemen. Schritt für Schritt wird Verstehen in neue Handlungsweisen umgesetzt. Das ist mit der Homöopathie vergleichbar, bei der die Energie-Information über eine Trägersubstanz weitergegeben wird.

Viele Meister gründen dafür eine Mysterienschule, eine so genannte Sangha, um das Phänomen der Energie-Übertragung für den Wachstumsprozess der Menschen zu nutzen. In diesem Energiefeld, auch Buddha-Feld genannt, wird mit Vorträgen,

Fragen und Antworten, Übungen und Meditationen an der Transformation gearbeitet. Jeder Wissensdurstige, der über die Schwelle der Mysterienschule tritt, hat die Chance, als Schüler aufgenommen zu werden und so der Gemeinschaft der Sangha beizutreten. Die Zen-Meister alter Schule hatten dafür gewisse Auswahlverfahren. War der Suchende erst einmal aufgenommen, musste er strenge Verhaltensregeln befolgen. An solchen Plätzen gelang es den Meistern, viele Menschen in die Buddhaschaft zu geleiten.

Bei der Wahl des Meisters hatte der Suchende häufig viele Hürden zu überspringen. Wahre Meister sind eher selten, so genannte Meister oder große Gelehrte findet man häufiger. Seelen, die den Menschen vorgaukeln, die Erleuchtung in der Tasche zu haben, und sie dann hypnotisierend in ihr eigenes Energiefeld ziehen, gab es zu allen Zeiten zuhauf. Der Suchende hat die Qual der Wahl, und manchmal sitzt er dabei einem Quacksalber auf. Damit ist eine Extrarunde auf der Evolutionsspirale vorprogrammiert. Aber auch das gehört dann zur Lebensthematik dieser Seele. Für den Reifeprozess kann auch ein Missgriff die richtige Entscheidung sein.

Große Gelehrte sind meist Verstandesmenschen. Sie kennen die spirituellen Wahrheiten aus Büchern, können sogar oft jede Zeile rezitieren, sind aber von der integrierten Erfahrung meilenweit entfernt. Trotzdem interpretieren sie die Worte der Meister nach Gutdünken. Dabei wirken sie auf die Suchenden oft manipulierend und unterdrückend ein und spielen ihre Macht aus.

Das ist nach dem Ableben vieler auf der Erde wandelnder Meister geschehen, die nach einigen Jahren als Religionsgründer in die Geschichte eingingen. Deren Wahrheit wurde von den großen Gelehrten zu Schriften zusammengefügt, die in weiten Teilen den Worten des Meisters völlig widersprachen. Es entstand eine Form religiöser Unterdrückung, die in vielen Religionen bis in die heutige Zeit fortbesteht.

Die Menschheit ist aufgefordert, dieses Joch abzuschütteln. Sie kann jederzeit direkt mit dem Göttlichen in Kontakt treten. Jeder Mensch ist selbst dafür verantwortlich, seine freie individuelle Verbindung aufzubauen und sich davon tragen zu lassen.

Es gibt nach wie vor genügend Meister auf diesem Planeten. Einige haben Mysterienschulen aufgebaut, andere reisen umher und geben an bestimmten Orten Diskurse, Satsangs oder Darshans oder halten mehrtägige Seminare ab.

Wenn Sie diese Zeilen inspirieren, folgen Sie einfach Ihrer Intuition, und Sie werden auf Zeichen, Menschen, Bücher oder Tipps stoßen, die Ihnen den Weg weisen. Mit einer gehörigen Portion Mut und Eigeninitiative werden Sie sich öffnen und wichtige Informationen für Ihren Lebensweg bekommen.

Mit der Wahl, die Illusion zu beenden, befinden wir uns auf der Ebene von Anerkennung, Verkündung und Beispielfunktion. Dies sind die drei Stufen des Erwachens und der Demonstration. Anerkennen und Akzeptieren der inneren Realität, ins Außen treten, damit die Menschen darauf aufmerksam werden, und ab jetzt als leuchtendes Beispiel voranschreiten. Wir leben unsere Buddha-Natur.

Das ist also das ferne Ziel, auf das wir alle hinarbeiten. Alle Seelen, die auf der Erde weilen, bewegen sich dorthin. Nur das Wachstumsstadium ist individuell völlig verschieden. So ist auch die Situation unseres Planeten regional unterschiedlich. Alle Seelen müssen sich, wo immer sie sich inkarniert haben, mit den von ihnen gewählten Lebensthemen auseinander setzen. Das meint nicht, dass die reicheren Länder nichts zu lernen hätten oder nur die ärmeren Teile der Welt ihre Lebensthematik so fristen müssen. Jede Seele bekommt ihre persönlichen Erlösungsaufgaben von dem Ort und den Umständen, die sie ausgewählt hat. Damit tritt sie in die Welt, um zu wirken.

Das heißt auch nicht, dass die Zustände aller Orts so bleiben müssen, wie sie im Augenblick sind, im Gegenteil, die gesamte

Menschheit ist für den Zustand der Welt verantwortlich. Es gilt neue Entscheidungen zu treffen, die ihre Auswirkungen auf das kollektive Bewusstsein, die Wahl der Werte im Umgang miteinander haben.

Die Mehrzahl der Menschen akzeptiert die Verhältnisse auf der Welt so, wie sie sind. Die merklich unterschiedlichen Zustände nimmt man zwar wahr, aber man hält es nicht für nötig, für genügend Veränderung zu sorgen. Man hat ja nichts damit zu tun. Auch gilt nach wie vor das Leistungsprinzip. Wer es schafft, genügend Macht anzusammeln, dem wird das Recht zu bestimmen zugesprochen. Die Werte, die dies unterstützen, fördern das Konkurrenzdenken, und nur der Gewinner bekommt die besten Karten. Für jeden Menschen ist es wichtig, nicht zu den Verlierern zu gehören. Man wiegt sich gerne in Sicherheit und versucht eine satte Zufriedenheit zu erzeugen und auszustrahlen. Dass dabei viele aus dem Raster fallen, wird oftmals nicht wahrgenommen.

Da erst ab einer höheren Stufe des Bewusstseins ein Miteinander in Gleichberechtigung, Liebe und wechselseitiger Unterstützung möglich ist, haben wir so lange mit dieser Diskrepanz zu tun, bis immer mehr Menschen den Weg der Erhöhung des Bewusstseins beschreiten.

Da viele Menschen äußerst kurzsichtig sind, reicht ihr Bewusstsein oft nicht über den eigenen Tellerrand oder Gartenzaun hinaus. Und da ihnen der Blick dafür meist fehlt, können sie auch nicht erkennen, dass alle Ebenen zusammenhängen.

Übernehmen wir also Verantwortung, entscheiden wir uns für Werte, die das zu installieren helfen, was dem Höchstmöglichen entspricht, was die Menschheit in Liebe und Gleichberechtigung vereint.

An diesem Punkt sind Sie auf dem besten Weg, Ihre Lebensthemen zu ergründen und auch Ihre Berufung und Vision zu erkennen und umzusetzen. Viele Menschen können mit Visionen nichts anfangen, haben aber Träume und Ziele. Auf dem

Weg zur wahren Berufung sollten wir die Träume, die uns vorschweben, mit allen Mitteln verwirklichen. Damit erfüllen wir unser Sein.

Verbinden Sie sich in Gedanken, Worten und Taten mit Ihren Träumen, suchen Sie eventuell Gleichgesinnte und setzen Sie Ihre Vorhaben um.

Wer bin ich?

Körper, Geist und Seele

Der Mensch besteht aus Körper, Geist und Seele. Der **Körper** ist der stoffliche Leib. Leider haben die Menschen ihrem eigenen Körper viele Jahrhunderte lang nicht die Aufmerksamkeit und Achtsamkeit geschenkt, die ihm gebührt, und durch religiöse Verirrungen wurde der Wahrheitssuchende oftmals zur Kasteiung des Körpers gedrängt. Manchmal wurde dies sogar zur höchsten spirituellen Disziplin ernannt. Doch es war ein Irrweg zu glauben, den Körper zu quälen bedeute das Bewusstsein anzuheben. Der Körper und das Bewusstsein bilden ein organisches Ganzes. Der Körper ist das Zuhause der Seele, und das Haus der Seele gilt es gesund zu erhalten und gut zu behandeln. Der Körper steht der Seele Tag und Nacht permanent zur Verfügung. Für den großen Dienst, den er damit der Seele erweist, müssen wir ihm durch größte Aufmerksamkeit und Liebe danken.

Der Körper als solches ist ein Mysterium. Wenn wir in dieses Mysterium hineinschauen, blicken wir in ein Wunder der Natur. Die Nahrung, die wir zu uns nehmen und die so in den Magen gelangt, wandelt der Körper in Bewegung um.

Nur zu oft pflegen wir Menschen jedoch so lange einen ungesunden Ernährungsstil und Lebenswandel, bis der Körper darauf mit Krankheit reagiert. Auf diese Weise antwortet der Körper auf die Behandlung, die wir ihm angedeihen lassen.

Wir sollten unserem Körper größtmögliche Achtsamkeit schenken und uns über seine Funktionen genügend Wissen aneignen. Denn wir dürfen nicht vergessen: Der Körper ist das Zuhause unseres Bewusstseins. Wenn die Blume des Bewusstseins erblüht, werden wir sie über den Körper mit aller Kreativität nach außen tragen.

Der **Geist** ist die Kraft, die den Körper in Bewegung setzt. Er hat seinen Platz ganz nah bei der Seele. Der Geist ist sehr empfindlich und dient uns als Puffer, um das, was uns bewegt, nach außen zu tragen und das, was uns widerfährt, als Schock oder Trauma aufzufangen und im Körper-Geist-Seelesystem zu verarbeiten.

Die **Seele** entscheidet die Lebensthemen. Sie ist der Wandler zwischen den Welten. Im Laufe ihrer Evolution transformiert die Seele die Lebensthemen, bis sie nach Erlangung der Meisterschaft in eine weitere Dimension aufbricht.

Körper, Geist und Seele sind über die sieben Chakren miteinander verbunden. Die Chakren sind Energiezentren, über die Informationen in die Körper-, Geist- oder Seelenebene getragen werden. Im gesunden Zustand befinden sich Körper, Geist und Seele miteinander in Einklang und steht der Mensch in seiner Kraft und Berufung.

Bei Schwierigkeiten auf den einzelnen Ebenen wird die Notfrequenz erweitert, sodass beispielsweise Probleme auf der Körperebene auf den Geist überspringen oder umgekehrt. Dazu benutzt das System die Chakren. Der Mensch hat folglich die Aufgabe, wenn auf einer der Ebenen etwas nicht stimmt, für Gesundung zu sorgen. Bitte beachten Sie dies aber als wichtigen Teil der Lebensthemenaufarbeitung.

An diesem Punkt angelangt, macht er sich auf die Suche nach Hilfe, da er gemerkt hat, dass er ohne Unterstützung von außen nicht gesunden kann. Nun führt ihn der Weg meist zum Arzt, Priester, Therapeuten, oder es fällt ihm ein Buch in die Hände, das ihn auf Zusammenhänge aufmerksam macht. Auf jeden Fall gilt es jetzt, den Augenblick für ein Innehalten und eine Rückschau zu nutzen, um wieder zur gesunden Mitte zurückzufinden. So erfährt der Mensch Bewusstseinserweiterung.

Wenn wir die Herausforderung solch einer Krise annehmen, können wir uns viel Leid ersparen. Viele Menschen verschließen sich leider den Hinweisen ihres Körpers und den Erlebnissen, die ihren Geist durcheinander bringen. Die einfachste Lösung erscheint dann, alles nach außen zu projizieren und den Spiegel gerade nicht für das persönliche Wachstum zu nutzen.

Wir können, wenn eine Krankheit ausbricht, die Ebenen über die Chakren wechseln. Die Chakren nehmen nur zu gerne vermehrt Energie von außen auf, und diese können wir ihnen zuführen. Ich selbst arbeite in meiner Praxis, in Krankenhäusern und Seminaren mit der tibetischen Energie-Medizin *Reiki*. Als zusätzliches Hilfsmittel wurden mir die Chakra-Gymnastikübungen, die 7 tibetischen Reiki-Übungen von »oben« durchgegeben. Über beide Themen habe ich Bücher geschrieben: das Basiswerk *REIKI – Mehr Energie, Gesundheit und Wohlbefinden durch die heilende Kraft der Hände* und *Das REIKI Praxisbuch mit den neuen 7 tibetischen Reiki-Übungen.*

Wenn Menschen sich begegnen, begegnen sich auch deren Chakren. Sie beginnen in aller Stille miteinander zu kommunizieren. Wer darin geschult ist, spürt den anderen Menschen über die verschiedenen Chakren. Die sieben Chakren schwingen in der Aura. Die Aura ist ein Energiefeld, das jeden Menschen umgibt.

Um die Lebensthemen zu bearbeiten, suchen sich die Menschen meist unbewusst andere Menschen als Spiegel aus, die von ihrer Seite mit ihrem Sein den Prozess der Transformation unterstützen. Das muss nicht heißen, dass dies immer in Harmonie geschieht, zumeist sind es sogar stürmische Zeiten, die uns drängen, hinter die Kulissen der Probleme und Schwierigkeiten zu blicken.

Die Lebensthemen haben ihren Platz auf den Ebenen von Körper, Geist und Seele im Bereich der verschiedenen Chakren. Den Chakren sind bestimmte Lebensthemen zugeordnet. Wenn also Unstimmigkeiten auftreten, werden sich diese auf der Körperebene in dem Bereich festsetzen, in dem auch die entsprechende Thematik in den Chakren angesiedelt ist. Das heißt, in einem Fall von Mobbing etwa wird das System im Bereich des Solarplexus, des dritten Chakras, anfällig. Personen, die gemobbt werden, klagen nicht selten über Magengeschwüre oder ähnliche Krankheitsbilder.

Die Auren der Menschen begegnen sich und bilden ein neues Energiefeld. In diesem Energiefeld wirken die Kräfte aller Menschen, die an der Begegnung beteiligt sind. Die Chakra-Energien mischen sich. In Sekundenschnelle checken die Energien im Begegnungs-Energiefeld ab, was die zwei oder mehr Menschen miteinander zu tun haben und welche Funktionen sie bei der Bearbeitung welcher Lebensthemen einnehmen. Das läuft in Windeseile ab, sodass die Mitwirkenden es überhaupt nicht bewusst mitbekommen. Was immer in den Bruchteilen von Sekunden über das Begegnungs-Energiefeld entschieden wird, setzen die Beteiligten miteinander um.

Genau auf diese Weise entscheiden sich Paare in gewissen Situationen füreinander. Auch hier kommunizieren die Energiefelder und Chakren. Je nach Fokus und Lebensthema signalisiert das Energiefeld ein Ja oder Nein für ein Austesten der Partnerschaft. Ist ein Ja gefallen, lassen sich die Partner aufeinander ein, und zwischen ihnen entsteht ihr Energiefeld der Partnerschaft, die Schnittmenge ihrer persönlichen Energiefelder. Im Partnerschafts-Energiefeld sind alle Erwartungen, Emotionen, Dinge enthalten, die Reibung erzeugen oder Glück verheißen. Die Paare beginnen mithilfe dieses Energiefelds sich aneinander zu reiben, und in ihrer Mitte entsteht sinnbildlich ein Kristall. Dieser Kristall ist das Produkt der erfolgreichen Transformation der

Lebensthemen, die beide miteinander bearbeiten. Ein goldenes Miteinander entsteht.

Dieser Kristallkörper wird also mit der puren Energie der Liebe von beiden gespeist, die wie mit einer Nabelschnur mit ihrem Energiekörper und dem Kristallkörper verbunden sind. Ein Energieaustausch findet statt. Die zwei Betreiber dieses kleinen Kraftwerks erfahren eine ungeheure strahlende, lichte Energieform, unabhängig, alleine stehend, frei und doch in Liebe vereint.

Wenn Sie nun meinen, das sei reine Fantasterei von mir, so darf ich Sie darauf hinweisen, dass dieses Phänomen des Energiefelds messbar ist und auch nachgewiesen wurde.

Diese Erfahrung ist mit das Großartigste, das wir Menschen miteinander zu erleben imstande sind. Sie ist Teil eines Erfahrungsbereiches, der auch die Erinnerung an die Einheit mit der göttlichen Existenz sowie das Erlebnis in der Gebärmutter der Mutter, nachdem die Seele im Diesseits gelandet ist, beinhaltet.

Alle Menschen sind auf der Suche nach diesem heiligen Gral. Die Gewissheit der Rückkopplung in die andere Dimension und ein Anflug von Wissen, das erspürbar als Emotion gespeichert ist, tragen die Menschen aufeinander zu. Deshalb suchen sie trotz vieler vergeblicher Bemühungen immer wieder nach einer innigen partnerschaftlichen Beziehung.

Zwei Wesen, die die höchste Form des Miteinanders erarbeiten, schaffen eine Verbindung in Gestalt einer Acht. Auf diesem Grad der Entwicklungsleiter bedarf es nicht mehr vieler Worte und auch keines Haschens nach sexueller Vereinigung. Es ist eine neue Form entstanden, ein Energiefeld, in dem die beiden in stiller, meditativer Kommunikation miteinander verbunden sind. Alle Menschen, die einem solchen Paar begegnen, fühlen sich gesegnet.

Wir werden also über die Körper-, Geist- und Seelenebene zueinander hingezogen und, bis wir die höchste Ebene erreichen, auch immer wieder voneinander abgestoßen. Das ist das Pendel der Entwicklung, das fortwährend aufeinander zu- und voneinander wegführt. In diesem Schwingen transformieren wir Stück für Stück.

Seele, Körper und Geist forcieren die Transformation, und die Erlösung der Lebensthemen formt den Geist, Körper und die Seele!

Wenn wir die Gesamtheit unseres dreiteiligen Wesens vorausschauend dafür gesund erhalten wollen, müssen wir für jede Ebene gesunde Handlungsweisen erarbeiten. Um auf der Körperebene bis ins hohe Alter gesund und fit zu bleiben, können wir wissenschaftlich untermauerte Tipps in unser tägliches Handeln integrieren. Das A und O der Vitalität heißt Entspannung, Meditation, stressfreie Bewegung und ausgeglichene biologische Ernährung.

Wenn Lebensfreude und Humor zu kurz kommen, deutet dies auf Disharmonie in der gewählten Lebensform hin. Bringen Sie mehr Spaß in Ihr Leben, trauen Sie sich was! Erzeugen Sie in sich das Gefühl der Freude! Erwecken Sie die Sinne jeden Tag aufs Neue, öffnen Sie die Fenster, strecken Sie sich, machen Sie die 7 tibetischen Gymnastikübungen! Als selbstverantwortliche Wesen, die wir nun mal sind, obliegt es unserer Intelligenz, unsere Vitalität zu steigern.

Die Seele ist der Chef der Dreieinigkeit Körper, Geist, Seele – dessen, was wir ein ganzheitliches menschliches Wesen nennen. Die Seele ist die Trägersubstanz dessen, das nie stirbt, das seit der Aufspaltung des Ganzen, seit der Möglichkeit, uns auf der Erde zu reinkarnieren, auf der Evolutionsspirale unterwegs ist.

Das Ego

Das Gegenteil des wahren Selbst ist das Ego. Es ist wie eine Maske, die dem Menschen ab der Geburt übergestülpt wird.

Das Ego ist eine Illusion. Die Gesellschaft prägt die Menschen mit diesem Scheinsein, damit sie nach ihrem Maßstab funktionieren. Einmal in das Hamsterrad integriert, fällt es dem jungen Menschen schwer, sich nach der Wahrheit zu strecken. Es gehört eine gehörige Portion Mut und Intelligenz dazu, den Mainstream zu verlassen und sich auf die Suche nach dem eigentlichen Sein zu machen.

Die Seele lässt sich wie gesagt auf der Erde bei den Eltern nieder. In dieser Zeit ist das Kind noch mit der anderen Dimension verbunden. Doch dann fangen die Eltern und das Umfeld an, das Kind zu konditionieren, es wird programmiert. Es soll sich in eine bestimmte Richtung entwickeln. Die Eltern wünschen sich, dass das Kind ihre Träume erfüllt. Schule und Kirche tun das ihre dazu, dem Kind das Leben zu »erklären«, der Lebensthemenspannungsbogen entsteht.

Das Kind wird von seinem authentischen Sein wegmanipuliert und beginnt die Anforderungen der Gesellschaft und Eltern zu erfüllen. Hierbei wird schon dem Kleinkind durch Liebesentzug gezeigt, was es heißt, in einer kargen Ödnis aufzuwachsen, wenn man nicht dem Status quo entspricht.

Die Lebensweichen werden gestellt und das Kind wird in gewisser Weise dazu prädestiniert, eine Puppe an den Strängen der gesellschaftlichen Maßstäbe zu werden. Bis zu einem Drittel des Lebens investiert die Gesellschaft – über Schule, Religion und Ausbildung – in den Aufbau des Egos eines Menschen. Was danach von dem Menschenkind übrig bleibt, hat nichts mehr mit dem unschuldigen Wesen von einst zu tun. In das Ego werden Wünsche und Ambitionen gepflanzt und dadurch wird ein Wettstreit entfacht, der den Menschen dazu treibt, immer und überall der Beste sein zu müssen. Damit ist dem Menschen der Blick auf das wahre Sein, das wahre Leben verwehrt. Kampf und Krampf sind vorprogrammiert.

Wer erfahren will, wer er wirklich ist, muss sein Ego demontieren. Alles, was die Gesellschaft erzählt, gilt es zu hinterfragen. Nur Sie selbst, meine werten Leser, haben den Schlüssel zu Ihrem Innern und können somit erkennen, wer Sie sind und wohin die Reise gehen soll! Ab diesem Augenblick beginnt die wahre Reise in die Glückseligkeit.

Kinder sind auf allen Erdteilen gleich unschuldig, sie wissen zunächst nichts von der Vormachtstellung, die sich in den verschiedenen Staaten und Religionen bildet. In den Ausbildungsstätten der Welt läuft das jeweilige Erziehungsprogramm. Man trichtert uns ein, du bist ein Mohammedaner oder ein super Christ, oder ein Amerikaner, oder ein deutscher Arier. Man trichtert uns ein, zu etwas Auserwähltem, Besonderem zu gehören – ob auf politischer oder religiöser Ebene – oder zu einer Rasse mit Vormachtstellung, die aufgefordert ist, über die Welt zu herrschen. Aberwitzige Ideologien weisen den anderen gerne die Position der Unterdrückten und Ausnutzbaren zu.

Die Schulsysteme haben größtenteils versagt. Wenn in Deutschland die Bildungsminister nach einer Pisa-Studie noch mehr Disziplin und Leistungsdruck fordern, stellen sie sich wieder in die gleiche alte Ecke. Wo bleiben neue Experimente? Wer nicht wagt, der nicht gewinnt!

Die Schule der Zukunft wird vollkommen anders aussehen. Die Priorität des neuen Systems liegt dann nicht mehr nur auf der Vermittlung von Wissen, sondern von Werten, Wahrheit und Weisheit. Nicht aufgesetzter Gehorsam und Disziplin werden gefördert, sondern alles, was die Intelligenz schärft.

Wie der Zufall es wollte, traf ich vor kurzem bei einem Wochenendseminar eine Dame, die als Lehrerin an einer Grundschule arbeitet. In dieser Schule wird seit 25 Jahren weitgehend so innovativ gearbeitet wie oben beschrieben. Mittlerweile besuchen Delegationen aus der ganzen Welt diese Grundschule, um von diesem »Modellprojekt« zu lernen, das auch bereits von den dänischen Kleinschulen übernommen wurde. Als ich die Kursteilnehmerin fragte, wie denn die Resonanz in Deutschland ausfalle, antwortete sie mir: »Von staatlicher Seite interessiert sich niemand dafür, das Modell auch an anderen Orten aufzubauen.«

Selbstverständlich stehen im Lehrplan der Schule auf das jeweilige Alter der Schüler zugeschnittene wichtige Themen wie die Zusammenhänge der Evolution der Seele, Liebe, Schicksal, Erlösung der Lebensthemen, Meditation, Visionssuche, Beruf/Berufung sowie Bewusstseinsschulung, die die Kinder in ihre Mitte bringt.

In der Zukunft wird der Erziehungsauftrag ganz bewusst mehr in der Lebensgemeinschaft der Generationen liegen. Diese werden neue Wohnformen annehmen. Die Kinder sieht man nicht mehr nur als Teil der Kleinfamilie an. Die Gemeinschaft wird erkannt haben, dass Kinder, die Zukunft der Menschheit, von allen getragen werden sollten. Die genetischen Eltern erfahren eine Entlastung durch andere Gemeinschaftsmitglieder.

Hier geht es dann nicht mehr darum, ein Ego aufzubauschen, sondern vielmehr eine gesunde Basis nach neuesten Erkenntnissen zu schaffen, auf der die Kinder wie ein Baum tiefe Wurzeln in die Erde entwickeln und dadurch die Äste weit in den Himmel strecken können.

Doch zurück zum augenblicklichen Zustand.

Ohne die Auseinandersetzung mit dem Ego, der Persona und dem inneren Dämonen werden wir uns nicht bewusst, in welchem Konkurrenzkampf wir um die tollsten Positionen, die schönsten Partner, größeren Autos, Villen, Landschaften und Kontinente stecken.

Das Ego und seine Kollegen zittern ständig vor Angst. Es kann sich nicht in Richtung Realität bewegen, denn sonst müsste es sich der Tatsache stellen, dass alles, für das es hier auf Erden kämpft, mit dem Tod einfach vorbei ist. Wir können nichts mitnehmen. Wir werden keinerlei Spuren hinterlassen. Auch das als Zeichen unseres Ruhms in Stein Gehauene wird im Laufe der Jahrhunderte zerfallen.

Wir erahnen diese Realität und nehmen trotzdem all unsere Kraft zusammen, um den Schein nach Möglichkeit vierundzwanzig Stunden am Tag lang aufrecht zu halten. Dies kann man sehr gut beobachten bei Menschen, die sich vollkommen unter Kontrolle und zum eigenen inneren Sein wie nach außen eine dicke Mauer aufgebaut haben. Wenn man ihnen in die Augen schaut, sieht man nicht die Seele, sondern nur noch die Fassade des Ego, der Persona und der inneren Tyrannen.

Bei meiner therapeutischen Arbeit in Krankenhäusern und in meiner Praxis begegnen mir sehr oft Klienten, die der stetige Kraftaufwand für den Erhalt ihrer Fassade nach außen so viel Energie kostet, dass sie schließlich krank werden. Hinter der Maske lugt das verhinderte Sein hervor und ist doch nach wie vor ängstlich darauf bedacht, den Schein zu wahren.

Es sind nur wenige Stunden am Tag, in denen diese Menschen sich entspannen können und nicht vom Joch des Ego erdrückt werden. Die Rede ist von der traumlosen Tiefschlafphase, in der wir uns am besten regenerieren können. Wer über einen längeren Zeitraum hinweg nicht in diese Phase sinkt, wird sich des Morgens zumeist wie gerädert fühlen. Menschen, die sehr stark mit ihrem Ego beschäftigt sind, schlafen oft sehr schlecht, sodass diese wichtige Vitalisierungsphase entfällt. Doch nur in dieser Phase können wir wie gesagt den täglichen Egodruck für kurze Zeit abschalten. Deshalb sollten wir uns den täglichen Tiefschlaf wirklich gönnen.

Die gleiche Tiefenentspannung erleben wir bei der Meditation. Der Denkapparat wird ausgeschaltet, sodass man die Aufmerksamkeit vollständig in der Gegenwart hält. Probieren Sie's!

Ein anderes kraftvolles Mittel zur Energiegewinnung ist eine liebevolle Sexualität. Wenn wir uns ohne moralische Schuldgefühle dem Sex vollkommen und von Herzen hingeben, dann scheint die Zeit stillzustehen. In uns entsteht eine Energiewelle, die alle Müdigkeit, kränklichen Gefühle und kreiselnden Gedanken durchbricht und für absolute Vitalkraft sorgt.

Die Tantriker haben seit jeher mit der Sexualität und dem Energiephänomen der Verschmelzung der Auren experimentiert. Dabei sind sie auf die einfache Wahrheit gestoßen, dass die Verschmelzung der Körper und Herzen der einfachste und schnellste Weg zum Sich-eins-Fühlen mit dem göttlichen All-eins-Sein ist. Im Kamasutra und in ähnlichen Büchern stehen die Wahrheiten, mit denen wir experimentieren können. So mancher Interessierte hat versucht, Hingabe mithilfe der Bilder zu üben. Doch die Macht des Verstandes hindert viele Paare daran, den absoluten Höhepunkt auf diese Art zu genießen. Deshalb empfiehlt es sich auch hier, mit der Technik der Meditation zu arbeiten. Sobald während der sexuellen Vereinigung Gedanken auftauchen, werden diese einfach losgelassen. Dann lassen wir auf ganzer Ebene los und geben uns unserer inneren Energiewelle und der des Partners einfach hin. Erleben das gemeinsame Energiefeld der hohen tantrischen Liebe. So lässt es sich mit Leichtigkeit dem Höhepunkt entgegenfliegen. Wer das bis dahin noch nicht erlebt hat, wird danach staunend und erfüllt in den Armen des Geliebten liegen.

Leider sitzen uns die alten kirchlichen und gesellschaftlichen Konditionierungen noch tief in den Genen und Knochen, sodass es vielen sogar in der heutigen aufgeklärten Zeit schwer fällt, die Sexualität so frei, ungeniert, natürlich und ungehemmt zu genießen, wie der liebe Gott sie für uns erdacht hat.

Erleben Sie das Eins-Werden immer wieder aufs Neue, lassen Sie sich darauf ein, üben Sie es. Verwenden Sie den Schlüssel oder Weg zur Egolosigkeit, der Ihnen am nächsten liegt. Das was Sie in den Minuten erfahren, lassen Sie immer mehr in Ihrem Leben Platz nehmen. Machen Sie es zu Ihrer ganz persönlichen Lebensart und inneren Disziplin. Bei allem, was Sie tun, ob Sie arbeiten, spazieren gehen, die Sonne genießen oder an einem schönem Wasserfall sitzen. Nach einigen Monaten werden Sie sich selbst in einem anderen Licht sehen. Ihre Umwelt wird auf Sie anders reagieren, an Kreuzungen der Entscheidung werden Sie das Gesündere wählen. Vielleicht finden Sie sogar Ihren Traumpartner und Ihren Traumjob.

Menschen, die in Unfälle verwickelt wurden oder großer Gefahr ausgesetzt waren, berichten, sie hätten in Augenblicken größter Not auf einmal eine innere Energie erfahren, die ebenfalls der Egolosigkeit entspricht. Wenn wir plötzlich dem Tod oder gefährvollen Situationen ins Auge sehen – etwa vor einer Schlange stehen, die im aufgerichteten Kopf die Giftzähne blinken lässt –, das sind die Momente, in denen unser Sein nicht mehr vom Verstand gesteuert, nicht mehr vom Ego dominiert wird. Da ist spontanes Handeln aus dem egolosen Zustand angesagt. Menschen, die solche Situationen überlebten oder vergleichbare Erlebnisse – zum Beispiel Klettern an abgrundtiefen Felswänden oder Besteigen der höchsten Gipfel – hinter sich haben, erzählen, sie seien fast schon süchtig danach, derartige Grenzerfahrungen immer wieder zu machen, um erneut den Kitzel oder den Moment des egolosen Handelns und der Gedankenlosigkeit – der Meditation zu erleben.

Wann immer wir einen Einblick in unser wirkliches Selbst bekommen, arbeitet dieser Lichtblick in unserem Innern. Wir entwickeln das, was die Amerikaner *true face* nennen, das wahre Gesicht. Das, was sich herausschält aus den vielen Gesichtern, die aufzusetzen wir von der Gesellschaft gelernt haben und im Lebenskampf wiederum der Gesellschaft zeigen. Die tausend Gesichter, wenn wir mit den Familienangehörigen sprechen, der Partnerin, im Beruf dem Vorgesetzten gegenübertreten oder den Angestellten unser Chefgesicht zeigen. Diese vielen Gesichter zeigen nicht unser wahres Gesicht, es sind die Masken, die uns erlauben, ein möglichst glattes Leben zu führen. Doch nur das wahre Gesicht eines Buddha ist das Gesicht, das nach allen Seiten die wahre Authentizität zeigt. Mit dem, was wir Buddha-Natur nennen, mit unserem wahren Gesicht, helfen wir allen Menschen, denen wir begegnen, selbst zu ihrem wahren Gesicht, der Buddha-Natur, zurückzufinden.

Suchende auf dem Weg, die Geschmack am Einblick in ihre Seinswelt gefunden haben, stoßen in Schriften und anderen Medienberichten darauf, dass es Seelen gibt, die es zur Erlangung der Meisterschaft vorziehen, in einsamen Gegenden wie dem Himalaya zu meditieren. Doch diejenigen, die sich in die Höhlen dieses gewaltigen Gebirges aufmachten, mussten erfahren, dass alles, was in ihren Köpfen herumspukte, auch an diesen Meditationsplätzen nicht abzuschütteln war. Um an der Erleuchtung zu arbeiten, ist es nicht nötig, besondere energetische Plätze dieser Erde aufzusuchen. Es kann aber hilfreich sein.

Was wir in der Meditationshöhle an Wahrheiten in uns finden und verankern, wird uns in Form verschiedener Feuerproben auf dem Marktplatz wieder begegnen. Wir werden uns der Herausforderung stellen müssen, ob die meditative Stille Bestand hat.

Doch nur allzu oft fallen die Wahrheitssuchenden auf sich selbst herein. Sie meinen den Erleuchtungsmoment zu erleben. Dabei merken sie nicht, dass sie die Energie von anderen Menschen aufgesogen haben oder die Meditationsenergie nur dazu nutzen, ihr Bewusstseins- und Energielevel für eine gewisse Zeit auf ein höheres Quantum zu heben. Dadurch wurden zwar das Verständnis und die Energie erhöht, aber die Umsetzung und Integration in den Alltag für ein neues Sein und Handeln ist noch nicht vollzogen.

So manches Mal müssen die Suchenden also für den Quantensprung noch gehörig nachsitzen. Viele wurden an dieser Stelle des Weges von der Ego-Falle heimgesucht und mussten am Ende bitter erfahren, dass sie, anstatt Erleuchtung zu finden, ihrem Ego und inneren Tyrannen auf den Leim gegangen waren.

Das innere Schatzkästchen mit den zu transformierenden Lebensthemen und seine Boykotteure und Abwehrmechanismen gaukeln hier sehr leicht ein fortgeschrittenes Stadium auf der Evolutionsspirale vor. Das ist der gefährlichste Moment im

Leben des Suchenden, da ihm das spirituelle Ego einen Riesenstreich spielt. Das spirituelle Ego ist eine maßlose Erhöhung der eigenen Person, eine absolute Fehleinschätzung der Realität. Leider sind viele Leute in diesem Bewusstseinsstadium stecken geblieben. Wer dem spirituellen Ego anheim gefallen ist, hat noch nichts gewonnen. Im Gegenteil, er ist weiter von der Wahrheit entfernt als der Mond von der Sonne. Das spirituelle Ego ist die größte Feuerprobe. Ein altes Sprichwort sagt: »Je höher wir steigen, desto tiefer können wir fallen.« Nur selten gelingt es einem Menschen, diese Hürde ohne einen geistigen Führer zu meistern.

Es geht nicht darum, an einer künstlichen Persönlichkeit zu feilen, um sie mit Orden zu dekorieren, sondern es geht um die Transformation der Lebensthemen. Wenn wir uns um Transformation bemühen, müssen wir der Persona ade sagen.

Die Persönlichkeit ist eine Art Maske, die uns hindert, mit dem Innersten und mit dem Ganzen, dem Göttlichen in vollkommenem Kontakt zu sein. Eine Maske kann nie die Wahrheit sein, die Maske gaukelt etwas vor, sie ist ein Schein, eine Lüge. Wenn wir nicht aufpassen, begegnen uns Menschen mit derart ausgeklügelten Persönlichkeiten auch noch im Namen Gottes.

Um dies alles zu erkennen und auf dem Pfad der Wahrheit zu bleiben, ist es wichtig, dass wir uns immer wieder mit der Wahrheit im Innern verbinden und mit unserem Bewusstsein darauf achten, nicht den Verlockungen der Gesellschaft, der Bequemlichkeit, der gefüllten Geldbeutel etc. zu verfallen.

Natürlich hat Persönlichkeit und das Darüber-Hinauswachsen zur Wahrheit mit der Transformation zu tun. Das Lebensthema vieler Menschen ist zunächst die Schaffung eines Imperiums. Hier geht es nicht um die Frage, was in der Berufung liegt, sondern darum, mit welchem Bewusstsein wir im Leben handeln. Das schwache Sein baut über die Persona und das Ego Stärke auf, um später in der Transformation diese

Gesellen nach getaner Arbeit wieder loszulassen, zu verabschieden.

Bevor wir uns nach Beendigung des Lebensthemenspannungsbogens weitere gesellschaftliche Gegebenheiten überstülpen lassen, sollten wir anfangen uns zu fragen: Wer bin ich eigentlich? Was will ich hier im Leben? Woher komme ich? Wohin gehe ich? Was sind meine Aufgaben? Was ist meine Berufung?

Wenn Sie sich diese Fragen stellen, werden Sie automatisch auch zu Ihrem Schatzkästchen geleitet. Und so Sie die Fragen aufrichtig in die Tiefe stellen, wird hier über die innere Stimme und über das Außen eine Kommunikation stattfinden. Denn manchmal verbinden sich das Innere und das Äußere zu einer Einheit der bewussten göttlichen Schöpferkraft. Wir merken dann geradezu zwangsläufig, in welche Richtung wir uns bewegen sollen.

Wenn alle Menschen dies beherzigen, haben wir es nur noch mit einer Bevölkerung zu tun, die in ihrer Kraft steht. So hat man das Gefühl, am Ziel der Reise, zu Hause, bei sich selbst, im Einklang mit dem Ganzen angekommen zu sein.

Aber bitte werden Sie jetzt nicht zu einem Heiligen, der mit seinem perfektionistischen Geist alles absolut hundertprozentig unter Kontrolle haben möchte, sodass nichts daneben gehen darf, keine Fehler entstehen. Es geht um Totalität, total bei allem zu sein, mit der ganzen Aufmerksamkeit – aber nicht um totale Perfektion. Diese hat immer etwas Krankes.

»Heilige« oder perfekte Menschen tragen nach wie vor eine Maske. Sie tun so, als ob sie es geschafft hätten, und zeigen gern mit dem großen Zeigefinger in die Luft oder auf Menschen, die ihrem Perfektionismus nicht Genüge tun. Denn wer immer über die Schiene des Heiligen an Sie herantritt, versucht mit einem gewissen Aufwand und einer Manipulation etwas von Ihnen zu ergattern. Er will Sie in eine gewisse Haltung führen, um Ihnen über Energie oder auch über Hilfswerke, die er für seine Energieerhöhung aufbaut, Kraft zu rauben. Wenn Sie diesem Kontrolldrama begegnen, wissen Sie sofort, was ich meine.

Ein Zen-Meister, der eine Situation total erfasst, weiß, wann es nötig ist, eindeutig in Schranken zu weisen, und er zeigt es mit klarer Ausdruckskraft. Das ist das authentische totale Sein, das aus der Authentizität der inneren Mitte entspringt.

Die Heiligen und Perfekten werden sich dagegen entweder im lauwarmen Bereich aufhalten, immer mit der Maske des Liebevollen, Mitfühlenden und Zaghaften, oder als aggressive Kritiker versuchen, den Gegenüber einzuschüchtern. Aber dahinter verbergen sich unerledigte Wut, zurückgehaltene Aggressionen und vor allem auch Machtinteressen.

Wir müssen uns auf unsere Intuition verlassen und aus dieser heraus sofort erkennen, von welcher Ebene das Gegenüber agiert. Gleichzeitig gilt es das eigene Handeln auf versteckte Ego-Schatten abzuklopfen. Dies geschieht in Sekundenschnelle.

Wenn diese Ebene abgehakt ist, sammeln Sie Ihre Kraft und stellen Sie sich dem Außen. Und denken Sie daran, zur Totalität gehört es, im Leben klipp und klar den eigenen Standpunkt zu vertreten und gegebenenfalls auch mal richtig auf den Tisch zu klopfen, Rückgrat zu zeigen. Ein Mensch, der mit einem Energieschwall aus dem Bauch heraus völlig klar seine Überzeugung in den Raum stellt, hat seine eigene Schönheit. Wenn wir uns dem Leben so in vollkommener Unvoreingenommenheit stellen, erfahren wir unglaubliche Kostproben des frei fließenden Tao.

Jeder muss seine eigene Energiequelle finden. Was auf dem Weg für den einen gesund erscheint, kann den anderen in die Krankheit führen. Das Wachstum der Menschen verläuft völlig individuell. So können die Seelen auch nur bedingt in die Fußstapfen eines Buddha oder Meisters treten. Ab einem gewissen Moment muss man auf dem Weg zur Meisterschaft seinen persönlichen ungespurten Pfad voranschreiten.

Ein moralischer Mensch sucht nach Regeln, an die er sich klammern kann, mit denen er sich sicher fühlt. Er braucht die klar ersichtliche Route, auf der er sich, wie auf einer Autobahn, bewegen kann. Er stiert nach Regeln, die aus längst vergangenen Zeiten aufrechterhalten werden.

Ein Suchender, der mit Meditation experimentiert und hiermit erfolgreich im Hier und Jetzt lebt, richtet sich spontan nach den Anforderungen, die die Gegenwart an ihn stellt. Ein der Moral verpflichteter Mensch versucht mit vorgefertigten Rezepten auf die Gegenwart zu reagieren. Aber nur das Spontane, das sich dem Augenblick in voller Aufmerksamkeit stellt, befindet sich mit seiner Energie am richtigen Platz.

Sind die Altlasten abgeworfen, tut das befreite Sein unglaublich gut, man fühlt sich wie neu geboren. Im Innern wächst das Gefühl von Freiheit, Liebe und Freude, man spürt den Draht zum göttlichen Einssein.

Die Gefahr, auf das Ego und seine Gesellen hereinzufallen, ist nun größtenteils gebannt. Wir wissen jetzt, dass das Ego eine listige Angelegenheit ist. Es kann in zwei entgegengesetzte Richtungen wirken. Der Kleingeist nutzt das Ego in der einen Richtung, um Bescheidenheit vorzugaukeln. Der, dessen Ego Bescheidenheit ausstrahlt, hat den gefährlicheren Part der Medaille, da er so zurückhaltend, hingebungsvoll und dienend wirkt. Doch dahinter stecken oft Feigheit, Arglist und Machtgier.

Das Leben tropft ab an dieser bescheidenen Haltung, der Betreffende traut sich nicht, mit Lebenskraft und Temperament die Lebenssäfte fließen zu lassen. Man wähnt sich zwar auf der sicheren Seite des Lebens, aber in Wirklichkeit bringt man nicht den Mut auf, seine Lebensthematik auch nur annähernd zu transformieren. Man lässt dem inneren Samen keine Chance zur Blüte. Aus dem »kleinen« Ego heraus entwickelt sich das Leben eher roboterhaft nach festen Regeln. Das Schema ist der Boss und es lässt keine wirkliche Begegnung mit dem Leben zu. Auf dieser Ebene funktioniert der Mensch hauptsächlich über den Verstand. Er versucht so viel wie möglich an Informationen und Wissen zu sammeln und in sein Schema einzubauen; dadurch wirkt er nach außen flexibel und spontan. Und trotzdem entwickelt sich das Leben für ihn immer mehr zu einem stehenden Gewässer mit einer fauligen Duftnote.

Ganz im Gegensatz zum Handeln aus der gesunden Mitte, aus der Mitte der Medaille. Es ist ein Handeln in Bewusstheit. Um beim Bild des Wassers zu bleiben: Der Zustand entspricht dem des fließenden Gewässers, dem Fluss. Ein Fluss ist immer neu. Man kann nicht zweimal in denselben Fluss steigen, weil es sich jedes Mal um anderes Wasser handelt. Und so sind auch die Antworten auf das Leben in einer gesunden Haltung immer wieder neu – weil die Dinge nicht in einem Schema entschieden werden, sondern aus der Spontanität im Angesicht der Situation, die sich ergibt.

Die andere Seite der Medaille ist das aufgeblasene, aufgeblähte Ego, das sich für etwas ganz »Besonderes« hält. Es ist geradezu krankhaft darauf bedacht, überall im Mittelpunkt zu stehen, von allen geliebt zu werden, an allen Fronten zur Spitze zu gehören oder zumindest so zu tun, falls ihm das nicht gelingt. Ein solcher Mensch lässt um sich herum kaum Platz für andere.

Die Anziehungskraft eines überspannten Egos ist oftmals verblüffend. Ein Mann mit einem solchen Ego wirkt äußerst anziehend auf die Frauenwelt, da der »Chip« für Familiengründung und Aufzucht des Nachwuchses im Biocomputer der Frau getriggert wird. Dieser Chip im Körper-, Geist-, Seelesystem einer Frau hat solch eine Kraft, dass es einer großen Bewusstheit bedarf, auf ein so schillerndes Ego nicht hereinzufallen.

Umgekehrt wirken Frauen mit der Ausstrahlung der Siegerin wie ein Magnet auf Männer, die sich an dem Dominanzgebaren und dem Energieraub der Frau oft die Zähne ausbeißen. Auch auf der Beziehungsebene gilt das Spiegelbild als richtungsweisend für die Erlösung der Lebensthematik.

Wenn zwei solche Superegos aufeinander treffen, werden sie nach einer kurzen Zeit, in der sie den Himmel auf Erden miteinander erfahren, sich bis aufs Messer bekriegen. Ein stetiger Machtkampf ist vorprogrammiert, den keiner von beiden gewinnen wird.

Liebhaber mit aufgeblähtem Ego können Ihre Partner nicht wirklich befriedigen. Der Sexualität fehlt das liebende Element. Partnerschaft kann sich dort nur auf niedrigem Level abspielen. Harmonie wird nach außen verkauft, im Inneren herrscht zwingende Abhängigkeit.

Nur die im eigenen Selbst erzeugte Energie dient dem Hineinwachsen in eine egolose Liebesbeziehung – und natürlich die im Einklang verschenkte Energie, die von einem zum anderen fließt, jeder sitzt dabei an seiner inneren Quelle.

Es gehört große Achtsamkeit und Reife dazu, die Stufen der Weiterentwicklung in Liebe miteinander hinaufzusteigen. Es ist eine gewaltige Herausforderung, mit dem Partner die Hürden der Wachstumszeit so zu überspringen, dass jeder seine Selbstachtung nährt und trotzdem mit allem gegenseitigen Respekt die Sprünge gewagt werden können.

Ich möchte noch einmal feststellen, dass eine wunderbare Art der Beziehung möglich ist, in der zwei Wesen in der Energieform einer Acht miteinander verbunden sind. Keiner der beiden braucht etwas vom anderen, jeder ist völlig unabhängig. Sie teilen ganz einfach ihre Liebe in der eben beschriebenen Weise. So entsteht zwischen den beiden ein tantrisches Kraftfeld mit der köstlichen Energie der liebevollen Verschmelzung.

Wenn Sie diesen Weg zu beschreiten wagen, werden Ihre Schwächen hochgespült, Sie werden eine Zeit voller konfliktreicher Situationen zu bewältigen haben. Aber das Ergebnis lohnt die Mühe. Die beste Art und Weise, damit umzugehen, ist, die Energie nach innen zu wenden und sich selbst zu fragen: Was geschieht mit mir? Was habe ich daraus zu lernen? Und sich danach beim Partner für seine Spiegelfunktion zu bedanken, dafür dass er Ihnen hilft, einen weiteren Quantensprung vorzubereiten.

Das »Besondere« ist wie gesagt eine Illusion. Doch wer mit diesem Problem zum Therapeuten kommt, kann leicht in die nächste Falle tappen. Er wird mit den Möglichkeiten des Seins vertraut gemacht und wählt als nächste Daseinsform eventuell die des Bescheidenen. Gewöhnlichkeit heißt nun das neue Zauberwort, und deshalb wird der Klient mit aller Inbrunst der Gewöhnlichste aller Bescheidenen. Die Pseudo-Demut ist geboren.

Er steckt im gleichen Spiel wie vorher – nur mit umgekehrten Vorzeichen. Das Ego kennt viele Schnippchen und Tricks. Es bedarf einer eindeutigen Entscheidung und unbeugsamer Disziplin, das Ego zu transformieren.

Die Auseinandersetzung Beruf – Berufung kann ebenfalls vom Ego überschattet sein. Dabei ist es gleichgültig, wie die individuelle Passion aussieht: ob man ein guter Handwerker sein oder die Menschen bekochen möchte; oder ob man ein Musiker, Maler oder Komponist werden will. Wenn die Berufung so angegangen wird, dass nur das zählt, was man als Erfolg und bare Münze daraus bezieht, dann ist man noch nicht an die egolose Art der Berufung herangekommen.

Es ist der innere Samen, der uns antreibt, die Blüten hervorzubringen. Das kann der Wille zum Erfolg und zu finanziellem Reichtum alleine auf gar keinen Fall bewirken. Die wenigen Menschen, denen es gelungen ist, trotzdem ein riesiges Vermögen anzuhäufen, leben in ihren Palästen und Villen nicht unbedingt im glückseligen Zustand. Sie fühlen sich zumeist allein, vom Umfeld ausgeschlossen, und das, was sie um sich herum geschaffen haben, lässt in ihnen keine wirkliche Freude aufkommen. Derjenige jedoch, der aus einem inneren Beseeltsein letztendlich auch zu finanziellem und materiellem Reichtum gelangt, ist in dieser Umgebung glücklich, liebevoll und großzügig.

Sogar die großen Welteroberer hatten am Ende ohne Ausnahme das Gefühl, mit leeren Händen dazustehen. Am Ende ihrer Tage mussten Sie erkennen, dass sie nichts mitnehmen konnten. Wenn einen lediglich der Wille zum Erfolg durchs Leben trägt, fühlt man sich irgendwann wie in einem Gefängnis eingesperrt. Zum richtigen Leben, der Lebenskraft und den Lebenssäften, besteht keinerlei reale Verbindung mehr.

Eine Gesellschaft, die hauptsächlich auf Leistungsdruck und Erfolg aufbaut, gebärt auf Konkurrenzdenken programmierte Menschen, die meistens das Gefühl haben, nie so gut zu sein, wie sie sein sollten. Der daraus entstehende Minderwertigkeitskomplex erzeugt ganz eigene Arten von Ego-Blüten, die oft in Depressionen und Neurosen enden.

Das Ego, die Persona und der innere Tyrann, sind eine Fiktion und nicht selbständig lebensfähig. Die Fiktion des Egos kann die Menschen sogar in den Wahnsinn treiben, weil sie der Realität kaum noch Beachtung schenken. Egos, die es trotz stärkster Bemühungen nicht geschafft haben, an die Spitze vorzudringen, sind oft so voller innerem Druck, dass sie sich ein Ventil suchen, um ihrer »Größe« Ausdruck zu verleihen. Dieses liegt nicht selten im kriminellen Bereich. Durch einen gelungenen Coup auf sich aufmerksam zu machen befriedigt dann so manch frustriertes Ego.

Die Menschen haben große Schwierigkeiten damit, ein Nichts zu sein, ohne Titel und ehrenhafte Anerkennung der Gesellschaft. Dabei liegt genau darin das größte Glück, das authentische Sein.

Letztendlich geht es darum, das Negative und das Positive gleichermaßen fallen zu lassen. Hierfür eignen sich am besten Meditationstechniken.

Haben wir die innere Stimme erst einmal vernommen und Vertrauen in sie gefasst, sind wir in Taten, im Handeln frei von allen Ego-Spielen. Wir können uns dazu beglückwünschen, die wahre Freiheit gefunden zu haben. Wir brauchen keinerlei

Bestätigung mehr von außen, sondern hören auf unsere innere Stimme und leben das, was sie uns rät. Das geschieht in kleinen wie in großen Dingen, gleichgültig ob sich die Frage stellt, was es zu Mittag geben soll, oder ob wir einen Ausflug in die Berge oder an einen See unternehmen oder den Partner anrufen sollen; oder ob es gilt, die richtige Entscheidung für die Berufung zu treffen.

Im Egobereich gehen die Menschen, wenn sie etwas voneinander wollen, so miteinander um: Jeder gibt jedem etwas mit auf den Weg als Anerkennung, damit er selbst jede Menge Streicheleinheiten für sein eigenes Ego bekommt. Es ist eine Art Kuhhandel. Je höher das Bewusstsein steigt, desto leichter erkennt der Suchende dieses törichte Tun und hört damit auf. Gleichzeitig fällt das Ego einfach ab, lässt der Erfolgsdruck nach und ebenso der Ehrgeiz, der Erste sein zu müssen.

In diesem Moment fängt das Leben erst richtig an, wir spüren das unbändige Gefühl der Freiheit, das uns tanzen und singen lässt. Es ist ein solcher Segen, unter denen zu sein, die an diesem Punkt angekommen sind! Das ist der Start ins richtige Leben, das Göttliche nimmt in uns Platz. Wir werden eins mit der göttlichen Energie und sind dadurch immer zur richtigen Zeit am richtigen Ort.

Ein weiteres Kennzeichen für das Ego sind die Wünsche. Die Wünsche, die aus dem Ego kommen und uns beschäftigt halten, uns nicht entspannen lassen. Es ist wie ein inneres schwarzes Loch, das wir mit noch so viel Kraft auffüllen können, ohne jemals Befriedigung zu finden. Dahinter steckt die Angst vor der inneren Leere. Wenn man am Abgrund dieser Angst steht, klammert man sich an alles, was einen davon abhält hinunterzufallen. Das ist die Angst des Egos vor dem Sterben.

Wünsche führen zu Besitzgier, und die Besitzgier treibt die Erdenbürger an, immer mehr materielle Güter anzuhäufen. So bleiben sie im Innern hohl; ihr Herz ist ummauert von ihrem Besitz und die Seele kann sich nicht erfüllen. Kinder schnappen vieles unbewusst auf, und so, wie die Dinge laufen, entwickeln sich die Gesellschaften nur langsam vorwärts. Das Ego verhindert, dass wir wachsen, dass wir unsere Themen erlösen.

Wenn wir merken, dass es so nicht weitergehen kann, haben wir gleichzeitig das Gefühl, dass wir den Weg in die Unsicherheit nehmen, nachdem wir das Ego losgelassen haben. Das ist verständlich. Wir wurden ja so aufgezogen, in diese Bahn gelenkt, und jetzt wird uns plötzlich klar, dass wir in einer Sackgasse stecken.

Trotzdem packen einige mit dem Mut der Seele, die ans Licht will, die Veränderung an. Sie verzichten auf jede Form von Sicherheit, um an das reine Sein zu gelangen. Doch so wie wir dem Licht entgegenstreben, strebt das Licht uns entgegen. Das Gefühl für das Licht ist nun stärker und wir stehen auf, auch wenn wir alleine sind, wir übernehmen die Verantwortung. Wir gehen mit einer neuen Entscheidung der Sonne, der Bewusstheit entgegen. Denn wo Bewusstheit ist, kann kein Ego sein.

Dunkelheit zeigt nur die Abwesenheit von Licht. Doch sobald wir nur unsere kleine innere Kerze anzünden, bringen wir schon Licht ins Dunkel. Dieser kleine Schein dringt nach außen in die Welt, und die Menschen nehmen ihn wahr und lassen sich davon inspirieren.

Wir sind mitten im Abenteuer, im wirklichen Leben angekommen. Auch wenn dieser Weg voller Gefahren und Unsicherheiten zu sein scheint, werden wir nie wieder zurück ins Grab des Egos steigen. Der Weg führt von jetzt ab direkt ins Licht. Wir scheuen nicht das Risiko, denn nur das Risiko ermöglicht den Gewinn, das Feiern aus Herzenslust, das Singen und Jubilieren. Die zuvor in Angst und Sorgen gebundene Energie wird frei und verbindet sich zu einem Tanz mit dem göttlichen Sein.

Der Verstand

Der Verstand ist wohl der am meisten überstrapazierte und überbewertete Teil des Körper-Geist-Seelesystems. Der Verstand oder Denkapparat ist aus seiner ursprünglichen Rolle herausgefallen. Anders gesagt, die Konditionierung, das Ego, bewirkt, dass der Verstand überstrapaziert wird.

Die Menschen versuchen über den Denkapparat alle Themen des Alltags zu steuern, zu planen und zu behandeln. Der Verstand hat aber eigentlich eine andere Funktion, er soll Thematiken ab einem bestimmten Punkt hilfreich zur Seite stehen. Der Aufgabenbereich des Verstandes ist an sich relativ klein und dient der Seele dazu, einen gewissen Teil des Lebens erfolgreich zu bewältigen.

Nehmen wir zum Beispiel an, wir bereiten eine Festivität vor. Am besten und natürlichsten ist es, mit der Intuition die Dinge auszusuchen, durch die das Fest wunderschön wird. Wenn der Rahmen einmal klar ist, können wir den Verstand für die Details nutzen. Die Art des Festtagskuchen ist intuitiv festgelegt, nun braucht die Schokoladentorte Zutaten, und diese Zutaten wählen wir mit dem Verstand aus. Sobald sie auf dem Merkzettel geschrieben stehen, kann der Einkauf beginnen. Nun wird der Denkapparat sofort wieder ausgeschaltet. Wir kaufen die Dinge, die auf dem Zettel stehen, und backen anschließend mithilfe des Verstandes, des Backbuches oder der Intuition einen wunderbaren Kuchen. Danach erneut gedankliche Ruhe, Meditation.

Sehr schön beobachten lässt sich die Funktionsweise des Verstandes auch am kollektiven Bewusstsein. Es gibt Gegenden auf der Erde, in denen die Menschen älter als anderswo werden. Im indischen Teil von Kaschmir liegt eine Region, in der die Menschen zwischen 130 und 150 Jahre alt werden. Trotz des hohen Alters sind die Leute noch so energiegeladen wie in unseren Breiten junge Männer mit 25. Daneben haben sie bis zu ihrem

Tod eine jugendliche Ausstrahlung und sehen jung aus, sie entsprechen also nicht dem Bild, das wir von alten Menschen haben. Diese Menschen leben im No-Mind-Status. Sie kümmern sich nicht im Geringsten um das Thema Alter. Für sie ist es ein Genuss, den täglichen Kreislauf geschehen zu lassen: die kleinen Dinge im Leben, wie Tee kochen, ihn aus einer Tasse schlürfen und dabei die Landschaft betrachten. Es geht bedächtig zu in dieser Gegend. Arbeit in unserem Sinne gibt es nicht.

Ganz anders bei uns im Westen. Hier hat der Verstand unter den Menschen die übereinstimmende Meinung bewirkt, bis zu einem gewissen Alter sei es in Ordnung, auf der Erde zu verweilen, und danach sei es an der Zeit, die Reise in die andere Dimension anzutreten. Diese Übereinkunft ist so stark, dass sie wirkt. In den Gegenden, wo diese kollektive Energie zu Hause ist, sterben die Menschen im Alter von ca. 70 Jahren.

Auch in Italien kennt man einen Ort, an dem die Menschen um die 100 Jahre alt werden. Wissenschaftler, die dem Phänomen auf den Grund gegangen sind, meinen, das liege zum einen an der mediterranen Küche und zum anderen an dem jugendlichen Charme, den die Älteren sich erhalten haben. Wie sie auf eine köstliche, kindliche Weise miteinander kommunizieren würden, erhalte einfach jung. Doch am wichtigsten ist: Sie haben bewusst oder unbewusst alle beschlossen, nicht mit 70 Jahren zu sterben.

Es gibt eine schöne Geschichte von George Bernhard Shaw, der im Alter von 70 Jahren London verließ und sich auf die Suche nach einer Ortschaft begab, in der die Menschen über 100 Jahre alt wurden. Seine Freunde und Bekannten konnten es kaum fassen, sie drangen auf ihn ein: Wie kannst du deine Freunde verlassen und die Gesellschaft, die dir so viel Hochachtung zollt. Doch George Bernhard Shaw war ein Kaliber von Mann, der sich auch gegen Freunde und gesellschaftliche Gepflogenheiten stellte und nicht scheute, alleine seinen Weg zu gehen.

Er fand den Ort, wo die Menschen tatsächlich für gewöhnlich nicht vor Erreichen des hundertzwanzigsten Lebensjahres starben. Er ging extra über den dortigen Friedhof, um zu überprüfen, dass seine Informationen stimmten. An diesem Ort ließ er sich nieder und lebte noch sehr lange, er schaffte die 100 Jahre spielend. Diesen Freigeist hatte die Intuition an den Platz der Jugendlichkeit geführt.

Normalerweise haben wir es mit solchen verstandesmäßigen Vereinbarungen und zusätzlich mit der Konditionierung zu tun. Beide beeinflussen die Psyche, sodass gegebenenfalls Körper, Geist und Seele bereit sind, die Augen frühzeitig auf Erden zu schließen. Fortschrittliche Forscher haben entdeckt, dass der Körper eigentlich weit über 200 Jahre alt werden und sich sogar in dieser Zeit immer wieder in Regenerationsphasen verjüngen kann.

George Bernhard Shaw hat bei seiner Wahl des Wohnorts dem Verstand den richtigen Platz, den Platz des Dieners und nicht den des Bestimmenden, zugewiesen.

Je weiter wir hinter die Kulissen unseres Seins blicken, desto mehr erkennen wir die Zusammenhänge von Körper, Geist, Seele. Und nachdem wir mit verschiedenen Meditationstechniken experimentiert haben, wird uns auch klar, dass der Verstand tatsächlich nur der Diener der Seele ist.

In der Schule lernen wir leider nach dem Motto «Ich denke, also bin ich«. Dies führt dazu, dass die Menschen sich mit ihren Gedanken derart stark identifizieren, dass sie sich mit jedem einzelnen Gedanken eins fühlen. Dadurch beschäftigt sich der Denkapparat permanent mit irgendwelchen Gedanken. Denn wenn ein Gedanke aufgetaucht ist, folgen sogleich zwei oder drei Nebengedanken, denen sich der Verstand anschließend zuwenden möchte. Eins ergibt das andere, und so driftet ein kleiner Gedanke ab in einen Gedankenwust, der oftmals nur schwer zu beenden ist. In Wirklichkeit soll der Verstand uns nur zu Diensten sein und sollen wir uns, je selbständiger und freier wir werden, aus der Konditionierung des »Ich denke, also bin ich« herausschälen.

Der Verstand wird oft als Hamsterrad der Konditionierungen entlarvt. Am Tage, das heißt zwischen Aufstehen und Zubettgehen und meist auch kurz vor- und hinterher, befindet sich der Verstand in erhöhter Alarmbereitschaft. Er kann jederzeit anspringen und ist zumeist nur sehr schwer wieder zu stoppen. Einmal in Gang gekommen, rotiert er im Kopf und gibt so schnell keine Ruhe mehr. Deswegen ist es wichtig, sich zu entspannen oder Entspannungstechniken zu lernen.

Wir sollten im Laufe des Tages immer wieder Phasen einplanen, in denen wir uns bewusst entspannen. Das heißt, zunächst auf der Körperebene darauf zu achten, alle Muskeln zu lockern, denn danach kann der Verstand leichter entspannen. Das höchste der Gefühle ist die totale Entspannung. In dem Augenblick, wo man sich dem Loslassen hingibt, erlebt man eine dem Buddha ähnliche Erfahrung.

Auch hier gilt, Übung macht den Meister. Wir fangen mit der Entspannung da an, wo es uns am leichtesten fällt. Wir gehen von außen nach innen. Wir beginnen mit dem Körper, wir entspannen ganz bewusst die Muskeln. Bitte achten Sie darauf, dass Sie auch die Halsmuskeln loslassen und Rückenmuskulatur, Bauch, Arme, Beine sowie den Anus und im Schrittbereich alles lockern.

Falls Ihnen das schwer fällt, machen Sie vorher ein paar Lockerungsübungen. Schütteln Sie einfach den ganzen Körper tüchtig durch. Eine weitere Hilfe ist die Atmung. Sie können als Atemübung die Arme leicht seitlich nach oben in die Luft strecken und dabei tief bis in den Unterbauch einatmen. Dann lassen Sie die Arme nach unten durchschwingen, gehen in die Knie und atmen kräftig aus. Wenn Ihnen dabei ein paar Töne entweichen, so ist das der kompletten Entspannung nur förderlich. Wiederholen Sie diese Übung, bis Sie eine deutliche Veränderung in Ihrem Körpergefühl wahrnehmen.

Die Übung können wir im Sitzen, Stehen oder Liegen durchführen. Lassen Sie dabei im Innern das Gefühl von Ewigkeit aufkommen. Ewigkeit ist zeitlich unbegrenzt. Wechseln Sie dabei in ein relaxtes Ein- und Ausatmen über. Nun lassen wir alle Spannung los. Es gibt keine Hast, jegliche Zweifel und Ängste fallen einfach ab.

Es ist wichtig, die Ursache der Spannung zu kennen. Spannung bedeutet den permanenten inneren Drang nach Schutz, Sicherheit und Aufgehobensein. Spannung bedeutet, keine Zufriedenheit zu erfahren im Augenblick des Hier und Jetzt, aus Angst vor dem Morgen für die Sicherheit zu kämpfen und nach Möglichkeit materielle Güter zu horten. Spannung entsteht aber auch aus der Gewissheit, in der Vergangenheit mit Situationen nicht sorgsam umgegangen zu sein. Es ist das Wissen um die nicht genutzten Möglichkeiten und die Angst, sie auch weiterhin nicht zu nutzen.

Erfahrungen, die nicht durchschritten wurden, beschäftigen uns in Gedanken. Nur wer das Leben mit Leidenschaft und Intensität in die Hände nimmt und die Gelegenheiten beim Schopf packt, mutig durchs Leben schreitet, kann mit der Vergangenheit abschließen. Dann fällt es leicht, in die Zukunft und darauf zu vertrauen, dass man zur gegebenen Zeit die richtigen Entscheidungen treffen wird. Andernfalls hängen die ausgesparten Erfahrungen sogar als Energiemerkmale in der Aura herum. Dadurch schrumpft die Lebensenergie noch zusätzlich.

Der erste Schritt auf dem Weg, das Leben nach der inneren Wahrheit zu gestalten, ist die Entspannung. Wo immer im Körper sich Spannungen festgesetzt haben, können Sie nun mit den Händen liebevoll darüberstreichen, die Stellen leicht massieren und so ein inneres Loslassen bewirken. Atmen Sie zu diesem Punkt tief ein und lassen Sie dann die Spannung mit dem Ausatmen los. Sprechen Sie dabei mit Ihrem Körper, das unterstützt die Selbstheilung. Sagen Sie ihm beim vorsichtigen

Streicheln, dass er jetzt alles loslassen kann. Gleichzeitig fühlen Sie sich in Ihrem Innern aufgehoben. Bitte vergessen Sie dabei die Füße nicht.

Wiederholen Sie diese Übung die nächsten Tage und beobachten Sie Ihren Erfolg. Nach kurzer Zeit werden Sie sich wesentlich wohler in Ihrem Körper fühlen und wird sich Ihr Verhältnis zu den Dingen des Lebens verändern. Vom Kopf bis zu den Zehenspitzen sind Sie nun intensiver mit ihrer Lebenskraft verbunden. Ihre Energie reicht jetzt bis weit in die Aura, und Sie können alle Alltagsaufgaben vitalisiert und erfrischt in Angriff nehmen.

Sie werden feststellen, dass auch der Denkapparat, der Verstand, jetzt aufgehört hat, Sie mit Gedankengängen zu traktieren, und dass diese Gedankenstille einen ganz wichtigen Teil Ihrer Entspannung darstellt. Sozusagen als Begleiterscheinung des körperlichen Loslassens hat der Verstand Ihr Sein aus der festen Umarmung entlassen und Sie in den Zustand der Ruhe gebracht.

Hier trifft die Entspannungsübung auf die Meditation. Wenn Sie merken, dass Ihnen die Übung gut tut, dann wiederholen Sie diese am besten täglich. Besonders wertvoll finde ich sie in der Mittagspause oder nach Feierabend. Als weiteren Bonus bringt die Stille uns in Kontakt mit der Intuition und deren Sprachrohr, der inneren Stimme.

Intuition – die innere Stimme

Die Intuition oder innere Stimme ist der direkte Draht zur Wahrheit, zum höheren Selbst, dem göttlichen Weg. Die innere Stimme ist ein Instrument, das uns immer zur Verfügung steht.

Obgleich viele Menschen bezweifeln, dass es Eingebungen wirklich gibt, und deshalb die innere Stimme fast nicht wahrnehmen können, erfahren sie diese dennoch manchmal sehr deutlich und unüberhörbar. Da die Reizüberflutung aus dem Verstand permanent die Wahrnehmung belegt, ist hin und wieder ein kräftiges Aufwacherlebnis vonnöten.

Der Intuition begegnen wir dabei im Zusammenspiel des Inneren mit dem Äußeren. Das sind die Kreuzungspunkte auf dem Lebensweg, die uns eine Sackgasse aufzeigen. Es sind die Punkte, wo die innere Stimme in Zusammenarbeit mit der innewohnenden Schöpferkraft das Äußere anzieht und so Gelegenheiten für Veränderungen schafft. Die Lebensthemen drängen zur Erlösung.

Wenn der Mensch sich weigert, diese Kreuzungspunkte zu sehen, handelt das Körper-Geist-Seelesystem und lässt ihn auf das Nebengleis der Probleme, Leiderfahrungen, Krankheiten oder Unfälle fahren. Dann wacht die Seele durch solche Schockerlebnisse vielleicht auf und erkennt, dass der Augenblick für eine Auszeit gekommen ist. Es gilt dann, den Daseinsweg kritisch zu betrachten. In diesem Moment kann Wachstum stattfinden.

Leider verstehen viele Menschen in wichtigen Augenblicken nicht, was die Uhr geschlagen hat. Sie drehen sich lieber nach wie vor auf dem Entwicklungskarussell im Kreis und ziehen dadurch weitere Schocks an.

Wer die Verbindung zwischen Ursache und Wirkung erfahren und verstanden hat, merkt, dass es bestimmte Gesetzmäßigkeiten gibt, die man bei Quantensprüngen auch aktiv anwenden kann. Nun beginnt die bewusste Aufarbeitung der Seelenreise.

Für die Intuition offen zu sein fällt uns nicht in den Schoß. Es ist ein tägliches Bemühen, den Verstand im Zaum zu halten, der wiederholt die Oberhand im System zurückzugewinnen versucht. Verschiedene Meditationstechniken und Therapiemaßnahmen können da weiterhelfen. Bleiben Sie offen für die innere Stimme. Je öfter wir mit der Intuition experimentieren, desto mehr wächst das Vertrauen in die innere Stimme.

Einziges Handicap ist dabei, den Unterschied zwischen Verstand und Intuition zu spüren. Aber auch Fehlgänge sind erlaubt. Wichtig ist nur, sich selbst danach keine Bestrafung oder Schuldgefühle aufzubürden. Nehmen Sie es gelassen und freuen Sie sich darauf, auf dieselben Fehler nicht noch einmal hereinzufallen. Belohnen Sie sich für wichtige Achtsamkeitsmomente, in denen Sie sich bei alten Handlungsweisen ertappen. Bleiben Sie bewusst und vertrauen Sie Ihrer inneren Stimme.

Je mehr Sie üben, desto eindeutiger wird die Stimme hörbar. Desgleichen ist es hilfreich, hin und wieder ein Fazit zu ziehen. Werden Sie sich darüber klar, welche Handlungen und Handlungsweisen Ihren Entscheidungen entsprechen. Wer es gewohnt ist, seine Entscheidungen mithilfe der Intuition zu treffen, lernt auch damit umzugehen, wenn er im Nachhinein feststellt, dass er einer Verstandesentscheidung aufgesessen ist.

Die besten Handwerker, Sportler, Manager oder die prämierte Putzkolonne bestätigen eines: Das effektivste Handeln geschieht nicht aus dem Verstand heraus, sondern aus der in der Intuition geborenen Entscheidung und aus der in Gedankenstille ausgeführten Handlung.

In Amerika geben Konzerne viel Geld dafür aus, ihre leitenden Manager mit der Entscheidungsform der Intuition bekannt zu machen. Eine schöne Nebenwirkung dabei ist, dass viele der Werte im zwischenmenschlichen Umgang ebenfalls von dem veränderten Verhalten profitieren. Menschen, die aus der Intuition heraus ihr Leben führen, achten auf Menschlichkeit, Teamgeist, Wohlstand für alle und liebevoll erhöhte Energie in der Kommunikation. So wird bei den Menschen in allen Lebensbereichen das innere Feuer der Transformation entzündet.

Die Eingebungen, die uns auf der inneren Kinoleinwand entgegenflimmern, zeigen zum einen die kleinsten Nebensächlichkeiten – etwa die Frage, was man einkaufen soll, ob man abends ins Theater, Kino oder Fitness-Studio gehen, einen Freund besuchen oder einen Spaziergang unter dem herrlichen

Sternenhimmel machen will. Die großen Eingebungen enthalten Informationen über zukünftige Aktivitäten und können richtungsweisend für das weitere Leben sein. Wir schlagen eine neue, gesunde, positive Richtung ein. Inspirationen fliegen uns für jegliche Themen zu.

Wir haben die Pflicht, ständig achtsam zwischen störenden Gedanken und unserer inneren Stimme zu unterscheiden. Die inneren Bilder erweisen sich als richtungsgebend und manchmal auch als Warnung, zum Beispiel heute bei diesen eisglatten Straßen nicht mit dem Auto zum Skifahren in die Berge fahren, sondern lieber einen Saunatag einzulegen. Wenn die Intuition Ihnen rät, es ist ein Wellnesstag angesagt, dann gönnen Sie Ihrem Selbst eine Ruhepause.

Wenn wir auf der Lebensreise so weit sind, die Intuition wahrzunehmen, erfahren wir, dass die innere Stimme auf diverse Arten mit uns in Kontakt tritt. Die Intuitionsenergie drängt uns beispielsweise, morgens beim Brötchenholen eine Zeitung mitzunehmen, und darin springt uns ein bestimmter Artikel für das wichtige Entscheidungsthema ins Auge. Dieser Artikel liefert wertvolle Anhaltspunkte, daraufhin beschließen wir, abends einen Vortrag zum Thema zu besuchen. Auf diesem Vortrag erhalten wir weitere richtungsweisende Informationen, und am nächsten Tag treffen wir bei einer U-Bahnfahrt »zufällig« jemanden, der uns genau auf das Thema anspricht.

Indem wir diesen Augenblick der Schicksalskreuzung wahrnehmen, uns auf das Gespräch einlassen und weiteres Wissenswerte über eine Gruppierung erfahren, schickt uns die Energie an den Ort, wo wir mit Gleichgesinnten in die lang ersehnte Teamarbeit eintreten können. So finden wir etwa den Weg zur neuen Arbeitsstelle, die diesmal unserer Berufung hundertprozentig entspricht.

Wir alle haben solche Schnittstellen schon erlebt. Je mehr Vertrauen wir in die Richtigkeit der »Zufälle« setzen, umso mehr schwimmen wir mit dem Energiestrom, der uns im richtigen Moment zu den passenden Dingen führt. Auch in unseren Träumen, des Nachts oder tagsüber, kann die innere Stimme in Form von Bildern zu uns sprechen. Wagen wir vertrauensvoll die ersten Schritte, dann kommt uns die göttliche Existenz mit großen Schritten und sichtbaren Geschenken entgegen.

Die Intuition ist keine Halluzination oder Sinnestäuschung, sondern ein »Computerprogramm«, das der Seele erlaubt, ihr Wachstum nach oben auf der Evolutionsspirale voranzutreiben. Die innere Stimme ist das Sprachrohr der göttlichen Energie. Die Menschheit wird sich dessen immer mehr bewusst und wird, mithilfe der vielen mutigen Seelen, die sich von ihrer inneren Stimme vertrauensvoll anleiten lassen, auf eine höhere Bewusstseinsebene gehoben.

Mit dem erweiterten Bewusstsein akzeptieren wir eindeutige Wegweiser und die Tatsache, dass die daraus sich ergebenden Fügungen Teil der Realität sind. Jetzt können wir die Hintergründe des Mysterienspiels verstehen. Es führt in das spirituelle Erwachen. Wir können nun mit der kosmischen Energie im Rücken unsere Vorstellungen und Intentionen Schritt für Schritt erfüllen. Der Energielevel ist erreicht, der uns hilft, die innewohnende Schöpferkraft so einzusetzen, dass wir Konkurrenzdenken, Kontrolldramen und Energiewettkämpfe zwischen den Menschen nicht mehr benötigen.

Diesen Prozess muss jeder Mensch für sich alleine durchmachen. An die Stelle der Unsicherheit tritt das Vertrauen. Auf diese Kraft können wir uns in dunklen Stunden besinnen. Von ihr getragen, gelangen wir wieder auf ein höheres Energieniveau. Mit der Sicherheit, die wir daraus gewinnen, entdecken wir die innere Quelle der Kraft. Wir akzeptieren die Realität des Seins. Der hohe Bewusstseinslevel wird jetzt kaum noch verlassen und zieht weitere synchronistische Fügungen an. Suchende Seelen finden diese Quelle und lassen sich gerne von ihr inspirieren.

Fühlen Sie sich von Ihrer Intuition abgeschnitten? Erleben Sie gerade einen Moment, in dem Sie im Schlamassel sitzen und nicht wissen, was Sie gegen die fortwährende Gedankenflut unternehmen sollen, ist die Energie blockiert und auf einem äußerst niedrigen Level angelangt?

Versuchen Sie auch in diesen Augenblicken, sich durch innere Sammlung der wirklichen Realität bewusst zu werden, dann wird sich Ihre Energie langsam wieder erhöhen. Lassen Sie die Kraft in den Energiebahnen den Rücken entlang bis zum Scheitel hochklettern.

Eine wichtige Lernerfahrung stellt die geistige Disziplin dar. Jetzt ist der Zeitpunkt gekommen, sie unbedingt anzuwenden. Lassen Sie keinerlei weitere Energie-Entgleisung zu. Bleiben Sie in Ihrer inneren Mitte, der eigenen Kraftquelle, und laben Sie sich an ihr, ruhen Sie sich aus, sodass Sie jeglicher Thematik kraftvoll gewachsen sind. Wenn es auch am Anfang ungemein schwierig ist, doch wer nur eine Minute lang die geistige Disziplin wahrt, nutzt die tolle Chance, an seiner Thematik zu arbeiten.

Als Übung empfehle ich Ihnen die 7-Tibeter-Gymnastikübungen aus meinem Buch, *Das REIKI Praxisbuch mit den neuen 7 tibetischen Reiki-Übungen* mit der Übungs-CD und der Musik von »Haindling«.

Hier werden die Chakren, die in einer Linie vom Wurzelchakra bis zum Kronenchakra liegen, mit den Übungen aktiviert und können so das gesamte Körper-Geist-Seelesystem vitalisieren. Danach fühlen Sie sich auf allen Ebenen gestärkt und haben grünes Licht für Ihre weitere Erlösungsarbeit.

Die Übungen unterstützen auch das so genannte Dritte Auge, das uns mit der Intuition verbindet. Das Dritte Auge ist das Zentrum des sechsten Sinns, in dem wir zu Recht die übersinnlichen Kräfte vermuten. Wir alle besitzen mediale Fähigkeiten, wir müssen nur mit dieser Veranlagung experimentieren. Damit lassen sich die Informationen der Aura lesen.

Um bewusst durchs Leben zu gehen, können wir die Kunst des sechsten Sinns schärfen, indem wir täglich seine Anwendung trainieren. Wir sollten ihn ruhig für Alltagsentscheidungen einsetzen. Es reicht nicht, nur ab und zu eine Inspiration zu haben oder einen intuitiven Treffer zu landen. Es gilt, sich im Innern bewusst dieser Thematik zu öffnen. Achten Sie besonders auf Ahnungen, Bilder und Eingebungen.

Je mehr wir uns auf die Intuition einlassen und den Eingebungen folgen, umso vertrauter werden wir mit dieser Chance der Wegfindung. Von Mal zu Mal wird klarer werden, wie exzellent der Mensch von der inneren Stimme geleitet wird.

Den sechsten Sinn in Einzelsitzungen anzuwenden ist meine Spezialität. Wenn ich mich auf den Klienten einschwinge, entsteht eine direkte Verbindung zu den in der Aura und den Chakren gespeicherten Informationen. Diese führen schnurstracks zum inneren Schatzkästchen, in dem die Erlösungsthemen ruhen. Nun fällt es mir leicht, mit dem Klienten die Befreiung und Transformation seiner Themen zu entwickeln.

Sämtliche Seminare, die ich in verschiedenen Städten und hier in München im Gesundheitszentrum halte, plane und entwickle ich ebenfalls mithilfe der Intuition. Genauso erscheinen mir mögliche Buchtitel auf der inneren Bildfläche. Und ich lasse mich im privaten Bereich von der inneren Stimme lenken. Ich habe mit der Intuition hervorragende Erfahrungen gemacht.

Bei der Arbeit mit der Intuition wird eine seriöse Beratung nie die Grenze des freien Willens des Klienten übertreten. Genauso lehnen verantwortungsvolle Therapeuten es ab, die Gedanken des Klienten zu manipulieren. Sie zeigen ihm vielmehr die Realität auf, die Chance, gesündere Entscheidungen zu treffen und Alternativen zu finden. Außerdem wird der Klient an seinen sechsten Sinn herangeführt, sodass er Intuition und innere Stimme auf seinem weiteren Entwicklungspfad für sein geistiges Wachstum nutzen kann.

Die unredlichen Versuche mancher spirituellen Quacksalber, Menschen zu beeinflussen, lehnen verantwortungsbewusste Therapeuten grundsätzlich ab. Ein Therapeut, der mit dem sechsten Sinn arbeitet, kennt das Gesetz von Ursache und Wirkung und lässt sich niemals dazu hinreißen, dieses Naturgesetz zu übertreten.

Es obliegt dem Suchenden und sogar dem Kranken, einen Therapeuten auszuwählen, dessen wirkliches Streben der Einsicht und Wahrheit, dem Verständnis und der Weisheit gilt. Entscheiden Sie diese Frage mit Ihrer Intuition.

Falls Sie sich jetzt fragen, wie Sie die plötzliche Intuition denn spüren können, dann möchte ich darauf antworten: Achten Sie auf eine Art Glanz, der den Weg, das Bild der Entscheidung oder die Wahl eines Urlaubsziels oder ein Jobangebot einhüllt. Dieser Glanz zeigt sich meist eher als Gefühl denn in Form eines Lichteffektes.

Auch hier gilt: Übung macht den Meister. Man kann ja ein Spiel daraus machen, überall den stimmigsten Platz zu erfühlen oder zu erschauen. Ob im Lieblingslokal oder in der Disco, versuchen Sie vom Timing her immer genau im richtigen Augenblick an der richtigen Stelle zu sein – auch bei der Begegnung mit Menschen, vielleicht entpuppt sich am Ende sogar jemand als Ihr idealer Lebenspartner.

Mir selbst wie auch Seminarteilnehmern und Lesern meiner Bücher ist es schon passiert, dass man in eine Buchhandlung geht, in eine bestimmte Ecke gleichsam gezogen wird und hier der Blick dann genau auf den Buchtitel trifft, der für den Augenblick Wissenswertes bringt. Es ist sogar schon vorgekommen, dass Buchkäufer völlig andere Bücher im Sinn hatten und dann aber, wie magnetisch angezogen, das 7 Tibeterbuch in der Hand hielten.

Auch während wir mit der Fernbedienung quer durch die Fernsehkanäle zappen, kann es passieren, dass uns plötzlich Antworten entgegenflimmern, für die wir uns schon lange interessieren. Genauso nehmen wir manchmal eine Zeitung in die Hand, blättern darin und stoßen auf einen Artikel oder eine Buchrezension, die genau das ansprechen, wonach wir gerade suchen. Schicksalhafte Begegnungen ergeben sich bisweilen nur, weil sich in gewissen Momenten zwei Augenpaare treffen. So sind wir alle miteinander verbunden, und in wichtigen Augenblicken treffen synchronistische Ereignisse zusammen, die Lebenswege verändern können.

Auch wenn wir nach solchen Erfahrungen manches gerne forcieren würden oder auf Momente warten, die uns den Partner fürs Leben bringen sollen, werden wir dann doch irgendwann gewahr, dass alles im Leben, auch das Erlernen von Geduld oder das Nichtverstehen, Botschaften beinhaltet und Gelegenheiten für unser persönliches Wachstum bietet. Es ist nachvollziehbar, dass wir über Hindernisse wenig erfreut sind und uns im Innern dagegen wehren. Doch es gibt eine höhere Instanz, unser höheres Selbst, das die Bedeutung solcher Hindernisse erkennt und uns sanft in die nächste Entwicklung drängt. Auch die Extrarunden auf der Evolutionsspirale oder die Sackgassen auf dem Weg haben ihre Berechtigung und eigene Bedeutung, denn sie stoßen uns mit der Nase nochmals auf Themen, die eventuell noch nicht vollständig erledigt sind.

Je höher der Energielevel ist, auf dem die Kommunikation läuft, umso mehr können wir uns den Eingebungen und Aussagen der Mitmenschen öffnen und diese über unser intuitives Verstehen und unseren Verstand in unser System einordnen. Wo immer sich offene Fragen melden, werden wir von intuitiven Bildern und dem stetigen Strom von Fügungen geleitet. Dies zieht einen synchronistischen Lauf hinter sich her.

Wenn wir im Freundeskreis und bei der Teamarbeit mit Kollegen die Energie nicht in Kontrolldramen verlieren, sondern unterstützend erhöhen, werden wir den Spielball der Energie wechselseitig auf hohem Niveau halten und damit den Prozess der spirituellen Entwicklung für alle Beteiligten auf höchster Ebene gestalten.

Mir hat es in schwierigen Zeiten immer geholfen, mich eine Weile zurückzuziehen, nach innen zu gehen und meinen inneren Energiepegel anzuheben – den Fluss für neue Eingebungen wieder zu starten, um dann in aller Ruhe zu verrichten, was notwendig war.

Sehr hilfreich ist hier wiederum die Meditation, indem man etwa (bei jedem Wetter) kleine Spaziergänge an der frischen Luft unternimmt. Wer diese Hilfe einmal kennen gelernt hat, wird nie wieder so tief sinken, dass er sich bei einer Talfahrt nicht irgendwann daran erinnert, welch große Hilfe die Meditationstechniken und Bewusstseinswerkzeuge doch sind.

Mit der Erhöhung der persönlichen Energieschwingung mittels Meditation steigt der Energielevel erneut in den Null- oder Plusbereich. In diesem Augenblick haben Sie schon den wichtigsten Schritt zu Ihrer Rettung getan und sich wieder auf die Bergfahrt begeben.

Wann immer das Gefühl auftaucht, eine innere oder äußere Führung wäre für die Entscheidungsfindung unumgänglich, werden wir mit der Bewusstseinstechnik der Energieerhöhung arbeiten, indem wir uns einfach innerlich mit Liebe, Kraft und Gleichmut füllen. Durch den so gefundenen Frieden im Körper und in der Aura stellen wir wieder eine Verbindung mit unserer Intuition her. Der Verstand wird dabei in die ihm gebührende Ecke verwiesen. Ab diesem Zeitpunkt werden wir nur noch Entscheidungen treffen, die dem Level entsprechen, auf dem wir uns praktisch bewegen wollen.

Wir können die Intuition auch abfragen. Sprechen Sie zu dieser Informationsebene, fragen Sie sie. Nach einigen Sekunden wird Ihnen die Antwort über Ihre innere Stimme zuteil. Dem sechsten Sinn können Sie nur vertrauen, wenn Sie zum Zwecke der Wegfindung immer wieder in allen möglichen Situationen mit ihm experimentieren. Nach einer Weile merken Sie, wie stimmig seine Antworten sind. Dies ist ein sehr erhabenes Gefühl, und wir sollten uns dankend vor dieser Gabe verbeugen.

Seit vielen Jahrhunderten haben die Menschen Hexen und Orakel in ihrer Mitte, an die sie sich wenden, um Zuspruch für ihre Handlungsweisen und Hinweise für ihr weiteres Vorgehen zu erhalten. Mit diesen Hilfsmitteln – therapeutische Ratschläge, Kartenlegerinnen, Tarot, I Ging, Runen, Engelskärtchen, Handlesen, Pendelarbeit etc. – können wir uns der Intuition nähern. Es ist also möglich, von außen dem Erkennen der inneren Wahrheit auf die Sprünge zu helfen. Diese Hilfsmittel gestatten Einblicke in Vergangenheit, Gegenwart und Zukunft. Auch hier werden die Energiefelder, die Auren, das kollektive Bewusstsein und das Überbewusstsein angezapft.

Die Wahrheits- und Wegfindung wird über zwei Medien, in diesem Fall über den Tarotleger und die Tarotkarten, vollzogen. Das Medium und der Ratsuchende stimmen sich kurz ein, bitten alle Helfershelfer in der anderen Dimension um einen Moment der Klarheit und darum, ihre Energie mit einfließen zu lassen. Das ist sozusagen ein kleines Gebet zum lieben Gott. Die Verbindung vom Kartenleger in die andere Dimension und zur Aura des Ratsuchenden wird hergestellt. Dann beginnt der Klient seine Bewusstwerdungs-Reise mithilfe des Tarots. Die Antworten der Tarotkarten und des Kartenlegers können mit ihrem bedeutenden transformatorischen Wert zu wichtigen Durchbrüchen, einer erweiterten Wahrnehmung und mehr Klarheit führen.

Für das, was den Ratsuchenden am meisten beschäftigt, halten die Karten wichtige Hinweise bereit. Diese werden vom Kartenleger erkannt und dem Klienten vermittelt. Das Tarot hat nichts mit Religion zu tun, sondern mit Realität. Es dient zur Weg- und Wahrheitsfindung. Man kann den Umgang mit Tarot, I Ging etc. auch lernen und dann, falls die Intuition einmal verschüttet ist, diese Instrumente zu Hilfe nehmen.

In meinen therapeutischen Einzelsitzungen lege ich gerne zur Gesprächsrunde noch eine Tarotkarte hin, um dem Klienten die Gelegenheit zu bieten, auch über das selbstgezogene Bild seinen Lernpfad zu erhellen. Die Trefferquote liegt bei 100 Prozent. Alle Klienten, denen ich empfehle, eine Karte zu nehmen, ziehen genau die Karte, die das widerspiegelt, was wir gerade in der Erlösungsarbeit durchschaut haben.

Kindheit, Erwachsenenzeit und Alter

Das Leben kann man in drei Phasen unterteilen: Kindheit, Erwachsenenzeit und Alter. Die Kindheit ist die Phase, in der wir von der anderen Dimension mit unseren Lebensthemen unterm Arm auf dem Weg zu unseren Eltern und in das ausgewählte Umfeld sowie die betreffende Zeitschiene unterwegs sind. Dort bekommen wir die Prägung und Konditionierung, die wir für unsere Transformationsaufgabe brauchen.

Diese Jahre erscheinen, auch im Rückblick, mitunter noch unendlich. Von der Geburt bis zum Schritt ins selbständige Leben dauert es bei den Menschen doch recht lange. Fast 20 Jahre muss man sich dem Willen anderer unterordnen.

Auf der Erde inkarnieren sich Generationen von Seelen, die genau diese, auch in den entlegensten Winkeln der Welt stattfindenden Geschehnisse als Lebensthematik für die Transformation brauchen. Trotzdem entbindet das niemanden von der Verantwortung, die eigenen Handlungsweisen zu überprüfen und darüber zu meditieren, wie in Teams und Gruppenarbeit die Weiterentwicklung der Problembereiche der Menschheit vorangebracht werden könnte. Deswegen sind auch alle Initiativen für ein besseres Schulsystem, eine gemeinschaftliche Erziehung der Kinder und neue gesellschaftliche Formen des Zusammenlebens voll und ganz zu unterstützen.

Es sollten eigens Universitäten dafür entstehen, die die Entwicklung der Gesellschaft im Auge behalten und neue Vorstellungen von Umgangs- und Lebensformen für alle Erdenbürger entwerfen. Diese Universitäten sollten in allen Teilen der Welt dafür Sorge tragen, dass Professuren für die gesellschaftliche Fortentwicklung entstehen, die vorrangig Experimente und Entdeckungen für die Menschheit in neue Lebensformen umsetzen.

Auf diese Weise werden ungeahnte Experimentierfelder entstehen, in denen das Neue probeweise gelebt werden kann. Was sich als nützlich erweist, kann dann in den Schulen gelehrt werden, sodass in den Menschen der Mut wächst, sich für neue Wege einzusetzen. Mit staatlicher Unterstützung und privatem Sponsering wird es der Menschheit gelingen, wunderbare Ergebnisse in diesen Projekten zu erzielen, die dann weltweit Anwendung finden können.

Die Kindheit trägt das Erdenwesen im Lauf der Jahre ins Erwachsenenleben. Das ist die Zeit, die Lebensthemen als Berufung, Spiegelerfahrungen und als Transformationsarbeit anzunehmen und zu bewältigen.

Als Erwachsene vollziehen wir die Arbeit, für die wir auf die Erde gelangt sind. Beim einen sind das Erfahrungen, die diese Seele erleben möchte – etwa den Mount Everest zu besteigen oder die Welt im Segelboot zu umrunden. Andere haben kräftig an ihren Lebensthemen zu feilen. Wieder andere erreichen das Klassenziel nicht, sie lernen erst in einer der nächsten Reinkarnationszeiten, um was es für sie auf der Welt geht.

Für einige Seelen endet die Erdenzeit in Frustration, Depression, Todessehnsucht, Selbstmord. Diese Seelen vermeiden die Auseinandersetzung mit ihren Lebensthemen vehement und versuchen nicht, hinter die Wände ihres Schatzkästchens zu blicken. Das hat zur Folge, dass sie die Thematik ihres Lebens nicht in die Transformation bringen, sondern lediglich in höchstem Grade schreckliche Gefühle und Seinszustände auslösen. In einer nächsten Chance, in einem nächsten oder übernächsten Leben, schafft diese Seele dann vielleicht die Transformation auf eine höhere Ebene.

Nur wenige Menschen haben den Mut, ihre Grenzen zu sprengen und ins Ungewisse zu springen. Die meisten beharren auf festen Grenzen, die sich durch die Jahre eingeschliffen haben und ihnen nur einen bedingten Bewegungsspielraum erlauben. Darüber hinaus wagen sie kaum einen Schritt in neue Dimensionen. Ihre Seele ist also eingegrenzt in das System, das die Lebensthematik in ihrem inneren Schatzkästchen vorgibt. Genau das ist die Transformationsarbeit – dies zu erkennen und dann die Entscheidung für die Transformation zu treffen. Danach gehört ein eiserner Wille dazu, die neuen Entscheidungen und Handlungsweisen durchzusetzen und auszuführen.

Aufgepasst! Bestimmte alte Handlungsweisen weiterzuschleifen ist ein Teil des Egos, das auf seinem Thron sitzt und sagt, es ist nicht an mir, zu weichen.

Dann gibt es Menschen, die von klein auf nur ein Ziel im Auge haben, dieses Ziel verfolgen, vom Umfeld darin unterstützt werden und irgendwann den glorreichen Platz auf dem Siegerpodest erreichen. Dort angekommen, spüren sie, was es für ein Gefühl ist, kraftvoll den eigenen Weg gegangen zu sein. In den folgenden Jahren könnte das eine oder andere Erlebnis sie veranlassen, in irgendwelchen Hintergründen neue Zielvorgaben zu finden. Damit meine ich, das eine Lebensthema kann erfüllt sein, aber da ist noch mehr im Füllhorn der Erlösungsthemen. Nachdem er auf dem Siegerpodest stand, wird der Betreffende also noch weiteren Aufräumarbeiten begegnen.

Wieder andere Menschen leben ein eher tristes Dasein, schauen, dass sie gut unterkommen, einen möglichst gleichmäßigen Lebensrythmus finden, eine Familie gründen, Kinder großziehen und dann gemütlich die späteren Jahre im Lehnstuhl verbringen. Menschen, die sich für die »Ausdauer in der Gleichförmigkeit« entschieden haben und den geraden Weg leben, können damit glücklich und zufrieden bestehen. Auch das kann ein Lebensthema sein. Vermutlich liegen aber eher bestimmte Dinge im Schatten. Diese Seelen schaffen es wahrscheinlich nicht, sich an die Transformation ihrer Thematik zu machen. Auch hier gilt: Was man in diesem Leben nicht schafft, erreicht man in einem anderen. Neue Chance – neues Glück.

Wenn wir nun auf das Alter zu sprechen kommen, so erntet jeder, was er gesät hat. Für den einen bedeutet das Krankheit bis in den Tod, für den anderen ein freiwilliges Ausscheiden aus dem Leben. Wieder andere haben ihr Glück gefunden und leben ihre Berufung und Visionen, oder aber sie haben den finalen Countdown geschafft, befinden sich in ihrer Meisterschaft und beenden dieses Leben als erleuchteter Buddha.

Das Alter ist keine Krankheit und muss auch nicht bedeuten, dass man langsam die Energie aushaucht und im Laufe der Jahre immer kraftloser durch die Welt blickt. Das Alter ist gewissermaßen die Krönung des Lebens. Wenn wir unsere Themen transformiert haben, können wir einfach genießen – in einer Weise, die weder der Jugend noch dem jungen Erwachsenen gegeben ist. Es sind die kleinen Dinge, der innere Frieden, die Liebe für die Welt, die Menschen, für sich selbst, die jetzt zählen.

Rundherum zufrieden heißt nicht inaktiv sein, es bedeutet vielmehr, was immer wir dann machen wollen, auch zu tun. Ob das ein Tänzchen in der Disco ist oder eine schöne Wanderung; ob wir ein Bild malen, die neueste Videoproduktion fertig stellen oder uns dem Lebenspartner platonisch oder sexuell hingeben möchten; ob wir einen guten Witz erzählen, herzhaft lachen, mit Humor die jüngeren Seelen auf ihrem Weg begleiten wollen. Es sind die Jahre des entspannten Zurücklehnens und glücklichen, liebevollen Miteinanders und vielleicht der Chance, die erreichte Weisheit an Interessierte weiterzugeben.

Wenn dann die Zeit gekommen ist, in die andere Dimension überzuwechseln, so wird dies in freudiger Erwartung auf eine neue aufregende Erfahrung geschehen. Die Seele verlässt mit einem Schwupp den Körper, um die Köstlichkeit der anderen Dimension zu erfahren.

Ich erkenne meine Lebensthemen

Kontrolldramen

Eine ganz ausgezeichnete Gelegenheit, die eigenen Lebensthemen zu erkennen, bieten die zwischenmenschlichen Kontrolldramen. Der Begriff »Kontrolldramen« stammt ursprünglich von J. Redfield und C. Adrienne und bezeichnet Kommunikationssituationen, in denen Menschen in der Täter- oder Opferrolle Machtspielchen betreiben, um auf diese Weise anderen Energie zu rauben. Ziehen Sie doch einmal einen Strich unter all Ihre Erlebnisse und schauen Sie sich genau an, wie Sie mit Ihrem Umfeld in Kontakt treten, wie Sie sich in der Welt behaupten, wie Sie mit der Umwelt kommunizieren, welche Familienstrukturen Sie in ihre Kommunikationsmöglichkeiten gebracht haben.

Anhand der nachfolgenden Zeilen können Sie sich selbst und Ihre Kommunikationsweise einordnen und auf diese Weise feststellen, welcher Art ihre »Problemzonen« in diesem Bereich sind. Schwierigkeiten in der Kommunikation leiten uns in Kontrolldramen, und diese Dramen wiederholen wir so lange mit allen Menschen, die uns begegnen, bis wir irgendwann so weit sind, mit offenen Augen etwas daraus zu lernen. Dann wenden wir uns nach innen in unser Schatzkästchen, um die Reise in die Transformation zu beginnen.

Kontrolldramen begegnen uns in der Ausgangsfamilie, Partnerschaft, Ehe, der Beziehung zu Kindern, im Berufsleben,

Freundeskreis oder Vereinsleben. Kontrolldramen erleben wir ebenso beim Einkaufen, im Straßenverkehr, bei Spiel, Sport und Spaß, auf Reisen und beim Alleinsein.

Wenn wir alleine sind, wenden wir die Kontrolldramatik gegen uns selbst an und boykottieren so unsere innere Kraftquelle. Alleine fühlen wir uns oft abgespalten und einsam. Wie viel würden wir nicht dafür tun, um ein bisschen mehr Aufmerksamkeit von anderen zu bekommen. Wir lassen zu, dass die Konditionierungen und Themen im Schatzkästchen unserem Sein Grenzen setzen. Und solange wir diese Grenzen nicht hinterfragen, können sie unsere Vitalkraft auf 5 Prozent und die Lebenslust auf 0,5 Prozent senken. Dabei wollen die Grenzen uns eigentlich lehren, über die Einsamkeit hinauszuwachsen und weitere Kontrolldramen aufzuspüren.

Machen Sie sich auf den Weg der Selbsterkenntnis, decken Sie Ihre persönlichen Kontrolldramen auf, fangen Sie an, in ihrem Leben aufzuräumen und Überholtes hinauszuwerfen. Dulden Sie keine Minute länger ein Grau in Grau gefärbtes Leben. Fangen Sie an zu tanzen, lieben Sie sich selbst und lassen Sie die Lebensenergie dabei hochsteigen.

An der Ursprungsfamilie und der Partnerschaft oder Ehe lassen sich unsere Verhaltensweisen am deutlichsten ablesen. Hier können Sie am leichtesten ansetzen und neues Handeln trainieren.

Der Bereich Arbeit und Berufung wird ebenfalls von Kontrolldramen bestimmt. Auch auf diesem Gebiet können wir mit der Bewusstwerdung und der Entscheidung für andere Handlungsweisen ein wesentlich gesünderes Energiefeld für uns selbst und alle Beteiligten schaffen. Wir bleiben dann entweder im selben Arbeitsbereich und erleben ein erfüllteres Miteinander; unsere Energiereserven sind konstant und werden nun durch die Teamarbeit oder Partnerschaft eher aufgefrischt denn ausgelaugt.

Oder aber wir beenden, nachdem wir alle therapeutischen

Mittel ausgeschöpft und erkannt haben, dass der Gegenüber keinerlei Veränderung will, die Beziehung im privaten Bereich sowie am Arbeitsplatz. Es gilt zu begreifen: Wenn wir selbst unsere Hausaufgaben gemacht haben und nun die Zusammenhänge besser verstehen, haben wir uns selbst gegenüber auch die Verpflichtung und Verantwortung, aus einer ungesunden Beziehungsstruktur auszusteigen. Dann ist es an der Zeit, in gesündere Handlungsweisen hineinzuwachsen. Das bedeutet, wir dulden keinerlei diktatorische Handlungen vom Partner oder Arbeitgeber bzw. Kollegen mehr. Erst wenn wir klar und deutlich eine Grenze ziehen, die auch vor der Konsequenz der Verabschiedung nicht Halt macht, helfen wir uns selbst, in eine gesunde Position zu gelangen und damit unseren Energiehaushalt wieder auszugleichen. Auf diese Weise geben wir dem Gegenüber ganz deutlich zu verstehen: So geht es nicht weiter, vielleicht ist eine andere Art des Umgangs möglich, doch diese muss erst gemeinsam erarbeitet werden. Wichtig ist natürlich auch, den eigenen Kontrollmechanismen auf die Spur zu kommen.

Indem wir dem Gegenüber Grenzen setzen, hat er nun die Chance, selbst nachzudenken und seine Kontrolldramen vielleicht zu durchschauen. Durch dieses Stoppzeichen wird er entweder seinerseits die Beziehung beenden oder aber in gesunde Handlungsweisen zurückfinden. Falls das nichts hilft, ist es an uns, Adieu zu sagen.

Wir tragen also immer die Verantwortung, für unsere Wahrheit einzustehen und nur noch gesunde Handlungsweisen in der Kommunikation zuzulassen. So erleben wir bei diesem Thema einen Quantensprung.

Im manipulativen Spiel gibt es vier verschiedene Persönlichkeitstypen: das Opfer, den Distanzierten, den aggressiven Kritiker sowie den Unberechenbaren.

Der **Opfertyp** ist passiv und allem gegenüber negativ eingestellt. Für ihn sind immer die anderen an allem schuld. Er flüchtet sich gerne in psychische oder körperliche Krankheiten.

Der **Distanzierte** ist unnahbar und erwartet stets, dass die anderen auf ihn zukommen oder ihm hinterherlaufen. Auf diese Weise holt er sich aus seinem Umfeld Energie.

Der **aggressive Kritiker** sucht ständig bei anderen nach Fehlern, um sie sofort lautstark anzuprangern. Er bezieht seine Energie aus der Angst vor einer Bloßstellung, die er dadurch in seinem Umfeld erzeugt.

Der **Unberechenbare** ist impulsiv und geht keinem Streit aus dem Weg. Mit seinen unerwarteten zornigen Ausfällen wirkt er auf sein Umfeld einschüchternd.

Wer sich diese Verhaltensweisen einmal bewusst gemacht hat und an seine eigene Energiequelle angeschlossen ist, hat es nicht mehr nötig, andere zu kontrollieren oder ihnen Energie zu rauben.

Leid, Krankheit und Probleme

Das, was wir normalerweise als Gleichlauf der Dinge oder Gang des Lebens oder Leben in einem gesunden Gefühl bezeichnen, kann hier und da empfindlich aus der Balance geraten. Dann passiert es, dass wir aus allen Wolken fallen, in unserer Harmonie gestört werden. Das Körper-Geist-Seelesystem antwortet darauf mit Disfunktion oder Entgleisung und macht so darauf aufmerksam, dass das bis dahin gültige Gleichgewicht zerstört ist.

Die Harmoniestörung kann auf einer der drei Ebenen oder auch auf allen stattfinden und erfolgt zumeist in einem Wechselspiel von Innen und Außen. Die Seele strahlt mit den im inneren Schatzkästchen verborgenen Lebensthemen Energien aus, ohne dass dies uns bewusst ist. Dadurch zieht sie im Innen wie im Außen negative Geschehnisse an. Diese werfen den

Menschen in gewisser Weise aus dem Tritt oder aus der Bahn. Die erste Ebene, die angesprochen wird, ist entweder die innere, indem man sich psychisch unwohl fühlt, oder die äußere, indem die Seele durch Partnerschaftsprobleme, Mobbing am Arbeitsplatz, einen Autounfall oder Ähnliches plötzlich mit Problemen konfrontiert wird.

Nun können wir versuchen, die Lebensthemen unter den Tisch zu kehren, und so einigermaßen über die Hürden der inneren und äußeren Geschehnisse springen. Der Großteil der Menschheit tut genau das, er versucht so schnell wie möglich den alten Status quo wieder herzustellen, um das Gewohnte weiterzuleben. Dadurch erzeugen die Menschen jedoch einen negativen Energiestrom, der, falls noch nicht alle Ebenen berührt sind, von einer Ebene auf die andere springt. Die Seele gibt ein Signal an die Geist- und die Körperebene. Die Symptome werden immer stärker, bis wir entweder schwer erkranken oder bewusst anfangen, uns mit der Erlösung der Lebensthemen zu beschäftigen. Wenn wir das nicht tun, wiederholt das System weiter entsprechende Erlebnisse, die uns aufwecken sollen, damit wir uns endlich auf neue Weise mit den Dingen auseinander setzen.

Viele uneinsichtige Menschen, die auf ihrem Stand auf der Evolutionsspirale verharren, segeln ihr Boot mit fest umklammerter Steuerpinne über Jahre hinweg direkt in den Abgrund. Sie lassen sich von keinerlei Erlebnissen oder Schocks auf eine neue Spur bringen, sie halten bis in die letzten Sekunden ihres Lebens unverändert Kurs auf das Ende zu.

Allen Menschen widerfahren irgendwann Geschehnisse, die ihnen helfen, einmal einen Strich unter ihr bisheriges Leben zu ziehen und in eine neue Dimension aufzubrechen. Wenn wir uns dann auf dem Weg der Selbsterkenntnis vorantasten, sollte uns bewusst sein, dass stets alle drei Ebenen, also Körper, Geist und Seele, bei der Bearbeitung berücksichtigt werden müssen.

Lediglich aus Verletzlichkeit heraus anzufangen, auf Kissen einzuprügeln und die Wut herauszuschreien, reicht nicht aus. Irgendwann wird uns klar, dass wir auch eine psychische, seelische Komponente in uns tragen. Diese Seite muss ebenfalls an der Erlösungsarbeit beteiligt sein. Amokläufer zum Beispiel lassen zwar die aufgestauten Dinge in Form einer Explosion heraus, sind aber von den seelisch-geistigen Aspekten ihres Bewusstseins völlig abgeschnitten. Bevor es so weit kommt, sollten wir lieber unser Thema bewusst bearbeiten und gegebenenfalls therapeutische Hilfe in Anspruch nehmen.

Es können sich zahllose Schicksals- und Rückschläge ergeben, doch Seelen, die den Transformationsweg im Leben bewusst einschlagen, kommen damit auch ein gehöriges Stück weit voran.

Je weiter wir uns auf den Evolutionsweg einlassen, umso besser merken wir es, wenn bestimmte Warnlämpchen zu glühen beginnen, und können uns, indem wir sofort zu neuen Handlungsweisen greifen, so manche Probleme oder Krankheitssymptome ersparen.

Je stärker wir uns bemühen, unser gesamtes Wesen zu heilen, desto mehr werden wir aus dem Reigen der Lebensthemen geführt und dem Punkt der Meisterschaft näher kommen. Das ist der Augenblick, in dem das Ego in die Einheit aufsteigt. Das Ich-Streben ist erlöst, die Abgrenzung hat ein Ende, die Seele erlebt sich als Teil des Ganzen und begreift, dass wir alle eins sind und alles im Kleinen wie im Großen wirkt. Die Verantwortung für die eigene Seele und für das Wohl des Ganzen wird eins. Da wir in der Schule keine Informationen über diese Themen erhalten, achten Sie, liebe Leser, bitte sehr genau darauf, welcher Methode der Selbsterkenntnis Sie sich verschreiben. Bei manch einem ist zwar vielleicht auch mal der Umweg über eine »falsche« Methode notwendig, aber wer finden will, wird es auch tun.

Erbe, adlige Herkunft, Lottogewinn und Reichtum

Die Masse der Menschen schielt öfter Richtung derer, mit denen es der liebe Gott »besser« gemeint hat. Das sind »Auserwählte«, die ihr Geld im Schlaf verdienen oder im Hochadel aufwachsen und dadurch mit einem gewissen Reichtum gesegnet sind. Diese Menschen registrieren sehr wohl den Neid der vielen anderen und fühlen deren Blicke auf sich ruhen, wenn sie sich in der Öffentlichkeit zeigen. Und dann gibt es die wenigen Auserwählten, die einmal einen Lottogewinn abgeräumt haben, und nicht zu vergessen die Promis aus Film, Funk und Fernsehen oder dem Sport, die zum Teil einen unglaublichen Reichtum anhäufen können.

Die Menschheit braucht anscheinend Leute, zu denen sie aufblicken kann. Dadurch wird die Hoffnung genährt, auch irgendwann einmal dazugehören zu können. Die Prominenten dienen uns als Traumbild für Dinge, die der Normalbürger nicht erreichen kann. Zeitschriften und andere Medien sind die Multiplikatoren solcher Träume.

Es tut uns gut, wenn wir Blaublütige oder Prominente in fadenscheinigen Situationen erleben und sehen, dass diese Damen und Herren auch nur mit Wasser kochen und für ihre Transformation teilweise hanebüchene Episoden durchschreiten müssen. Das »gemeine Volk« weiß, dass in diesen Kreisen nicht alles Gold ist, was glänzt. Trotzdem fliegen den Promis oftmals die Herzen zu. Wenn wir jedoch die Bessergestellten näher betrachten, können wir sehr gut die Lebensthemen entdecken, die zu diesen »Glücklichen« gehören.

Streitigkeiten um Erbschaften beschäftigen die Gerichte zur Genüge. Es gibt kaum eine Familie, die sich nicht über Erbstreitigkeiten entzweit. In den Familien, wo ein größeres Erbe zu erwarten steht, inkarnieren Seelen, die ihren Weg nur zu einem geringen Teil aus ihren eigenen Händen heraus erarbeiten müssen. Durch diese Situation baut sich in ihrem Innern eine Egostruktur auf, die den Betreffenden das Gefühl vermittelt, ihnen stehe das Erbe völlig zweifelsfrei zu und sie seien gewissermaßen über die anderen Menschen erhaben, weil sie sich Dinge leisten können, die anderen nicht so einfach zugänglich sind.

Wie wir an diesen Zeilen unschwer ersehen können, ergibt sich daraus eine gewisse Problematik, die es der Seele schwer macht, auf der Wachstumsspirale voranzukommen. Egomanes Verhalten und Familienzwist und damit verbunden die Schwierigkeit, in die eigene Berufung zu finden – das sind die Hürden, die spiegelbildlich die Lebensthemen für diese Menschen darstellen. Die betreffenden Seelen haben diese Thematik gewählt, weil sie über eine vermeintlich leichtere Lebensweise in die Selbstschulung finden wollen.

Adlig Geborene unterscheiden zwischen reichem und verarmtem Adel. Der reiche Adel hat mit ähnlichen Hürden zu kämpfen wie die Seelen, denen ein großes Erbe in den Schoß fällt. Sie finden nicht über Hungerjahre in ihre Thematik, sondern dadurch, dass sie im Prinzip schon alles haben. Sie lassen sich aus diesem Überfluss entweder bis an ihr Ende in Leichtigkeit tragen, oder es treten Schicksalsschläge ein, die ihr Ego zurechtstutzen, sodass sie ebenfalls über Leid, Krankheit oder andere Probleme in die Transformation gelangen.

Für viele Menschen ist ein Lottogewinn der große Traum. Die Vorstellung vom erquickenden Leben danach hindert die Menschen eventuell daran, an ihrer Berufung zu arbeiten. Die wenigen Glücklichen, die einen hohen Betrag beim Lotto gewannen, haben zum Teil die Aufgabe, das, für was sie sich entschieden haben, mit diesem Geld zu erreichen. Der Quantensprung wird bei so einem Glücksfall unterstützt.

Der Großteil der Lottogewinner kämpft damit, die dramatischen Veränderungen zu bewältigen, die mit dem Gewinn ins Haus stehen. Sie können den Sprung in eine glücklichere Zukunft nicht vollziehen, da ihre Transformationshürden ihnen das Geld unter den Fingern zerrinnen lassen. Die Lebensthemen werden in diesen Fällen oft nicht erkannt. Viele der glücklichen Gewinner sind nach einer Weile vom Verlust gebeutelt, sehr unglücklich und sogar selbstmordgefährdet. Jene allerdings, deren Transformation darin liegt, den Gewinn in ihre Berufung umzusetzen, können ihren entscheidenden Durchbruch erringen.

Reichtum und Wohlstand gilt es weder als schlecht zu verdammen noch als das einzig Wahre im Leben hervorzuheben. Das Leben aus dem Überfluss heraus ist ein Grundrecht der menschlichen Seele. Zu der Anstrengung der Menschheit, mit neuen Werten eine gesündere und glücklichere, für alle erquickende Zukunft zu gestalten, gehört auch, dass alle in Wohlstand leben. Das will heißen, dass alle genügend zu essen und ein gutes Dach über dem Kopf haben und so in Liebe und Freiheit miteinander kooperieren können.

Das Maß ist voll

Irgendwann reicht es, man hat die Nase voll, es ist Zeit, den Bettel hinzuschmeißen. Es fallen einem Sprüche ein wie: »Alles hat einmal ein Ende« und »Jetzt ist Schluss«.

Wenn Sie bereits einmal so reagiert haben, dann wissen Sie, wie gut diese emotionale Handlung Ihrem Sein tut. »Das Maß ist voll« heißt, uns reicht es mit all den Situationen, die wir uns zur Erlösung der Lebensthemen geschaffen haben. »Das Maß ist voll« meint, bis hierhin und nicht weiter. Es wird eine neue Grenze gesetzt. Das ist ein Entschluss, mit dem endlich eine lange Zeit des Haderns, der Schicksalsschläge, der Krankheit oder anderer Probleme beendet wird.

Wer diesen Schlusspunkt setzt, kommt an eine Wegkreuzung, die einen neuen Weg für die Seele bereithält, nämlich den Weg der gesunden Entscheidung. Alle bisherigen Entscheidungen haben die Seele an einen dramatischen Endpunkt gebracht, wo sie entweder unter der Last zusammenbricht oder aber endlich aufsteht und lauthals verkündet: Das Maß ist voll.

Wenn Sie sich nun fragen, was mit dem Maß genau gemeint ist, so kann ich darauf nur antworten: Das betrifft jedes individuelle Thema, mit dem Sie in der Spiegelung der Außen- und Innenerlebnisse konfrontiert sind. Die Treibkraft des Themas ist die Erlösung, die Sie zur Transformation drängt. Das können Familien-, Partnerschafts- oder Berufsthemen sein, alle erdenklichen Themen können für den Umschwung genutzt werden.

»Das Maß ist voll« ist ein so kraftvolles Mantra, dass es sich lohnt, diese Worte an diesem Punkt öfter zu wiederholen, damit wir keinerlei anderen Gedanken mehr Raum lassen. Bitte spielen Sie nichts herunter, um danach ins gewohnte Boot zurückzusteigen. »Das Maß ist voll« heißt, mit aller Achtsamkeit und mithilfe der Wut im Bauch jetzt wirklich für einen Umschwung zu sorgen.

Das hat nichts mit aggressiven Handlungen zu tun, sondern mit dem inneren Prozess des Menschen, seine Thematik im Schatzkästchen endlich zu sehen und sich ihr zu stellen. Die neuen Entschlüsse werden gefasst und klar und eindeutig ausgesprochen. Doch aufgepasst, einige Menschen verwechseln deutlichen Ausdruck mit Aggression. Lassen Sie sich von Aussprüchen wie »Du bist ja aggressiv« nicht Ihrer Kraft berauben, bleiben Sie bei Ihrer Wahrheit, stehen Sie zu ihr.

Merken Sie sich bitte, alles läuft wunderbar, Sie befinden sich an dieser Stelle am wertvollsten Quantensprung Ihrer Inkarnationsreise. Alle Erfahrungen, die Sie gemacht haben, waren wichtig, damit Sie an diesen Punkt überhaupt gelangen konnten und nun die neuen Entscheidungen treffen und umsetzen.

Menschen, die diesen entscheidenden Punkt der Neugestaltung übersehen, wollen sich lieber fügen und angstvoll im Alten verharren. Sie meinen, alles sei ja gar nicht so schlimm, und alles sei ja so, wie der liebe Gott es will, wir alle müssten schließlich leiden und für irgendwelche Sünden büßen. Diese Menschen haben einen entscheidenden Fehler begangen, sie haben sich von der Angst leiten lassen, anstatt vertrauensvoll das Neue zu wagen.

Bei meiner Arbeit im Krankenhaus begegnen mir sehr oft Patienten, die leider immer wieder diese Schlüsselpunkte des Lebens übersehen haben und damit auch an ihrer Transformation vorbeigeschlittert sind. Diesen Reigen können sie natürlich mit wiederkehrenden Krankenhausaufenthalten weiterspinnen, so oft sie wollen, aber irgendwann ist für dieses Leben einfach Schluss. Es gibt da keine Ausreden oder Schuldzuweisungen an andere. Auch ein »Ich kann nicht« zählt auf dieser Ebene nicht, es ist die Verantwortung des Einzelnen, sich um sein Leben zu kümmern, egal was die anderen denken oder sagen.

Seien Sie nicht feige, stellen Sie sich den Herausforderungen, Sie werden es nicht bereuen. Das Unbekannte, das hinter dieser Absprungmarke wartet, das Unbekannte, das ist das wirklich Interessante, das ist es, für das es sich zu springen lohnt. Hier warten die Köstlichkeiten, die wir nur erleben, wenn wir diesen Sprung wagen.

»Das Maß ist voll« ist eine Zeiteinheit, mit der der jetzige Moment abgeschlossen ist und ein völlig neuer Zeitabschnitt beginnt. Er steht schon vor der Nase, der Mensch muss nur noch durch das Tor des Vertrauens auf ihn zugehen. Wenn wir vor diesem Tor stehen, weiß unser Wesen, wohin es geht. Die innere Stimme jubelt und ruft: Hör' mich, auf geht's, spring endlich. Allerdings machen sich in diesem Augenblick auch Gedanken bemerkbar, die einen im Alten halten wollen, und die Boykotteure, die rund um das innere Schatzkästchen lauern und verhindern, dass Licht ins Dunkel gebracht wird.

Doch verlassen Sie sich auf einen Bereich in Ihnen, der ganz leicht mit der Wahrheit Verbindung aufnehmen kann. Dieser Bereich spricht zu Ihnen mit Ihrer inneren Stimme, sie flüstert nicht nur, sondern schreit Ihnen entgegen! Spring, spring, spring endlich, spring! Du hast schon so oft den falschen Weg eingeschlagen, nun ist es wieder an der Zeit und in deiner Hand, den Sprung zu wagen. Diesmal schaffst du es, spring ins Licht.

Liebe Leser, schließen Sie sich den Reihen der Mutigen an. Glauben Sie nicht, Sie stünden alleine. Alle, die jemals durch das Tor gesprungen sind, stehen energetisch an der Pforte und klatschen Ihnen begeistert entgegen mit der Aufmunterung, sich von Ihrem Vertrauen leiten zu lassen. Hopp!

Nichts ereignet sich zufällig

Mit den Zufällen hat es seine ganz eigene Bewandtnis. Es ist uns allen irgendwie klar, dass es Zufälle im eigentlichen Sinne nicht gibt, und trotzdem sind wir immer wieder erstaunt, wenn der Zufall zuschlägt.

Der Zufall erreicht uns auf dem Parkett möglicher Erlebnisse. Der Zufall begegnet uns in Form von Schicksalsschlägen der positiven oder negativen Art. Dinge können wie ein Wunder an uns herangetragen werden und uns die Chance zum Sprung in etwas Neues bieten, wo wir doch vorher dachten, das wäre nie möglich. Der Zufall erscheint auf der Bildfläche aus den Gegebenheiten, die wir erleben wollen und die unser Energiefeld ausstrahlt und anzieht. Er hängt zumeist mit der Thematik zusammen, in der wir uns gerade bewegen und freischwimmen.

Zufälle können uns wie ein Schlag treffen und veranlassen, den einen Weg zu beenden und einen neuen zu beginnen. Das kann im privaten wie beruflichen Bereich passieren. Manchmal erwischt uns Bruder Zufall genau in dem Moment, wenn wir für eine Veränderung bereit sind. Da bildet sich ein Spalt im Körper-Geist-Seelesystem, der es der göttlichen Kraft ermöglicht anzusetzen. Genau in diesem Augenblick schlägt der Zufall zu und gibt den Anstoß zum Quantensprung.

Im Zusammenspiel mit unserem Sein gelingt es der göttlichen Schöpferkraft, uns dahin zu befördern, wohin sich das Sein des Betreffenden entwickeln möchte. Wenn der »Blitz« einschlägt, stoßen Energien aufeinander, die eine solche Kraft entfachen, dass uns nichts anderes übrig bleibt, als den großen Sprung auf der Wolke der Energie, des Kraftausbruchs zu wagen.

Manchmal treffen wir dabei auf Personen, die unser Leben nachhaltig verändern. Das können Bekannte, Freunde oder Unbekannte sein. Vielleicht steht sogar die große Liebe plötzlich vor Ihnen und verzaubert Sie mit einem Lächeln.

Mir persönlich sind relativ viele Zufälle oder Fügungen passiert. Dazu möchte ich eine kleine Anekdote erzählen: Vor einigen Jahren, als ich das Konzept für mein 7-Tibeter-Buch vorliegen hatte, unternahm ich mit einer Klientin einen therapeutischen Rundgang auf dem Gelände des Tollwood Festival in München. Dabei handelt es sich um ein Festival mit Alternativ- und Konzertprogramm und Gastronomieständen. Ich stand mit der Klientin gerade im indischen Gewürzstand und stöberte in einem Regal nach meinem Lieblingsgewürz, als es plötzlich hinter mir bum machte. Bum und wieder bum, bum schlug irgendjemand auf eine Trommel. Daraufhin drehte ich mich um und entdeckte Hans-Jürgen Buchner von der Musikgruppe »Haindling«.

Ja, was macht der denn da, gibt er eine Performance? Nein, er hatte keinen Auftritt, sondern blickte in den Gewürzstand hinein und schlug dabei auf eine afrikanische Trommel.

Nun hatte ich ja in langen Jahren gelernt, auf Fügungen zu achten und Zufälle als Chancen zu betrachten, an Wegkreuzungen wichtige Informationen zu erhalten. Also wandte ich mich von meinem Gewürzregal ab, ging auf Hans-Jürgen Buchner zu und sagte Hallo.

Bevor ich weitererzähle, muss ich noch ergänzen, dass wir 20 Jahre zuvor uns schon einmal begegnet waren, und zwar in einem Therapie- und Meditationszentrum. Wir waren dort beide übers Wochenende zu Besuch, und zufälligerweise lagen unsere Kojen im Schlafsaal nebeneinander. Wir waren uns auf Anhieb sympathisch und am Schluss unseres Aufenthalts sagte er mir, dass er am darauf folgenden Donnerstag seinen ersten Fernsehauftritt hätte. So war dieses Wochenende für uns beide in gewisser Weise der Beginn unserer Karriere, bei ihm als Musiker und bei mir als Therapeut.

Soviel also zu unserem Treffen vor vielen Jahren. Mittlerweile ist Hans-Jürgen Buchner im deutschsprachigen Raum ein sehr bekannter Musiker, hat viele Preise bekommen, zahlreiche Filmmusiken komponiert, ganz zu schweigen von seinen gelungenen Schallplatten und CDs mit fantastischer Musik und tollen Texten.

Als wir uns auf dem Tollwood Festival in die Augen schauten und einander wiedererkannten, begrüßten wir uns sehr herzlich. Er stellte mir seine Frau vor, die auch im Gewürzladen kramte. Da wurde mir klar, dass er auf seine Partnerin gewartet und sich mit dem Trommeln die Zeit vertrieben hatte. Wir unterhielten uns eine Weile, dann musste er zur Probe für ein Konzert am Abend, und ich wollte ja den Rundgang fortsetzen. Wir verabschiedeten uns, und ich dachte nicht, dass wir uns bald wiedersehen würden.

Einige Nächte später hatte ich dann die Eingebung, für die Übungs-CD der 7 Tibeter sollte Hans-Jürgen die Musik komponieren. Da ich meiner inneren Stimme vertraue, rief ich ihn einfach an, trug das Projekt vor und er sagte prompt zu. So wurde unser gemeinsames Projekt für diese wunderbaren, tibetisch anmutenden Chakra-Heilklänge geboren. Das war sozusagen eine Fügung des Schicksals, die mir die Unglaublichkeit des Zufalls wieder mal vor Augen führte. Und tatsächlich kam es zur zweiten Zusammenarbeit, der CD für die neuere Schatzsuche, die wir zu diesem Buch herausgeben.

Die Momente zu fühlen, in denen eine erhöhte Energiefrequenz zum Tragen kommt, ist eine für die Selbstfindung und Selbstverwirklichung unersetzliche Übung. Dazu ist eine Achtsamkeit und Wachsamkeit notwendig, die nur mit täglichem Training zu erreichen ist. Wir alle kennen diese Situationen mit dem puren Zufall, wir können die Energie des Zufalls als Fügung begreifen. Über die in uns ruhende Schöpferkraft sind wir mit dem Universum verbunden, und die Gedanken und Ideen, die wir aussenden, kommen als Kräfte wieder zu uns zurück und weisen uns als Fügungen den Weg.

Hierfür müssen wir das Vertrauen genauso trainieren wie bei der inneren Stimme. Je besser wir in der Lage sind, den Denkapparat links liegen zu lassen, desto direkter sind wir mit der Energie verbunden, die uns zum Augenblick des Zufalls führt. Wenn es Ihnen gelingt, in dieser Energie zu verweilen, stellen Sie nach einer gewissen Zeit unweigerlich fest, dass Sie sich immer zum richtigen Zeitpunkt am richtigen Ort aufhalten.

Im Ego verhaftete Menschen versäumen leider viel zu oft die Eingebungen der inneren Stimme und die göttlichen Fügungen. Deshalb achten Sie bitte immer darauf, mit Ihrer inneren Stimme verbunden zu sein und die Zeichen der Zeit zu erkennen. Falls Ihnen dies alles völlig fremd erscheint, so üben Sie doch zunächst mit kleinen Dingen wie: Was mache ich heute Abend oder am Wochenende? Welchen Weg nehme ich beim Spaziergang im Wald lieber?

Es macht riesigen Spaß, auf dem neuen Gebiet Erfahrungen und Erfolge zu sammeln. Das motiviert, mit der Intuition, sprich dem sechsten Sinn, den weiteren Lebensweg zu bestimmen. Nach einer Weile werden Sie feststellen, dass auch in

Ihrem täglichen Verhalten den Mitarbeitern und Mitmenschen gegenüber sich etwas verändert hat. Da Sie auf Fügungen und die Intuition vertrauen, sprechen Sie mit den Menschen direkter, klarer, setzen Grenzen an wichtigen Punkten und unterstützen an Stellen, wo Sie merken, dass die Energie der Menschen gesteigert werden kann. Sie tragen so zu einem auf allen Ebenen erfolgreichen Miteinander bei.

Falls Sie sich in einem psychisch-körperlichen Tief befinden und von allen Fügungen wie Zufällen abgeschnitten meinen, dann probieren Sie, das Gefühl erhöhter Energie in sich aufkeimen zu lassen. Denken Sie an einen Augenblick, in dem Sie sich so richtig klasse gefühlt haben, und reproduzieren Sie ihn in Ihrem Innern. Mit einem so »künstlich« erhöhten Energiepotenzial können Sie sich selbst an den Haaren wieder aus dem Loch herausziehen. Jetzt sind Sie erneut auf der Energie-Ebene, wo Fügungen sich erweisen und die Intuition Ihnen dies bestätigt.

Jegliches Hadern mit dem eigenen Schicksal ist hier fehl am Platz. Geistige Disziplin ist allerdings vonnöten. Lassen Sie sich nicht herunterziehen, setzen Sie diesen Dingen eine eindeutige Grenze. Wenn sich dies nicht bewerkstelligen lässt, sollten Sie einen Therapeuten aufsuchen, um mit ihm in Ihrem Schatzkästchen nach Ihren Lebensthemen zu kramen. Das könnte für eine Wiederauferstehung in glücklichere Zeiten ganz nützlich sein.

Ich will mich nicht ändern

Kennen Sie diesen Satz, denken Sie auch manchmal: »Was soll das alles, ich will mich nicht ändern«? Da rate ich Ihnen, entspannen Sie sich, lassen Sie alle fünfe gerade sein und entscheiden Sie ein andermal über die Dinge, die im Raum stehen. Wenn Sie so damit umgehen, kann ein Teil in Ihnen relaxen, und dadurch sind Sie wieder offener für Ihre innere Stimme, da der Unmut sich etwas gelegt hat. Jetzt sieht die Welt schon anders aus und Ihnen kommt eher ein Satz in den Sinn wie: »Na gut, schaun wir mal, was denn da Sache ist.«

Irgendwie ist man ja auch neugierig, und sei es nur, weil dieser Zustand schon so oft da war, dass man wirklich von Wiederholungen sprechen kann. Der Moment für einen viel entspannteren Blick hinter die Kulissen ist gekommen. Wenn Sie sich jetzt nach innen wenden und sich fragen »Was ist das denn?« oder zu dem Schluss gelangen »Na gut, dann will ich es jetzt auch mal wissen«, werden in Ihnen Bilder auftauchen. Die innere Stimme wird zu Ihnen sprechen und Sie werden sofort oder in den nächsten Tagen klare Botschaften erhalten.

Auch nächtliche Träume zeigen nicht selten Antworten auf. Wenn allerdings der Satz »Ich will mich nicht ändern« sehr häufig in Ihnen laut wird und Sie mit ihm Ihren Frust und Ihre Wut nach außen, auf andere Menschen schleudern, sollten in Ihnen die Warnlämpchen aufleuchten.

Achten Sie auch einmal darauf, was Sie zu sich selbst sagen, wenn Sie allein sind. Vielleicht Worte wie: »Die anderen sind die Schuldigen und ich hab' immer den Zoff am Hals.« Dann ist es höchste Eisenbahn, dass Sie sich mit Ihren Lebensthemen beschäftigen. Nach Möglichkeit, bevor dieses Nein zu einer Horizonterweiterung auf die Körper-Geistebene übergreift und Sie sich mit größeren Problemen herumschlagen müssen.

Wer mit der Auffassung herumläuft: »Ich behaupte mich im Kampf um mein Sein« und der Aussage: »Wenn jemand was will, dann soll er nur kommen, er wird schon sehen, was er davon hat«, hat bereits damit angefangen, eine Mauer um sich herum aufzubauen und sich in einen scheinbaren Burgfrieden zurückzuziehen.

Der Kontakt nach außen ist in diesem Fall schwer gestört. Er kann nicht mehr als Spiegel genutzt werden, da man die Spiegelbilder nicht wirklich an sich heranlässt. Durch die dicken

Mauern kommt keine Energie herein und kann keine Energie hinaus.

Das Wort Leben ist gleichbedeutend mit dem Wort Veränderung! Bitte meditieren Sie ein bisschen über die Tragweite dieser Aussage.

Energie, die nicht nach außen dringen kann, ballt sich zusammen und bricht im Körper aus. Das geschieht in Form von psychischen Schwierigkeiten oder einer körperlichen Erkrankung bis hin zur unheilbaren Krankheit oder einem schlimmen Unfall.

Dieses »Ich will mich nicht ändern« stoppt den Fluss des Lebens. Dieser Satz baut einen Staudamm, hinter dem sich Energie ansammelt, und wenn das Becken voll ist, sucht sich die Energie willkürlich einen neuen Kanal. Dieser Kanal bahnt sich seinen Weg entweder irgendwie doch in Richtung Lebensfreude, Kreativität und Liebe, oder aber er fließt – leider viel zu häufig – direkt in die Krankheitsebene.

Wenn Sie alle Vorwarnungen in den Wind geschlagen haben, werden Sie erleben, dass Ihr Wesen ganz schön durchgerüttelt wird. Das geschieht wie ein Donnerkeil, und Sie können sich nur noch darüber wundern, wie der Boden unter Ihnen bebt und Ihnen bildlich unter den Füßen weggezogen wird. Das kann durch einen Unfall, Schicksalsschläge oder eine schwere Krankheit geschehen. Der Mensch kann über sein Tun frei entscheiden, doch die Konsequenzen muss ebenfalls ganz alleine er selbst tragen.

Alle Gedanken und alles Tun erzeugen bestimmte Energiefelder, die unbemerkt und auch aus der Entfernung ihr Eigenleben führen und Konstellationen erschaffen, die uns gnadenlos mit den Konsequenzen konfrontieren.

Krebs zum Beispiel ist ein Ausdruck dafür, dass eine Lebensenergie, die nicht normal fließt, sich verselbständigt, sich erweitern will. Die Seele ist auf der Erde, um auf der Evolutionsspirale emporzusteigen. Wenn das nicht geschieht, wenn das

Wachstum stoppt, dann ballt sich die Energie und wächst ins Ungesunde. So ist ein Metastasen bildender Krebs ein drängendes Zeichen, dass die Hürden der Erlösung der Lebensthemen nicht genommen wurden und es nun darauf ankommt – auch wenn das Leben bald in die andere Dimension springt –, noch für eine Auflösung zu sorgen.

Menschen, die den Satz »Ich will mich nicht ändern« jahrelang in sich herumtragen und sich mit Krankheit, Unlust, Frust oder Selbstmordgedanken herumplagen, sollten unbedingt therapeutische Hilfe in Anspruch nehmen. Auch wenn es bei Ihnen erst in Ansätzen anklingt und Sie noch meinen, bei Ihnen sei es ja nicht so schlimm, auch dann suchen Sie bitte therapeutische Unterstützung.

Viel zu oft harren Menschen in Beziehungen aus, die mit Liebe nichts mehr gemein haben, oder lassen sich im Büro von allen mobben. Manche schwelgen in Krankheitsbildern und versuchen, damit Energie von den Mitmenschen zu gewinnen. All diese Personen sollten sich ihrer Eigenverantwortlichkeit bewusst werden und umgehend Hilfe aufsuchen.

In meiner Praxis rate ich Klienten, die »nur« mit Lappalien zu tun haben, mit aller Aufmerksamkeit die Therapiestunden zu absolvieren, damit eine neue Art des Bewusstseins in ihnen Platz nehmen kann.

»Ich will mich nicht ändern« – das ist ein Satz, den Sie aus Ihrem Wortschatz streichen sollten.

Wie hat ein weiser Mann schon vor Jahrhunderten gesagt: »Veränderung ist das Einzige, das sich nicht verändert.« Das will heißen, alles, wohin wir auch schauen, ist Veränderung. Nichts bleibt gleich. Die Jahreszeiten wechseln, der Mensch verändert sich, die Jugendzeit wird zum Alter.

Wenn Ihnen je eine sehr weit entwickelte Seele begegnet, wird sie Ihnen vielleicht mitteilen, dass sie sehr dankbar für die fortwährende Veränderung ist, denn das bedeutet Arbeit an der eigenen Transformation.

Behinderung als Erfahrung

Behinderung hat verschiedene Aspekte. Die Behinderung von Geburt an stellt eine Lernerfahrung der Seele dar. Wir sollten behinderten Menschen großen Respekt zollen, da sie in diesem Leben diese Erfahrung auf der Palette der Lebensthemen gewählt haben. Alle Seelen haben irgendwann eine Behinderung in ihrer Lebenskette zu wählen. Sie ist ein Teil der Seelenmeisterschaft.

Die Behinderung kann auch als Notprogramm auftauchen. Menschen, die sich bewusst oder unbewusst weigern, in die Transformation zu gehen, kreieren sich dadurch diese Lernerfahrung. Die Erlösung der Lebensthemen ist bei ihnen behindert.

Darum bleibt der Betreffende im Kreis einer alten Struktur gefangen, die ihm Sicherheit und Halt verspricht. Dabei lässt er wichtige Lebensimpulse aus, die in ein spontanes Handeln führen und damit Fügungen erlauben könnten.

Dieses Einigeln wird so lange aufrechterhalten, bis der Kreis durch einen Schicksalsschlag von innen oder von außen durchbrochen wird. Die Lebensthemen, die dahinter stecken, werden nicht erkannt und falls doch, dann nicht in neue Handlungen umgesetzt. Oftmals haben weder eine therapeutische Beratung oder freundschaftliche Tipps die Chance, diese Seele aus dem Kreis herauszulocken. So zieht der Mensch eine kraftvolle Auseinandersetzung mit seinen Lebensthemen geradezu an. Er wird durch die kommenden Erlebnisse so gebeutelt werden, dass er seinen Transformationsweg wohl oder übel weiter beschreitet.

Eine Spur gewaltiger erscheint die Behinderung, wenn noch ein übersteigertes Ego hinzukommt. Das Ego, das den Menschen daran hindert, bei der Selbsteinschätzung in der Realität zu bleiben. Der Betreffende meint, Hilfe nicht nötig zu haben. Das kann so weit gehen, dass die Persona Tricks und manipulative Techniken mit Intelligenz paart und das Ganze aus dem Unbewussten mithilfe des großen Tyrannen steuert. Die Chance einer natürlichen Weiterentwicklung ist dann so gut wie nicht mehr gegeben.

Es bedarf eines mächtigen Zertrümmerungsschlags, um das Ego von Grund auf zu zerstören, damit die bloße Seele im Gefühl des Ego-Sterbens eine Neugeburt erfährt. Erst dann wird ein gewaltiger Quantensprung möglich, und wie der Phönix aus der Asche steigt die Seele auf der Evolutionsspirale ein gehöriges Stück nach oben.

Krankheit als Behinderung auf Zeit zwingt zum Nachdenken, Nachforschen. Da der Erkrankte lahm gelegt ist, kann er den bisherigen Weg nicht mehr fortsetzen. Er hat eine Auszeit bekommen, da er durch einen Unfall oder eine Erkrankung bewegungsunfähig geworden ist. Dadurch steigt er für einige Wochen oder Monate aus der Normalität, dem normalen gesellschaftlichen Leben aus. Ein Kranker auf Zeit macht die Erfahrung eines Behinderten, der in der Genesungsphase merkt, wie sehr wir Menschen aufeinander angewiesen sind. Wie schmerzvoll es, auch auf der psychischen Ebene, sein kann, sich nicht richtig bewegen zu können. Als Behinderter ist man vom normalen gesellschaftlichen Leben so gut wie ausgeschlossen. Man hat einen Sonderstatus und es fällt schwer, der Mensch zu bleiben, der man vor dem Ereignis war.

Unfälle passieren nicht, weil wir uns in irgendeiner Form »böse« verhalten haben. Unfälle kommen durch das Zusammentreffen von Zufall und Fügung zustande. Wir werden aus dem Gleichschritt gerissen, um uns letztendlich vor uns selbst zu schützen. Die eigentliche Tragik im Leben ist nämlich die Nicht-Erlösung der Lebensthemen.

Unser Lebensplan, dem alles Handeln unterliegt, sendet permanent Signale aus, damit wir die Situationen kreieren, die uns in die Transformation katapultieren. Übersehen wir fortwährend bewusst wie unbewusst diese Tatsache, so erleben wir

Augenblicke, in denen wir mithilfe eines Zen-Schlages – die alten Zen-Meister arbeiteten zur Bewusstmachung mit einem Zen-Stock – aufwachen sollen.

Wenn wir über eine Behinderung in die Lernerfahrung eintauchen, macht das nichts, das ist völlig in Ordnung. Wir haben keine Schuld, weil wir etwas nicht kapiert haben, sondern die Behinderung ist nur eine weitere Möglichkeit, über einen noch stärkeren Aufprall von Energien an die Lernerfahrung heranzutreten.

Menschen, die in die Lernebene der Behinderung eintreten und nach der Genesung wieder in die Normalität zurückfinden, sprechen von Dimensionen der Auszeit, die eine ganz eigene Tiefe und Kraft entstehen lassen. Diese Kraft dient ihnen fortan als Berater und Wegweiser. Sie schärft die Sinne und bringt ein neues Maß an Einblick, Überblick und Weitblick. Die Tragik der vorübergehenden Behinderung hat also ihre Grenzen, der Gewinn, den wir daraus ziehen, seine eigenen süßen Früchte. Wir ernten mehr Achtsamkeit und ein bewussteres Handeln.

Auch wenn die Behinderung ein Leben lang anhält, hat das mit der seelischen Entwicklung seine Bewandtnis. Die Seele hat in ihren Lebensthemen einen Grund, die Behinderung anzuziehen und beizubehalten. In der veränderten Lebenslage erfährt der Mensch das Sein aus dem Blickwinkel der Behinderung, und je nachdem wie viel Mut zur Selbstverantwortung er aufbringt, setzt er sich damit auseinander.

Manche Menschen lehnen sich selbst mit ihrer Behinderung völlig ab. Das ist die Folge eines Kampfes, den sie gegen sich selbst führen, eine Art der Selbstbestrafung und Verstümmelung, da sie auf dem Seelenpfad überhaupt nicht mehr vorankommen. Die Verbindung nach außen ist gestört. Diese Seelen haben sich für einen Leidensweg voller innerer Wut, Frust und unterdrückter Aggressionen ohne jegliche Lebenslust entschieden. Manche Menschen versuchen über den Weg in die Selbstverstümmelung die Verantwortung nach außen abzugeben. Sie wollen mit der Gewalt gegen sich selbst Energie von Verwandten, Freunden, Arbeitgebern oder Ämtern gewinnen. Damit wären wir wieder beim Auswerfen der künstlichen Nabelschnur.

Bei anderen führt die Behinderung, ähnlich wie bei der Behinderung auf Zeit, zu großen Wachstumsschüben, sodass sie gerade mittels dieser Erfahrung den wesentlichsten Schritt in die Transformation erledigen.

Die verschiedenen Arten der Behinderung dienen also eindeutig dem Zweck, sich seiner selbst im Spiegel der Gesellschaft bewusst zu werden. Die diversen Grade einer Behinderung bedürfen einer individuellen Betreuung vonseiten guter Ärzte, Therapeuten und Mitmenschen. Gesellschaftliche Ausgrenzung bedeutet Wegschauen, Nicht-Respektieren, ein Nicht-Lieben dessen, was ebenfalls zum Ganzen gehört. Der Umgang mit Behinderten bedarf einer hoch entwickelten Gesellschaft, die hinter die Kulissen einer Behinderung blicken möchte und mit der richtigen Therapie die in dieser Erfahrung lebende Seele individuell unterstützt.

Das Zeitgeschehen

Zur Rückkehr aus der anderen Dimension und zum vorher ausgesuchten Elternhaus gehört auch der optimale Zeitpunkt, an dem die Seele in den Körper der Mutter eintritt. Die Zeit im Mutterleib, die Geburt und die Kindheits- wie Jugendjahre fallen in eine Spanne gewisser Lebensumstände, in denen die Eltern mit ihrem Kind und im jeweiligen Umfeld Erfahrungen sammeln. Diese Erfahrungen haben Auswirkungen auf das Leben des neuen kleinen Erdenbürgers.

Dazu gehören Ort, Land und Kontinent, in denen sich die Seele inkarniert. Sie wird in einem spezifischen materiellen und energetischen Umfeld wiedergeboren, das ihr im Lauf der Jahre die Erlösung der Lebensthemen in Form von individuellen Erlebnissen näher bringt.

Es ist zum Beispiel von entscheidender Bedeutung, ob die Seele in einem Stadtteil aufwächst, in dem es zur Tagesordnung gehört, sich im Streit mit existenziellen Dingen auseinander zu setzen. Sie erlebt auf diese Weise die Auseinandersetzung in Jugendbanden und macht eventuell kriminelle Erfahrungen.

Ganz anders sehen Geschehnisse aus, die in einem reichen Vorort erlebt werden, wo alles friedlich und gemächlich seinen Gang geht, die Menschen Nettigkeiten versprühen und man sich vielleicht eher im langweiligen Oberflächlichen wohl fühlt. Das sind völlig verschiedene Ausgangspositionen, die der jeweiligen Seele für die Bearbeitung ihrer Lebensthemen zugeordnet werden.

Wenn Sie in der Zeit des Zweiten Weltkrieges geboren wurden, haben Sie eine andere Ausgangsposition und andere Erfahrungen gemacht, als eine Person, die in den 70er oder 80er Jahren des letzten Jahrhunderts in Deutschland die Erdenwelt betrat. Doch für Seelenreisende, die in den Kriegsjahren geboren wurden, waren diese schlechten Erfahrungen eine wichtige Ausgangsbasis, um im Erwachsenenalter die verschiedenen Auswirkungen zu spüren, die sie dann zur Erlösung ihrer Lebensthemen brachten.

Gerade Bombennächte, das angsterfüllte Warten in den Kellern, der Verlust des Vaters oder ähnliche traumatische Geschehnisse in der Kindheit prägen das kleine Wesen. So schrecklich diese Ausgangsbasis klingt, so wichtig ist sie doch für die Seele, die sich diese Erfahrungsschiene auferlegt hat. Alle Tätlichkeiten und Gewaltakte, ob als Täter oder Opfer erfahren, haben mit der Vervollkommnung auf der Evolutionsspirale zu tun.

Die Geschichte der Menschheit ist voller übelster Gräueltaten. Die Sogkraft der Macht des Stärkeren im weltlichen wie religiösen Bereich zeigt die Barbarei der menschlichen Spezies in ihrer ganzen Bandbreite. Im Laufe der Jahrhunderte und Inkarnationen spielt jede Seele des Öfteren die Rollen von Opfer und Täter, bis sie eine gewisse evolutionäre Höhe erreicht, sich aus diesem Wahnsinn ausklinkt, endlich verabschiedet.

Auf der Erde finden in jedem Augenblick viele verschiedene Dinge gleichzeitig statt, die oft miteinander verwoben sind. Zum Beispiel lebt im Dschungel des Regenwaldes ein Volksstamm wie vor Hunderten von Jahren, der gleichzeitig von den Bedürfnissen und dem Raubbau anderer Teile der Welt in seinem Lebensraum eingeschränkt, bedroht oder sogar vernichtet wird.

Hier treffen im selben Zeitraum Seelen und menschliche Bedürfnisse aufeinander, die auf verschiedenen Ebenen der Entwicklungsspirale stehen. Es gibt da eine Ebene, die die beteiligten Parteien in ihren gewählten Lebensthemen aufeinander zu- und in die Auseinandersetzung führt. Das ist für jede der Parteien eine ganz individuelle Arbeit.

Die Zeitschiene verbindet die Lebensthemen der einzelnen Personen mit der globalen Lernerfahrung und Entscheidung für ein besseres Leben auf unserem Planeten. Die Zeitschiene ist ein permanenter Prozess, der für den Einzelnen von der Wiege bis zur Bahre Bedeutung hat. Gleichzeitig ist er eine Erfahrung, in der jeder, in dem etwas größeren Zeitraum der Generation, mit den jeweiligen Problemen und Ereignissen konfrontiert wird.

Auch die weltweite Vermischung von so genannten Ausländern und Einheimischen hat Sinn und Zweck, denn sie wirkt verbindend, sodass Erfahrungen und Wissen bis in die hinterste Ecke der Welt getragen werden. Das ist auch Aufgabe der Medien, denen damit eine große Verantwortung in den Schoß fällt. In Deutschland gibt es bereits viele Fernsehsendungen, die sich mit außergewöhnlichen Themen beschäftigen und innovatives Wissen an die Zuschauer weitergeben. So sind wir aufgefordert, unsere Einheit auf der Zeitschiene für die Transformation zu verwenden und damit der Weiterentwicklung des menschlichen Kollektivs zu dienen.

Der Zeitfaktor für die Erlösungsarbeit

Der Zeitfaktor spielt für das Individuum eine große Rolle. Was ihm mit der Wahl der Lebensthemen seinen Platz auf der Erde zugewiesen hat, lässt ihn jetzt mit dem Zeitfaktor X an seiner Thematik arbeiten. Das bewusste Erkennen oder das unbewusste Arbeiten an der Erlösung der Lebensthemen kann schon in frühester Jugend beginnen. Da sind manche Seelen schneller als andere. Zumeist startet dieser Prozess mit der Pubertät, wenn sich der Jugendliche mit seiner inneren Veränderung und seinem kompletten Umfeld kritisch auseinander setzt. Hierbei ist es nützlich, wenn die Eltern von den angesprochenen Dingen eine gewisse Ahnung haben, damit sie ihrem Kind gute Wegbegleiter sein können.

Ist das nicht der Fall, schält sich der Jugendliche aus dem Kokon der Kindheit, dem Lebensthemenspannungsbogen, in die Erwachsenenwelt und begegnet dort dem Spiegel seiner Lebensthematik, der ihn auf seinen weiteren Entwicklungsweg bringt. Dieser Spiegel sind seine Freunde, seine Erfahrungen in der Schule, die Wahl des Ausbildungsweges, die erste Bekanntschaft mit dem anderen Geschlecht und alles, was das Leben ihm nun zeigt.

Der Mensch entwickelt sich weiter, entscheidet über seine Zukunft und folgt diesem Weg. Je nachdem, wie weit er bereit ist, die Vordergründigkeit des Weges zu verlassen und hinter die Kulissen seines Seins zu blicken, erkennt er gewisse Zusammenhänge und schicksalhafte Momente, die ihn anscheinend bei seinen Entscheidungen begleiten oder ihn zu diesen drängen.

Jetzt ist es an der Zeit, mit ganzem Bewusstsein die Hintergründe zu erforschen. Wenn dieser Mensch das Glück hat, eine schnelle Auffassungsgabe zu besitzen und Thematiken schon durch bloßes Erkennen so zu lösen, dass er sein inneres Schatzkästchen neu sortiert, dann rutscht er direkt in seine Berufung und begreift die Dinge, die ihm widerfahren, als Teil seines Wachstumsprozesses. Durch die Erlösung von Familienthemen findet er die Partnerschaft, die ihm die Unterstützung, Liebe und Freiheit bietet, ein verantwortliches, am gesunden stimmigen Platz stehendes Leben zu führen.

Für Menschen, die ihren Fokus noch nicht auf die Selbsterkenntnis gerichtet haben, verdichtet sich das Geschehen derart, dass im Laufe der Jahre und Jahrzehnte ihre Erfahrungswelt immer wieder in Spannungen verfällt und so lange einen Spannungsbogen aufbaut, bis der Betreffende zu verstehen beginnt, loslässt und Veränderungen einleitet. Schlimmstenfalls wird der Bogen überspannt, sodass die Sehne reißt, dann muss der Betreffende erst großes Leid und Krankheiten erfahren.

Wachstum ist das oberste Gebot, und obwohl der Einzelne vielleicht Jahrzehnte braucht, um diese Wahrheit zu verstehen, konfrontiert sein Lebensweg ihn doch permanent mit Erfahrungen und torpediert so das festgefahrene Sein. Wie viel Zeit darüber vergeht, hängt davon ab, wie lange die jeweilige Seele braucht, um die Erlösungsarbeit zu verstehen und tatkräftig umzusetzen. Ich nenne diesen Leidensweg den individuellen heiligen Kreuzweg einer jeden Seele.

Wir heben das innere Schatzkästchen

Sehr viele Menschen wissen nichts vom inneren Schatzkästchen und wollen auch gar nichts davon wissen. Entweder ist das nicht nötig, da für sie nur das Erleben ihres Lebensabschnitts zählt. Oder es sind Menschen, die in ihren Verstrickungen verharren und lieber alle paar Monate oder Jahre den Partner, den Job, die Stadt oder sogar das Land wechseln, weil sie mit dem Umfeld nicht zufrieden sind oder nicht zurechtkommen, oder weil sie irgendetwas anderes dazu treibt.

Sie laufen durch ihr Leben wie Blinde, nur mit dem Unterschied, dass Blinde versuchen, über die verbliebenen Sinne so gut wie möglich zu sehen. Doch die »Boykotteure« und »Wachhabenden«, die rund um das Schatzkästchen Spalier stehen, unterbinden mit aller Macht den Bewusstseinsprozess der Seele. Wenn nötig manipulieren sie sogar über den Denkapparat die Intuition, unsere innere Stimme. Die Gedanken gaukeln uns dann mit aller Kraft vor, was die alten Schattenmuster vorgeben. Der Überlebensmechanismus gilt als heilige Instanz.

Normalerweise sind wir außerstande, dies zu durchschauen. Nur der Wille zur einhundertfünfzigprozentigen Transformation bringt den Durchbruch. Jeder zweite Suchende braucht für diesen inneren Prozess die Unterstützung eines Therapeuten.

Viele Menschen weigern sich, genau hinzuschauen, und bemerken deshalb den Reigen der Wiederholungen nicht. Sie projizieren die Schuld an Unangenehmem nach außen. Diese Seelen beschweren sich häufig über ihren körperlichen, finanziellen, psychischen oder gesundheitlichen Zustand.

Andere haben das Glück, über diverse Hilfsmittel den Weg nach innen zu finden, und stehen dann unerwartet vor einem »Schatzkästchen«. Das ist der Aufbewahrungsort der Lebensthemen. Infolge unserer Auswahl der Themen ist die Schatzkiste verantwortlich für das, was unsere schöpferische Energie in der Welt als Erlebnisse erzeugt, die uns in die Transformation bringen sollen.

Nur sehr mutigen Seelen gelingt es, den Kreislauf bewusst zu durchbrechen, nach Selbsterkenntnis zu streben und damit die Kiste der Lebensthemen ans Licht zu hieven. Das Heben der inneren Schatztruhe erfolgt zumeist bestenfalls »by the way«, das heißt, an der Art, wie das Leben abläuft, erkennen und verarbeiten wir die Thematik und setzen danach mit der Erlösung der Lebensthemen das um, was der Zweck unseres momentanen Aufenthalts auf Erden ist. Wenn unser Sein auf diese Weise zur Blüte gelangt, berühren wir die Menschen in unserem Umfeld allein schon dadurch und sind für sie inspirierend. Wir stehen in unserer Mitte, setzen gesunde Grenzen und geben das in der Transformation Erfahrene auf individuelle Weise an interessierte Seelen weiter.

Zumeist müssen wir jedoch erst einmal den schmerzlicheren Weg zum inneren Schatzkästchen einschlagen. Das liegt daran, dass unser ganzes Erziehungssystem nicht darauf aufgebaut ist, den Menschen zu helfen, die Zusammenhänge des Seins, der Seelenreise auf Erden zu verstehen. So kann auch die Erziehung im Elternhaus nicht richtig greifen, da die wenigsten Eltern von diesen Dingen etwas wissen. Die Schule unterstützt die Seelenreise gleichfalls nicht in dem Maße, wie es eigentlich ihr Auftrag sein sollte. Sie überhäuft die Kinder mit Lerninhalten, die 85 Prozent der Erwachsenen später überhaupt nicht brauchen, denn für solches Wissen ist heutzutage der Computer zuständig. Das heißt, Schule, Ausbildung und Lehrauftrag werden in der Gesellschaft nicht so ausgeübt, wie es zur Erzielung einer gewissen Seelenreife nötig wäre.

Eine wichtige Erkenntnis ist, dass wir Lebensthemen haben, mit denen wir uns auseinander setzen müssen und mit deren Transformation wir das Ziel des jeweiligen Lebens erreichen. Dazu gehört als wesentliches Element der Erkenntnis die Gewissheit, dass jeder Mensch ein inneres Schatzkästchen in sich trägt, in dem die Transformationsschätze liegen, die Themen, die zu erlösen sich der Betreffende schon in der anderen Dimension entschieden hat.

Wenn Menschen nicht automatisch erkennen, was für sie wichtig ist, wo sie entlangzugehen haben, wie ihre Weiterentwicklung auszusehen hat, kommen sie über negative Erfahrungen an ihr jeweiliges Schatzkästchen heran. Sie müssen gewissermaßen über den Umweg negativer Erlebnisse nachsitzen. Schritt für Schritt lernen sie dann zu verstehen.

Wenn wir uns allerdings der Wachstumsprüfung nicht stellen und mit den selbst festgesetzten Grenzen über die Runden zu kommen versuchen, werden uns von außen herangetragene Geschehnisse nochmals in den Ring schicken. Dem kommt niemand aus, alle Menschen auf der Welt entwickeln ihre Meisterschaft auf der Evolutionsspirale. Früher oder später erleben sie Durchbrüche, leeren so das innere Schatzkästchen und finden in ein friedliches, glückliches Leben. Wer – und das sind viele – keinen Einblick in seine Seelenreise gewinnt, wendet sich am besten an Hilfe von außen.

In meinen therapeutischen Sitzungen und Seminaren finden meine Klienten zur inneren Schatzkiste und erleben ihre Durchbrüche auf der jeweils entscheidenden Ebene. Sie rücken so dem Licht wieder näher. Ich kann jedem, der in einer Sackgasse gelandet ist und sich nicht mehr zu helfen weiß, nur raten, einen Lebensthementherapeuten aufzusuchen.

Das innere Schatzkästchen kann man sich als Institution vorstellen, die stetig Energie an das Körper-Geist-Seelesystem abgibt, sodass der Betreffende bewusst oder unbewusst tagtäglich seine Entscheidungen danach trifft. Diese Energie-Abgabe erzeugt also ein Energiefeld, dem der Mensch nicht entrinnen kann, dem er sich stellen muss. Das ist so weit ganz normal und jeder Mensch erfährt hier den gleichen Prozess, der völlig selbstverständlich als Leben mit Höhen und Tiefen wahrgenommen wird.

Nun gilt es, das Schatzkästchen zu heben. Wenn der Klient mir gegenübersitzt und mir anhand der Symptome sein aus der Mitte geratenes Selbstbild zeigt, stimme ich mich auf ihn ein, höre den Erzählungen sehr achtsam zu und begebe mich dann in seiner Begleitung auf den Weg zu seiner inneren Schatztruhe.

Dorthin vorzudringen und den Deckel aufzumachen, die innen liegenden Sachen zu begrüßen und neu zu ordnen ist nicht ganz einfach. In jedem Fall gilt es, den Klienten so an der Hand zu nehmen, dass er sich hinzuschauen traut. Es ist also wichtig, ihm zu versichern, dass nichts so schwer wiegend ist, als dass es nicht auch mit einer gewissen Leichtigkeit in die Veränderung gehen kann. Wenn die Menschen an dieser Schwelle ankommen, fällt ihnen ein Stein vom Herzen, da sie jetzt merken, dass die Show der Abwehrmechanismen in keinerlei Relation zum eigentlichen Geschehen steht. Was so lange angstvoll in der Hinterhand gehalten wurde, darf jetzt ganz leicht ans Licht und damit in die Transformation. Das wahre Sein nimmt vollends Platz.

Sie werden sich vielleicht fragen, warum es diese Abwehrmechanismen überhaupt gibt? Dabei handelt es sich um ein überkommenes System, das die Menschen in grauer Vorzeit davor schützte, über die Grenze des Bekannten hinaus in die Wildnis vorzudringen, in der überall Gefahren lauerten. Es sind Sicherheitsgrenzen, die uns heute noch daran hindern, dem Leben offen und vertrauensvoll zu begegnen. Dabei spielt der Überlebensmechanismus ebenfalls eine wichtige Rolle.

Um das Schatzkästchen herum befinden sich zumeist »Minenfelder, Schützengräben, Stacheldrahtverhaue, Soldaten mit schwerer Munition« und sonstige Abwehrmechanismen. Hier liegen die »Leichen« derer, die mit Engagement sich der Schatzkiste zu nähern versuchten, dabei aber in der Schlacht mit den Abwehrmechanismen auf der Strecke geblieben sind. Es sind energetische dunkle Flecken, die aufzeigen, wie viele Situationen für das Wachstum nicht genutzt wurden.

Doch da ich so mancher Mine auszuweichen gelernt habe und nun mit meinen eigenen therapeutischen Instrumenten umsichtig vorgehe, ist es möglich, den Ort des Schatzkästchens zu finden. Ist das geschehen, wird mir auch der zugehörige Schlüssel von der innewohnenden Seele mit großer Freude und

Erleichterung ausgehändigt. Endlich kommt jemand, dem es wichtig ist, sich um das Kästchen zu kümmern. Nun ist es ein Leichtes, die Schatzkiste zu öffnen, die Lebensthemen herauszuholen und sinnbildlich auf meinem Tisch im Praxiszimmer auszubreiten.

An dem Punkt angelangt, kann ich mit dem Klienten wunderbar zusammenarbeiten. Die Lebensthemen sind nun für Therapeut und Klient ersichtlich. Sie werden sorgsam nacheinander in die Hand genommen und von allen Seiten betrachtet. Dabei zeige ich Lösungsmöglichkeiten auf oder weise darauf hin, inwiefern sich die einzelnen Themen und Geschehnisse im Leben des Klienten entsprechen. So ergibt sich für den Klienten, in welche Art von Transformation die Reise gehen soll.

Zumeist sind es mehrere Themen, die da auf dem Tisch versammelt liegen, und so bedarf es noch einiger weiterer Sitzungen, um sie, mit dem wichtigsten beginnend, nach und nach zu bearbeiten.

Das Schöne daran ist: Der Klient merkt mit der Reise nach innen zu seinem Schatzkästchen, dass seine Probleme oder seine krankheitsbedingte Hinwendung zum Schatzkästchen nun ein Ende finden. Ab diesem Moment ergreift er die Aufgabe, die gefundenen Lösungen in Handlungen umzusetzen.

Auch hierin wird er begleitet, schon in der ersten Stunde gebe ich ihm Übungen an die Hand, mit deren Hilfe er die alten eingefahrenen Muster stoppen kann, wenn sie sich wieder einmal in den Vordergrund drängen sollten. Er zieht sich dann praktisch am eigenen Schopf aus dem Tal heraus.

Mit etwas Übung können Sie anhand der Dinge, die Ihnen widerfahren, selbst erkennen, welche Lebensthemen in Ihrem Schatzkästchen am Wirken sind. Auch wenn Sie noch nicht alle erkennen sollten, ist es doch sehr hilfreich, mit der Auseinandersetzung zu beginnen und mittels der Dinge, die Sie herauslesen, in Ihre Transformation einzusteigen.

Sie fangen an, sich der Selbsterkenntnis zu stellen, und das, was Sie wahrnehmen, bringt Sie jetzt in die Transformation. Damit eröffnen Sie einen Energiestrom, der Sie mithilfe der Intuition stetig tiefer in Ihre Schatztruhe eintauchen lässt. Wenn Sie dann mit aller Kraft auch Ihre Transformationsaufgaben in neue Handlungen umsetzen, haben Sie wirklich eine ganz große Chance, Ihr Leben vollkommen umzukrempeln. Sie bekommen es in den Griff und manifestieren, nach was Ihnen eigentlich der Sinn steht. Ein neuer Erlebnisstrom beginnt.

Meine Lebensthemen

Grundsätzlich hängt die Lebensthematik mit meinen Entscheidungen für dieses Leben zusammen. Das bedeutet, die Seele wählt bestimmte Lebensthemen aus.

Es gibt Themen, die rein zum Erleben gedacht sind, der Mensch erfühlt sich im Zusammenspiel seines Seins mit dem Geschehen, das ihn umgibt. Es geht nur darum, die betreffende Erfahrung zu machen, also nicht etwas zu verändern, sondern etwas zu erfahren. Die Frage ist zum Beispiel: Wie fühlt es sich an, mit Reichtum gesegnet zu sein?

Die Antwort ist eine Möglichkeit der Seelenerfahrung, eine Lebensthematik, die die Seele hier auf der Erde erleben möchte. Dies widerfährt ihr dann, wenn sie etwa in eine Familie hineingeboren wird, die gut situiert ist und über genügend Mittel verfügt, dem Kind eine sehr angenehme Kindheit zu vermitteln. Der Jugendliche übernimmt später im Erwachsenenalter mit Sicherheit die Geschäfte des Hauses. Alles läuft in einem wohl behüteten Rahmen, ohne größere Schwierigkeiten, einfach als Erleben dessen, was sich die Seele vorgenommen hat.

Ein anderer Fokus deckt Themen ab, die zur Transformation anstehen. Die Basis für die Transformation ist die absolute Eigenverantwortlichkeit der Seele. Sie hat sich für ihre Thematik in der anderen Dimension noch vor ihrer Inkarnation entschieden. Der Startschuss in die Thematik, die Jugend im Elternhaus, der Lebensthemenspannungsbogen, ist der Beginn einer Reise in die Verarbeitung dieser Jahre und in die Erschließung der darunter liegenden Lern- und Transformationsaufgaben.

Um unsere Lebensthematik annehmen zu können, müssen wir die Jahre der Kindheit, Jugend, Ausbildung und des Erwachsenwerdens mit all den Geschehnissen, die wir in dieser Zeit erleben durften oder mussten, als zu uns gehörig akzeptieren und sie tief ins Herz eindringen lassen. Auch wenn dies bedeutet, dass wir diese Jahre aus dem Unbewussten abrufen müssen. Das ist dann nötig, wenn Schmerzen und traumatische Erlebnisse einfach zu stark für unsere zarten Seelen waren und wir sie deshalb verdrängt haben. Ob sie bewusst oder unbewusst, ob voller Missbrauchserlebnisse und Pein oder Krankheit und Behinderung waren – all diese Erfahrungen sind für die Erlösung bestimmter Lebensthemen von Bedeutung.

Diese Jugendjahre dienen unserer Einweisung in die Lebensthematik. Es gilt alle Nuancen der Vergangenheit – Schmerz, Leid, Glück, Liebe, Hass, Wut, Aggression, Verschmelzen, Genährtsein, Leichtigkeit und Glückseligkeit – anzuschauen und als unser spezifisches Vehikel in die Transformationsarbeit zu begreifen.

Wenn wir diese Herausforderung annehmen, werden wir nach Vollendung des Prozesses reich belohnt. Den Raum zu erleben, der sich öffnet, sobald die Themen vollständig transformiert sind, ist der größte Moment einer Seele als Mensch auf Erden. Ab da herrschen völlig andere Bedingungen.

Seelen, die auf der Evolutionsspirale ihre Thematik erlöst haben, erleben, was durch den Quantensprung möglich wurde. Es erfüllt sie mit Staunen und Dankbarkeit, wie schön, ausgeglichen, liebevoll und glücklich das Leben sich nun anfühlt. Menschen, die große Schritte weitergekommen sind, erfahren jetzt, dass sie das Gefundene ganz automatisch nach außen strahlen und in der einen oder anderen Weise manifestieren, um andere daran teilhaben zu lassen.

Das können zufällige kurze Begegnungen sein, bei denen Menschen einen kleinen Eindruck gewinnen, wohin die Reise geht, oder aber reife Seelen geben nun auf ihre Weise, zum Beispiel in Büchern, Filmen, Therapiesitzungen oder Seminaren, das in ihnen Gewachsene weiter.

Es ist vollkommen verständlich, wenn Menschen aus einer schmerzlichen Vergangenheit heraus nicht hinter die Kulissen ihres Daseins blicken wollen oder sich am Wesentlichen vorbeizumogeln versuchen. Das hilft ihnen allerdings im Leben nicht einen Schritt weiter, da wichtiges Wachstumspotenzial abgekapselt und ins Unterbewusstsein eingeschlossen wird. Von dort manipuliert es unser freies Sein dermaßen, dass wir uns tatsächlich, wie Puppen an des Puppenspielers Seilen, quasi ferngesteuert durchs Leben hangeln. Das ist nicht der Sinn des Lebens. Also, Scheuklappen ablegen, Brille auf- oder absetzen und direkt in das wichtige Geschehen blicken. Hier warten Informationen, die den Quantensprung in die Transformation ermöglichen.

Alles Erlebte befindet sich auf der einen Seite der Transformationsmedaille. Transformation bedeutet, auf die andere Seite zu gelangen. Wenn wir in der Kindheit Eltern hatten, die uns schlugen oder missbrauchten, uns ungerecht behandelten oder dergleichen mehr zufügten, wollte unsere Seele mit dieser Erfahrung erreichen, dass wir uns als Mensch aus dem Müllberg schälen und mit der daraus gewonnenen Kraft neue Entscheidungen treffen, die in die Transformation führen. Am Ende, nachdem er sein Thema in seinem Umfeld erlöst hat, wird der hiervon betroffene Mensch in Liebe, Frieden und Freiheit mit seiner Umgebung kommunizieren. Diesen Prozess benötigt die Seele zur Vervollständigung ihrer Reise. Bei anderen Lebensthemen erfährt sie den gleichen Prozess, nur mit einem anderen Inventar.

Wenn wir das Geschehene als etwas annehmen, für das sich die eigene Seele entschieden hat, machen wir einen wichtigen Schritt aus der Sackgasse der ohnmächtigen Tatenlosigkeit heraus und können uns nun aktiv um weitere Erlösung kümmern. Die volle Selbstverantwortung unterbindet auch Lüge und manipulatives Handeln.

Dabei wird der Betreffende sich eventuell abkapseln und aus der Mitte der Gesellschaft in den Randbereich bewegen, um dann wieder im langsamen Integrieren dessen, was er erfahren hat, verständnisvoll, verzeihend und klarsichtig zurückzukehren.

Der Integrationsprozess manifestiert neues Handeln und bringt die Seele in ihre Mitte. In die Mitte bringen heißt, in die eigene innere Mitte, zur Intuition, zum höheren Selbst zu gelangen, sodass nun die Seele die Kraft der Erlösung in Einklang mit Körper und Geist für den weiteren Entwicklungsweg nützen kann.

Grundsätzlich fördert der Entwicklungsweg der Seele nicht den Ausbruch von Gewalt unter den Menschen, sondern die Seelen entscheiden sich selbst auf ihrer Entwicklungsreise für das Erfahren von Seinszuständen, die mit Gewaltanwendung und Missbrauch zu tun haben. In der Geschichte der Menschheit hatten Gewalt und Missbrauch seit jeher einen festen Platz im Handeln der Menschen. Es bedurfte vieler Quantensprünge, bis die freie Wahl jeder Seele die Qual dieser Handlungen, ob als Opfer oder Täter, beendete. Das heißt, ab einem bestimmten evolutionären Standpunkt ist die Seele darüber hinausgewachsen oder hat diesen Teil der Evolutionspalette erledigt.

Auf unserem so wunderschönen Planeten inkarnieren allerdings immer noch Seelen, die dieses Thema noch nicht abgeschlossen haben. Erst die Weiterentwicklung jedes Individuums eröffnet die Möglichkeit, dass das Kollektiv Mensch mit großen evolutionären Sprüngen in die Zukunft aufbricht. Der Quantensprung erfolgt nach eigenen Gesetzen ähnlich dem morphogenetischen Feld. Je größer seine Masse ist, desto leichter fällt der Umschwung in gesündere Bahnen.

Wenn dies gelingt, handelt die Seele von nun an aus dem Herzen, ist direkt mit der Intuition, mit Berufung und Vision verbunden, steht mit ihrem Sein in der meditativen Stille und übt sich in gesunden Handlungsweisen, die den so genannten Himmel auf Erden tatsächlich wahr werden lassen.

Der Integrationsprozess ist nun abgeschlossen, die Manifestation läuft auf vollen Touren und der Mensch beteiligt sich im Außen an wichtigen gesellschaftlichen Wertethemen, wird von der Gemeinschaft willkommen geheißen, trifft andere reife Seelen und entwickelt im Team mit unglaublich viel Spaß und Freude eine neue Gesellschaftsform, die ihm und der Menschheit ein wunderbares Zuhause bieten wird.

Fallbeispiele für Lebensthemen

Die Lebensthemen werden in verschiedene Kategorien eingeteilt. Dadurch können Sie, liebe Leser, auf einen Blick die Sparte finden, die Sie betrifft. Die im Folgenden aufgeführten Fallgeschichten sollen Ihnen helfen, Ähnlichkeiten zu Ihren eigenen Themen zu suchen und zu finden.

Falls Sie auf Parallelen zu Ihrer eigenen Thematik stoßen, lesen Sie bitte möglichst unvoreingenommen und ohne Wertung weiter. Nur wenn Sie offen bleiben, können die Informationen Ihre Abwehrmechanismen umgehen und mit dem Thema in Ihrem Schatzkästchen schwingen. So kommt eine energetische Kommunikation zustande, die Informationen aus dieser Schatzkiste direkt in Ihr Bewusstsein aufsteigen lässt.

Wenn in Ihnen auch nur der leiseste Anflug von Übereinstimmung mit einem der hier aufgezeichneten Themen besteht, lesen Sie den Text bitte noch einmal durch und begeben Sie sich anschließend in eine Meditation mit der Phantasiereise, wie sie auf Seite 364 dieses Buches beschrieben ist.

Sie werden eindeutige, klare Antworten und Hinweise für die Erlösung Ihrer Lebensthemen erhalten.

So oft Sie mit einem Thema im Leben nicht klarkommen, nutzen Sie einfach diese Hilfe zur Selbsthilfe, und Sie werden über Ihre anschließenden Quantensprünge überrascht sein!

Familie

1. Geschichte

Ende der 50er Jahre geboren und in gut situierten Verhältnissen aufgewachsen, jedoch in einem Spannungsbogen von mütterlicher Frustration und väterlicher Karriere lebend. So schilderte ein Klient mir knapp seinen Startschuss ins Leben. Der Mutter war es oft zu viel, liebevoll Grenzen zu setzen, und für beide Elternteile war es überhaupt kein Thema, hinter die Kulissen ihres Seins zu blicken. So baute sich ein für den Klienten nur schwer erträgliches Spannungsfeld zu Hause auf.

Dazu kam eine Schulzeit, in der die Lehrer, vor allem in den unteren Klassen, noch die Hauptrolle spielten, ihre Launen und eigenen Unzulänglichkeiten jedoch an den Kindern ausließen und diese sogar schlugen.

Aus diesem Grund verlief die Schulzeit des Klienten nicht allzu erfolgreich. Verständnis und Rückendeckung vonseiten der Eltern erhielt er kaum. Da diese Umstände dem Heranwachsenden schon in frühen Jahren das Vertrauen in Schule und Eltern vergällten, musste er auf sich selbst gestellt nach Lösungen suchen.

Dies gelang dem Klienten, indem er aus sich heraus sein eigenes Leben gestaltete. Über große Hürden und mehrere Branchen konnte er sich sogar eine berufliche Karriere aufbauen. So unterschiedlich seine beruflichen Erlebnisse auch waren, führten sie ihn doch, mit allen wichtigen Lernerfahrungen, in die Transformation, in seine heutige Berufung. Er erfüllte die gestellten Aufgaben stets unabhängig und alleine und hat es am Ende geschafft. In meiner Beratung wollte er Klarheit über seinen Lebenspfad gewinnen.

Erlösungsthema:

Die Seele hat sich in der anderen Dimension Lebensthemen ausgesucht, die diese Familienverhältnisse erforderten. Sie waren für ihre Wegbereitung wichtig. Zu dieser Geschichte ist zu sagen, dass die Seele lernen wollte, auf sich allein gestellt durchs Leben zu kommen, ohne große Unterstützung von außen, weder von Eltern und Schule noch von Ausbildungseinrichtungen. Damit hat sich die Seele eine sehr große Aufgabe vorgenommen, nämlich aus sich selbst heraus die Welt zu entdecken und erstrebenswerte Werte in Taten umzusetzen. Jetzt ist es für den Klienten an der Zeit, das Erreichte zu genießen.

Kommentar:
Eigenständigkeit und kraftvolles Stehen im All-eins-Sein zu lernen ist für jeden betroffenen Menschen eine harte Schulung. Doch um die Worte der Alchemisten zu gebrauchen, ist das, was dabei herauskommt, nichts weniger als Gold.

Wann immer Ihnen die Transformationsarbeit zu viel wird, nehmen Sie sich eine Auszeit und begeben Sie sich auf die Reise zu Ihrem inneren Schatzkästchen. Sie können auch lediglich die Musik der CD im zweiten Stück dafür nutzen, aus Ihrem Tal der Kraftlosigkeit wieder heraufzusteigen.

2. Geschichte

Ein Klient erzählte Folgendes: Die Kindheit verlebte er in wohlbehüteten Verhältnissen als mittleres von mehreren Kindern. Von daher hatte die Seele mehr oder weniger ihre Ruhe und konnte relativ problemfrei ins Leben gleiten. Das heißt, die Seele war aufgrund ihrer mittleren Position in der Hierarchie der Kinder in allen Dingen, die mit dem Aufwachsen und der Loslösung vom Elternhaus verbunden sind, weder der Vorreiter noch die Nachhut.

Der Klient hat auch die Schule problemlos gemeistert und ein Studium abgeschlossen, was ihm zu einem guten Verdienst ohne große Anstrengung verhalf. Dann verließ er das Elternhaus, und als ihm eine Erbschaft zufiel, konnte er sich seinen Herzenswunsch erfüllen, im eigenen Haus ein kleines Büro zu eröffnen. Dort muss er relativ wenige Stunden in der Woche für seinen Broterwerb verbringen.

Seine Partnerin arbeitet außer Haus und trägt die Hälfte der gemeinsamen Lebenshaltungskosten. Doch nach vielen Jahren, in denen die beiden mittlerweile auch Kinder bekommen haben, geriet das Ganze plötzlich ins Trudeln.

Da ihm alles quasi in den Mund hineingewachsen ist, hat der Klient langsam den Bogen überspannt und auf einmal geglaubt, er könne nun leben wie ein Patriarch. Obendrein drängten seine eigene Freizeitgestaltung und der Sport Frau und Kinder in den Hintergrund. Die Situation eskalierte und die Familie brach auseinander.

Erlösungsthema:

Diese Seele möchte gern von ihrer Ichbezogenheit zu einem gleichberechtigten Umgang mit ihrem Umfeld. Durch den Schock der Familienauflösung kracht das aufgeblähte Ego irgendwann in sich zusammen. Nun gelingt es dem Klienten in mühsamer Aufarbeitung langsam zu verstehen, worin sein Erlösungsthema beruht.

Er wird von jetzt an nicht nur selbst genügend materielle Güter und Freizeit zur Verfügung haben, sondern auch die Partnerin und die Menschen in seiner Umgebung sind gebührend in das neue Lebenssystem eingebunden. Sein Ziel ist die Abkehr von der Ichbezogenheit und die Hinwendung an ein partnerschaftliches Verhalten.

Kommentar:

Wenn auch Sie mit einem solchen Ego zu kämpfen haben, so stellen Sie sich lieber selbst in Frage, bevor Sie das Leben in die Mangel nimmt. Das Sprichwort »Geben ist seliger denn Nehmen« könnte hier sehr gut als Chance genutzt werden.

3. Geschichte

Ein Klient schilderte mir seine Sorgen und Probleme folgendermaßen: Die Familie, in die er geboren wurde, lebte im Alpenraum und trieb nach alter Tradition Landwirtschaft. Doch seine Eltern hatten andere Berufe gewählt.

Der Klient ist allerdings hauptsächlich bei den Großeltern aufgewachsen und hat noch das Ende der kleinbäuerlichen Landwirtschaft miterlebt. Die kleinen Höfe dort haben keine wirtschaftliche Bedeutung mehr, und die meisten mussten im Laufe der letzten 20 Jahre aufgeben.

So erging es auch den Großeltern, ihr Hof wäre nur noch als Nebenerwerbs-Betrieb zu halten gewesen, worauf jedoch verzichtet wurde. Die Trauer und die Erzählungen der Großeltern über das Ende einer Ära haben meinem Klienten den Weg für seinen Berufswunsch eröffnet. Er wählte den Beruf des Almhirten und brach die Schule kurz vor dem Abitur ab.

Nun, im Alter von 40 Jahren, merkte er, dass ihm dieses Leben zu wenig ist. Dass er keine richtige Ausbildung genossen und damit keinen anerkannten Beruf hat, mit dem man ein ordentliches Gehalt nach Hause bringt, hat ihn in eine Krise gestürzt. Diese Lebenskrise reicht so tief, dass er zwar seinen Beruf als Almhirte noch ausüben kann, die Zufriedenheit der vergangenen Jahre jedoch wie weggeblasen ist. Er leidet sehr darunter, ins Abseits geraten zu sein.

Erlösungsthema:
Die Krise brachte den Klienten dazu, sich stärker mit der Frage auseinander zu setzen, was eigentlich seine Lebensthematik ist, was seine Berufung darstellt. In therapeutischen Einzelstunden konnten wir klären, dass er etwas auslebt, das gewissermaßen auf dem Mist der Großeltern gewachsen ist. Das heißt, er ist über die von außen gesteuerte Entscheidung, Bauer werden zu müssen, nun an den Punkt gelangt, wo er über eine Krise erfahren muss, dass er an seiner Berufung vorbeigeschlittert ist.

Sein Thema heißt im Moment: Wie kommt er von der Alm dorthin, wo er seine Berufung findet?

Nicht dass der Weg über die Alm für ihn schädlich gewesen wäre, im Gegenteil, er hat dort wichtige Erfahrungen gesammelt, die er bei der Weiterbildung zum Heilpädagogen ausgezeichnet gebrauchen kann. Er will sich nun seinen Herzenswunsch erfüllen und anstatt mit Kühen lieber mit Menschen kommunizieren. Das stellte sich im Beratungsgespräch heraus.

Kommentar:
Wenn Sie merken, dass in Ihrem Leben eine ähnliche Fernsteuerung vorliegt, so stellen Sie diese in Frage und beschäftigen Sie sich mit Ihren Herzenswünschen! Folgen Sie diesen, es ist nie zu spät!

4. Geschichte

In einem Seminar erzählte mir ein Mann, Anfang 40, seine Familiengeschichte. Seine Mutter war eine unnahbare Frau, die ihn mit dieser Haltung für sein Leben prägen sollte. Er lernte im Alter von etwa 20 Jahren eine Frau kennen, mit der er zwei Kinder zeugte. Seine Frau stellte genau das Gegenteil von seiner Mutter dar, sie wollte ihn verwöhnen und nähren, ihm Kinder schenken und eine Partnerschaft leben, die all das beinhaltete, was ihm in der Kindheit versagt geblieben war.

Allerdings konnte der Klient bei seinem Stand auf der Entwicklungsspirale überhaupt nichts damit anfangen. Im Gegenteil, die Erlösungsarbeit an seiner Thematik hatte noch gar nicht richtig begonnen, er befand sich noch an einem Punkt, an dem er in einer Art Heimzahlungswunsch sich seiner Frau gegenüber genau so verhielt, wie es seine Mutter ihm gegenüber tat.

Heutzutage sieht er das sehr genau und begreift sein Tun. Aber damals konnte er nicht anders, als das Spiel seiner Mutter zu überneh-

men. Das führte nach wenigen Jahren Ehe unweigerlich zur Trennung der Familie, und er begab sich auf die Suche nach einer neuen Frau, die denn auch alsbald in sein Leben trat. Diesmal hatte er sich für das exakte Ebenbild seiner Mutter entschieden. Die beiden bekamen ebenfalls zwei Kinder, der Klient stieß sich aber während dieser Jahre an der Unnahbarkeit seiner Lebensgefährtin regelrecht den Kopf wund.

Tapfer hielt er durch, bis er einsehen musste, dass die abweisende Frau ihm das Leben in der Familie vergällte. Er beendete die Beziehung; wieder einmal war eine Familienerfahrung gescheitert. Er blieb aber in der Nähe wohnen, um seine Kinder regelmäßig sehen zu können. Wenn deren Mutter geschäftlich unterwegs war oder in Urlaub fuhr, versorgte er die Kinder.

Diesmal dauerte es lange, bis er sich wieder einer Frau gegenüber öffnen konnte. Mittlerweile hatte er einige Therapiegruppen hinter sich und seine Vergangenheit so weit aufgeräumt, dass er einiges begriffen hatte.

Der Klient war langsam wieder zu einer neuen Partnerschaft bereit, die dem entsprach, was er sich jetzt für sein Leben vorstellte. Doch der finanzielle Unterhalt für die vier Kinder fiel ihm nicht leicht, obwohl er sich alle Mühe gab und fast Tag und Nacht dafür arbeitete. Das ging so lange gut, bis er immer größere Rückenprobleme bekam und mit Bandscheibenvorfall für eine Zeit lang wohl oder übel eine Auszeit nehmen musste.

Jetzt führte ihn nichts mehr an einem weiteren Wachstum vorbei, er musste sich noch intensiver mit seinem Lebensthema beschäftigen, damit er in seiner Entwicklung tatsächlich dorthin finden konnte, wohin er schon seit längerem tendierte. So fand der Klient den Weg in eines meiner Seminare, in dem es unter anderem auch um sein Thema ging.

Erlösungsthema:
Der Klient hat sich über viele Jahre selbst auf Trab gehalten, indem er der Erlösung seines Themas hinterherlief. Er hatte den Weg gewählt, sich auf verschiedene Beziehungen einzulassen. Der innere Druck trieb ihn zu zwei Frauen, die ihm jeweils

zwei Kinder schenkten, doch er hätte die Erlösung mit Sicherheit auch über einen anderen Weg erreicht.

Der Klient konnte durch den Erlösungswunsch nur diese Richtung einschlagen. Die in seiner Kindheit entstandene energetische Unterernährung und Abkapselung hatten damit zu tun, dass er von der Mutter nicht genügend Liebe, Zuwendung, Freude und Unterstützung erfahren hatte. Sein Lebensthema ist es, das Gefühl des Genährt-Seins zu erleben. Das heißt, erst einmal innerlich an seine Kraftquelle zu gelangen und dann mit einer Frau eine Beziehung einzugehen, mit der er die hohe Qualität der Verschmelzung und Begegnung leben kann.

Was ihn aber von dieser Erfahrung außerdem trennte, war die Tatsache, dass er sich durch diese traumatische Erfahrung des Nicht-genährt-Werdens abgekapselt hatte und vor dem Thema so lange davongelaufen war. Das heißt, er war zwar seit seiner frühesten Jugend auf der Suche nach Erlösung, ist jedoch dabei zumeist beim Lesen von Büchern stecken geblieben. Er hatte sich mit der Situation theoretisch auseinander gesetzt, konnte das aus Büchern erfahrene Wissen allerdings nicht in Handlungen umsetzen.

Am besten wäre es für den Klienten gewesen, er hätte versucht, sich selbst erst einmal so weit kennen zu lernen und aufzuräumen, dass er den Umweg über zwei Frauen und vier Kinder gar nicht hätte nehmen müssen.

Erst jetzt, wo die Kinder teilweise erwachsen sind, ist er bereit, diesen Weg abzuschließen und mit der Erlösung seines Themas in die Art von Sein zu springen, für die er sich schon vor langer Zeit entschieden hat.

Kommentar:

Wenn Ihnen die Geschichte auch nur in Ansätzen bekannt vorkommt, probieren Sie bitte die Tipps in diesem Buch aus. Passen Sie aber genau auf, wofür Sie sich entscheiden. Sie können sich so viel Zeit, Geld und Nerven sparen, die Ihnen dann für die Dinge Ihrer Wahl zur Verfügung stehen.

5. Geschichte

Oft versteckt sich in den Familienthemen ein monströses Potenzial an Zündstoff, das die Beteiligten überhaupt nicht wahrnehmen. Offiziell herrschen nach außen Ruhe und ein normales Familienleben, doch in der Grauzone kommt es zu Dramen, sexuellem Missbrauch, Misshandlungen oder psychischer Unterdrückung. Gerade Kinder, die sich nicht wehren können, sind nur allzu oft die Opfer. Ein Kind, das seine Eltern ja automatisch liebt, verbiegt sich nach Liebe schreiend, es klammert sich an die kleinsten Krümel vom Tisch der Liebe.

Den Kindern bleibt meist nichts anderes übrig, als das Erlebte zu verdrängen und viele Lebensimpulse zu unterdrücken. Erst im Erwachsenenalter wachen sie langsam auf und müssen aus dem, was sich um sie herum an Geschehnissen entwickelt, langsam und mühevoll ihre Lebensthematik herausschälen.

Eine Klientin, die mit einem Missbrauchstrauma zu mir kam, versuchte ihre Problematik mit gespielter Heiterkeit zu verbergen. In der Aura und im Ausdruck erspürte ich sofort, dass hier etwas nicht stimmte. Ich fragte sie, warum sie zu mir gekommen sei. Sie antwortete, sie fühle sich irgendwie nicht ganz wohl in ihrer Haut, habe permanent Probleme mit Männern und obendrein ein Leiden im Mundbereich, das sie seit einiger Zeit in Atem halte.

Die Männerthematik wiederholte sich in ihrem Leben unzählige Male. Wann immer ein neuer Mann auf der Bildfläche auftauchte, sah sie einen Hoffnungsschimmer, dass sich vielleicht jetzt etwas zum Besseren ändern könnte. Doch jedes Mal erlitt sie Schiffbruch. Die Schwierigkeiten im Mundbereich deuteten einerseits an, dass sie die »Schnauze voll« hatte von dem, was ihr passierte; andererseits auch darauf, dass sie nichts in sich hineinlassen konnte. Das heißt, sie konnte nichts aufnehmen, weil es ihr im Mund wehtat. Das, was das Erleben im Außen ihr bewusst machen wollte, sah sie nicht, und damit konnte sie sich nicht weiterentwickeln. Die Nahrung, die gegessen werden sollte, wurde nicht aufgenommen, und somit die Lernerfahrung nicht gemacht. Dadurch verminderten sich auch die Heilungschancen im Mundraum. Und sie kann wirkliche Liebe weder sehen, noch zu sich nehmen.

Auf dem Weg zum inneren Schatzkästchen spazierten wir durch einen Irrgarten. Es schien unmöglich, den Schatz zu finden, da die Thematik, die diese Truhe beherbergt, so tief saß und völlig verdrängt wurde. Außerdem versuchte sich der Erlösungs-Abwehrmechanismus zu behaupten, indem er ein Erwachen mit Scheinhinweisen, Verschleierungstaktiken und Vernebelung blockierte.

Erlösungsthema:
Die Klientin hatte schon viele Therapeuten aufgesucht und manche als sehr toll eingestuft, doch ihr Kernproblem war bislang noch nicht einmal angetastet worden. Sie wollte mit Ende 30 noch als Girlie die Aufmerksamkeit der Männer erregen und scheute sich nicht, sich dementsprechend herzurichten. Sie wunderte sich lediglich, dass sie sich als Bienchen zwar auf alle möglichen Blüten setzen konnte, sich dort aber auch viele andere Tierchen niederließen. Was sie eigentlich grundsätzlich vom Leben erwartete, stellte sich nicht ein. Den Lebensgefährten für ein eheähnliches Verhältnis fand sie einfach nicht.

Ich vermutete, dass es in ihrer Jugend ein Missbrauchsverhältnis gegeben haben musste. Trotz dieser Sehnsucht nach einer Partnerschaft und sexuellem Austausch war ein Teil von ihr wie abgeschnitten, war sie nicht imstande, eine wirklich tief gehende Verbindung zu sich selbst und dem anderen herzustellen. Die Sexualität und die Begegnung blieben auf einem sehr oberflächlichen Level, und sie zog immer wieder die gleiche Sorte Männer an. Wie sollte sich da etwas ändern. Nur sie selbst konnte aufwachen, ihre Transformationsthemen erkennen und nach einem gewaltigem Schritt auf der Evolutionsspirale dann in der Lage sein, eine ebenfalls weiter entwickelte Seele anzuziehen oder einzuladen.

Die Klientin räumte ein, dass sie gerade erst von einem Missbrauchsthema in der Familie erfahren hätte. Ihre eigenen Jugendjahre erinnerte sie so gut wie gar nicht. Ein weiteres Indiz, dass hier einiges ins Unbewusste verdrängt worden war. Ihr Verhältnis zur Ursprungsfamilie, zu Mutter und Vater, ist stark gestört, von der Entwicklung her konnte also ein Missbrauchserlebnis in ihrer Kindheit passiert sein. Sie hatte Schwierigkeiten, ihren Eltern Grenzen zu setzen. Beide sind Alkoholiker, und die Klientin musste weit von zu Hause wegziehen, damit sie nicht weiterhin permanent von ihnen belästigt wurde.

Um ihre Thematik völlig verstehen zu können, riet ich ihr, in Einzelsitzungen eine Rückführung zu machen, eine Phantasiereise, um an die frühen Jahre heranzukommen. Wenn sie diese Erlebnisse in sich abrufen konnte und alle Emotionen, die da zu fühlen sind, annähme, würde es für sie in Zukunft viel leichter, anders mit sich selbst und mit dem Wunsch nach einem Lebensgefährten umzugehen. Sie bekäme, wenn sie endlich weiß, warum die Dinge sich so ereignen, einen Teil ihrer Lebenskraft zurück. So konnte sie in die innere Mitte, an ihre innere Quelle gelangen. Damit wieder verbunden zu sein heißt, Kraft in sich selbst tanken zu können. Es ist dann nicht mehr so wichtig, im Außen unbedingt einen Nahrungsplatz zu haben.

Für die Klientin galt es, in ihr Urvertrauen zurückzufinden. Ein Teil des Lebensthemas war das Erlösen aus dem Getrenntsein und das Zurückfinden in das Aufgehobensein im Ganzen. Auf diesem Weg lernt die Seele, von der Oberfläche in die Tiefe der Verschmelzung vorzustoßen. Dies erlebt sie, wenn sie den Transformationsschritt gegangen ist, in sich selbst und auch im Außen, mit einem Partner.

Das Trauma des Missbrauchs und das sich dadurch ergebende Verhältnis zu den Eltern wird als dem Lebensweg der Seele zugehörig angenommen. Es war anscheinend nötig, um auf ihrem Transformationspfad einen bestimmten Aspekt zu erlösen. Die Seele erlebt in diesem Leben das Thema Übergriff und Gewalt als in der anderen Dimension gewählten Spiegel ihrer eigenen Habgier und des grenzenlosen Nehmens aus einem früheren Leben.

In ihrem jetzigen Leben entsteht ein Raum, in dem sie erst einmal auf einem Null-Level in Ruhe zu sich selbst finden muss. Deshalb kann sie auch keinen Partner annehmen. Wenn die Klientin dieses Aha-Erlebnis und die dahinter stehenden Kräfte als zu ihr gehörig in ihrem Körper-Geist-Seelesystem liebevoll akzeptiert, kann sich in ihr ein friedlicher Spalt öffnen und es wird möglich, einen Mann zu finden, der zu ihr passt.

In der Therapiestunde führten wir ein Ritual durch, mit dem den Eltern als Statthaltern für die Hilfe, die sie der Klientin auch im negativen Sinne zuteil werden ließen, verziehen und gedankt wurde. Falls die Eltern sich aber weiterhin nicht in einer anderen Weise mit der Tochter verständigen wollen, muss meine Klientin hier eine ganz scharfe Grenzlinie ziehen und jeglichen Kontakt zu ihnen abbrechen.

Abbrechen heißt nicht für immer abzulehnen, sondern offen zu bleiben für eine Veränderung, die bei den Eltern stattfinden kann. Falls das eintritt, ist das gut so, falls nicht, ist es auch gut. Die Seele ist jetzt nicht mehr von der Liebe der Eltern abhängig.

Das durch den Missbrauch gestörte Verhältnis der Klientin zu Männern kann jetzt von ihrer Seite erlöst werden, indem sie sich für eine neue Art des Umgangs mit einem Partner entscheidet. Nach diesem Entschluss wird ein ins Bild passender Partner automatisch irgendwann auf sie zukommen.

Damit verlässt die Klientin die Position des ewigen Fragezeichens und tritt nun ihrem Alters- und Reifegrad entsprechend in die Kommunikation mit der Außenwelt ein. Das innere Zittern um den wirklichen Platz im Leben hört einfach auf.

Kommentar:
Bei ähnlichen Erfahrungen versuchen Sie bitte, mit der Phantasiereise hinter Ihre Kulissen zu blicken. Seien Sie nicht geschockt, sondern verstehen Sie das Erlebte als Teil der Seelenreise. Alle Seelen haben auf dem Evolutionsweg mit dem Thema Gewalt und Übergriff zu tun, und zwar als Opfer wie als Täter. Wenn Sie für diesen Prozess Begleitung brauchen, suchen Sie sich einen Therapeuten Ihres Vertrauens.

6. Geschichte

Diese Geschichte gehört zwar eigentlich in den Abschnitt Partnerschaft, doch an dem hier behandelten Beziehungsdrama lässt sich sehr gut zeigen, wie die Grundlagen dazu bereits in der Ursprungsfamilie gelegt wurden. Um die Partnerschaftsprobleme verstehen zu können, müssen wir auch die Familienstrukturen durchleuchten.

Die Klientin kam in ein Notgespräch, da die Partnerschaft mit einem Mann ein Ende gefunden hatte. Sie hatte zwar eine gewisse Ahnung, wieso und weshalb die Beziehung in die Brüche gegangen war, doch diese Ahnung allein nützte ihr nichts für ihren Wunsch, die Beziehung wieder in Ordnung zu bringen. Sie hatte sich auch nach der letzten Partnerschaft, aus der ein Sohn entstand, noch während der Schwangerschaft verabschiedet. Sie konnte anscheinend nur bis zu einem bestimmten Punkt, und zwar immer demselben Punkt, mit einem Partner zusammen sein.

In unserem Gespräch stellte sich heraus, dass sie sich eigentlich nicht wirklich mit einem Partner verbinden konnte, sondern die Beziehung benutzte, um ihre eigene energetische Ungenährtheit mit Energie und Sexualität zu füllen. Es gelang ihr nicht, aus diesem Reigen auszusteigen, ihr innerer Tyrann legte ihre Gehörgänge lahm.

Dieses Nein manifestierte sich ebenfalls in energieabschneidenden Verhaltensweisen. Die Klientin suchte, wie der kritische Beobachter in den Kontrolldramen, fortwährend geradezu besessen nach Fehlern beim

Partner. Meinte sie, einen entdeckt zu haben, so warf sie ihn dem Partner vor. Das tat sie, um Energie vom Partner zu ergattern. Sie schnitt dem Mann die Energie ab, sodass er bildlich gesprochen immer kleiner wurde, wodurch sie sich irgendwie befriedigt fühlte.

Nun war aber der Mann, der ihr gerade am wichtigsten war, nicht bereit, dieses Spiel mitzuspielen. Er machte sie jedes Mal klipp und klar darauf aufmerksam, dass gerade wieder das Energieraub-Spiel laufe, und zog sich zum Selbstschutz zurück.

Ich erklärte meiner Klientin, dass er damit Recht getan habe, denn sonst hätte er ständig weiter das unterstützt, was sich bei ihr schon so lange im Kreis dreht.

Wir bewegten uns dann in mehreren Sitzungen in die Vergangenheit, genauer in die Kindheit, um zu sehen, aus welchen Wurzeln das hier vorliegende Lebensthema entstanden ist. Dies galt es meiner Klientin zum besseren Verständnis nahe zu bringen.

Das in dieser Geschichte steckende Lebensthema ist ganz eindeutig und klar: die Entdeckung der eigenen inneren Energiequelle, die mehr als genug Kraft hat, die Klientin zu nähren. Die Quelle quillt sogar über, sodass sie eigentlich reichlich nach außen abgeben könnte. Deshalb hat die Klientin es überhaupt nicht nötig, anderen die Energie zu rauben. Wenn sie ihre eigene Energiequelle entdeckte, so würde dies zudem zu einem respektvollen Umgang in der Kommunikation mit anderen führen.

Erlösungsthema:

Als Erlösungsthema hat die Klientin die Pflicht, sich selbst permanent genau zu beobachten, um festzustellen, wann sie die alte Tendenz wieder aufgreift und nach der Energie des anderen späht. Es gilt zu lernen, den Gegenüber – ob Partner, Freunde, Bekannte oder Arbeitskollegen – so zu respektieren, wie er ist. Sie dürfen in ihrer eigenen Energie stehen, und die Klientin versucht nicht mehr, Energie von ihnen abzuziehen. Sie muss lernen, mit ihrer eigenen Energie, mit einer unterstützenden Grundhaltung an das Gegenüber heranzutreten.

Damit fließen aus zwei oder mehr inneren Quellen die Energien ineinander und vermehren so die Gesamtenergie, wodurch eine höhere Ebene der Kommunikation erreicht wird.

Der Gang in die Tiefe, zu den Wurzeln ihrer Ursprungsfamilie, führte uns zu dem Familienbild, wie es sich ihr in der Kindheit darbot. Ich musste feststellen, dass in der Ursprungsfamilie schon alles so gelebt wurde, wie die Klientin es jetzt in ihrem Leben tat. Der Vater stand nicht auf der anerkannten Position des Vaters. Da er einen selbständigen Beruf ausübte, bei dem es Höhen und Tiefen gab, saß er manchmal an seinem Schreibtisch zu Hause und hatte nichts zu tun. In diesen Phasen der Erwerbslosigkeit wurde er von seiner Frau nicht respektiert und geehrt, da er ja kein Geld heimbrachte.

Auch wenn er nichts zu tun hatte, verbrachte er seine Zeit allerdings für alle sichtbar am Schreibtisch. Er tat dann verkrampft so, als ob er arbeitete, doch die ganze Familie, allen voran die Mutter, wusste das nicht zu würdigen. Der Vater hatte den Platz des Ernährers und Mannes in seinem eigenen Selbstwert und in der Struktur der Familie verloren.

Daraus ergaben sich verschiedene Dinge für meine Klientin. Sie selbst hatte den Respekt vor ihrem Vater nicht entwickelt, hatte eher permanent das Gefühl, ihm etwas sagen zu müssen. Sie hatte stets den Drang, ihm zu zeigen, dass sie die Bessere sei, weil sie das Leben anständig auf die Reihe bekomme. Dadurch hielt der Vater sie fortwährend auf Distanz und sie belehrte ständig.

Ihre Mutter flüchtete sich in Krankheiten, sobald meine Klientin die Dinge mal richtig ansprechen wollte. Es gelang ihr nicht, in der Familie alles auf den Tisch zu legen, weshalb die Situation nicht bereinigt werden konnte. Meine Klientin musste erleben, dass Wahrheiten verbogen wurden und gleichzeitig zwischen den Familienmitgliedern energetisch wenig Verbindung zu spüren war. Die Familie bestand sozusagen aus Einzelpersonen, die nur eine oberflächliche Beziehung zueinander unterhielten.

In Partnerschaften ging sie mit dem Mann wie mit ihrem Vater um. Die Klientin hatte immer den Eindruck, dass ihre Lebensabschnittsgefährten doch ganz ähnlich gelagert seien wie ihr Vater. Sie traf im Außen ständig das innere Spiegelbild, um endlich ihr Thema in die Transformation zu bringen.

Als weitere Schwierigkeit hatte sie in der Kindheit nicht die nährende Liebe, die sie gebraucht hätte, sodass sie fortwährend meinte, sie müsste mit Energie und Liebe unterstützt werden. Dieses Gefühl holte sie sich in der Kommunikation mit Menschen, indem sie versuchte, an alle möglichen Energien, auch auf materieller Ebene, heranzukommen. Da sie von ihrer eigenen inneren Quelle völlig abgeschnitten schien, spürte sie die ganzheitliche Nährung nicht, die ihr Außenstehende zufließen ließen. Auch wenn sie die Energie genau so bekam, wie sie es sich vorstellte, setzte kein Sättigungsgefühl ein. Das hatte zur Folge, dass ihr der jeweilige Partner, sobald sie alle verfügbare Energie von ihm aufgesogen hatte, nicht mehr so kräftig und toll erschien. Ähnlich wie ihren Vater setzte sie die Männer dann herab.

Einerseits hatte sich dadurch in der Klientin ein riesen Ego aufgebaut, das sich selbst als allwissend und genial empfand und sehr männlich präsentierte. Auf der anderen Seite vermochte die Klientin es kaum, in der Hingabe einmal so loszulassen, dass sie sich an ihrer eigenen Quelle und an dem Ganzen laben konnte. Sie hatte Probleme, mit einem Partner derart zu verschmelzen, dass sie den Orgasmus miteinander erlebten. Meistens half sie sich selbst noch etwas nach.

Ich arbeitete mit ihr unter anderem über Rückführungen und Phantasiereisen, um ihr in der Vergangenheit, Gegenwart und Zukunft kraftvoll bei der Erlösung ihrer Thematik zu helfen.

Es galt, allen den respektvollen Platz zurückzugeben. Den Eltern zu danken für die vergangenen Jahre, die sie in ihre Lebensthematik brachten, ihnen zu verzeihen, dass sie so sind, wie sie sind, und ihnen gleichzeitig Grenzen zu setzen, falls sie nach wie vor in alter Weise mit der Klientin umgehen sollten. Jegliches Konkurrenz- und Machtverhalten stoppt jetzt ihr bewusster Beobachter.

Die Klientin musste nun, anstatt bei anderen Energie zu wildern, sich um ihre eigene innere Quelle kümmern, sich vertrauensvoll nach innen wenden und die Quelle dort finden. Dort musste sie Energie schöpfen und tanken, um was immer sie in der Außenwelt kreieren wollte, auch platzieren zu können. Wenn sie Partnerschaften anders und neu erleben wollte, hatte die Klientin zu akzeptieren, dass sie sehr stark an sich arbeiten musste. Am stärksten sollte sie die Bewusstseinsarbeit darauf richten, wen sie als nächsten Lebensabschnittsgefährten wählte. Wenn das geschehen war, musste sie darauf achten, wann sie erneut Energie beim Gegenüber abzuknapsen versuchte.

Dann musste sie neue Handlungsweisen integrieren – genau in dem Moment, wo sie merkte, dass das alte Verhaltensmuster wieder auf der Bildfläche erschien. Da sollte sie genau das Gegenteil tun, den anderen umarmen und ihm liebevoll ihre Zuneigung versichern. Außerdem muss sie sich selbst den Raum geben, auf Kontrolldramen zu verzichten, also zum Beispiel den Partner in Ruhe einparken lassen.

Da die Klientin an ihrer Quelle saß, merkte sie nach und nach, wie wunderschön es ist, aus dem Überfluss zu geben, wie anders sich der Partner daraufhin verhält und sich im Zusammenspiel völlig neue Nuancen auftun. Damit kreierte sie ein ganz anderes Energiefeld.

Die wechselseitigen Machtkämpfe hören auf. Beide sind sich nun darüber im Klaren, dass jeder in jedem Moment das Beste gibt und tun möchte, damit alles in eine glückliche Zeit mündet. Hierfür gibt es noch viele kleinere und größere Hausaufgaben, Hilfestellungen und andere Werkzeuge, die ich mit der Klientin und gegebenenfalls auch mit dem Partner bespreche.

Die Klientin hatte während der Therapiezeit einen Mann kennen gelernt und mit ihm alles, was sie in der Zwischenzeit gelernt hatte, umgesetzt. Ihre innere Blume entfaltetet sich und vor mir steht heute eine freud- und liebevoll strahlende junge Frau, die endlich das erlebt, was sie sich immer gewünscht hat. Die wichtige Transformation in die Erlösung ihres Lebensthemas hat stattgefunden. Der neue Mann entpuppte sich auch als ein in Liebe sorgender Familienvater, der sich vorbildlich um ihren kleinen Jungen kümmert.

Kommentar:
Wenn Ihnen dieses Geschehen bekannt vorkommt, lesen Sie bitte noch einmal das Erlösungsthema! Achten Sie bewusst auf Ihre Abwehrmechanismen. Gestatten Sie ihnen nicht, Sie von Ihrer Selbstfindung abzuhalten.

7. *Geschichte*

Eine andere Dame kam zu mir mit dem Schicksal, in eine Familie geboren worden zu sein, in der, wie sie sagte, überhaupt keine Liebe geflossen sei. Sie hat heute große Schwierigkeiten, ihren Weg anders fortzusetzen, als es in der Familie üblich war, aus diesem Muster auszubrechen. In der Familie wurde über Gefühle und Emotionen nicht geredet, sondern mit Scherzen und oberflächlichem Geplänkel darüber hinweggetäuscht, dass alle ein Leben führten, das mehr einem Schein als Sein entsprach. Das meint, Mutter und Vater hatten zwar die Kinder in die Welt gesetzt, aber nie ein wirklich liebevolles Zuhause geschaffen, wo den Kindern eine von Herzen kommende Unterstützung gegeben worden wäre.

Die Klientin erinnerte sich nur an Sätze wie: »Geh aus dem Weg«, oder »Dumm stört oft«, und Ähnliches. In der Altershierarchie der Kinder lag sie in der Mitte und wurde gerne bei Tröstungen und Unterstützungen übergangen. Die einzige Chance, für sich einen respekt-

vollen Rahmen in der Kindheit zu schaffen, war, sich in sich zurückzuziehen und hier einen schützenden Raum aufzubauen.

Sie hatte als eigenes Energie vitalisierendes Feld nur ihr Bettchen mit ihren vielen Plüschtieren, die ihre Freunde waren. Mit denen führte sie sehr hilfreiche Gespräche.

Was in der Familie gelebt wurde, stellte sich später alles als getürkt heraus, die Mutter und der Vater hatten Liebespartner außerhalb der Familie. Trotzdem hielten sie die Scheinwelt der Familie aufrecht und gaukelten der Klientin vor, es gebe im Leben nur diese Welt. Sie lernte in der Kindheit kein ehrliches, eindeutiges Aufeinander-Beziehen und keinen liebevollen Rückhalt kennen.

Ihr Lebensthema zieht sich bis in die Jetztzeit, der Ehemann, den sie ausgesucht hat, weist ähnliche Tendenzen der Unnahbarkeit auf wie die eigenen Eltern. Auch im Berufsleben begegnet ihr die gleiche Situation, wo sie allein unter Männern, trotz ebenbürtiger Ausbildung, in einer gewissen sprachlosen Kommunikation gehalten wird.

Erlösungsthema:
Die Klientin hat als Hauptaufgabe, in ihrem Leben die Verbindung ins Außen in eine für sie neuartige Kommunikation umzuwandeln. Gemeint ist die Kommunikation auf verschiedenen Ebenen, in der Partnerschaft, im Berufsleben, mit Freunden, der Familie und vor allem mit sich selbst.

Was durch dieses In-sich-eingekesselt-Sein in ihr gewachsen ist, hat seinen eigenen Wert, und wenn sie diesen in die Transformation mit hineingibt, wird sie es relativ leicht haben, ihr Thema zu erlösen.

Das Gewachsene steht in direkter Verbindung mit ihrer inneren Kraftquelle. Dadurch, dass sie von außen nur sehr wenig Zuspruch und Unterstützung erfahren hat, musste sie, um zu überleben, wie für einen Computer ein Programm für sich entwickeln, das sie zur Selbstversorgung gebracht hat. Das Problem ist nur, dass der Wert dieser Kraftquelle von ihr noch nicht erkannt wird, weil darüber natürlich der Schmerz, die

Wut und die Trauer über das, was ihr die Lieblosigkeit der Eltern angetan hat, liegen. Das vernebelt die Quelle, und so kann sie ihre Kraft noch nicht voll zu ihrem Vorteil verwenden.

Ihre Aufgabe ist es also, ihre Kraftquelle restlos zu erschließen und zu erleben, was für ein immenses Werkzeug ihr damit zur Verfügung steht.

Auf dem Weg dorthin hat sie einige weitere Herausforderungen zu bestehen: definitive Klarheit zu erlangen über das, was in ihrem Familienverbund geschehen ist, und ihren Eltern Grenzen zu setzen. Grenzen setzen muss sie in dem Sinn, dass sie die alten Beziehungsmuster und den Umgang miteinander in der altgewohnten Weise von nun an ablegt, ablehnt und nicht mehr mitspielt. Wenn die Eltern trotzdem noch an ihr Interesse zeigen, ist sie für weitere Begegnungen nur bereit, wenn sie ihr Verhalten der Tochter gegenüber ändern, sich ihr in einer neuen Weise öffnen.

In der Familie wie in der Arbeitswelt haben sich bei der Klientin verschiedene Schlüsselworte etabliert, die vom alten Mustersystem völlig missbraucht wurden. Das sind die Worte lustig und Spaß. In der Familie wurde hauptsächlich in lustiger und spaßhafter Form kommuniziert, wobei aber unterschwellig ganz andere Dinge gemeint waren. Der so Angesprochene hatte mit einem herben Energieverlust zu rechnen.

Als Ersatz für die fehlende Liebe untereinander hatte sich ein Kontrolldrama-Konflikt gebildet und dieses Drama wird noch heute gespielt. Keiner begegnet dem anderen wirklich aufrichtig. Im Gegenteil, zur eigenen Energiesteigerung wird dem Gegenüber Kraft entzogen.

Am Arbeitsplatz ist es eine weitere Aufgabe meiner Klientin, ihre Frau zu stehen und klipp und klar Grenzen zu ziehen. Sie setzt die Entscheidung jetzt nicht mehr über Spaß um. Sie hat in der Therapiesitzung gelernt, in ihrer Kraft stehend ihre Entscheidungen mitzuteilen. Damit hat sie die alte Schiene, über spaßige und lustige Sätze etwas zu sagen, erlöst.

Entscheidungen trifft sie mittlerweile aus ihrer eigenen Kraftquelle und das wirkt teamunterstützend. So entsteht etwas Neues, bei dem sich alle angesprochen fühlen und vereint an einem Strang ziehen.

Der Ehemann erklärte sich bereit, in die Therapie mit einzusteigen. Er wird seine eigenen Kontrolldramen und Lebensthemen aufdecken müssen, um mit seiner Partnerin gleichzuziehen und dadurch eine glückliche Zeit miteinander zu ermöglichen. Wenn ein Partner an dieser Stelle die Mitarbeit verweigert, führt das in 99 Prozent der Fälle zur Trennung oder, so das Paar zusammenbleibt, zum Ausbruch von Krankheiten.

Für die Klientin ist es wichtig, ihren Platz im Leben voll und ganz einzunehmen und stets offen zu sagen, was sie sagen möchte.

Kommentar:
Räumen Sie Ihr Familienleben auf, achten Sie darauf, wo eine negative Erfahrung etwas Positives bewirkt hat. Übernehmen Sie die volle Verantwortung für Ihre Seelenreise. Wenn Sie spüren, dass noch weitere Dinge Ihr Familienleben stören, so gehen Sie dem mit der CD-Übung auf den Grund.

8. Geschichte

Ein Mann mit einer leitenden Stellung im Bankwesen kam mit dem Problem zu mir, dass seine Frau immer lichtscheuer wurde und sich nur noch im Dunkeln wohl fühlte. Der Zustand spitzte sich immer mehr zu. Die Dame versuchte zwar, mit verschieden Hilfsmitteln darüber hinwegzukommen, aber alle Pillen und Ärzte hatten nicht viel geholfen. Auch ein Psychiater wusste keinen Rat.

Der Mann stand im Scheinwerferlicht der Öffentlichkeit, hatte so manche Reise zu absolvieren und natürlich viele Arbeitsstunden zu leisten. Das war ihm immens wichtig, er konnte davon einfach nicht lassen. Er sagte, seine Frau hätte schon vor der Ehe genau gewusst, worauf sie sich einließ. Die Aufgabe der Frau bestand lediglich darin zu repräsentieren, aber aus dem oben genannten Grund war ihr das schon seit über einem Jahr nicht mehr möglich.

Erlösungsthema:

Was hier zutage tritt, ist in unserer Gesellschaft keineswegs ungewöhnlich: die krampfhafte Suche des Mannes nach Anerkennung und für die Frau der sichere Platz in einem Ehehafen, in dem sie zwar gut versorgt ist, aber wenig Kreativität entfalten kann. Das macht auf Dauer beide krank.

Der Mann hat mit dem Thema Geltungssucht zu tun, mit dem Wunsch, sich ein Denkmal auf Erden zu zimmern, und die Frau kämpft damit, völlig von ihrer inneren Kraftquelle abgeschnitten zu sein. Ihm ist der Applaus der höheren Etagen gewiss, sie hatte bis zum Ausbruch der Krankheit lediglich die Befriedigung, als repräsentierendes Objekt mit maskenhaftem Lächeln in der Öffentlichkeit aufzutreten.

Hier sind wirklich beide gefragt, mit ihrer Thematik in die Transformation zu gehen. Um die Familiensituation zu retten, sollte der Mann etwas kürzer treten und seine Kraft mehr in sich finden, sodass er die Bestätigung vom Umfeld nicht mehr so sehr braucht. Seine Ehefrau, das zeigt das Lebensthema, möchte eigentlich alles ans Licht bringen, was es zu bearbeiten und transformieren gilt, und wird durch das Spiegelbild der Lichtempfindlichkeit auf diese Thematik aufmerksam gemacht.

Wenn wir uns diese Situation betrachten, fällt auf, dass die Krankheit im direkten Zusammenhang mit dem zu erlösenden Thema steht – was ans Licht will, wird durch Lichtscheue angezeigt.

Beiden gelang es in Einzelarbeit und Paarsitzungen, ihre Thematik so weit zu erlösen, dass sie zu einem gesunden Miteinander fanden. Sie erkannten, wie viele Jahre sie vergeudet hatten. Als Konsequenz zog er sich aus der Bank zurück, sie verkauften ihr Haus und zogen auf die Insel Mallorca, wo sie nun auf einer Finca Zitronen und Oliven anbauen.

Kommentar:
Wenn Sie Ähnliches erfahren wie meine Klientin, ist es höchste Zeit, mit der Innenschau zu beginnen. Erkennen Sie den Zusammenhang der Krankheitsebenen von Psyche und Körper. Achten Sie darauf, wohin sich Ihre Seele entwickeln möchte. Lassen Sie sich von der Geschichte inspirieren.

9. Geschichte

Eine sportlich hoch motivierte Familie setzte alles auf die Karte des Sohnes, um diesen bis ins Welttennis zu pushen. Nach gewissen Anfangserfolgen schaffte der Sohn es nicht mehr, die hohen Erwartungen zu erfüllen. Er klappte auf dem Tennisplatz jedes Mal energetisch zusammen, verlor Spiel um Spiel und dabei seinen Mut und die Lust am Tennis.

Nun kam sein Vater in die Sprechstunde, um sich Rat zu holen.

Erlösungsthema:
Da die Aufforderung, sportliche Höchstleistungen zu bringen, hauptsächlich vom Vater ausging, arbeitete ich mit ihm und dem Sohn. Sehr interessant war der Einblick in das Schatzkästchen des Vaters, der nämlich seine eigene Thematik, eine erfolgreiche Karriere, nicht geschafft hatte. Nun lief die Projektion voll auf den Sohn. Dieser bemühte sich der Liebe zum Vater wegen, diesem Erfolgswunsch zu genügen.

Beim Sohn stolperte ich über ein anderes Lebensthema, nämlich das Sich-Verbiegen aus dem Wunsch heraus, geliebt zu werden und dafür Dinge zu tun, die eigentlich gar nicht dem eigenen Weg entsprechen: eine Karriere anzusteuern, der er nicht gewachsen ist, da der Wunsch nicht aus seinem Innern entspringt. Oft ist es unbedingt notwendig, mit allen Familienmitgliedern zu arbeiten, damit das komplette System in die Gesundung gehen kann. Für den Sohn hatten die Therapiesitzungen den Effekt, dass er die Eigenverantwortung für sein Leben und die Entscheidungen für seinen Weg nun als Fakt annahm und sich beidem stellte.

Der Vater ließ es nach der Beratung dabei bewenden, den Sohn in Ruhe seinen eigenen Weg ziehen zu lassen. Der Sohn nahm das dankbar an und ging seitdem lieber angeln. Ich wünschte ihm dazu Petri heil.

Kommentar:
Achten Sie die Einmaligkeit einer jeden Seele, lassen Sie keinerlei Projektion aufkommen. Welcher Lebensthematik wollen Sie in Ihrem Schatzkästchen keine Aufmerksamkeit schenken? Nutzen Sie die CD zur Reise nach innen! Schauen Sie immer mal wieder in dieses Buch, um Erziehungsfehler zu vermeiden.

Beruf

1. Geschichte

Ein erfolgreicher Manager, Mitte 40, erschien bei mir auf Krücken in der Praxis und erzählte seine Leidensgeschichte. Er hatte im Ausland beim Heli-Skiing und anderen Sportarten den Bogen überspannt und sich die Achillessehne abgerissen. Nach einer längeren Auszeit, Operation und Reha-Maßnahmen fing er wieder an seinen Managerposten auszufüllen. Doch glücklich schien er nicht, eher nach wie vor bedenklich besorgt, was ihm dieser Unfall zeigen sollte und vor welcher neuen Situation im Leben er jetzt stehe. Zum ersten Mal stellte ihn das Leben in eine solche Hilflosigkeit und damit gleichzeitig als Spie-

gel seinen Beruf in Frage. Er wurde aufgefordert, nach seiner weiteren Berufung Ausschau zu halten.

Erlösungsthema:
Dieser Mann hat die Zeichen der Zeit lange verkannt. Nachdem die Lebensthematik, die ihn auf den Managerposten gehievt hat, erfüllt war, achtete er zu wenig darauf, was sein inneres Schatzkästchen denn als Nächstes mit ihm vorhatte. Wie so viele Menschen, die meinen, der Lebensweg sei ein Ziel, auf das man sich zubewegt, und nach dessen Erfüllung könne man dann »nach Hause« gehen, habe man seine Ruhe, hat mein Klient nicht bemerkt, wie sehr es ihn nach Erreichen des Chefsessels eigentlich nach etwas anderem, nach neuen Erfahrungen dürstete.

Dieser Lebensdurst steht in Übereinstimmung mit den nächsten Lebensthemen, die es zu transformieren gilt. Nachdem er sie nicht erkannt hat oder nicht erkennen wollte, erhielt er in Form des Unfalls eine schmerzhafte und langwierige Erfahrung, nach der er den Weg erst einmal nicht mehr in der alten Weise weitergehen konnte. Im wahrsten Sinne des Wortes konnte er nicht mehr gehen. Sein Inneres hat im Zusammenspiel mit dem Äußeren eine Situation kreiert, in der er eine Auszeit zugeschanzt bekam, um gründlich über seinen Lebensweg nachzudenken. Dies fiel ihm bis jetzt schwer, auch seine innere Stimme gelangte nicht so richtig zu Gehör. Da hat er mich als Therapeuten aufgesucht, wir haben seinen Fall durchgearbeitet und folgende Schlüsse gezogen.

Seinen Beruf als Manager wählte der Klient folgerichtig nach diversen Lebensthematiken und dieser hat ihn jahrelang wunderbar ausgefüllt – bis hin zu weltweiten Reisen, die ihn mit Menschen verschiedenster Rassen und Religionszugehörigkeiten in Verbindung brachten. Allerdings gehören zur Berufung noch weitere Teile, die gelebt werden wollen, und zwar eine menschlichere Kommunikation über die Kontinente hinweg und dabei als wichtigsten Erfolgsmaßstab die Werte, die Völker in einem inneren und äußeren Reichtum zusammenleben lassen.

Sein nächstes Lebensthema ist, die Verbindung zwischen den noch getrennten Seiten Beruf, Berufung, Vision herzustellen und mit Achtsamkeit diese in die Ausübung, in sein Umfeld einzubringen.

Diese Verantwortung reicht bis zur Produktpalette. Der Klient möchte für eine, auf allen Ebenen gesunde Produktpalette eintreten. Dies kann einen Firmenwechsel nach sich ziehen oder eine Umstrukturierung innerhalb der jetzigen Firma und der Produktionsplätze rund um den Globus bedeuten. Es kann auch heißen, alles Alte hinter sich zu lassen und als Koch in einem Seminarhaus den Wissensdurstigen eine wunderbare Mahlzeit zu kredenzen.

Für meinen Klienten war es der wichtigste Schritt in seiner Laufbahn, und der sollte nun ganz genau all das berücksichtigen, was auf der Erfahrungsseite gelernt werden will. Für ihn spielte Geld, Prestige und Macht keine Rolle mehr.

Nach dem Ende der Therapie entschied sich der Klient dazu, eine Stiftung für alternative Lebensformen und Bewusstseinsentwicklung ins Leben zu rufen. Hier geht es darum, neue Werte zu entwickeln und umzusetzen. Ein kompetentes Team versucht Antworten auf die offenen Fragen in der Gesellschaft zu finden. Da der Klient aus der Wirtschaft kommt, gelang es ihm, wichtige und namhafte Leute für das Projekt zu gewinnen.

Kommentar:

Wie das Beispiel zeigt, verändert sich der Fokus je nach Lebensthema. Leben heißt Veränderung, und deswegen ist es wichtig, sich hin und wieder eine Auszeit zu nehmen, Innenschau zu halten und gegebenenfalls die eingeschlagene Richtung völlig zu wechseln.

2. Geschichte

Eine Dame buchte eine Reihe von Therapiestunden, um, wie sie sagte, den Wendepunkt in ihrem Leben voll und ganz wahrzunehmen. Damit wollte sie den Platz ihrer Berufung finden. Ihre Lebensgeschichte glich einer wahren Achterbahnfahrt.

Ihr Elternhaus war geprägt von Fehlentscheidungen, die schon Vater und Mutter nicht in die Gesundung führten, und einem Energiefeld der Angst. Die Mutter kam in jungen Jahren bei einem Unfall ums Leben. Meine Klientin übernahm dann als Älteste wohl oder übel die Mutterrolle für die Geschwister. So musste sie frühzeitig große Verantwortung tragen. Obendrein nahm ihr Vater seinen Aufgabenbereich als Familienoberhaupt überhaupt nicht wahr, sondern glänzte durch Abwesenheit, Unnahbarkeit, Abgrenzung und Tätlichkeiten. Dann suchte er sich eine Freundin und wohnte hauptsächlich bei dieser. Erst spätabends ließ er sich ab und an im Haus seiner Familie blicken, oft genug in alkoholisiertem Zustand.

Meine Klientin wurde dadurch der eigenen Jugend beraubt, denn sie musste die Doppelbelastung tragen, den Geschwistern Mutter und Vater zu ersetzen. Das lief lange gut, doch schließlich erlitt sie einen Nervenzusammenbruch. Sie wurde mit dem Notarztwagen in ein Krankenhaus gebracht, wo sie einige Monate lang körperlich und psychisch ruhig gestellt wurde.

Später dann fing sie an, ihr bisheriges Leben aufzuarbeiten und zu hinterfragen; die Prägung war allerdings so stark, dass die Klientin diese nicht einfach loslassen konnte, um sich aus dem Kokon herauszuwinden.

Alle Handlungen außer den therapeutischen Lernerfahrungen im Krankenhaus hatten die Tendenz, sie klein zu machen, sodass sie ihren inneren Wert nicht fühlen konnte und dadurch im Äußeren ein gewisses Armutsbewusstsein auf materieller Ebene entwickelt hatte. Weiterhin hatte sie auch mit dem Thema Krankheit zu kämpfen.

Erlösungsthema:

Ich riet ihr, stark am Thema Selbstwert zu arbeiten. Die Basis dafür ist das Erkennen und Annehmen ihres bisherigen Lebens als Entwicklungsweg in Richtung Meisterschaft der Seele. Da die Seele zu gewissen Fähigkeiten nur bereit ist, wenn sie extreme Erfahrungen macht, muss sie ihre Vergangenheit als richtungsweisendes Erlebnis annehmen. Ab dem Moment bringt sie ihr Thema in die Transformation.

In der Klientin hat sich ein »Kranken-Ego« aufgebaut. Wann immer es ihr die Situation erlaubt, versucht sie unbewusst Energie und Materie vom Gegenüber anzulocken. Nach der auf allen Ebenen unterernährten Jugend hat sich in ihr die Einschätzung breitgemacht, dass ihr in Anbetracht ihrer Lage viel mehr an Zuwendung und materiellen Gütern zustehe, als sie aus sich selbst heraus zu kreieren in der Lage ist. Die anderen, das Außen, stehen sozusagen in der Pflicht. Der Zusammenbruch in jungen Jahren hat ihr eine Möglichkeit aufgezeigt, sich Zuwendung zu verschaffen. Diese Erfahrung hält sie noch heute, wenn sie sich überlastet fühlt, in der Krankheitsebene gefangen. Anstatt frei in die Kreation nach vorne tätig zu werden, vergeudet sie viel Zeit, indem sie krank wird. Wichtigen Impulsen von außen kann sie nicht Folge leisten, da ihr Kranken-Ego das nicht zulässt. Darin liegt der Hauptgrund für ihr immer kleiner werdendes Budget. Solange sie die Transformation verweigert, kann sich an ihrer Lebenssituation nichts ändern. Ihre Lebensthemen sind: Überwindung des Egos, die Kraft des Alleins-Seins für ihre Berufung zu nutzen und das Erlernen einer gesunden Grenzsetzung.

In der Therapiesitzung empfahl ich ihr, mithilfe des Bewusstseinsschalters die erarbeiteten neuen Entscheidungen durchzusetzen.

Wichtig ist für sie, mit äußerster geistiger Disziplin allzeit darauf zu achten, sobald die alten Schattenerlebnisse ihr die Rückkehr zu alten Sicht- und Handlungsweisen nahe legen, sofort den Bewusstseinsschalter auf Neu umzustellen. Gegebenenfalls muss sie das sekündlich tun.

Ich legte ihr ans Herz, täglich Meditation zu üben, in die Gedankenstille zu gehen und ihren neuen Platz mit der so zusätzlich entstehenden Kraft zu unterstützen.

Kommentar:
Nehmen Sie die Zeilen über das Erlösen der Lebensthemen wirklich ernst. Meditieren Sie mithilfe der Übungs-CD, arbeiten Sie an Ihrer Thematik. Suchen Sie sich einen Therapeuten, wenn Sie alleine nicht weiterkommen.

3. Geschichte

Ein Klient kam mitten in einer Midlifecrisis zu mir und erwartete, ich solle ihm schnell mal sagen, wo es für ihn langgehe. Er hatte sich mit allen möglichen Jobs auf selbständiger und abhängiger Basis durchs Leben geschlagen, merkte aber nun, dass er in eine Sackgasse geraten war.

Er hatte es in vielerlei Richtungen, unter anderem im Filmfach und Musikgeschäft versucht, doch nie wirklich den Durchbruch geschafft, und so musste er immer wieder auf Nebentätigkeiten ausweichen, um seinen Lebensunterhalt zu bestreiten. Er sagte mir, dass er des Öfteren den Eindruck gehabt hätte, kurz bevor es richtig losgegangen wäre, durch ein Gefühl des inneren Scheiterns den Erfolg selbst boykottiert und damit verhindert zu haben.

Der Klient stand nun vor der Wahl, entweder mit Nebenjobs seinen Körper zu ruinieren oder durch eine Um- oder Weiterschulung einen erneuten Versuch zu starten, etwas Erfolgreiches auf die Beine zu stellen.

Erlösungsthema:
Obwohl spirituell bewandert, hatte der Klient sich nie wirklich mit seiner Lebensthematik auseinander gesetzt, wenngleich sie ihn immer wieder darauf hinzuweisen versuchte, nach ihr Aus-

schau zu halten. Im Gegenteil, das Wissen um solch eine Möglichkeit und die Kenntnis von spirituellen Werten hatten ihn zwar in verschiedene Erlebnisse geschickt, aber das innere Schatzkästchen blieb unangetastet, und so mussten wir uns auf die Suche nach diesem Kästchen machen, um es an die Oberfläche zu heben. Die Abwehrmechanismen rund um dieses Schatzkästchen waren sehr stark ausgeprägt. Der Klient hatte sich auf diesem Gebiet geradezu zu einem Meister entwickelt.

Dadurch kristallisierte sich in ihm ein Ego, das sich lieber als unnahbares Kontrolldrama zurückzog, als in Auseinandersetzungen einzugestehen, dass hier im eigenen Handeln etwas nicht in Ordnung war. Stück für Stück brachten wir nun die Thematiken ans Licht. Und das war höchste Zeit, da die Lebensthemen im Begriff waren, ihn auch auf der körperlichen Ebene anzugreifen. Seine komplette Lebenssituation hatte sich in den letzten Jahren in eine totale Sackgasse verwandelt.

Meine Aufgabe war es nun, gnadenlos seine aus dem Elternhaus und der anderen Dimension mitgebrachten Handlungsweisen mit ihm zu überprüfen und sein Lebensthema herauszustellen.

Für den Klienten ist es wichtig, die im Elternhaus nicht erfahrene Liebe in sich selbst zu erwirtschaften, die Selbstboykottierung mit dem Wunsch, es den Eltern heimzuzahlen, aufzugeben und dorthin zu gelangen, wo ihn das Thema hinführen möchte: zu einem liebevollen Miteinander, zu seiner Stärke und Kraft, die seine Blume in Form seiner Berufung zum Blühen bringt.

Er war in einer Heimzahlungskampagne gegen alle gefangen, die ihm Liebe entgegenbrachten. Gerade diese Menschen musste er zwanghaft in sein Kontrolldrama zwingen. Sein Lebensthema – gleichberechtigte Beziehungen in Liebe zu gestalten, den Selbstwert anzunehmen und im Leben in Erfolg umzusetzen – galt es, ihm als annehmbares Ziel vor Augen zu setzen.

Nachdem wir in etlichen Einzelsitzungen die Thematik aufgearbeitet hatten und er sich mit einem Therapieplan an seine Hausaufgaben machte, stellte sich der Erfolg endlich ein. Das hatte zur Folge, dass er es im Lauf der nächsten Jahre in der Sparte, zu der ihn seine Umschulung geführt hatte, zu hoher Anerkennung und zu Wohlstand brachte. Über diese Entwicklung habe ich mich sehr gefreut, da gerade solche Menschen in der Regel große Schwierigkeiten haben, ihre Thematik aufzuarbeiten.

Kommentar:
Man muss den Kontrolldramen und dem Selbstboykott den Wind aus den Segeln nehmen, indem man umfassende Verantwortung für das eigene Sein übernimmt. Die Lebensthemen sind selbst gewählt und sollten endlich erlöst werden. Beginnen Sie mit der Arbeit, es lohnt sich!

4. Geschichte

Sein Erbe ermöglichte einem anderen Klienten ein sorgenfreies Leben, ohne arbeiten zu müssen. Seine Vision hatte ihn nach Italien geführt, wo er sich ein Bauernhaus gekauft und mit seiner Lebensgefährtin glücklich zu werden versucht hatte.

Doch schon bald wurde er des Ganzen überdrüssig, und er merkte, dass er von einer Langeweile und Rastlosigkeit ergriffen wurde, die er schon aus früheren Zeiten kannte. Mit der Lebensgefährtin schien es auch nicht so rosig zu laufen, denn durch seine innere Unausgeglichenheit gab es auch mit ihr etliche Reibereien. Er bat mich um mehrere Therapiestunden, um mit sich selbst ins Reine zu kommen.

Erlösungsthema:
Ich fragte ihn, ob er denn irgendwelche Hobbys oder Ähnliches hätte, womit er sich die Zeit vertreibe. Dies verneinte er,

Reisen würde er eher als festen Bestandteil seines Lebens bezeichnen. Ich riet ihm, mal in sein Schatzkästchen abzutauchen und zu sehen, ob seine unausgefüllte Rastlosigkeit nicht ein Hinweis darauf sein könne, dass ihm eine feste Struktur im Leben fehle. Sein Transformationsthema ist eine Berufung, die ihm kontinuierliches Arbeiten abverlangt.

Es sah so aus, als ob wir auf der richtigen Fährte wären, deshalb versuchten wir die Chancen, die sich daraus ergaben, zu klären und Handlungsabfolgen festzulegen. Seine Thematik bestand tatsächlich darin, zuerst zu erleben, wie es ist, völlig frei von Verpflichtungen über die eigene Zeit verfügen zu können, und danach folgte sozusagen als Zieltransformation der Wunsch, aus diesem unbeschwerten Chaos etwas Sinnvolles zu entwickeln.

Sein Lebensthema barg die Transformation einer Grundhaltung, die da heißt: Ich bleibe ewig der Lausbub und übernehme keinerlei Verantwortung. Dadurch konnte in ihm nichts zur Blüte gelangen. Er war, ohne es zu wissen, wie fremdgesteuert. Für ihn war es höchste Zeit, die alten Muster zu durchbrechen und dieses Thema zu transformieren.

Doch der Klient hatte auch die Chance zu erkennen, dass er ganz nebenbei in seinem Leben einen Schatz angehäuft hatte und er diesen nun auf einen ehrenvollen Platz stellen musste. Die vielen Reisen und Begegnungen mit Menschen aus allen Kontinenten vermittelten ihm das Wissen um die Einheit der Welt und die Liebe zu den Menschen.

Der Klient schaffte die Transformation seines Themas, indem er diesen Schatz an jene weitergab, die ihn dringend benötigten. Er unterrichtete von nun an Schüler und kam so als relativ Spätberufener zu den Früchten seiner Lehrerausbildung.

Die Erfahrungen in diesem Job brachten ihn wiederum an seine Grenzen, die er diesmal jedoch auszuhalten vermochte. Dennoch erfuhr er großteils auch Zufriedenheit und ein gewisses Glücksgefühl dabei, alles, was er in vielen Jahren auf seinen Pfaden erlebt und gelernt hatte, im Unterricht weitergeben zu können.

Kommentar:
Das Mysterium des Lebens lässt sich nicht in feste Bahnen lenken. Es gilt ohne Wertung dem roten Faden der Lebensthemen zu folgen.

5. Geschichte

Ein Schreiner aus der Hansestadt Hamburg kam mit dem Problem zu mir, dass seine Firma zwar Topaufträge bekam und er diese mit den Mitarbeitern gerade mal so bewältigte, aber häufig Kunden auch wieder absprangen. Alle Mitarbeiter schienen leistungsmäßig auf vollen Touren zu laufen, und doch wurde er das Gefühl nicht los, irgendwie von seinen eigenen Leuten hintergangen zu werden. Obwohl es in seinem Gewerbe nicht ungewöhnlich ist, dass sich die Fertigstellung eines Auftrags verzögert, konnte er sich nicht erklären, warum das gerade bei ihm und seinen Angestellten so ausgeprägt war.

Auch fand er keine Erklärung dafür, warum in seinem Betrieb fast 50 Prozent der Belegschaft andauernd krank waren. Dazu kam noch, dass manche Kunden meinten, sich gegenüber einem Schreinermeister alles herausnehmen zu dürfen. Noch dazu hielt sich ihre Zahlungsmoral in Grenzen. Bis zu einem bestimmten Punkt lief mit den Kunden alles gut und hatte er das Gefühl, mit ihnen auf einer Stufe zu stehen. Doch dann konnte sich plötzlich der Wind blitzschnell drehen und er fand sich in unseligen Kontrolldramen wieder, bei denen er zumeist den Kürzeren zog. Entweder drückte man die Preise oder verlangte wegen Nichtigkeiten großflächige Nachbesserungen. Trotz einiger hoch stehender und wohlsituierter Auftraggeber gelang es ihm nicht wirklich, in den höheren Rängen mitzuspielen.

Erlösungsthema:
In der Anamnese, auf dem Weg zu den Lebensthemen, wurde mir sehr schnell klar, dass der Klient immer wieder in die Falle seines eigenen Egos lief und somit in wichtigen Momenten der Kommunikation durch verschiedene »dunkle Flecken auf der Augenlinse« die Zusammenhänge nicht sah.

Es geschah häufig, dass er sofort »dichtmachte«, sobald sein Gegenüber bei ihm verbal auf einen bestimmten Knopf drückte, und zu heftig reagierte. Damit erübrigte sich dann zumeist jedes weitere Verhandeln. Da er seinen Handwerksbetrieb schon seit 20 Jahren führte und die Kapazitäten um ein Vielfaches vergrößerte, stellte sich für ihn nun die Frage, warum der Sprung in wohlhabende Verhältnisse ihm einfach nicht gelingen wollte.

In der Firma krankte es, wie an den Krankmeldungen der Mitarbeiter sehr gut abzulesen war, an der Betriebsführung und hier wiederum an der Kommunikation. Einerseits wollte der Klient der liebe, gute Freund, der von allen hofierte, im Mittelpunkt stehende Chef sein, der alles konnte – und letztendlich alles besser konnte. Auf der anderen Seite waren es genau diese für ihn nicht zu erkennenden schwarzen Flecken auf der Pupille, die ihre Schatten warfen, sodass er bei wichtigen Gesprächen in ein Fahrwasser geriet, auf das die Belegschaft mit Krankheit und die Kunden mit dem Abbruch der Verhandlungen reagierten.

Diesen Wunsch, immer im Mittelpunkt stehen zu wollen, konnten wir zusammen bis in die Kindheit des Klienten verfolgen. Das Lebensthema möchte, dass er sein Ego transformiert. Das heißt, sobald ihm dies gelungen ist, wird er auch seine Firma anders führen und die Kundengespräche erfolgreicher abwickeln können.

Allerdings galt es auch das vorhandene Minderwertigkeitsgefühl aufzudecken und den Klienten an die innere Quelle der Kraft zu bringen, damit diese von da an ihm voll und ganz zur

Verfügung stünde. Wir konnten auch herausfiltern, dass sein Minderwertigkeitsgefühl auf den Vater zurückging, und so lernte der Klient, sein Selbstbewusstsein aus sich selbst zu schöpfen und nicht mehr auf die Anerkennung seitens des Vaters oder anderer Personen angewiesen zu sein.

Die Therapie bestand darin, dass wir alle Ego-Nuancen gemeinsam herauskristallisierten und der Klient zum Thema Firmenführung von mir Hilfestellung erhielt. Als er seine inneren Wunden für sich offen legen konnte, vermochte er auch sein Selbstwertgefühl in die Höhe zu schrauben, ohne weiter krampfhaft zu versuchen, in allem der Tollste zu sein. Er schaffte es, den Betrieb vorsichtig umzustrukturieren, Verantwortung abzugeben und in der Kommunikation die Werte, für die er eigentlich eintritt, umzusetzen.

Kommentar:
Setzen Sie sich mit Ihrem Ego auseinander. Stellen Sie sich die Fragen: Wer bin ich? Wo will ich hin? Warum will ich dorthin? Zur Unterstützung empfehle ich die Phantasiereise zum inneren Schatzkästchen auf der Übungs-CD.

6. Geschichte

Eine Kollegin kam einmal völlig aufgelöst und mit den schweren körperlichen Beschwerden einer Blasenentzündung zu mir in die Sprechstunde. Ohne lange Einleitung erzählte sie, sie habe nach vielen Ausbildungsseminaren einen Therapeuten kennen gelernt, dem sie sehr vertraue. Doch genau in diesen Mann verliebte sie sich. Als sie bei einem, für sie nicht so wichtigen Disput mit ihm einen Eklat herbeiführte, war die gerade begonnene Liebesgeschichte aber auch schon wieder zu Ende.

Als er ihr etwas zu ihrem Lebensthema sagen wollte, hatte sie ihm vorgeworfen, ihr ständig ins Wort zu fallen und sie so energetisch nicht zum Zuge kommen zu lassen. Nach mehrmaligem Nachfragen räumte sie ein, dass sie sich das besser selbst vorgeworfen hätte, da sie ihn dauernd unterbrochen hatte, um nicht hören zu müssen, was von seiner Seite zu sagen war.

Sie meinte dann, sie habe große Schwierigkeiten damit, von dem Therapeuten Wahrheiten anzunehmen, und hege eher das Gefühl, dass diese nicht stimmten, sondern einer persönlichen Haltung dieses Kollegen entsprungen seien.

Erlösungsthema:

Es stellte sich heraus, dass das, was der Kollege angedeutet hatte, tatsächlich mehr der Wahrheit entsprach als die Stellungnahme meiner Klientin. Nun war guter Rat teuer, da die Beziehung, wie sie sagte, schon seit einigen Wochen beendet war.

Als Erstes machte ich sie darauf aufmerksam, dass die Themen, die wir zu transformieren haben, von Abwehrmechanismen geschützt werden, die versuchen, mit ihren Mitteln die Transformation zu behindern, oder vorgeben, die Transformation finde statt, doch im Grunde bleibt alles beim Alten. Die Blasenentzündung und andere Details aus ihrem Leben wiesen eindeutig darauf hin, dass hier ein Lebensthema in die Erfüllung, in die Erlösung wollte, aber von den Abwehrmechanismen daran gehindert wurde. Wichtige Wachstumsschritte wurden vermieden und genau die Chance, die ihr der Kollege geboten hatte, nämlich sich den Spiegel vorzuhalten, hatte die Klientin vertan.

Ihr Hauptlebensthema ist es, in ihrem Sein die Transformation tatsächlich zu erfüllen und bewusster darauf zu achten, wann und wo alte Schattenmuster und Abwehrmechanismen sie in den Griff zu bekommen versuchen.

Als Therapeutin hat sie die Pflicht, ihre eigene Persönlichkeit aufzuarbeiten, denn sie kann anderen Menschen nur dann wirklich helfen, wenn sie sich selbst erkannt hat.

Was den Kollegen anging, in den sie sich verliebt hatte, riet ich ihr, ihn telefonisch um einen Termin für ein Treffen zu bitten. Bei diesem Gespräch sollte sie sich als Erstes für alle Fehlhandlungen mit Nachdruck entschuldigen und ihn anschließend dankbar dazu einladen, ihr auf ihrem Weg als Berater behilflich zu sein – gerade wenn es ihr mal nicht gelingt festzustellen, wann die Achtsamkeit in Unachtsamkeit umschlägt. Tatsächlich verliebten sich beide nach dieser wichtigen Aussprache aufs Heftigste wieder ineinander.

Kommentar:
Falls Sie auch als Therapeut arbeiten, ist die Selbstklärung die wichtigste Voraussetzung für die Behandlung anderer Menschen. Probieren Sie die Reise zum inneren Schatzkästchen, und falls Sie fündig werden, bearbeiten Sie Ihre Lebensthemen.

Ich gebe Fortbildungsseminare für Therapeuten zum Thema »Erlösung der Lebensthemen«. (Siehe den Abschnitt Seminare.)

7. *Geschichte*

Ein Fußballer, der als Profi seiner Berufung frönte, war in letzter Zeit mehrere Male mit kleinen Verletzungen ausgefallen. Außerdem konnte er seine sportliche Höchstleistung im Moment nicht abrufen. Nun wollte er mit mir klären, wie das alles zusammenhinge und was er dagegen machen könne.

Erlösungsthema:
Das Lebensthema, das hier angesprochen ist, möchte als Transformation den Erfolg einer grandiosen Karriere erleben. Wir haben ein Thema, das materialisiert werden möchte. Hier gilt es nun die inneren Boykotteure herauszuarbeiten, die den Fußballer daran hindern, mit herausragenden Leistungen auf dem

Platz zu glänzen. Dieses Thema war ihm im Leben schon öfter begegnet. Doch an der augenblicklichen Variante störte ihn, dass er jetzt, wo gerade seine große Laufbahn begonnen hatte, plötzlich mit dem Spielausfall zurechtkommen musste. Er hatte die Aufgabe, das Zittern vor dem Erfolg zu transformieren, das Ja zu seiner Situation bis in die letzte Zelle seines Körper-Geist-Seelesystems zu bestätigen. Damit konnte der Klient gleichzeitig die Hürde vom Jugendlichen zum Mann überspringen. Es stand an, in einem Initiationsritual dem Klienten in die Kraft des Mannes zu helfen, der »seinen Mann steht«. Zusätzlich trainierten wir die Ausschaltung seines Denkapparats, und dies brachte ihm die notwendige Ruhe für den Quantensprung.

Kommentar:
Wenn Sie Schwierigkeiten mit Ihrer Kraft haben, dann zeichnen Sie imaginär einen Kreidekreis auf den Boden, lassen Sie alle alten Gefühle und Gedanken los und machen Sie jetzt den Schritt in diesen Kraftkreis. Fühlen Sie, wie das, was Sie sich vornehmen, in Ihnen Platz nimmt, und gehen Sie so gestärkt in Ihr weiteres Leben.

Als hilfreich erweist sich in diesem Fall auch die dem Buch beigefügte Übungs-CD. Mit der Phantasiereise zum inneren Schatzkästchen können Sie noch offene Lebensthemen entdecken und eine unglaubliche Stärkung erfahren.

8. Geschichte

Einmal erschien ein Architekt mit mürrischem Gesichtsausdruck bei mir in der Praxis. Die Mimik zeigte, dass ein falscher Ton ihn jederzeit in eine kampfbereite Position springen lassen würde. Dazu hatte er einen tief frustrierten Ausdruck in den Augen. Als er mir von seinem Leben erzählte, kam heraus, dass er seit 20 Jahren als Architekt tätig war, sein Beruf ihm aber völlig auf die Nerven ging, da er sich mit praktisch jedem Auftraggeber am Ende zerstritt. Meistens musste er zudem ewig seinem Honorar hinterherlaufen oder sogar vor Gericht darum streiten.

Der Architekt legt großen Wert auf biologisch einwandfreies Bauen, gerade auch im Detail sorgt er für Qualität. So passiert es leicht, dass er bei in der Bauzeit auftauchenden Problemen ohne weitere Absprache die teurere Lösung nimmt.

Auf den Rat seiner Frau hin ließ er sich nach langem Hin und Her überreden, zu einer Therapiestunde zu kommen, aber eher mit dem Vorsatz: »Na ja, ich gehe da jetzt mal hin, aber nötig habe ich das nicht. Wenn ich merke, dass das irgendwie komisch läuft, gehe ich sofort!«

Erlösungsthema:
Schon die Aura des Klienten fühlte sich sehr aggressiv an, eher wie eine tickende Zeitbombe, die man besser in Ruhe lässt.

Ich fragte ihn, was er von mir erwarte und ob er sich wirklich mit mir unterhalten wolle. Die Antwort polterte mir entgegen. Er meinte, an all diesen Dingen keinerlei Schuld zu tragen, er hätte mit den Auftraggebern einfach Pech gehabt.

Meine Erklärung dazu ließ ihn nur noch wilder dreinblicken. Seine Probleme passieren bei Detailfragen, dort, wo der Architekt die meiste Kompetenz besitzt. Der Klient trifft Entscheidungen ohne Rücksprache mit den Bauherren. Das führt jedes Mal zum Eklat. Es besteht keinerlei Einsicht von seiner Seite, dass Kompetenz nicht einfach mit Entscheidungsfreiheit gleichzusetzen ist.

Die Kommunikation über derartige Entscheidungen konnte nicht stattfinden, weil der Architekt bis über beide Ohren in Kontrolldramen verstrickt war. Mit seinem eigenwilligen Verhalten wollte er es seinem Umfeld heimzahlen, dass seine Eltern ihm nicht genug Aufmerksamkeit und Liebe geschenkt hatten. Er behandelte praktisch jeden Bauherrn als Revanche dermaßen schlecht, dass dieser an seinem Bauprojekt, wenn es denn fertig war, nur noch schwer Gefallen fand.

Um eine Kommunikation zu entwickeln, die die ganze Palette der Begegnung mit anderen Menschen und in diesem Fall mit den Auftraggebern ermöglicht, musste der Klient seine Lebensthematik erlösen.

Der Architekt hatte die Verpflichtung, seine innere Wut zum Beispiel durch lautes Schreien im Wald oder Kampfsportarten loszuwerden. Auf diese Weise konnte er allmählich sein abgrenzendes Verhalten und seine Unnahbarkeit in Liebe und mitfühlende Kommunikation verwandeln.

Außerdem stand für ihn die Aussöhnung mit seinem inneren Kind an und die Aufgabe, seine innere Quelle als Nahrung für das Selbst zu erschließen. Es war für den Klienten höchste Zeit, seine Thematik in die Transformation zu schicken, da er sich nämlich sonst um die Früchte seines Lebens gebracht hätte.

Es gelang uns mit verschiedenen Übungen, das innere Kind mit der Quelle der Kraft zu verbinden und dadurch ein liebevolles Miteinander des Klienten mit sich selbst und seiner Umwelt herzustellen. Quasi als Überlaufventil wählte er ein Karatetraining, und das besänftigte ihn zusätzlich. Mittlerweile hat er seinen Frieden gefunden und kann seine Baustellen mit einer allseits zufriedenen Abschlussparty krönen.

Kommentar:
In so einem Fall steht der Mensch unter permanentem Druck. Es gilt dringend gegenzusteuern. Wenn in Ihrem Leben Ähnliches vorkommt, ist es höchste Zeit, an der Erlösung der Lebensthemen zu arbeiten. Gegebenenfalls suchen Sie bitte einen Therapeuten auf. Das zum Tyrannen mutierte innere Kind wurde als Oberbefehlshaber entmachtet, der Architekt fand den Seinsfrieden.

9. Geschichte

Ein Briefträger entschloss sich, in seinem kleinen Heimatdorf Bürgermeister zu werden. Nun hatte er aber Angst, als Briefträger den Job des Bürgermeisters nicht voll ausfüllen zu können. Er wollte mit mir erarbeiten, ob dieser Schritt wirklich sinnvoll war.

Erlösungsthema:
»Natürlich ist das sinnvoll«, sagte ich zu ihm. Es ist die Erfüllung des Lebensthemas, dass diese Seele als Mensch einen Wachstumsschritt tätigt, der ihn aus »kleinen« Verhältnissen zum Oberhaupt eines Dorfes macht. Diesen Schritt zu wagen ist genau die Transformation, die ansteht.

Nachdem der Klient sich diese Stärkung geholt hatte, setzte er zum Sprung an und heute, Jahre später, sehe ich einen Menschen, der seinem Dorf gut tut, sich selber gut tut, den rechten Platz in seiner Familie einnimmt und mir, wenn ich ihn treffe, herzlich entgegentritt.

Kommentar:
Erfüllen Sie sich Ihre Lebenswünsche!

Partnerschaft

1. Geschichte

Eine Dame kam völlig aufgelöst in meine Sprechstunde, weil ihr Partner sich von ihr nach sieben Jahren getrennt hatte. Nun wollte sie erarbeiten, warum ihr das widerfahren war. Im Verlauf des Gesprächs näherten wir uns langsam dem inneren Schatzkästchen und den darin eingeschlossenen Lebensthemen.

Die Dame hatte im Alter von sechs Jahren bei einem Unglück ihren

Vater verloren. Sie wuchs weiter bei ihrer Mutter und später mit einem Stiefvater auf. Im Erwachsenenalter vermochte sie aber entweder keinen wirklichen Liebespartner auszusuchen oder musste dem Partner, den sie vermeintlich liebte, mit Energieraub begegnen. Energieraub in der Weise, dass es ihr sehr wichtig war, die Fäden in der Partnerschaft in der Hand zu halten, sagen zu können, wo es langzugehen habe, und auch wirtschaftlich möglichst die besser Verdienende zu sein. Mit dieser Art Sicherheit wollte sie den Partner an sich binden. Derartige Machtspiele halfen ihr aber nicht, den Partner zu halten. Das Tragische an der letzten Beziehung war für sie, dass früher sie die Männer verlassen hatte, diesmal aber sie die Verlassene war. Der unbewusste Heimzahlungsnimbus und der kleine Tyrann machten ihr Glück unmöglich.

Erlösungsthema:

Es galt herauszuarbeiten, dass ihr Lebensthema mit dem Startschuss in der Familie zusammenhing. Das traumatische Erlebnis, den Vater, den Dreh- und Angelpunkt ihrer Kindheit, verloren zu haben, sollte sie dahin bringen, die Kraft in sich selbst zu finden, um sich von Herzen mit den Menschen, die ihr wichtig sind, zu verbinden und das nach Macht strebende Verhalten in ein tiefes Vertrauen in sich selbst, ihren Weg und damit in ein liebevolles Miteinandersein umzuwandeln.

Die Wut darüber, vom Vater allein gelassen worden zu sein, muss damit nicht mehr auf Partnerschaften projiziert werden. Das liebevolle Aufgehobensein wird im eigenen Sein, in Verbundenheit mit der göttlichen Existenz, erfahren.

Der Klientin wurde, als wir ihre Lebensthemen ergründeten, klar, welche Spiele sie aus der Verletztheit eines siebenjährigen Mädchens heraus all die Jahre aufrechterhalten hatte. In der Kindheit kämpfte sie wie eine Löwin gegen ihre Mutter und den gehassten Stiefvater. Es war ein Spiel, das sie unbewusst an ihren Sohn weitergegeben hatte, indem sie ihm zuerst einen nicht geliebten Mann als Vater zur Seite stellte und später dem nun geflüchteten Geliebten die Rolle des ungeliebten Stiefvaters zuwies. So hatte der »geliebte« Partner auch noch die Antipathien des Sohnes zu ertragen.

Diese Erkenntnis half der Klientin zwar nicht mehr, den Verflossenen aufs Parkett zurückzuholen, aber für eine glückliche neue Partnerschaft war das Erlösen dieses Themas immens wichtig. Die Klientin kam zur Unterstützung ihres Prozesses noch einig Male in Einzelsitzungen und hat, wie ich in einem beschwingten Telefonanruf erfahren durfte, den Mann ihrer Träume mittlerweile gefunden.

Kommentar:
Mit unerkannten Machtspielchen verschleudern Sie Ihre Lebensenergie und gewinnen niemals das, wonach Ihnen eigentlich der Sinn steht. Versäumen Sie keine Zeit, legen Sie die Übungs-CD in Ihr Abspielgerät, machen Sie sich auf den Weg zu Ihren Lebensthemen. Auf was warten Sie noch?

2. Geschichte

Die Thematik, die meine Klientin veranlasste, zu mir zu kommen, stellte ihr komplettes Leben in Frage. Sie hatte die Transformation mehr als 20 Jahre lang hinausgezögert und sich somit die ganze Zeit über in einem Energiefeld befunden, das allen Beteiligten nicht gestattete, zu ihrer größtmöglichen Kraft zu finden.

Sie kam zu mir, weil sie große Schwierigkeiten mit ihrem über 20-jährigen Sohn hatte und dieser sich plötzlich, obwohl er immer noch zu Hause wohnte und versorgt wurde, gegen sie auflehnte. Ihrem Verständnis nach hatte sie sich gewissermaßen für dieses Kind aufgeopfert und all ihre Liebe und ihr Geld in ihn investiert. Sie konnte nicht verstehen, dass ihr Sohn sie jetzt mit einem solchen Verhalten konfrontierte.

Bei der Besprechung und der Reise ins Innere holten wir zusammen die Geschichte noch einmal ans Licht. Vor gut 20 Jahren führte Sie ein

Leben in vermeintlicher Leichtigkeit und fand Gefallen an mehreren Männern gleichzeitig. So hatte sie einen Mann kennen gelernt, mit dem sie geistig auf der gleichen Wellenlänge lag, der ihr aber etwas langweilig erschien, einen anderen nach langer Zeit wieder getroffen und an einem wunderschönen Tag mit zu sich genommen, und war noch einem dritten begegnet, der aus dem Land ihrer heimlichen südländischen Träume zu kommen schien.

Mit allen drei Männern hatte sie ein sexuelles Verhältnis, und daraus ergab sich eine Schwangerschaft. Als Vater des Kindes suchte sie sich den Mann aus, bei dem sie sich geistig am besten aufgehoben fühlte. Die Jahre gingen ins Land und sie waren eine normale Familie, bis von außen die Vermutung laut wurde, das Kind stamme wahrscheinlich von einem anderen Mann.

An der Stelle fragte ich erst einmal nach, wie denn das Verhältnis zwischen ihr und ihrem Mann und die Beziehung zu dem Kind über die Jahre ausgesehen habe. Darauf erwiderte sie, sie beide fühlten sich wohl miteinander und sie kämen vor allem mit dem Kind wunderbar klar. In der Zweisamkeit gab es zwar erhebliche Probleme, die sie sich aber nicht erklären konnte. Auf jeden Fall war der Mann beruflich bedingt viel unterwegs. Doch sie konnte sich, wenn es zum sexuellen Austausch kam, ihm nicht ohne Tränen nähern. Ich nahm das zur Kenntnis und bat sie, mit der Geschichte fortzufahren.

Es wurde tatsächlich ein Bluttest gemacht, der ergab, dass der vermeintliche Vater tatsächlich nicht der Erzeuger des Sohnes war. Daraufhin trennte sich das Paar, blieb aber über das Kind miteinander verbunden. Jetzt wurde der tatsächliche Vater gesucht und auch gefunden.

Dieser war sehr interessiert daran, die Vaterschaft anzutreten. Die Mutter konnte ihm aber diesen Platz nicht so richtig einräumen, da sie in untröstlicher Trauer über den Verlust ihrer Familie versunken und mit dem Auftauchen eines neuen Vaters überfordert war. Ihr Weltbild brach zusammen. Der Klientin war es verständlicherweise sehr unangenehm, mit dem leiblichen Vater Kontakt aufzunehmen und ihm die Möglichkeit zu geben, den Sohn kennen zu lernen.

Daran änderte sich bis zur Volljährigkeit des Sohnes nichts Grundlegendes. Die paar Male, wo der Sohn seines Vaters ansichtig wurde, konnte er keine wirkliche Beziehung zu ihm aufbauen und das unterschwellig manipulierende Verhalten der Mutter tat ein Übriges. Der Sohn war also ohne den leiblichen Vater groß geworden und hat dadurch erhebliche Probleme mit seinem Platz im Leben, da er eine seiner Wurzeln nicht wirklich hatte kennen lernen können. Der Sohn spielte die Rolle des Opfers und suchte immer bequem nach der billigsten Lösung.

Erlösungsthema:
In den therapeutischen Einzelsitzungen schälten wir heraus, dass das, was in die chaotischen Verhältnisse geführt hat, ein Thema ist, das die Mutter dringend als Erlösungsthema für sich erarbeiten muss. Damit die Mutter erkennen konnte, wie tief ihre Problematik saß, mussten wir noch einmal bis in ihre Kindheit zurück und das Elternhaus beleuchten. Durch ihr Leben zog sich ein roter Faden: die Probleme mit ihrer Sexualität, das Nicht-genießen-Können einer orgiastischen Verschmelzung mit einem Mann. Letztendlich hatte sie diese köstliche vitale Lebenskraft aufgegeben und war damit vom Hals abwärts von ihrer Energie abgeschnitten. Was übrig blieb, war eine sehr vom Kopf gesteuerte Frau.

Die Ursache dafür ist in der Frage zu suchen, was sie dazu gebracht hatte, ihre Sexualität als belastet zu empfinden. Aller Wahrscheinlichkeit nach lag der Grund in einem Missbrauch seitens des Vaters. Das heißt Missbrauch in Form von geschlechtlicher Berührung des Kindes oder energetischen Berührens über die Gedanken und die Scham darüber. Dies hatte den Energiefluss zwischen Vater und Tochter empfindlich gestört.

Sie erzählte mir in einer Sitzung, dass ihr Vater lange Zeit nicht als normales Familienmitglied in Erscheinung getreten ist, sondern sich zurückgenommen hat. Er durfte von den

Kindern nicht gestört werden. Die Mutter hat dann auch die Rolle des Vaters übernommen, er selbst wurde außen vor gelassen.

In den folgenden Jahren wurde diese Geschichte von allen verdrängt. Im Erwachsenalter und bei der Auseinandersetzung mit der Sexualität experimentierte sie herum, ist aber prompt »reingefallen«, da sie eine normale monogam gelebte Sexualität nicht erfahren konnte. Die Klientin wollte sich anständig vermählen, wurde aber von den Schattenseiten der Sexualität, der Scham und der gewaltigen Urkraft des sexuellen Gefühls eingeholt. Das hat dazu geführt, dass sie schwanger wurde und hinsichtlich des Vaters nicht mit offenen Karten spielte.

Sie nahm den Mann zu sich, der ihr geistig nahe stand, aber auch in gewisser Weise unnahbar war – ähnlich unerreichbar wie ihr eigener Vater. Das heißt, sie musste auch hier diese Unerreichbarkeit noch einmal erleben, weil sie unbewusst den Mangel an echter Liebe seitens ihres Vaters aufarbeiten wollte. Dazu lauerte permanent das Schuldgefühl des Überlebensmechanismus, sogar für den Übergriff des Vaters und vor allem die Meinung die Männer ihres Umfeldes mit ihrer Kraft erlösen zu können. Der innere Tyrann hält, für das Sein nicht einsehbar, ein Leben lang an diesen Humbug fest. Der gewählte Mann, der ebenfalls mit einer sexuellen Störung, Übergriff seitens der Mutter, belastet war, passt als Lernerfahrung genau auf den Platz, den er eingenommen hat.

Bis die Klientin in die Therapie kam, wurde der Platz des Vaters vor dem Sohn sogar vernebelt und für diesen unsichtbar mit Schuld, Scham, Wut und Aggression beladen. Die Mutter gab dem Kind das Gefühl, wegen des Vaters nicht wirklich glücklich sein zu können. Das brachte das Kind noch zusätzlich gegen den Vater auf, er wurde als Ascheimer für ihren Heimzahlungsnimbus benutzt.

Die Transformation und Erlösung verlangten von der Mutter, eine Aussöhnung zwischen Vater und Sohn zu bewerkstelligen, dem Sohn reinen Wein einzuschenken, sich bei dem Jugendlichen und dem Vater für ihr Verhalten zu entschuldigen und nunmehr mit aller Kraft zur Versöhnung beizutragen. Außerdem musste sie ihr Herz wieder für den Kindsvater öffnen.

Doch auch der »Ersatzvater«, der lange Zeit als Vater gedient hatte, war mit einzubeziehen und auch bei ihm musste sie sich entschuldigen. Im Grunde genommen hatte sie den vergrößerten Familienrat an einen Tisch zu bekommen und miteinander zu versöhnen. So kann der junge Mann in der Beziehung zu seinem leiblichen Vater Leichtigkeit erleben und ihn erstmals wirklich sehen, sich an ihn anlehnen.

Es spielt keine Rolle, wie alt das Kind oder die Eltern sind, diese Auflösung kann in jedem Alter durchgeführt werden, auch wenn die Eltern schon über 90 und der Sohn über 60 Jahre alt ist.

Zum Transformationsthema der Mutter gehörte auch, dass sie sich mit ihrer Sexualität auseinander setzte, indem sie mit therapeutischen Sitzungen und Tantra-Kursen für eine wohlige, nährende Sexualität sorgte. Sie sollte wenn möglich die Aufarbeitung mit dem eigenen Vater suchen, und falls das nicht machbar wäre, eine gewisse Grenze in der Verbindung setzen. Transformation bedeutet, in den Bewusstseinsprozess wirklich einzutauchen, alles ohne Scheuklappen und Kompromisse aufzudecken und reinen Tisch zu machen.

Die Klientin fühlte sich nach unseren Therapiestunden wie neugeboren. Ihr Sohn hatte nach dem Gewinn seines richtigen Vaters zu seiner früheren Ausgeglichenheit zurückgefunden und konnte das Leben bei der Mutter wieder genießen. Tatsächlich gelang es ihr, die Familie auszusöhnen, nur ihr eigener Vater zog sich noch mehr zurück, er wollte von alldem nichts wissen. Der Sohn zog alsbald ins eigene Leben und macht dabei eine wirklich gute Figur.

Kommentar:
Selbsttäuschung ist die größte Sünde, nur eine rigorose Selbstaufarbeitung bringt wirkliche Lebensfreude und Teilhabe am Leben. Jahrzehntelang in alten Positionen stecken zu bleiben ist einfach nicht nötig. Nehmen Sie sich Zeit für eine Phantasiereise mit der Übungs-CD, es wird der Anfang der Reise zur Transformation Ihres Lebensthemas.

3. Geschichte

Ein Ehepaar kam mit seinen Partnerschaftsproblemen in meine Praxis. Die Frau hatte einen schweren Unfall erlitten, bei dem ihr ein Omnibus mit einem Rad über die Beine gefahren war. Nachdem sie nach langem Krankenhausaufenthalt wieder auf Krücken laufen konnte, versuchte das Ehepaar nun die Thematik hinter dem Geschehen zu ergründen.

In der Anamnese stellte sich heraus, dass das Paar in der 30-jährigen Ehe ein eher rituelles Leben miteinander führte. Eine echte Verständigungsebene, von Seele zu Seele, bestand zwischen den beiden schon lange nicht mehr, wenn es sie überhaupt jemals gegeben hat. Dazu kam, dass die Mutter der Frau sich zum Pflegefall entwickelte und über die Tochter Anschluss an deren Familie suchte. Die Ehefrau sah sich verpflichtet, die Pflege der alten Dame zu übernehmen. Unmittelbar bevor sie diese Hilfeleistung antreten wollte, geschah der Unfall. Dank eines wunderbaren Arztes wurden ihre Beine gerettet und machte die Heilung gute Fortschritte.

Erlösungsthema:
Das Paar hatte sich als Lösungsthema vorgenommen, zueinander zu finden. Von dem relativ unpersönlichen Umgang miteinander zu einer wirklichen Seelenbegegnung kam es erst direkt nach dem Unfall, als nämlich der Mann anfing, sich rührend um seine Frau zu kümmern.

Vor dem Unfall wurde also der äußere Druck auf meine Klientin stark erhöht, und zwar einerseits durch das Gefühl, es verbinde sie nichts mit ihrem Mann, und andererseits durch die Angst vor einer drohenden Überlastung. Mit dem intuitiven Gefühl, dass die Pflege der alten Mutter in dieser Art und Weise nicht stimmig sei, steuerte die Ehefrau auf einen Unfall zu.

Ein Umdenken konnte bei der Frau erst nach so vielen Jahren im Anschluss an den plötzlichen Zusammenprall verschiedener Kräfte stattfinden. Als Warnung wurde sie nicht von ihrer Mutter und ihrem Mann, sondern von einem Omnibus überrollt. Das Transformationsthema ist hier: die Position des Opfers in kraftvolle Selbstbehauptung zu verwandeln.

Ich empfahl der Frau, ihrer Mutter gegenüber mutig Grenzen zu setzen. Nur wenn dies gelingt, kann sie sich langsam in aller Ruhe wieder zu ihr hin öffnen, sodass ein gewisser Kontakt und auch eine für beide Seiten erträgliche Hilfe erfolgen kann. In der Partnerschaft hatte sich der wichtigste Schritt schon ereignet, denn durch den Unfall war dem Mann klar geworden, wie schnell das Leben zu Ende sein kann. Vor allem versuchte er sich jetzt damit auseinander zu setzen, warum sie beide jahrzehntelang so eine unpersönliche Beziehung akzeptiert hatten.

Das Lebensthema des Mannes und der Frau lautet, nicht mehr die alten Rollen von Unnahbarem und Opfer zu spielen, sondern sich auf Nähe und Liebe einzulassen. Nach einigen Paarsitzungen gelang es, die Ehepartner in wirkliche Liebespartner zu verwandeln.

Kommentar:

Öffnen Sie sich Ihren Lebensthemen, es ist nie zu spät. Doch verschenken Sie keine Lebensjahre, sie kommen garantiert nicht wieder. Es gilt dabei eine Lernbereitschaft für eine gesunde Grenzsetzung zu entwickeln.

4. Geschichte

In einem meiner Quantensprung-Kurse kam während der Seminartage bei einer Teilnehmerin ganz vehement das Thema Partnerschaft und Liebe auf, sodass ich dieser Ebene mehr Raum gab.

Die Frau war seit Jahrzehnten verheiratet und hatte ein Kind großgezogen. Man konnte spüren, dass sich durch diese Gruppenarbeit im Seminar in ihr etwas regte, das lange verschüttet gewesen war. Als es dann unter Tränen aus ihr herausplatzte, erzählte sie, sie habe sich gerade bei einer großen Lebenslüge ertappt.

Wie sich weiter herausstellte, hatte sie unmittelbar nach der Heirat gemerkt, dass das Zusammensein mit dem Ehemann eigentlich nicht ihren Träumen entsprach. Als die erste Verliebtheit langsam gewichen war, veränderte ihr Partner sich sehr zu seinem Nachteil. Alles was vorher reizend, freudig erregt, helfend ausgesehen hatte, hatte sich völlig verwandelt.

Bevor sie damals noch lange darüber nachdenken konnte, wurde sie jedoch schwanger, und damit erübrigte sich jegliche Reflektion über die Fortsetzung der Partnerschaft. In den nächsten Jahren war ihr Hauptaugenmerk dann auf das Kind gerichtet. Der Mann trat in den Hintergrund. Doch ab einem gewissen Alter des Kindes wollte sie gerne wieder Dinge mit ihrem Mann gemeinsam genießen, dieser zeigte jedoch für die Interessen der Gemahlin kaum Verständnis. Er lebte bereits sehr stark für seine eigenen Interessen, empfand das auch als richtig und meinte, sie solle ihre Sachen machen und er mache weiter die seinen.

So gingen einige Jahre ins Land, das Kind wuchs heran, die Seminarteilnehmerin wurde immer gereizter und ungeduldiger und sagte nun in der Gruppe, sie habe sich schon zehn Jahre zuvor von ihrem Mann trennen wollen. Kurz bevor sie wirklich so weit war, die Trennung zu vollziehen, wurde ihr Mann aber schwer krank, und damit blieb ihr nach ihrem moralischen Verständnis keine andere Wahl, als ihn erst einmal gesund zu pflegen und bei ihm zu bleiben.

Stimmig war die Sache schon lange nicht mehr, aber sie hielt aus bis zum Zeitpunkt des Seminars, und nun wurde sie mit ihrem Leben und dem, was sie daraus weiter machen wollte, konfrontiert.

Erlösungsthema:
Es galt für sie, der Sache ins Auge zu blicken und zu erkennen, dass ihr Lebensthema darin lag, zur eigenen Wahrheit zu stehen. Die Transformation bestand darin, dass sie sich genau ansah, wie sie bis dahin ihr Leben gelebt und wo sie Endscheidungen getroffen hat, die eigentlich nicht ihrer Vorstellung entsprachen. Sie hatte im Seminar nun die Möglichkeit, neue Entscheidungen zu fällen und diese mit dem zu vereinbaren, was sie leben wollte, so kann für sie Transformation passieren.

Auf dem Weg in die Umsetzung würde sie immer wieder mit der sehr starken Macht der alten Schattenmuster konfrontiert werden, die Abwehrmechanismen rund um das Schatzkästchen der Lebensthemen würden ihr einzureden versuchen, dass sie es doch zu Hause ganz gemütlich habe und man so etwas nicht einfach aufgebe. Doch die in der Gruppe erlangten Erkenntnisse würden ihr helfen, Stück für Stück das Neue zu platzieren. Natürlich fällt die Durchführung nicht leicht, aber mit dieser langen Leidenszeit im Rücken, die sie nunmehr als Kraft nutzen kann, würde sie die Trennung von ihrem Mann durchziehen. Sie schaffte es dank der gelernten Bewusstseinswerkzeuge!

Kommentar:
Seien Sie ehrlich zu sich selbst. Schauen Sie Ihrer Wahrheit und Ihren Lebensthemen direkt in die Augen. Übernehmen Sie Verantwortung, Sie allein sind der Schmied ihres Glücks.

5. Geschichte

Eine Frau mittleren Alters schüttete mir ihr Herz aus. Sie war seit lan-

gem entsetzt über die ewigen Wiederholungen in ihrem Leben. Der Kreis mit den Männern schloss sich ein ums andere Mal an der gleichen Stelle. Sobald es in einer Partnerschaft anfing interessant zu werden, verebbte ihr Interesse daran.

Der Knackpunkt waren sexuelle Berührungen. Wenn der Mann eine Hand Richtung ihrer Genitalien gleiten ließ, kam in ihr eine riesige Trauer hoch und hinter der Trauer tiefgründige Wut, Aggression und Gewalt. Die Männer, die in ihrem Leben eine Rolle gespielt hatten, konnten ihr dabei auch mit noch so viel Zärtlichkeit nicht helfen. Das wiederholte sich mit jedem Liebhaber. Von der Reaktion der Frau irgendwann entnervt, zogen sich die Männer dann zurück, oder sie selbst hielt die Nähe nicht mehr aus und floh vor ihren Empfindungen.

Erlösungsthema:

Ich stand vor dem klassischen Missbrauchsthema mit individueller Ausprägung. Der Berührungsmissbrauch durch den Vater hatte sie auf verschiedenen Ebenen verletzt, was zur Folge hatte, dass die Klientin große Schwierigkeiten mit ihrer Kraft erlebte. Sie konnte das, worauf es ihr im Leben ankam, nicht richtig zustande bringen, weil durch den Missbrauch wichtige Energien gekappt, sozusagen nicht vorhanden waren. Sie schaffte es nicht, ihr Leben auf die Reihe zu bekommen.

Die zugefügten Verletzungen mussten nun geheilt und die Energiedefekte überbrückt oder die Energiebahnen entstaut werden. Diese Seele hatte sich ein schwieriges Thema ausgesucht, das gewiss mit eigenen, früheren Thematiken in anderen Leben in Verbindung stand. Eventuell ist das eine Erfahrung, die sie selbst einmal ausgeführt hat, und zur Komplettierung des Erfahrungsschatzes ist es ihr in diesem Leben wichtig zu erkunden, wie es sich anfühlt, wenn man das Missbrauchsthema als Opfer erfährt.

Ein weiterer Aspekt der Erlösung ist der weite Weg, die eigene Kraft wiederzufinden. Es ist Mut, Standfestigkeit,

Willenskraft und unbeugsame Ausdauer nötig, will man den Energiestrom des Körper-Geist-Seele-Systems in Einklang bringen.

Beim Missbrauchsthema geht es auch darum, in die innere Mitte zu gelangen und sich mit dem anderen Geschlecht auszusöhnen. Hier gilt es ebenfalls die entstandene Kluft zu überwinden, die der Graben zwischen dem Männlichen und Weiblichen geschaffen hat. Zu lernen ist eindeutig, den Graben zu überwinden oder zu schließen, damit die Energie wieder frei fließen kann. Das Thema beinhaltet verschiedene Stadien der Heilung, die von totaler Abkapselung über das Heimzahlen bis hin zum Zusammenfließen der Energien reichen. Jede Phase hat ihre eigene Entdeckungsreise.

Die Frau konnte nach einem Dreivierteljahr Einzelarbeit dann mit einem neuen Partner ihren Graben schließen. Sie hat die Herausforderung dieses Erlösungsthemas endlich angenommen und mit ihrem neuen Partner das Crescendo ihres Liebeslebens erfahren. Für sie war es wie eine Wiedergeburt in ein neues Leben, alle alten Erfahrungen und Missbrauchsgeschehnisse haben keinerlei Einfluss mehr auf diese Klientin.

Kommentar:
Das Transformationsthema heißt: Finde die Liebe zu dir selbst und zum Partner. Man muss in diesem Leben lernen, die Energieblockaden zu durchbrechen. Warten Sie nicht länger auf einen automatischen Durchbruch oder einen rettenden Prinzen von außen, beginnen Sie mit der Reise zu Ihrem Lebensthema, die CD wird Ihnen eine Hilfe sein.

6. Geschichte

Nachdem es einer Klientin auf ihrem Entwicklungsweg gelungen war, sich von ihrem Ehemann zu trennen, und dies mit der Scheidung besiegelt worden war, fiel sie in ein tiefes Loch, mit dem sie so nicht gerechnet hatte.

Das plötzliche Alleinsein erfuhr sie als pure Einsamkeit. Viele Freunde hatten sich losgesagt und ihrem Mann angeschlossen. Sie wohnte jetzt in einer kleineren Wohnung mit nur einer Hand voll Möbeln, fühlte sich verlassen, einsam und allein. Sie saß wie vor einer Wand und versuchte den Schock zu verarbeiten.

In dieser Situation bat sie mich um Beistand und Hilfe. Dieses Thema musste für sie ein Ende finden.

Erlösungsthema:

Die Klientin musste die Herausforderungen dieses Erlösungsthemas komplett annehmen. Die größte Herausforderung für sie war, im Alleinsein mit dem göttlichen Gefühl der Meditation in Kontakt zu kommen. Was vormals an Energie in die Auseinandersetzung mit dem Mann und in die täglichen Haushaltspflichten geflossen war, wusste auf einmal nicht mehr, wohin. Enorm viel Energie wurde freigesetzt, wirkte plötzlich destruktiv und wendete sich augenscheinlich gegen den Erzeuger.

Das ist die leichteste Falle, in die der Mensch in so einer Situation tappen kann. Energie ist letztendlich neutral, sie wirkt sich je nach Gebrauch verschieden aus. Es geht in diesem Fall darum, die Energie nach innen zu nehmen und so die inneren Räume zu öffnen und Stille einkehren zu lassen. Stille, die keine Gedanken kennt.

In Momenten der Entscheidung, und da geht es uns allen ähnlich, die wir solche Momente erfahren, fühlen wir uns oft plötzlich einsam, so völlig allein wie auf einer menschenleeren Insel und haben das Gefühl, schreien zu müssen, weil keiner da ist, der uns hält, einen Laut an uns richtet.

Das ist der geeignete Augenblick, um sich verstärkt im Selbst zu verankern und damit aus der Abhängigkeit und Sklaverei von Beziehungen auszutreten. Mithilfe des Bewusstseinsschalters gilt es, sekündlich darüber zu wachen, dass man sich nicht gehen lässt und dem Reigen der Schattenemotionen doch wieder Macht einräumt.

Die Klientin musste sich darüber klar werden, dass wir alle letztendlich allein sind. Wir können dieser Tatsache zu entfliehen versuchen, indem wir uns mit irgendwelchen Tätigkeiten beschäftigt halten oder uns ständig mit Freunden und Bekannten umgeben. Nichtsdestotrotz ist die Wahrheit das All-eins-Sein, das wirklich wahre Wesen der Seele.

Wenn wir die Qualität des All-eins-Seins noch nicht erfahren haben, ist es höchste Zeit, mit diesem Phänomen zu experimentieren. Am einfachsten ist es, bestimmte Meditationstechniken auszuprobieren und damit Stunden der Gedankenstille und der emotionalen Freiheit zu erleben.

Auch wenn Sie den Weg zum Therapeuten einschlagen, um die Einsamkeit des Alleinseins zu vermeiden, wird Ihnen dieser nur bedingt helfen können, solange Sie nicht anfangen, sich mit dem Phänomen des All-eins-Seins ernsthaft auseinander zu setzen. Nur wenn Sie das tun und sich darauf einlassen, haben Sie auch die Chance, die Transformation von der Einsamkeit ins All-eins-Sein zu erleben.

Meine Klientin konnte sich nach relativ kurzer Behandlungszeit mit ihrem Innern aussöhnen und die Transformation ihres Hauptlebensthemas zu Ende bringen, da sie neue Handlungsweisen einübte, getroffene Entscheidungen auch umsetzte und Stille in der Meditation fand. Sie gewöhnte sich an ihre kleine Wohnung, erfreute sich an ihren Einrichtungsgegenständen, Meditation fiel ihr jetzt leicht und ihren geschlossenen Energiekreislauf nutzte sie für kreative Tätigkeiten.

Kommentar:

Nehmen Sie die Herausforderung Ihres Lebensthemas an. Stellen Sie sich Ihrer Wahrheit. Wanken Sie nicht vor dem All-eins-Sein. Auch wenn Sie innerlich vor Angst zittern, gehen Sie durch die Täler der Transformation, es ist der Mühe wert und damit stürmen Sie den Gipfel ihres Daseins.

Alter

1. Geschichte

Ein älterer Herr kam zu mir in die Praxis, weil er unter der langjährigen Abwendung seiner Familie litt, was ihn nun in fortgeschrittenem Alter sehr bedrückte. Bei der Aufarbeitung dieses Themas konnte ich erkennen, dass dieser Mann hauptsächlich für sein eigenes Wohlbefinden lebte und an seinem egomanen Verhalten die Realität und Konsequenz seines Handelns nicht mehr wahrnahm.

In der Therapie bewegten wir uns bis in seine Kindheit zurück und schauten dabei auch das Verhältnis der Eltern und den Werdegang seiner Familie in den letzten 60 Jahren an. Die Familie, in die hinein er geboren wurde, war von Oberflächlichkeit und Lieblosigkeit geprägt. Sein Vater, von Beruf Lehrer, hatte ihn stets hart an die Kandare genommen und war gestorben, als der Sohn gerade in der Pubertät steckte. So musste der Klient beispielsweise, während seine Kameraden noch Ferien hatten, in der Klasse des Vaters in seinem kleinen Heimatdorf, wo der Unterricht bereits wieder begonnen hatte, mit einer völlig anderen Altersstufe auf der Schulbank sitzen.

Seine einzige Fluchtmöglichkeit war die, all seine Kraft in die eigene Ausbildung zu stecken, sodass er Abitur und Studium mit der Note »Sehr gut« abschloss und dadurch frühzeitig das Zuhause verlassen konnte. Als Akademiker standen ihm anschließend viele Möglichkeiten offen, und so suchte er weit weg in einer Großstadt seinen Lebensmittelpunkt. Dort gründete er eine Familie, zeugte mehrere Kinder und dachte, alles laufe bestens.

Doch weit gefehlt. Nach zehn Jahren brach die Familie auseinan-

der, und er heiratete ein zweites Mal. Die Kinder aus erster Ehe wiegelte er gegen ihre Mutter auf, und diese entschieden dann ähnlich wie er in seiner Jugend, die neue Familie so schnell wie möglich zu verlassen.

Die Familien seiner erwachsenen Kinder interessierten ihn nie wirklich. Er hatte zwar bei der Taufe seines Enkels Filmaufnahmen gemacht, aber eigentlich wollte er mit seiner Videokamera nur den anderen Großvater ausstechen. Nachdem er seine Filmaufnahmen nicht entsprechend gewürdigt sah, blieb er nachfolgenden Familienfeiern fern und vermied es auch sonst, seine Enkel zu sehen. So kam es dann zum endgültigen Bruch mit den Verwandten.

Der Mann erzählte mir all diese Einzelheiten, weil ihn sein Gewissen plagte. Ich hatte den Eindruck, dass mein Klient noch nie sein Inneres jemandem so weit geöffnet hatte. Es sprudelte geradezu aus ihm heraus.

Erlösungsthema:
Der Klient fühlte sich von der Familie und seiner eigenen Liebesenergie völlig abgeschnitten, war aber auch nicht imstande, die Verbindung zu seiner Kindheit zu sehen und in seinem inneren Schatzkästchen die Lebensthemen ordnungsgemäß zu lösen. Eines seiner Lebensthemen ist, vom Ego-Crescendo zur wirklichen Selbstliebe und von dort in die Liebe zu Familienangehörigen und anderen Menschen zu finden. Da er bis dahin in seinen Beziehungen zu anderen völlig ichbezogen gewesen war, hatte er nie die herzliche Freude und unterstützende Liebe erfahren, die erst zum Tragen kommen, wenn man in der Lage ist, von Herzen zu geben und zu empfangen.

Seinen Lebensthemen verweigerte er sich über Jahrzehnte, und alle Schicksalsschläge, die ihm auf diesem Weg widerfuhren, konnten ihn nicht dazu bewegen, eine neue Richtung einzuschlagen. Erst seine völlige Vereinsamung und Abkapselung führten ihn am Ende in ein Therapiegespräch.

Der Klient hatte sein inneres Kind mit dem Hier und Jetzt zu versöhnen. Es lebte abgeschnitten irgendwo im Innern und hatte sich einen meterdicken Panzer zugelegt. So lebte diese Seele in Wirklichkeit kontaktlos in völliger Isolation.

Die Transformation seines Lebensthemas bedeutet, Schritt für Schritt seinem inneren Kind näher zu kommen, es liebevoll in die Arme zu schließen und ihm die Welt zu zeigen. Zu Anfang sicher mit Schwierigkeiten, dann aber spielerisch und humorvoll wird es meinem Klienten gelingen, allmählich wieder Freude und Liebe für sein inneres Kind und sich selbst zu empfinden. Für ihn gilt es sein Herz frei zu schaufeln, die Liebe frei fließen zu lassen.

Erst dann kann er sich auch langsam den Familienangehörigen wieder nähern. Er ist nun bereit, und es wird ihm sicherlich gelingen, allen einen ehrenvollen Platz in seinem Herzen zu gewähren. Damit kann sich auch in seinen Kindern und Enkelkindern etwas erlösen.

Kommentar:
Wenn Sie sich in dieser Geschichte wiederfinden, so werfen Sie die Selbstisolation über Bord. Ihr Lebensthema will Sie in den von Herzen kommenden Liebesreigen mit anderen Menschen schicken. Erkennen Sie Ihre Ego-Spiele! Ego heißt immer, abgespalten, hinter Mauern zu leben.

2. Geschichte

Eine ältere Dame erschien bei mir in der Praxis und schüttete mir ihr Herz aus. Sie war an einen Punkt in ihrem Leben gelangt, an dem sie genau betrachtet schon seit 30 Jahren steht. Sie hatte einfach von allem die Nase voll.

Sie war verheiratet, hatte drei Kinder aufgezogen und immer viel gearbeitet. Ihr Mann, ein Künstler, widmete sich hauptsächlich seinen kreativen Tätigkeiten, obwohl die für das familiäre Fortkommen nicht viel einbrachten. Die Klientin hatte sich so an diese Situation gewöhnt, dass es ihr immer schwerer fiel, für eine Korrektur zu sorgen. In der religiösen Ecke, in der sie aufgewachsen war, galt es als sehr fortschrittlich, mit Hingabe für andere da zu sein und nur ja nicht an sich selbst zu denken.

Nun war die Klientin mittlerweile über 60 Jahre alt und merkte aber, dass es in ihr arbeitete und sie auf der Körperebene kurz vor dem Ausbruch einer Krankheit oder eines Alterszipperleins stand. Das trieb sie, nachdem sie öfter zu den Meditationen bei uns im Gesundheitszentrum erschienen war, in den Stuhl mir gegenüber.

Erlösungsthema:
Hier begegnen wir einem Lebensthema, das gerade bei der älteren Generation häufiger vorkommt. Es geht darum, dass die aus längst überholten Konditionierungen vor Jahrzehnten getroffenen Entscheidungen nicht in die Veränderung gebracht werden. Genau das wäre aber das Lebensthema.

Die Herausforderung liegt darin, den Platz des Aschenputtels im Familienverband zu verlassen und nach Möglichkeit dafür Sorge zu tragen, dass alle am Wohlstand der Familie mitarbeiten. Auch der Mann muss seinen monatlichen Zins dazu beitragen. Falls dies nicht geschieht – und im vorliegenden Fall war das seit vielen Jahren nicht geschehen –, hat der Betroffene den Familienverband in Frage zu stellen.

Die Konsequenz daraus ist, dass einer gehen muss – entweder der Mann oder die Frau. Meine Klientin hat die Verpflichtung, ihrer Transformation zu folgen und ihre Gesundheit zu erhalten, und schubst damit auch alle anderen in gesündere Verhältnisse. Mittlerweile lebt ja nur noch ihr Mann mit ihr zusammen und der sollte doch ein Contra bekommen, sodass er endlich in die Mitversorgerrolle findet und Verantwortung übernimmt.

Die andere Möglichkeit ist die, die Beziehung zu beenden

und den Mann vor die Tür zu setzen oder selbst zu gehen. Für welche Variante die Klientin sich auch entscheidet, sie steht mit Sicherheit auf der Gewinnerseite. Die Schöpferkraft kommt den Mutigen mit Fügungen und sogar kleinen oder großen Wundern entgegen. Wichtig ist nur der erste Schritt!

Kommentar:
Legen Sie los, schon der erste Schritt lohnt sich! Achten Sie darauf, was Ihnen so viel Angst bereitet, es sind die Abwehrmechanismen mit dem inneren Tyrannen. Geben Sie diesen einen Tritt und gehen Sie in Ihre Freiheit, Ihre Transformation.

3. Geschichte

Eine ältere Dame aus dem Schauspielfach vermisste seit längerem gute Rollenangebote, sie hatte das Gefühl, langsam an innerem Wert zu verlieren. Jahrelang bekam sie die attraktivsten Rollen in Fernsehserien, hatte über viele Jahrzehnte auf der Bühne gestanden und nun dezimierten sich die Angebote. Sie wollte sich, nachdem sie meine Bücher gelesen hatte, von mir beraten lassen.

Sie hatte angefangen, mit den 7-Tibeter-Gymnastikübungen zu experimentieren und praktizierte sie täglich. Begeistert erzählte sie von ihrem ins Positive veränderten Energiefeld und davon, dass ihre körperliche Vitalität sich wieder besserte. Während der Übungen kamen ihr mittlerweile solche Eingebungen wie die, in welche Richtung sie fortan ihre Kreativität lenken sollte.

Die Klientin verstand diese Einfälle als zu ihrer inneren Stimme gehörig. Die Stimme sprach vom Malen und Gärtnern. Es galt, sich um den eigenen Garten zu kümmern, und die Kreativität auch in andere Gärten zu bringen und – wie die Eingebungen meinten – dabei geomantische Ebenen zu berücksichtigen.

Vom Malen her sollte sie sich von den Farben mit ihren verschiedenen Tönen und Bedeutungen und, wie sie bei den 7 Tibetern schon ge-

lernt hatte, auch Klängen inspirieren lassen und schauen, wohin sich Formen und Farben als Bilder wenden würden.

Erlösungsthema:
Was meine Klientin über viele Jahre dazu gedrängt hat, sich in der Öffentlichkeit zu zeigen, ging wie von selber in die Transformation. Das heißt, der Drang, gesehen zu werden, von vielen wahrgenommen zu werden, dadurch einen Wert zu haben, ließ zumindest vom äußeren Spiegel her deutlich nach. Sie vermisste die öffentlichen Auftritte, und trotzdem hatte sie sich schon, über die Arbeit an sich selbst, dem Neuen geöffnet.

Ich beglückwünschte sie dazu, den Weg zu ihrer inneren Stimme frei gemacht zu haben. Über das Gehörte fand sie in ihre weitere Berufung.

Das Gärtnern wurde zur nächsten Profession. Sie war dabei, ihren Garten großflächig umzubauen und in einen Zen-Garten zu verwandeln. Ein Zen-Garten, der nicht traditionell ausgefeilt, sondern mit heimischen Gewächsen und einem Wassergarten den Menschen in die Ruhe und Inspiration bringt. Die Klientin hat einen regen Kontakt zu Kollegen und Freunden, die alle über diesen herrlichen Garten begeistert sind und sich Anregungen und Tipps holen, ja sich sogar für die Gestaltung ihrer eigenen Gärten durch die Klientin entscheiden.

Im Augenblick schreibt sie an einem Buch, das die Verbindung zwischen dem, was die innere Stimme zutage bringt, und den gartenbautechnischen Feinheiten aufzeigt.

Beim Malen lässt sie sich von ihrer Emotion und inneren Stimme inspirieren. Angelehnt an Maler wie Emil Nolde, die Gruppe Der Blaue Reiter und Monet, liebt sie ausdrucksstarke Kompositionen. Nach dem Motto, je größer die Leinwand, desto größer die Lust, Freude und Spaß mit den Farben zu zaubern.

Die Klientin hat es geschafft, mit der Transformation ihres Lebensthemas in einem weiteren Berufungsbereich Fuß zu fassen und damit den interessierten Menschen Freude zu bereiten und sie mit ihrem Tun zu inspirieren. Ich behandelte die Klientin zur Vitalisierung mit der tibetischen Reiki-Methode, die ihr sehr gut tat und sie zu weiteren Taten anspornte. Nach einiger Zeit schrieb sie sich dann für einen Reiki-Grundkurs ein, um mit dieser Heilmethode sich selbst und ihrem Garten täglich Kraft zu schenken.

Kommentar:
Wenn wir der Erlösung der Lebensthemen mit so viel Kreativität entgegentreten, wird der Weg zum Ziel.

4. Geschichte

Eine andere ältere Schauspielerin suchte ebenfalls bei mir Rat, eine gestandene Frau, die gelernt hatte, nicht nur ihre Frau, sondern auch ihren Mann zu stehen.

Sie blitzte mich aus ihren Augen mit einem köstlichen Lächeln an, und ich war berührt davon, wie sie sich einen so kindlichen, schelmischen Ausdruck erhalten hatte. Ihre Lebensgeschichte und der Weg zu ihrem Schatzkästchen zeigten mir allerdings auch eine rastlose Person, die zwar in sich selbst stehen und sehr gut kommunizieren konnte, aber trotzdem in ihrem innersten Kern nicht wirklich mit der Außenwelt verbunden war.

Erlösungsthema:
Ich sah das kleine Mädchen in ihr, das sich hinter dem Vorhang versteckt und angstvoll durch die Maschen schaut; der Blick verrät die Angst vor dem, was ihr wohl als Nächstes im Elternhaus widerfahren wird, wenn Vater und Mutter in ihre Nähe kommen. Sie wuchs in Nazideutschland auf und ihre Eltern waren begeisterte Anhänger einer bestimmten Erziehungsmoral. Man hatte die junge Seele zur Obrigkeits-

hörigkeit erzogen und jeden aufkeimenden Wunsch nach Eigenständigkeit gewaltsam unterdrückt, sodass das Kind verzagen musste.

Das hat zur Folge im Heute, dass die meisten ihrer wichtigen Projekte im Endeffekt scheiterten, weil dieses Sein im Innern ein Spiegelbild im Außen erzeugt. Das heißt, die Energie kann, begründet in den Jugenderlebnissen, nicht kraftvoll und frei fließen. Das weist sie permanent darauf hin, ihr Innerstes aufzuräumen.

Wir schauten auch auf das Thema Partnerschaft, worauf sie aber sofort abwinkte und meinte, das sei nicht mehr ihr Thema, nach mehreren gescheiterten Ehen habe sie mit dem anderen Geschlecht abgeschlossen.

Ich versuchte nun aus der Anamnese und ihrem Schatzkästchen zu lesen und ihr ihre Lebensthematik zu verdeutlichen. Ich versicherte, dass es überhaupt keinen Sinn hätte, ohne wirkliches Aufräumen weiterzumachen. Alle Themen, die wir angeschnitten hatten, wiesen darauf hin, dass dieser innere Konflikt in die Transformation will. Sie muss praktisch ihr inneres Kind in sich drinnen besuchen und mit ihm den Frieden in ihrer Ursprungsfamilie herstellen. Dabei wird ihr klar werden, dass sie dieses Erleben als Kind bis ins Heute gebracht hat, um es auf diesem Weg zu transformieren.

Ich unternahm mit ihr eine Phantasiereise. Wir bewegten uns bis in ihre Kindheit zurück. Jetzt gelang es ihrem inneren Kind mit meiner Unterstützung, den Vorhang beiseite zu schieben, aus der Kammer zu treten, zu den Eltern aufzuschauen und ihnen in Liebe und Dankbarkeit ihre Handlungsweisen zu verzeihen, sie in die Arme zu nehmen und liebevoll Frieden mit ihnen zu schließen. Dies tat die Klientin in der Phantasiereise. Ihre Eltern sind schon längst gestorben. Die alte Nabelschnur war damit gekappt, die Klientin an ihrer inneren Quelle angekommen.

Zurück im Hier und Jetzt bat ich sie darum, ein Ritual mit

ihrem inneren Kind abzuhalten. Da sie eine Woche später ans Meer in Urlaub fahren wollte, empfahl ich ihr, dort am Strand das Ritual durchzuführen. Sie sollte mit ihrem inneren Kind zusammen, indem sie es einlud, zwei Figuren aus Sand bauen, die ihre Eltern darstellen sollten. Dazu eine dritte Figur, die sie selbst im Einklang mit den beiden darstellte. Das Meer würde dann die Figuren hinwegspülen, und damit wären die beiden auch noch sichtbar verabschiedet.

Wichtig ist, diese Situation mit dem inneren Kind zu spielen und dabei das kleine Mädchen öfter fest in den Arm zu nehmen und ihm klar zu machen, dass alles gut ist und es nun komplett vom eigenen Selbst versorgt wird. Die Klientin muss die Nährung seitens der Eltern nicht mehr vermissen. Das Kind kann über die innere Stimme mit dem Erwachsenen direkt kommunizieren, in den Erwachsenen aufwachsen.

Nach einigen Sitzungen hatten wir die Transformation so weit im Griff, dass die Dame jetzt auch im äußeren Erscheinungsbild wesentlich weicher wirkte, inklusive ihrer Stimmlage, die nicht mehr so bärbeißig rüberkam, das Rühr-mich-nicht-an im Timbre war verschwunden. Zusätzlich fühlte sie mehr Nähe zu den Menschen und Dingen. Eine Grenze, die sie zuvor gar nicht wahrgenommen hatte, war plötzlich verschwunden. Sie hatte gelernt, ohne schon im Voraus in einen beleidigten, abweisenden oder vorwurfsvollen Ton zu verfallen, abzuwarten, wie die Energie zwischen ihr und ihrer Umwelt fließen will und dabei eher aus dem Moment heraus auf das Geschehen zu antworten.

Damit war die wichtigste Lektion geschafft, und da wir in regelmäßiger telefonischer Verbindung stehen, darf ich darüber staunen, in wie kurzer Zeit sich die Welt für meine Klientin verändert hat.

Kommentar:

Diese Geschichte zeigt, wie schwer es fällt, ohne die bewusste

Auseinandersetzung die Lebensthemen zu erlösen. Nutzen Sie die Hilfe von außen. Treten Sie die Phantasiereise zur Schatztruhe an, und Sie werden erleben, wie sich der Vorhang in Ihnen hebt.

5. Geschichte

Ein Sportler, der seine Sportschuhe schon seit geraumer Zeit an den Nagel gehängt hatte, kam in die Praxis, um mir sein Leid zu klagen. Er stammte noch aus der Generation von Leistungssportlern, die im Gegensatz zu heute keine Riesengagen erhielten. Dazu kam, dass er die Sportvereinigung im Streit verlassen hatte und eigentlich nach wie vor das Bedürfnis in ihm kochte, erfolgreich an der Seite derer zu stehen, die immer noch im Rampenlicht glänzen.

Es gab für ihn im Leben nun einmal hauptsächlich den Sport, alles andere interessierte ihn kaum. Leider wusste er deshalb nur wenig mit sich anzufangen. Jetzt wollte der Klient das Hadern mit dem Schicksal endlich beenden.

Erlösungsthema:
Dieser klare Standpunkt ermöglichte es uns, sofort in die Problemzone einzusteigen, das Schatzkästchen zu öffnen und die Problematik ans Licht zu holen. Der Hader, der ihn in die Abkapselung und die Abgeschiedenheit der Einsamkeit führte, möchte als Transformationsthema in ein spaßiges, freudvolles Miteinander verändert werden. Dabei gilt es für den Klienten zu betrachten, wo er sein Ego so weit aufgebaut hat, dass er sich als Person über den Vergleich mit den Ex-Kollegen definiert.

Dadurch entsteht ein Neidgefühl, das sein ganzes Wesen vergiftet. Zusätzlich fällt ihm aus diesem Grund überhaupt nichts anderes ein, als sich ewig mit der alten Sache im Kreis zu drehen. Er kann das Vergangene nicht abschließen, hinter sich lassen und frei in ein neu zu wählendes Leben schreiten. Stattdessen muss er stetig, von der Egomühle daran erinnert, auf diesem Trotzplatz verharren.

Gerade wegen seines vorgerückten Alters empfahl ich ihm, sein Lebensthema unverzüglich in Angriff zu nehmen und sich von diversen alten Geschichten zu verabschieden, um mit Genuss ein gesegnetes Älterwerden erleben zu können.

Er kennt das Gefühl, zu kurz gekommen zu sein, schon aus seiner Ursprungsfamilie. Dahinter steckt das Lebensthema, ohne Abhängigkeiten von der Außenwelt in die eigene Kraftquelle zu gelangen und damit zur Zufriedenheit mit dem, was die eigene Kreativität vollbringt.

Der neidvolle Blick nach außen in andere Richtungen wird mit der Transformation ein Ende haben. Der Klient erkannte, dass andere auch nur mit Wasser kochen und jeder, ob reich oder arm, seine Bürde oder sein Glück im Leben selber tragen muss. Er schaffte es in einigen Sitzungen tatsächlich, diese Spannungen im Innern loszulassen, und bemerkte verwundert, dass ihn die früheren Kollegen mit allem Drum und Dran überhaupt nicht mehr interessierten. Plötzlich hatte er sogar neue Ideen und Einfälle.

Er lernte in den Einzelsitzungen, mit seiner inneren Stimme Kontakt aufzunehmen. Auf diese Weise bekam er auf einmal eine Meldung nach der anderen und war nun auch so weit, diese anzunehmen und in die Realität umzusetzen.

Kommentar:

Wenn in Ihnen auch hin und wieder die Frage wütet, warum es Ihnen nicht genauso gut wie manchen anderen geht, ist es an der Zeit, sich um die Lebensthemen zu kümmern. Vielleicht liegt ja im Einfachen das Glück. Diogenes zum Beispiel hauste unbekleidet in seiner Tonne und sagte lediglich zu Alexander dem Großen, als der ihn aufsuchte: »Geh mir aus der Sonne!«

Krankheit

Krankheit ist nicht gleich Krankheit, und deshalb möchte ich hier einige Zeilen vorneweg stellen. Es gibt Wehwehchen und Kinderkrankheiten, die kleinere oder größere Wachstumsschritte für den Betroffenen bedeuten. Gerade bei den Kinderkrankheiten bemerken wir doch oft tiefe Veränderungen nach der Genesung. Unfall und Krankheit können den Menschen helfen, ihren Weg zu begradigen oder überhaupt erst zu finden.

Krankheit kann aber auch zu Machtmissbrauch führen. Krankheit steht nur allzu oft unter dem Thema Demut. Anstatt Demut zu üben und ihre Lebensthematik zu erforschen, versuchen viele kranke Menschen mit ihrer Krankheit einen kritiklosen Freiraum für ihre unbewussten Machtansprüche zu schaffen. Zu allem Übel wird dem Kranken dieser Freiraum auch noch eingeräumt. Darum gibt es für den Kranken dann eigentlich keinen richtigen Grund, die Krankheit aufzugeben. Da ihm meist die Motivation seines Krankseins nicht bewusst ist, merkt er vielleicht auch nicht, dass er eigentlich gar nicht gesund werden will.

Das Thema, zu dem uns die Krankheit leiten möchte, kann durch eine starke Egodominanz völlig untergehen. Diese Spezies der Kranken lässt sich dann nicht in Demut in die Erlösung ihrer Lebensthematik führen, sondern versucht ihren Willen so ganz nebenbei auch noch den anderen aufzudrücken. Wenn wir das zulassen, führt das unweigerlich zur Erkrankung aller Beteiligten.

1. Geschichte

Eine äußerlich nette, adrette Dame Mitte 60 erschien im Rollstuhl in meiner Praxis. Schon in der Erstbesprechung überschüttete sie mich mit

Vorwürfen und Schuldzuweisungen an ihre Kinder. Je mehr sie sich in Rage redete, beschimpfte sie die Kinder sogar unflätig. Sie wiederholte immer wieder, die Kinder würden sich nicht um sie kümmern, sie nicht aus dem Rollstuhl holen. Obwohl sie ihren Lebensmittelpunkt weit entfernt von den Kindern hatte, erwartete sie, ständig besucht zu werden.

Die Kinder, Männer in vorgerücktem Alter, hatten sich seit einigen Jahren immer weiter von der Mutter zurückgezogen. Eher unbewusst fühlten sie sich, so stellte sich die Sache für mich wenigstens dar, benutzt und ausgenutzt als Partner- und Freundesersatz und Energiespender.

Für die Klientin schien es völlig normal zu sein, dass sie ihre Kinder mithilfe ihrer Krankheiten dazu zwingen wollte, Aufmerksamkeit und Energie in ihre Richtung zu lenken. Mit Schuldzuweisungen und nach allen Regeln ihrer Kunst versuchte die Klientin die Kinder dazu aufzufordern, ihr permanent Energie zu überlassen.

Als ich tiefer in das System der alten Dame hinabtauchte, zeigten sich weitere Statthalter ihrer Projektionen. Es stellte sich heraus, dass sie dieses Spiel schon ihr ganzes Leben lang mit verschiedenen Menschen gespielt hatte, mit den Eltern, Freunden, dem Ehemann, Vorgesetzten, Arbeitskollegen und den Kindern.

Keine noch so tragischen Schocks, wie Scheidung, Verlust der Kinder, Tod der Mutter und Tod des Vaters, und dramatischen Erlebnisse wie Entlassung aus verschiedenen Arbeitsstätten bis hin zur vorzeitigen Pensionierung konnten ihrem inneren System etwas anhaben. Sie steuerte mit Fleiß und Triumphgefühl, ihr Ruder fest im Griff, ihr Schiff in die Schwerbehinderung und damit Richtung Abgrund.

So saß sie nun vor mir, in der einen Hand das glühende Schwert, und bereit, alles umzubringen, was ihr im Weg stand, und auf der anderen Seite ein kleines Mädchen mit einem klitschnassen Taschentuch in der Hand und unverstanden hinter einem See von Tränen hervorlugend.

Erlösungsthema:
Das Einzige, was der Klientin übrig bleibt, ist, in die absolute

Selbstverantwortung zu gelangen. Trotz der Versuche, mit verschiedenen Therapeuten und Psychologen an ihren Problemen zu arbeiten, haben diese zwar ihr Möglichstes getan, aber auch keine wirklich tief greifende Wirkung und Veränderung erzielt.

Der wichtigste Punkt, an dem wir in diesem Fall ansetzen können, ist, der Klientin klar zu machen, dass ihre einzige Chance darin besteht, ihr Spiel mithilfe des Therapeuten aufzudecken, sich unten stehende Zeilen auf Zettel zu schreiben und an verschiedenen Plätzen in der Wohnung aufzuhängen, zum Beispiel neben dem Bett, dem Spiegel, in der Toilette, beim Fernsehsessel oder auch an der Eingangstür. So wird sie permanent daran erinnert, wenn sie die Worte liest, wo die Realität liegt.

Auf den Zetteln stehen in kurzen prägnanten Stichworten: »Kein Selbstmitleid, kein Lamentieren«; »Niemand ist schuld«; »Ich erkenne mein Lebensthema und das bringt mich in meine Kraft«; »Ich erfreue mich an den kleinen Dingen des Lebens«; »Ich akzeptiere, dass es meine Aufgabe ist, mein Leben selbst zu steuern«; »Ich tue alles dafür, meine Psyche und meinen Körper in die größtmögliche Gesundung zu bringen«; »Mir darf es jeden Tag besser gehen, ich muss niemandem Energie abzapfen«; »Meine Kinder sind in Ordnung, so wie sie sind, ich freue mich, wenn sie kommen, und sie dürfen auch wieder gehen«.

Dann hat sie zu lernen, die Wut rauszulassen, indem sie sie nicht auf andere in Form von Beschuldigungen nach außen schleudert und Rachegelüste hegt, sondern indem sie sie von innen her klärt. Ich schlage ihr eine Brabbelmeditation vor. Jeden Tag zweimal, morgens und abends im Bett, eine viertel Stunde lang in einer Sprache zu sprechen, die es gar nicht gibt, und so über Laute und Gesten den Frust, die Wut und Aggression aus ihrem Körper-Geist-Seelesystem herauszubefördern.

Danach soll sie den Raum gut Lüften, duschen und einen Apfel oder ein anderes Stück Obst zu sich nehmen und viel trinken, damit der Körper entgiftet wird.

Außerdem muss sie lernen, geistige Disziplin zu üben. Jegliches Sich-gehen-Lassen und Abdriften im Innern in Gefühle und Emotionen, die sie in die alten Schatten der Depression, Wut und Hasstiraden zurückwerfen, gilt es zu unterlassen. Wann immer der Zeiger in diese Richtung ausschlägt, muss sie sich selbst an die Kandare nehmen, einen der Zettel in der Wohnung betrachten und die Worte in sich einsinken lassen.

Wenn beim Lesen der Denkapparat störende Nebengedanken produziert und sie in ihr altes Mustersystem abtaucht, hat sie ihre Aufmerksamkeit vollkommen auf die Zettel zu lenken und darf sich von den darauf notierten Aussagen auf keinen Fall abbringen lassen. Das klingt simpel und für manche so, als ob es überhaupt nicht wirken könnte, doch wenn sie das drei Monate geübt hat und nicht mehr abgeglitten ist, wird dies ihr Leben völlig verändern.

Die Krankheit als indirekten Machtfaktor zu benützen, um Bekannten, unterstützenden Menschen, Familienangehörigen etc. die Energie zu rauben, das hört einfach auf. Die Klientin wird ihre innere Quelle entdecken und aus dieser wenn nötig schöpfen. Damit nimmt Sie endlich den ihr nach der Transformationsarbeit gebührenden Platz im Leben ein.

Die Klientin schafft dabei den Sprung ins Erwachsenenleben, sie verlässt innerlich den Platz der Siebenjährigen und nimmt den Platz eines erwachsenen, transformierten Menschen ein. Damit verändern sich alle Beziehungen nach außen, sogar ihren Kindern gibt sie damit die Chance, in Liebe und Dankbarkeit zu ihr zurückzufinden. Erst jetzt kann eine gesunde Beziehung entstehen. Auch ihr körperlicher Zustand wird sich zum Positiven ändern. Mit äußerster Kraftanstrengung überwand sie endlich ihren Monster-Tyrannen!

Kommentar:

Wenn Sie nun meinen, ich ginge mit der Klientin und ihren Themen zu hart um, kann ich nur darauf verweisen, dass sie nach relativ kurzer Zeit durch die Transformation einen wunderbaren Kontakt zu sich selbst und zu ihren Söhnen gewonnen hat.

Falls Sie mit Ähnlichem zu tun haben, lesen Sie sich die Geschichte noch einmal genau durch und begeben Sie sich dann mit der CD auf die Suche nach Ihrem inneren Schatzkästchen.

2. Geschichte

In der Klinik begegnete mir eine Patientin, die partout nichts von einer Auseinandersetzung mit ihrem Lebensthema wissen wollte. Ihr war es nur wichtig, mit der tibetischen Reiki-Heilmethode behandelt zu werden. Sie war zwar bereit, in der Anamnese Auskunft über ihre Verhältnisse zu geben, die sie in einen gesundheitlich angeschlagenen Zustand gebracht hatten. Doch in die Klinik kam sie seit Jahren nur, um sich wieder aufmöbeln zu lassen, und ging anschließend wie gehabt mit vollem Einsatz ihrem Beruf nach.

Ich war damit einverstanden, sie zu behandeln. Als nach drei Wochen ihre Abreise bevorstand, wagte ich doch noch einmal nachzufragen, ob sie sich denn inzwischen für etwas Neues entschieden hätte, das ihr System besser gesund erhielte. Daraufhin meinte sie, dass sie sich darüber gar keine Gedanken gemacht hätte; die Koffer seien gepackt und am folgenden Morgen beginne die Heimreise. Die Klientin hatte leider beschlossen, alle vorhandenen Warnsignale zu ignorieren.

Erlösungsthema:

Die Frau versucht ihrer Erlösung der Lebensthemen auszuweichen und hechelt einem selbst gestrickten Weltbild hinterher. Ihr Mann hatte bis zu seinem Tod fünf Jahre zuvor eine Firma geleitet, und sie fühlte sich seitdem verpflichtet, die Vision ihres Mannes zu leben und das Unternehmen weiterzuführen. Dahinter versteckt sich die alte Nabelschnur zum Vater, ungeliebt sitzt sie in dieser Falle des Hamsterrades.

Leider war sie nach Jahren, in denen, wie mir die Klinikmitarbeiter mitteilten, ihr körperlicher Zustand immer bedenklicher wurde, trotz allem nicht bereit, etwas zu verändern, und somit wird es für sie immer schwieriger, die in diesem Geschehen steckende Lebensthematik zu erlösen. Ich verabschiedete mich von der Dame und musste sie unverrichteter Dinge ziehen lassen. Eine wichtige Erlösungsthematik wäre gewesen: Lebe nie die Visionen eines anderen und löse dich aus der Opferhaltung mit ihren Konsequenzen.

Kommentar:
Kein Kommentar!

3. Geschichte

Ein Klient kam mit dem Thema Allergie zu mir. Sobald es Frühling wurde, ging bei ihm gar nichts mehr. Die Pollen und Blüten ließen ihn keine Ruhe finden, sodass er schweren Herzens überlegte, in eine Gegend auszuwandern, wo es mehr regnet oder er so wenig wie möglich mit den allergieauslösenden Substanzen zu tun hat. Nun war es meine Aufgabe, das Krankmachende im Leben des Klienten aufzudecken und ihm aufzuzeigen, ob ein Zusammenhang zwischen Allergie, Lebensfreude und Lebensfrust besteht.

Erlösungsthema:
Das Lebensthema des Klienten lag für mich sehr schnell auf der Hand, er hat sich in bestimmten Ebenen des Lebens stark veräußert und andere Ebenen mehr oder weniger links liegen ge-

lassen. Mit dem Aufbau einer Karriere in der Computerbranche hatte er die Seite in ihm unterstützt, die ihn vom Leben gewissermaßen abschneidet. Er war in einem keimfreien Raum gelandet und versuchte seine Lebensenergie in die Berufung umzusetzen.

Der Klient agierte nicht in einem ausgeglichenen Seinszustand. Sein Thema ist: Angst in Liebe zu verwandeln; damit meine ich, den Kontakt zum Leben selbst in den verschiedenen Formen herzustellen. Er lebt ein Leben, das geradlinig um seinen Job herum aufgebaut ist, und sitzt die meiste Zeit vor dem Computer und entwickelt Programme. Aus Gründen, die der Allergie entspringen, achtet er peinlich genau auf Sauberkeit und zu den gegebenen Zeiten darauf, möglichst keinen Kontakt mit der Außenwelt zu haben.

Für ihn ist es wichtig, die Hintergründe der Allergie aufzudecken. Aus Angst vor Liebe bleibt der Allergiker unterschwellig in einem Zustand der Aggression, die er allerdings im eigenen Sein nicht erkennt.

Anstatt nun das Gemiedene zu berühren und mit ihm zu verschmelzen, um auf diese Weise in die Transformation zu gehen, läuft beim Allergiker im Körper ein Abwehrkrieg ab. Was sich normalerweise einfach miteinander verbindet, steht sich hier feindlich gegenüber, will sagen, das Immunsystem baut Antigene auf, die in einer Verteidigungslinie den Allergenen gegenübertreten. Die Aggressivität, die nicht an die Oberfläche gelangt, da sie nicht erkannt oder im verdrängten Bereich liegt, kommt nun durch die Allergie zum Ausdruck und der Kampf des Immunsystems wird gegen immer mehr Stoffe ausgeweitet. Da die der Angst entspringenden Aggressionen im Bewusstsein nicht wahrgenommen werden, tobt der Krieg eben auf der körperlichen Ebene.

Doch dem Klienten ging es nicht in erster Linie darum, die Hintergründe seiner Allergie aufzudecken, sondern er wollte wirklich alle nur verfügbaren Mittel in der Schlacht gegen die

Allergene einsetzen. Bei ihm fand im Innern ein Ersatzkontakt statt, der eigentlich im Außen gelebt werden sollte. Es war nun meine Aufgabe, den Klienten an den Punkt zu führen, dass er im normalen Leben, mit allem was den Menschen umgibt, freudige Verbindung aufnahm

Anstatt sich vom Leben abzuwenden, musste der Klient stärker ins Leben hineinspringen und sich den Dingen stellen, die ihn hinter den Vorhang der Allergie trieben. Er musste vorrangig seine Aufmerksamkeit auf die Liebe, die Sexualität und die daraus erwachsende Fruchtbarkeit lenken. Und er musste außerdem lernen und zulassen, dass Verbindung-Aufnehmen auch heißt, mit Dingen Kontakt zu haben, die er bis dahin gemieden hatte. Damit meine ich alles, was man als Schmutz bezeichnet; das beinhaltet unter anderem den Gang auf die Toilette sowie die grundsätzliche Tatsache, dass Leben einfach auch eine Form von Kommen und Gehen ist, dass sich Partikel des Lebens als Staub auf die Möbel legen.

Auch in der Liebe haben wir die Begegnung, bei der Körperflüssigkeiten ausgetauscht werden, die erst einmal als ekelig wahrgenommen werden können. Hier gilt es ebenfalls zu akzeptieren, dass die Dinge eben so sind.

Wenn der Klient jetzt direkt an sich arbeitet, wird er merken, dass sein Aggressionspotenzial schrumpft und er wesentlich gelassener mit den Allergenen, die ihm im täglichen Leben begegnen, umgehen kann. Die Angst vor der Lebendigkeit des Augenblicks löst sich auf. Auch die Abschottung hat ein Ende, er darf das Leben auf allen Ebenen genießen.

Kommentar:
Wenn Sie mit Ähnlichem behaftet sind, lesen Sie den Text wiederholt durch und wenden Sie sich anschließend mithilfe der Übungs-CD nach innen. Arbeiten Sie Ihr Innenleben auf!

4. Geschichte:

Ein Klient klagte über schwere Migräneanfälle. Seit Jahren machten ihm diese Anfälle mindestens einmal die Woche zu schaffen. Sobald der unglaubliche Kopfschmerz begann, zog sich der Klient wann immer möglich in einen dunklen Kellerraum zurück, wo er dann meist den restlichen Tag über blieb. Seine Familie hatte sich an die Situation gewöhnt und deshalb fiel es ihr nicht weiter auf, wenn Papa hin und wieder im Keller verschwand. Der Versuch mit Schmerzmitteln gegenzusteuern schlug häufig fehl. Er konnte sich der Migräne einfach nicht erwehren.

Ich durchleuchtete nun sein Leben bis in seine Ursprungsfamilie, um an die Lebensthematik im Schatzkästchen heranzukommen.

Erlösungsthema:

Der Klient hatte in seiner Familie den Platz des Mannes im elterlichen Schlafzimmer verlassen und an einem anderen Ort in der Wohnung seine Bettstelle errichtet, um, wie er sagte, seine Ruhe und Ausgeglichenheit zu finden. Das vierjährige Kind hatte seit der Geburt mit im elterlichen Bett geschlafen und nun hatte der Junge die Seite des Vaters eingenommen. Für den Vater war das nicht weiter tragisch, denn er merkte nicht, wie sich durch die Verschiebung der angestammten Positionen innerhalb der Familienstruktur etwas ins Familienleben einschlich, was alle Beteiligten in ein ungesundes Verhältnis brachte.

Mein Klient hatte die Herausforderung, die diese Situation ihm bot, nicht angenommen. Die Herausforderung, das Lebensthema zu transformieren, das in diesem Fall heißt: Liebe und Sexualität kennen und lieben zu lernen und beides in den Familienverband zu integrieren.

Da der Vater eine Auseinandersetzung mit diesem Thema weiterhin vermied, wurde er mit den Migräneanfällen konfrontiert. Die Mutter zog sich einen liebsten Schatz in ihr eigenes

Bett. Sie gab einen Teil ihrer Liebesfähigkeit nicht dem Mann, wie es angebracht gewesen wäre, sondern benutzt das Kind als Zweit- oder Ersatzmann. Das Kind hat aus diesem Grund schon sehr früh große Egoprobleme, da es Freiräume bekommt, die ihm eigentlich nicht zustehen. Der Kleine wurde so vom Prinzen zum König der Familie, zum Machthaber und Tyrannen. Sich in der Gemeinschaft unterzuordnen hat er nicht gelernt.

Ich legte meinem Klienten dringend ans Herz, mit neuen Lernerfahrungen die Plätze im Familienleben ordnungsgemäß zu besetzen und schnellstmöglich für die Begradigung der Zustände zu sorgen, damit sich ein gesunder Zusammenhalt entwickeln kann.

Des Weiteren erklärte ich ihm, inwiefern die Migräne mit der Sexualität in Verbindung steht. Der Klient muss herausfinden, wo sein Angstpotenzial beim Thema Sexualität liegt. Die Nähe eines Partners zulassen zu können spielt hierbei eine wichtige Rolle. Sonst schiebt er wie gehabt das Problem permanent auf eine höhere Ebene und erlebt, anstatt im Genitalbereich den Orgasmus, im Kopf einen Migräneanfall. Die komplette Familie sollte eine Familientherapie machen.

Kommentar:
Wenn Sie sich bei diesem Thema angesprochen fühlen, durchleuchten Sie bitte Ihre Familienstrukturen. Sorgen Sie dafür, dass die Positionen in Ihrem Familienverband stimmen. Lassen Sie nicht zu, dass Ihre Abwehrmechanismen abwinken. Nur eine gesunde Familienstruktur ermöglicht den Kindern ein therapiefreies Aufwachsen. Falls auch Sie mit Migräne kämpfen, erkunden Sie bitte mit der CD-Reise Ihre Lebensthemen.

5. Geschichte

Ein Klient suchte mich auf, um das Thema Schuppenflechte mit mir zu bearbeiten. Er hatte diese Krankheit von seinem Vater geerbt, sie war bei ihm aber erst ab einem bestimmten Alter ausgebrochen. Nicht dass sein Körper davon übersät gewesen wäre, die Hornschicht war nur an einigen Stellen in Form der Schuppenflechte missgebildet. Ich hegte den nahe liegenden Verdacht, dass die Krankheit eine Schutzfunktion seiner Haut und seines Seins darstellte. Die Schuppenflechte wirkt wie eine Panzerung, eine Abgrenzung, durch die man nichts mehr herein- und nichts hinauslässt.

Also forschte ich nach und ließ ihn über sein Leben erzählen. Dabei stellte sich heraus, dass er sich tatsächlich sehr von seiner Umwelt abgekapselt hatte. Er wohnte weitab vom Schuss auf dem Lande in einem kleinen Dorf, auf einem Grundstück mit einem Doppelhaus. In der einen Hälfte des Hauses lebte seine Familie, seine Frau und die Kinder, und die andere Hälfte hatte er für sich alleine reserviert.

Dann erzählte er mir von seinem Sohn, dass dieser sich auffällig verhalten würde. Je mehr er davon erzählte, desto stärker drängte sich der Schluss auf, dass er sich auch von seinem Sohn abgekapselt hatte, das heißt, die Vaterrolle nie wirklich angenommen hat.

Erlösungsthema:

Das Lebensthema, das diesen Klienten beschäftigt, ist, sich mit der Umwelt zu verbinden, die Grenzen aufzulösen und dem Leben mit all seinen Facetten mehr Aufmerksamkeit zu schenken. Das fängt damit an, dass er der Familie in den beiden Haushälften ein gemischtes Wohnen gestatten, seinen Sohn öfter in die Arme nehmen und ihm die Zärtlichkeit und Geborgenheit geben muss, die der Junge so dringend benötigt. Dafür ist es nie zu spät!

Der Klient nahm sich die Vorschläge zu Herzen, und schon nach einigen Sitzungen hatte sich die Schuppenflechte stark zurückgebildet.

Kommentar:
Es ist verblüffend, wie klar die Körperebene hier auf Missstände in anderen Ebenen aufmerksam macht. Wenn Sie mit dieser oder einer anderen Hautkrankheit zu tun haben, ist es wichtig, einmal zu betrachten, ob, wie, wo und warum Sie Grenzen setzen.

6. Geschichte

Einem Kollegen von mir passierte ein Autounfall. Er kam bei hoher Geschwindigkeit mit seinem Auto von der Straße ab und landete auf dem Dach. Das Auto hatte einen Totalschaden, ihm selbst war nicht viel passiert. Von leichten Blessuren abgesehen, fühlte er sich in Ordnung. Trotzdem wuchs in ihm die Einsicht, dass dieser Unfall eine wichtige Aussage für ihn bereithalte. Darüber wollte er sich nun im Gespräch mit mir klar werden.

Erlösungsthema:
Als Erlösungsthema stellte sich heraus, er soll sein Bewusstsein im täglichen Allerlei erhöhen. Er kannte seine alte Unart, aus mangelnder Achtsamkeit nicht rechtzeitig zu erkennen, wann für gewisse Dinge die Zeit abläuft, und somit konnte er auch nicht sehen, dass am Firmament schon längst neue Prioritäten aufgetaucht waren.

Wenn man wie er versucht, den Weg oder hier die Straße geradlinig weiterzufahren, obwohl in diesem Moment eine Kurve auftaucht, und demzufolge das Geschoss Auto sich auf den Abgrund zu bewegt, macht man leicht die Erfahrung eines kräftigen Zen-Schlags. Wodurch man unfreiwillig, wie in diesem Fall, auf dem Dach im Graben landet.

Interessant war jetzt für meinen Kollegen zu klären, für welche Veränderung ihm der Mut gefehlt hatte, welchen Weg er nicht verlassen wollte. Das kann eine Partnerschaft, das berufliche Umfeld sein, aber das können auch die Ideen und Visionen sein, die man auf der Erde verwirklichen zu müssen glaubt.

Um das Lebensthema zu transformieren, kreiert unser System, meist unbewusst, über unsere göttliche Schöpferkraft das, was uns im Außen geschieht, damit wir gegebenenfalls aus der Bahn geworfen werden.

Hierin liegt die Aufforderung, rechtzeitig genau darauf zu achten, wo man im Leben steht und ob die Dinge und Handlungsweisen, für die man sich nach wie vor entscheidet, noch dem entsprechen, was man wirklich leben will.

Kommentar:
Falls Ihnen Ähnliches widerfahren ist, so nehmen Sie es bitte sehr ernst und erkennen Sie Ihr Lebensthema. Wenn Ihnen schon ein Licht aufgegangen ist, dann grämen Sie sich nicht mehr über die Vergangenheit, sondern bewegen Sie sich mit den neuen Einsichten wohlgemut weiter auf Ihrem Lebensweg. Wenn Sie allerdings spüren, dass noch nicht alle Dinge geklärt sind, unternehmen Sie bitte eine weitere Reise zum Schatzkästchen.

7. *Geschichte*

Bei dieser Klientin hatten sich Verdickungen in der Brust gebildet, und sie war sich noch nicht sicher, ob diese eine bösartige Entwicklung nehmen würden. Sie hatte unglaubliche Angst davor, eine oder sogar beide Brüste zu verlieren. Sie hatte gerade erst die Untersuchungen beim Arzt hinter sich gebracht, die keinen bösartigen Verlauf erbracht hatten, und trotzdem blieb bei ihr eine gewisse Angst bestehen. Sie kam nun zu mir, um die Hintergründe dieser Brustkrebs-Angst oder tatsächlichen Brustkrebs-Erkrankung aufzudecken.

Erlösungsthema:
Wenn sich bei uns eine Krebserkrankung meldet, soll uns das ganz grundsätzlich etwas sagen, ein Signal geben, dass es nun einer Innenschau bedarf, ob wir die Zeichen der Zeit richtig gedeutet haben oder uns in einer Sackgasse befinden.

Die Klientin erzählte, sie habe es satt, zu Hause die Mamsell zu spielen, immer für alle erreichbar sein zu müssen. Sie war sicher, etwas im Leben zu versäumen.

Ab dem Zeitpunkt, als die Klientin dies merkte, fand sie Gefallen daran, Ideen zu spinnen, was sie wohl aus ihrem Leben machen würde wenn sie nur könnte. Ich sagte ihr, wie wichtig es sei, grundsätzlich den Weg zu gehen, den man selbst für richtig hält, ganz gleichgültig was die anderen dazu sagen.

Es gilt, vorgefasste gesellschaftliche Normen, denen man zu entsprechen versucht, hinter sich zu lassen und seinen Weg aus der eigenen Intuition zu wählen. Wer nicht dem entspricht, was er als Lebensthemen in die Erfüllung bringen will, also seine Berufung im privaten oder beruflichen Bereich nicht vollendet, lebt sozusagen gefährlich. Er gehört zur Risikogruppe der Krebspatienten, da wichtige Lebensimpulse unterdrückt werden.

Wenn das Mutterideal nicht dem entspricht, was meiner Klientin in die Transformation hilft, kann es sein, dass hier eine aufgesetzte Mutterliebe nicht wirklich hilfreich ist. Was nicht aus dem Herzen kommt, befriedigt weder Mutter noch Kind. Das soll nicht heißen, dass sie ihre Kinder nicht liebt, nur muss sie das für sie geltende gesunde Maß finden. Es darf neben der Funktion der Mutter für sie noch etwas anderes geben.

Auch andere Frauenideale können Frauen und Müttern das Leben schwer machen, und ein vorbildliches Idealverhalten kann das Krebsrisiko ebenfalls erhöhen. Hier ist noch anzumerken, dass je nach Situation den männlichen oder weiblichen Anteilen im Körper-Geistsystem mehr Aufmerksamkeit geschenkt werden sollte. Bei meiner Klientin ist im Moment angesagt, stärker in den männlichen Teil zu gehen, sich durchzusetzen, damit ihr Leben die Form annimmt, die ihr dienlicher ist. Sie muss ihrer Kreativität Ausdruck verleihen. Wichtig ist dabei aber zu erkennen, dass jede Phase, die männliche Durchsetzungskraft verlangt, auch wieder ein Ende haben kann.

Meine Klientin machte große Fortschritte und konnte ihre Situation in ihrer Familie so verändern, dass sie sich nicht von ihr trennen musste. Die Positionen wurden alle neu überdacht, und die Frau erhielt wesentlich mehr Freiraum. Endlich fand sie die Zeit, Dingen nachzugehen, die in ihrem Leben ebenfalls von Bedeutung waren.

Kommentar:
Lassen Sie sich von niemanden vorschreiben, wie Sie zu sein haben. Erforschen Sie Ihre innere Schatzkiste und erlösen Sie Ihr authentisches Sein.

8. Geschichte

In der Beratungsstunde besuchte mich ein Mann mit starken Tinnitus-Beschwerden im Ohr. Er wirkte ruhelos und versuchte mit einer gewissen Aggressivität darzustellen, wie störend die Geräusche waren und welche Form sie angenommen hatten. Seinem Ausdruck nach war der Klient ein gehetzter, nervöser, überstrapazierter Mann, dem sein ganzes Sein beim Sprechen anschwoll und dann wie ein Beschwerdewasserfall zu mir herüberrauschte.

Das Klingeln, Sausen und Brausen im Gehörgang fing bei ihm völlig unerwartet an, während er mit dem Auto von einer Großstadt in die andere raste. Auf der Autobahn beim Überholen ging es plötzlich los und verschwand seitdem nicht wieder. Er hatte verschiedene Ärzte konsultiert, nahm Tabletten, und trotzdem wurde es nicht besser.

Erlösungsthema:
Grundsätzlich galt für ihn, dem Stress eine klare Absage zu erteilen und sein Leben neu zu ordnen, sodass er mehr Ruhe und Zeit für Entspannung hat. Das sind natürlich einfache Antworten, aber genau diese fordern jetzt die Ohrgeräusche ein. Gleichzeitig durfte er sich als permanente Ermahnung ansehen oder anhören, dass die innere Stimme, die überhört wurde, jetzt über das Anklopfen, Pochen und Klingeln ihm wichtige Mitteilungen geben wollte.

Für ihn galt es also, auf die innere Stimme zu horchen und genau mitzukriegen, was denn diese Geräusche ihm genau sagen wollten. Kämen hier eher aggressive Töne zum Vorschein, dann sollte er auf gewisse Wutthemen achten, die zu klären wären. Wenn der Mann Probleme hat, sich auf seine Thematik zu konzentrieren, möchten die Töne ihm sagen, er soll das Wesentliche herausfiltern und für Veränderung sorgen.

Der Klient wendete einige Übungen, die ich ihm gezeigt hatte, auch zu Hause an, und diese führten ihn zurück zur Intuition und zum problemlosen Hören der inneren Stimme. Er war sozusagen jetzt von seiner Innenwelt nicht mehr getrennt und musste demzufolge auch nicht mehr über den Tinnitus von innen her angeschrien werden.

Menschen, die dann immer noch nicht hören wollen, leiden eventuell für den Rest ihrer Tage an Tinnitus-Beschwerden. Mein Klient allerdings nahm diese Chance wahr und räumte sich und sein Umfeld ordentlich auf. Nach relativ kurzer Zeit schlief er nachts ohne Klingeln und Rauschen wieder in aller Ruhe durch.

Kommentar:
Experimentieren Sie damit, ihr inneres Schatzkästchen aufzuräumen. Tinnitus sollte als Warnung nicht auch noch überhört werden!

9. Geschichte

Ein Klient stürzte bei einer Fahrradtour und brach sich dabei das Bein. Mittlerweile konnte er mit einem Gehgips ohne Krücken in meine Praxis humpeln. Da er als Selbständiger seit Wochen lahm gelegt war, dezimierten sich seine finanziellen Reserven doch beträchtlich. Bevor er nun wieder ins Berufsleben einstieg, wollte er mit mir ein wenig genauer klären, was er für sich durch diesen Unfall als Ursache herauskristallisiert hat. Vielleicht könnte er ja mit meinem Zutun noch weitere Informationen, die für ihn parat stehen, erhalten.

Erlösungsthema:
Ich beglückwünschte ihn zu seiner Entscheidung, mithilfe von außen einen Blick hinter die Kulissen zu werfen. Wegen des Knochenbruchs war tatsächlich der bisherige Weg zu hinterfragen. Der Unfall zwang ihn in eine völlig andere Lebenslage.

Die Lebensthematik eines Bruches zeigt, dass etwas übersehen worden ist. Was Altes symbolisierte, wurde unterbrochen, der Weg konnte ab diesem Moment nicht mehr in gewohnter Weise fortgesetzt werden. Nun hatte eine Neuorientierung stattzufinden.

Auf anderen Ebenen hatte der Klient etwas nicht rechtzeitig begriffen, und so musste über die Körperebene der Bruch mit gewissen Dingen vollzogen werden. Wiederum gilt festzustellen, dass der Sinn unserer Seele auf Erden das Wachsen in neue Dimensionen ist und es somit immer wieder zu Veränderungen und Kurskorrekturen kommen soll.

Je älter der Mensch wird, umso deutlicher wünscht er sich klare Bahnen, auf denen er sich bewegen kann, und doch ist ihm die Sicht gerade deswegen manchmal versperrt und er kann das Naheliegende nicht sehen, demzufolge auch keine Kurskorrektur vornehmen.

Oft besteht die einzige Möglichkeit, den Menschen zu erreichen, darin, über einen so effektiven Bruch des Weges ihn zur Ruhestellung zu verdonnern und damit ihn in einer gewissen Auszeit ein Resümee ziehen zu lassen. Das wird ihn, wenn er Glück hat, auf die Transformationsthemen stoßen. Über die Offenlegung und Erlösung kann dann die Korrektur mit der Heilung abschließen. Der Klient hatte diese Einsichten für sich entwickelt und brauchte nur hier und da noch eine kleine Hilfestellung.

Kommentar:
Achten Sie auf Zeichen, die Sie zu einem Stopp und zur Umkehr auffordern. Wenn Sie sich rechtzeitig nach innen wenden, erspart Ihnen das den Bruch im Außen!

10. Geschichte

Eine Frau kam mit der Konfliktsituation einer Blasenentzündung zu mir in die Beratung. Ihren Erzählungen zufolge galt es für sie ein Lebensthema zu bewältigen, nämlich die vom Elternhaus nicht erhaltene Liebe und Aufmerksamkeit ad acta zu legen und die schon gewachsene Selbstliebe und Verbindung zum Ganzen noch zu verstärken. Darin wollte sie sich die nächste Zeit üben. Doch sie hatte noch ein Problem: Sie hatte einen Mann kennen gelernt, aber sobald die beiden miteinander schliefen, meldete sich bei der Klientin die Blasenentzündung mit starken Schmerzen.

Erlösungsthema:
Die Verbindung zur Selbstliebe und damit die Fähigkeit, sich etwas Gutes zu gönnen, ist bei der Klientin gestört. Dadurch kann sie weder mit sich selbst noch mit einem Mann verschmelzen. Sobald das Crescendo des Zusammenfließens erreicht wird, unterbricht das alte System.

Die Frau muss die Verbindung zum inneren Schatzkästchen herstellen, das Lebensthema versucht die Klientin von außen wie von innen in die Transformation zu bekommen. Die

Blasenentzündung zeigt das brennende Bedürfnis, alte Prägungen, Verhaltensmuster und Erlebnisse loszulassen und Entscheidungen zu integrieren, die dem Neuen Raum geben. So kann der Weg der Freiheit über die Krankheit abgelegt werden.

Meine Klientin übte nun täglich mehrfach, den Bewusstseinsschalter umzulegen, sobald sie spürte, dass sie erneut in den alten Zustand zurückgefallen war. Diese Methode wirkt in den meisten Fällen, wenn sie konsequent angewandt wird. So gelang es der Klientin in relativ kurzer Zeit, aus dem alten Sumpf das Licht zu erreichen.

Manchmal halten uns nicht die Lebensthemen in Schach, die sind vielleicht schon längst erlöst, nein, die alten »lieb gewonnenen« Gewohnheiten sind es, die losgelassen werden müssen.

Es ist wunderbar, der kleine Trick mit dem Bewusstseinsschalter meiner Klientin half, bei der Transformation zu bleiben. Damit brachte sie die Beziehung und das Sexualleben mit ihrem neuen Mann auf eine gar köstliche Ebene.

Kommentar:
Diese Geschichte möchte auf die entscheidende Wirkkraft des Bewusstseinsschalters hinweisen. Bitte lesen Sie das Kapitel darüber durch und üben Sie die konsequente Umsetzung mit Disziplin und Achtsamkeit. Der Bewusstseinsschalter ist eines der effektivsten Werkzeuge, das wir für die Erlösung der Lebensthemen haben.

Der kleine Tyrann

1. Geschichte

Eine Frau mittleren Alters, Mutter einer erwachsenen Tochter, der Mann frühzeitig verstorben, bekam den Tipp einer Kollegin, doch mal die

Gelegenheit wahrzunehmen, tiefer hinter die Kulissen ihres Daseins zu blicken. Seit einigen Jahren überkamen sie immer wieder depressive Anfälle, und dies obwohl sie sich nach Kräften mühte, positiv und aufmunternd ihrem Umfeld gegenüberzutreten. Außerdem hatte sie mit ihren Launen zu kämpfen. Ihrem jetzigen Lebensgefährten geht es mit den plötzlich aufflackernden Ausbrüchen überhaupt nicht gut, er denkt bereits seit längerem über eine Trennung nach.

Sie sah in jedem Menschen hauptsächlich das Gute und erhöhte mit einem breitem Grinsen und nicht wirklich authentischem Lachen nach Gutdünken die Energie jeglichen Stelldicheins, ob gerade sinnvoll oder unpassend. Dazu gesellten sich ihre Reisen und ihr Engagement in Afrika. Mehrfach hatte sie dort für eine Weile gelebt und als Lehrerin für deutsche Sprache gearbeitet. Doch der letzte Aufenthalt endete in einem Fiasko. Sie wurde auf offener Straße ausgeraubt und eine Treppe hinabgestürzt.

Auch mir gegenüber offenbarte sie ihr überlegenes Lachen bis hin zu einem etwas obertonartigen quirligem Pegel, der unangenehm in den Zimmerecken nachhallte. Sie präsentierte sich mir als absoluter Gutmensch, auf jede Frage eine vollkommen selbstüberzeugte Antwort.

Erlösungsthema:

Ihr Kindheitstrauma erzeugte als Überlebensmechanismus den ausgeprägten Gutmenschen, der stets versucht, über seine wunderbare Ausstrahlung an die Energie seiner Mitmenschen, wie damals bei Papi und Mami, heranzukommen.

Der Überlebensmechanismus zwang die Dame in ihrer Kindheit in die Rolle eines gutmütigen Clowns, der immer für eine bombig positive Stimmung sorgte. Damit stand sie dann im Mittelpunkt und wurde ein wenig geherzt. Derselbe Mechanismus wirkt bis heute, nur dass er ihr in der Gegenwart eher das Leben vermiest als das, was sie sich wünscht, auf die Lebensbühne zu zaubern.

Da die Eltern aber gestern wie heute nicht bereit sind, ihrer Tochter auch nur annähernd eine liebevolle Begegnungsbasis zu gestatten, bildete sich in ihr als zweiter Mechanismus das kleine innere Kind, das die Dame damals war. Dieses zog sich schon sehr früh in eine innere Nische zurück. Dort breitete es ein tyrannisches Wollen aus und versucht seit dem über die zur Verfügung stehenden Energiebahnen immer wieder den Platz des geliebten Kindes und Erwachsenen unter den Menschen zu erobern.

Nun gibt allerdings der kleine Tyrann nicht einfach auf, weil die Klientin guten Willens ist, nein, der Betroffenen wird über den Verstand vorgegaukelt, dass nach wie vor lediglich die eine Energiebahn zumindest dahin führt, dass man Aufmerksamkeit, Energie bekommt, und auf keinen Fall überlässt der innere Tyrann dem authentischen Sein die Bühne.

Also lässt der Erfolg eines aufgeräumten Seins seit Jahren auf sich warten. Der Überlebensmechanismus taugt nicht mehr. Die Art ihrer Kommunikation geht allen Leuten aus ihrem Bekanntenkreis auf die Nerven, Ablehnung und Abkapselung sind die Folge. Aber anstatt nun darüber nachzusinnen, was denn wohl der Grund dafür sei, befehligt der innere Tyrann ein Weitermachen in der alten Fasson. Es trieb sie sogar außer Landes. Aber das führt halt nicht in die Erlösung, sondern auf der Lebensbühne wie immer in derartigen Fällen irgendwann zum ultimativen Knall.

Und so geschah es dann auch in Afrika. Der Höhepunkt des Gewitters regnete mit Blitz und Donner auf sie herab. Die ganze Zeit über wurde ihr bei dieser Afrikareise schön langsam klar, dass irgendetwas wirklich nicht stimmte. Die Bevölkerung schien in keinster Weise dankbar für ihre aufopfernde Helfernatur. Über Wochen brauten sich bereits Wolken an ihrem Horizont zusammen. Oft wurde sie sogar unfreundlich bis beleidigend angesprochen.

Dann, an einem der letzten Abende ihres Aufenthaltes in der Ferne, kam es zum Zusammenstoß mit den Ureinwohnern. Vier bis fünf Jugendliche lauerten ihr auf, schubsten sie, schimpften unflätig und zu guter Letzt stießen sie mit geballter Kraft meine Klientin im Hinterhof eines Hauses die Kellertreppe hinunter.

Dort blieb sie halb bewusstlos, blutüberströmt liegen, konnte sich erst nach vielen Minuten aufraffen zu überprüfen, was mit ihr geschehen war. Geschockt, gedemütigt, mit aufgeplatzten Lippen, Blut rann aus der Nase, Rippenprellungen, mit einem gebrochenem Unterarm, den Fußknöchel verknackst, rappelte sie sich allmählich auf, aus tiefster Seele schluchzend und weinend und hatte von diesem Teil der Erde in diesem Augenblick nun wirklich die Nase gestrichen voll. Schritt für Schritt krabbelte sie die Treppe hinauf und dann hinkend auf dem Heimweg, zu Hause sich das Blut abwaschend, zum Arzt mit Gips verbinden etc., fasste sie den Entschluss, vorzeitig nach Hause zurückzukehren.

Nun waren ca. zwei Monate vergangen und sie litt nach wie vor an den Folgen, insbesondere an den psychischen Folgen des Überfalls und merkte zusätzlich, dass auch hier in Deutschland es ihr einfach nicht mehr gelingen wollte, wieder Boden unter ihre Füße zu bekommen.

Das Erlösungsthema zeigt uns, wie wenig Chancen bestehen, ein Leben zu führen, das wir gewillt sind, wenn wir weder erkennen, warum uns etwas passiert, noch wie ungünstig es ist, sich selbst überhaupt nicht zu hinterfragen.

Man kann als Außenstehender sehr deutlich sehen, dass diese Dame tatsächlich wie die Puppe an den Fäden ihres Tyrannen nicht fähig ist, mit ihrem authentischen Sein im Leben Kontakt aufzunehmen und es zu stehen. Außerdem versucht sie in ihrem Umfeld und sogar in ihrem weiteren Erlebnisbereich überall ihre alte Nabelschnur anzudocken, um endlich als vermeintliches kleines Mädchen für ihre Taten Liebe, Anerkennung und Belohnung zu ergattern.

Nach einer Reihe von Einzelsitzungen und ihrem Besuch der Quantensprung-Seminare hatte sie die Einsicht und die

Mittel in der Hand, um erfolgreich in ihre Wahrhaftigkeit aufzubrechen. Die Maskerade des Gutmenschen ließ die Klientin allmählich fallen. Auch ihrem Tyrannen zeigte sie von nun an die kalte Schulter.

Damit steht sie seit der Aufarbeitung in einer völlig neuen Weise im Leben. Wo immer Nabelschnüre sich zeigen, werden sie von ihrem geschärften Bewusstsein sofort abgeschnitten. Und die gemachten Transformationserfahrungen drängen sie mittlerweile sogar dahin, ihre Erfahrungen in Form von Beratungen an Suchende weiterzureichen. Aber nicht, dass sie diese ihnen überstülpt, sie kommen von alleine, von ihrer erlösten Aura angezogen.

Kommentar:
Viele Menschen leben ihre Erdenzeit in einer Weise der Abhängigkeit von Dingen, von denen sie keinerlei Ahnung haben. Man behauptet steif und fest, genau zu wissen, was man sich im Leben aussucht und weshalb, doch die Fremdsteuerung wird einfach nicht wahrgenommen.

Im Falle unseres Gutmenschen verdichtete sich die Atmosphäre, das Klima um sie herum, im Lauf der Jahre dermaßen, und sie selbst wollte in keinster Weise hinschauen, sodass früher oder später der Zusammenbruch dieses Pseudoweltbildes direkt auf sie zukam.

Wichtig für den Leser, die Aufgliederung der menschlichen Dreifaltigkeit: die Persona, die nach außen gezeigte Ansicht, dann der kleine Tyrann, der geschickt die Fäden im Griff hat, und das wirkliche Sein, das im Grunde überhaupt nicht zu Tage tritt.

Meine Klientin war sozusagen mit der permanenten Personamaske unterwegs, angetrieben von der Verweigerung eines inneren Tyrannen, der lieber in den Untergang treibt, den körperlichen Verfall sogar als Gewinn betrachtet. Dieses armselige Leben ohne tatsächliche Freude hatte sie doch über Jahrzehnte hinaus ausgehalten.

Man kann sich selbst übrigens auf die Spur kommen, indem man sich einmal im Spiegel betrachtet und sich selbst dabei vorspielt, wie man nach außen wirkt. Und zwar im Lustigsein, im Ernstsein und auch im Traurigsein. Man wird in diesen Momenten feststellen, dass oft das im Spiegel Gesehene nicht wirklich mit dem im Einklang steht, wie man sich innen als Selbst fühlt. Gleichzeitig wird man die Worte des Verstandes sehr genau wahrnehmen, der vom Tyrannen gespeist immer wieder darauf hinweist, was für ein Quatsch, zum Beispiel jetzt in einen Spiegel zu schauen und sich selbst auf die Spur kommen zu wollen ist.

Sehen Sie, jetzt haben Sie ein Bild von dem, wie ich es meine, wovon ich hier spreche, und Sie können sofort anhand dieses kleinen Barometers mit sich selbst eine Stück weit, dank der Bewusstseinswerkzeuge, anfangen, an sich selbst zu arbeiten.

2. Geschichte

Ein Klient, der beruflich in den Vorstandsetagen zu Hause war, sich aber mittlerweile diskret zurückgezogen hat und auf ein anderes Fachgebiet ausgewichen ist, in dem er eher seine Berufung sieht, kam zu mir in die Praxis, um mir sein Leid zu klagen. In relativ bescheidenen Verhältnissen aufgewachsen, frühzeitig geheiratet und sich schwer ins Zeug legend, erklomm er sehr schnell die Karriereleiter, geradezu sprunghaft in höhere Gefilde. Gleichzeitig mit mehreren Kindern die Familie ergänzt, war er sozusagen auf der Überholspur beheimatet, bis ihn nach vielen Jahren das ganze zwischenmenschliche Sein in den heutigen Wirtschaftsetagen so gegen den Strich ging, dass er sich entschied, etwas Neues auszuprobieren.

Das Drama dabei ist, dass im Äußeren stattgefundene Veränderungen, der Wechsel in mehr der Berufung Entsprechendes, zwar getätigt wurde, aber im Innenverhältnis der Familiensituation schwere Störungswinde das Schiff wiederholt zum kentern brachten. Sogar der Freun-

deskreis aus der alten sowie aus der neuen »Zeitrechnung« versagen ihm mittlerweile den Dienst. Der Klient erlebte in seinem Lebensthemenspannungsbogen Eltern, die ohne viel Selbstwertgefühl es dennoch schafften, ihn finanziell hochzuziehen. Jedoch das ewige Kleingeldzählen zermürbte schon bald den jungen Kerl. Ebenfalls sein Stellenwert in der Schulklasse, dort war sein Stand eher im hinteren Bereich der erfolgreichen Schüler, sodass mein Klient mit aller Kraft versuchte, das Optimalste und noch einmal einhundert Prozent mehr in die Waagschale zu werfen, um auf jeden Fall etwas völlig anderes zu kreieren, vom Armenhaus des Lebens auf die Reichtumsseite zu gelangen.

Was er später nicht bedachte, war, dass er es zwar geschafft hatte, auf die Kehrseite der Medaille zu klettern, dass aber trotzdem ein paar wichtige Dinge auf dieser Wegstrecke verloren gingen oder vielleicht sogar niemals da waren. Einerseits musste er mit eisernem Willen und stromlinienartigem Zusammenkneifen von Mund und Augenwinkeln – sein Auftritt hatte heute immer noch etwas wie »ich habe keine Zeit, ich muß schon wieder dorthin«, also ein erfolgsorientiertes »halten S' mich nicht auf« – im Hamsterrad des Erfolges jede Sekunde nützen. Andererseits bedachte er kaum, dass er sich von klein auf nicht wirklich verbunden fühlte mit den Eltern, er warf ihnen irgendwie vor, dass sie ihm kein besseres Bett während des Startschusses in sein Leben vorbereitet hatten. Und er konnte dann auf dem Weg in den Erfolg, innerhalb seines augenblicklichen Familienverbundes mit niemandem wirklich in Liebe verbunden sein, das war ein weiterer Grund, warum er zu mir kam.

Außerdem kam ihm sein Elternhaus vor wie ein impotentes Kreativitätsvolumen, die konnten einfach nicht mehr erreichen, dafür steht mein Klient aber auf allen »Bühnen« immer im Mittelpunkt, völlig locker, mit den besten Sprüchen und dank seiner Selbstdarstellung in aller Munde.

Erlösungsthema:

Wiederum haben wir es in dieser Geschichte mit den Schwierigkeiten der Dreifaltigkeit des Menschseins zu tun. Die Persona des Klienten, stromlinienförmig aufgebrezelt, mit einer undurchdringbaren Haut versehen, macht sich auf, den Besten der Besten, den Ersten der Ersten dem verdutzten Umfeld vorzuführen. Das Seelensein spielt so gut wie überhaupt keine Rolle, dafür haut sein inneres Kind, bereits mutiert zum mehr oder weniger großen Tyrannen, ständig auf die Trommel jedweder Hamsterradsgaleeren. Im Grunde ist er seit langer Zeit ein sehr einsamer Genosse. Als vorzeitige Rettung hatte der Umschwung in ein neues Betätigungsfeld gegolten, doch die alte Fratze zeigte sich sofort wieder im neuen Gewand.

Die fehlende Grundliebe im eigenen Elternhaus, in dem die Eltern es nicht schaffen, ihre Lebensthematik rechtzeitig in die Transformation zu schicken, brachte meinen Klienten über seinen Lebensthemenspannungsbogen und die gemachten Erfahrungen jetzt auf den Weg hinter seine persönlichen Kulissen.

Nach den ersten Sitzungen strahlte er und meinte, »ja super, ab sofort kann ich glänzend alleine weitermachen«. Daraufhin bat ich ihn, noch einmal Platz zu nehmen, und klärte ihn über den realen Sachverhalt auf.

Noch nichts war gewonnen. Das Erfassen der Zusammenhänge brachte sogleich den Tyrannen wieder auf die Bildfläche. Nach dem Motto, red du nur, ich mache sowieso, was ich will. Das heißt, in dem Fall benutzte die Persona und der innere Tyrann das Erfahrene lediglich, um ihr Kunstprodukt, das Ego, weiter aufzupolieren.

Ich sagte ihm: »Nicht angewandtes, integriertes Wissen taugt soviel wie überhaupt nichts wissen! Keine Veränderung oder gesündere Handlungsweisen finden Ihrerseits wirklich statt! Sie stehen nur vermeintlich im Licht!« Der Klient wurde nun von mir aufgerufen, mit dem Installieren des bewussten Beobachters die Dreifaltigkeit seines Wesens besser kennen zu lernen und den stimmigen Teil, das Seelenbewusstsein, als wahren Sitz des Seins anzuerkennen. Jegliche Hauruckattacken seitens der Persona und des inneren Tyrannen galt es dabei sofort zu bemerken und zu unterbinden!

Danach wird dieses Verhalten so gekennzeichnet, dass es bei nochmaligem Auftreten dem bewussten Beobachter noch im selben Moment auffällt und er den Chef, das Seelensein, informiert und dieser dann die beiden anderen Gesellen schnellstens des Feldes verweist.

Als Weiteres teilte ich ihm mit: »Erst ab dem mehrmaligen Gelingen dieser neuen Handlungsart kann man beginnen, von erfolgreicher Erlösung zu sprechen. Dann sollte man die nächsten drei Monate bis zu einem Jahr ins Visier nehmen, um die eventuell gelungene Transformation *anschließend* gebührend zu feiern. Und nicht vergessen, der größte Helfer dabei ist die Gedankenlosigkeit, die Meditation, und zwar über den gesamten Tag hinweg. Dies erlaubt dem Verstand nicht, die großen Töne eines Tyrannen auszuspucken.« Für zu treffende Entscheidungen empfahl ich ihm, die Ebene der Intuition auszuprobieren.

Für den Betroffenen brachen harte Zeiten an, Persona und innerer Dämon fesselten buchstäblich das wahre Sein, drängten es immer wieder zurück, bis es vorerst aufgab, dauernd an die Oberfläche zu tauchen. Damit veränderte sich der Blick des Klienten, hatte etwas Gehetztes, Hervorlugendes und vor allem sehr Überschlaues, Hinterlistiges, Hinterhältiges. Über die Persona versucht der Klient den Schein eines freien Seins trotzdem aufrechtzuerhalten und über den äußerst geschickten, gerissenen Verstand und die variationsreiche Sprache, Ausdrucksweise stellt sich der innere Tyrann mit aller Macht und Kraft gegen jegliche Transformationshilfe.

Die alten ZEN-Meister beschrieben diese Situation als einzig; was jetzt noch hilft, ist der »Hammer on the Rocks«, der praktisch den Nonsens zerschlägt, um den Kern, das wahre Sein, wieder freizulegen. Ihm zu helfen aufzustehen und seinen angestammten Platz einzunehmen. Damit könnte der Klient jegliche Transformationshürden meistern.

Doch in meiner Therapiestunde blickte ich der tyrannischen Persona ins Auge und sah, dass es im Augenblick keinen Sinn machte, mit Wachstumsinformationen Persona und Tyrann zu überzeugen, ich sagte meinem Klienten, »passen Sie auf, wir bieten demnächst ein Quantensprung-Seminar, in dem wir uns durch die Chakrathemen bewegen, die 7 Tibeter – eine Reise ins Licht. In diesem Seminar können Sie das bestätigen, wie Sie hier auftreten, oder es können sich neue Dinge erweisen, je nachdem, wie Sie gegenüber dieser Spielwiese mitspielen. Gegen ein klein wenig Spielerei hatte die tyrannische Persona anscheinend nichts einzuwenden, willigte ein und wir sahen uns dann im Seminar erst wieder.

Das schöne an so einem Kurs ist, dass er über fünf Tage geht und wir mit dem Team im Kreise der Teilnehmer ein Energiefeld der Wahrheit erzeugen, der Realität, des genauen Hinter-die-Kulissen-Blickens, des Chakrathemen jedes Einzelnen Erschauens und dass diese geballte Atmosphäre dem Tyrannischen nur sehr wenig Möglichkeiten bietet, die Maskerade fortzusetzen.

Hier durchbricht das Sein die ihm erteilten Schranken, kommt zum Vorschein ans Licht und zeigt jetzt seine ganze Trauer des eingekerkerten Elends und des Sich-nicht-Heraustrauens aus Angst. Nun endlich konnte wirklich therapeutisch aufräumend gearbeitet werden. In diesen fünf Tagen erlernt man zusätzlich genügend Bewusstseinswerkzeuge, so dass es den Transformationsboykotteuren nicht mehr dermaßen leicht fällt, das Wahre Sein permanent zu stören oder zu unterdrücken.

Mein Klient stürmte, dank dem Seminar befreit von seiner Grundthematik, während der nächsten Wochen in Veränderungen die ihm von seinen Freunden und seiner Frau niemals zugetraut wurden.

Einige Wochen später fand dann das zweite Quantensprung-Seminar statt, Transformation der Lebensthemen – das Seminar zu diesem Buch, und in diesen weiteren fünf Tagen entdeckte der Klient weitere Lebensthemen und Transformationsnuancen, die er mit Hilfe dieser fünf Tage beherzt in Angriff nahm.

Die nächste Hürde oder das neueste Ziel stellte für ihn die Ausbildung als Therapeut der *Lebensthementherapie* dar, um als Mitglied des Teams vom Neo Holistic Institut dies Erfahrene in Coaching und Betriebsberatung oder Firmenwerteentwicklung umzusetzen. Da er ja von der Vorstandsetage in die Therapie und damit aufgeräumt in diese Szene als Berufung vordrang, war es ein nur natürliches Ziel, diese Erlösungsergebnisse in Form von unterstützenden Seminaren und Einzelarbeit in die Vorstandsetagen zurückzubringen.

Kommentar:

Werter Leser,

genau solch einsichtige, mutige Leute werden überall gebraucht, ob in Führungsriegen oder Bäckereiteams oder wo auch immer. Menschen, die sich ein Herz fassen, ihre Lebensthemen erblicken, Entscheidungen über Transformationshürden bringen und dann anfangen Freunden, Arbeitskollegen, Familienmitgliedern beratend, therapeutisch unter die Arme zu greifen. Überall finden wir Seelen, die an dem Kreuzpunkt ihres Lebens mit dem hier eindringlich vorgetragenen Wissen abgeholt werden können, genau die, die eigentlich nur darauf warten, erlöst zu werden. Bei diesen Menschen ist es ein Leichtes, die Initialzündung zu geben und damit hinein in alle Sparten ihrer Berufsgruppen und in alle Gesellschaftsschichten, ebenso in die Politik, den Sport und die Kunst. So, dass mit dem Begreifen der Realität und dem Umsetzen des Machbaren die Bevölkerung länderübergreifend den Bewusstseinshorizont erweitert. Genau das bringt die Veränderung, die wir auf unserem Planeten so dringend für ein gesundes und glückliches, wohlwollendes Miteinander brauchen.

3. Geschichte

Eine Dame, gleichfalls in einer Vorstandsetage dieser Welt zu Hause, fragte nach dem Lesen eines meiner Bücher um einen Termin nach, mit der eindringlichen Bitte, dringend, vorzugsweise schnell eine Einzelsitzung anzuberaumen. Sie reiste mit dem Flugzeug nach München an und saß mir dann etwas angespannt, aber trotzdem glücklich darüber dazusein, gegenüber.

Sie sprach davon, wie sie den Karrierezenit erreicht hatte, unheimlich viel Geld mit der Firma verdiente, ein Börsengang war geplant, wie gerne sie mit anderen Geschäfte machte und dieses auch immer sehr gut funktioniert hat. Geschäftspartner fanden sofort Vertrauen und die Umsatzzahlen stiegen ständig.

Doch irgendwann schlich sich der Frust herein, sie bemerkte, trotz der vielen Begegnungen irgendwie von den Kunden und Kollegen abgeschottet zu sein. Es schien alles so herzlich, doch ihr Herz war dabei wie tot. Ein eiserner Kranz lag darum und sie konnte sich das aber nicht erklären. Nur dass sie im Lauf der Jahre es nicht mehr als stimmig befand und auch der Erfolg sie nicht darüber hinwegtäuschen konnte, es zu spüren, dass sie davon betroffen war. Von der nunmehr unverhohlenen Langeweile und Tristesse darüber heimgesucht, wollte sie nun ihre Lebensthemen erobern.

Ich befragte sie nach ihrem Liebesleben, und auch da kam die eine oder andere Träne zum Vorschein. Es hatte sich zwar immer etwas ergeben und Lebensabschnittsgefährten gaben sich praktisch die Klinke in die Hand, doch auch hier vermisste sie etwas und war darüber richtig sauer bis wütend und wenn es sich ergab sehr ungerecht, übergriffig und über den Heimzahlungsnimbus sehr erfolgreich. Doch genau dieser unbewusste Wind vertrieb alle noch so treuen Herzensvasallen, es nützte überhaupt nichts, lediglich auszuwechseln, da bei dieser Platte immer am selben Kratzer die Nadel aus der Rille sprang.

Erlösungsthema:

Die Vorstandsdame hatte sich unbewusst in die Transformationssackgasse gewirtschaftet. Fehlende Liebe von klein auf ließ die Persona entstehen in Form einer Maske der liebevollen Freundlichkeit und gleichzeitig eines stinkbeleidigten inneren Kindes, das sich über den Aufbruch in die Kariere ohne Rücksicht und Verluste den vermeintlichen Weg zum Erfolg, zu Anerkennung und damit zu einer gewissen Ersatzliebe freischaufelte. Geschäftspartner, wie sie nun einmal so sind, meist selbst nicht sehr aufgeräumt in der Lebensthemenecke, sahen in ihr eine ganz bezaubernde, liebevolle, fröhliche junge Frau, von der sie sich gerne becircen ließen und bei der sie eine gewisse Nähe spürten, wo es ihnen leicht fiel, die Geschäftsabschlüsse mit einer gut gelaunten Unterschrift zu leisten.

Meiner Klientin flogen gewissermaßen die Herzen zu, sie konnte aber die Energie nicht über ihr Herz spüren, da dieses eingekerkert war in ihren traumatischen Erlebnissen, und trotzdem sog sie diese Energie auf und lebte gewissermaßen davon, obwohl sie keineswegs von ihr erfüllt wurde. Daher auch das ewige Hinterherrennen nach mehr Geschäftspartnern, es ging ihr eher um diese Art von Liebe und eben gar nicht unbedingt um den geschäftlichen Erfolg, der kam ganz nebenbei.

In ihren Partnerschaften empfand sie es wie verhext, dass ihr kein Mann blieb und sie eher solche Männer anzog, die nach einem Honeymoon-Intermezzo eher unnahbar das Weite suchten.

Ich machte mich also auf die Spur hinein in die Kindheit, und da flossen auch schon die Tränen. Erst nach viel Aufmunterung erlaubte sie sich, selbst über das zu sprechen, worüber sie noch nie zu irgendjemand geredet hatte. Ihre Eltern konnten sich aus beruflichen Gründen in ihrer Kindheit und aus ihrer eigenen unerlösten Themengeschichte nicht richtig in Liebe mit der Tochter verbinden.

Die Großmutter nahm stattdessen die Stelle der liebevollen Begleitung in ihrem Leben ein. Diese Großmutter hatte sie über alles geliebt, von ihr empfing sie Zuspruch, Aufmunterung, wurde in den Arm genommen, die Liebe floss ohne Begrenzung. In Momenten, in denen sie Erklärungen benötigte, konnte die Großmutter ihr mit ihrem Wissen weiterhelfen, sie auf ihrem Weg unterstützen.

Doch eines Tages war sie nicht mehr da. Sie hatte sich aus Kummer über den Tod ihres Mannes, der etwa ein Jahr vorher das Zeitliche gesegnet hatte, selbst umgebracht. Sie hatte einfach nicht mehr zu ihrer alten Fröhlichkeit zurückgefunden und wollte ihm nacheilen, um in der anderen Dimension wieder mit ihm vereint zu sein. Sie nahm sich das Leben und hinterließ ein todtrauriges, völlig entsetztes, sich in sich zurückziehendes kleines verstörtes Mädchen von ca. acht Jahren, die das Gefühl nicht los wurde, irgendeine dunkle Schuld an der ganzen Sache zu haben.

Mit dem Tod der Oma zog sich dieses verletzte kleine Kind komplett in sich selbst zurück. Und zwar in die Nische des kleinen Tyrannen und beschwor, nie wieder herauszukommen. Da ja niemand Gleichwertiges ihr jemals in Liebe begegnet war, dachte sie, die Welt der Liebe hätte ein Ende gefunden und sie müsse jetzt mit Hilfe ihrer Persona nur einen gewissen Schein nach außen wahren, um durchs Leben zu gelangen.

Genau das war der Hintergrund dessen, was die Dame mir in ihrer Geschichte von heute erzählt hatte. Das, was ihr im Leben widerfuhr und wohin sie sich entwickelt hatte, war das Ergebnis dieses dramatischen Zurückziehens nach dem Tod ihrer Großmutter.

Die Klientin wurde von mir nun auf ihre Lebensthematik hingewiesen, nämlich genau das zu bewerkstelligen, woraus sie sich jetzt herausschälen musste, aus der depressiven Sackgasse und der Einsamkeit eines eingeschlossenen Herzens. Auch wenn der Tod ihrer Großmutter sie sehr getroffen hatte, barg diese Beziehung mit die wichtigste Rolle für die Aufarbeitung ihrer Lebensthematik. Ich versuchte ihr zu vermitteln, dass der

Freitod ihrer Großmutter deren freie Entscheidung sein darf, die sie mit Recht und in aller Freiheit für sich getroffen hat. Es verhält sich sogar in völliger Liebe, denn das letzte Geschenk gab sie der Enkelin in Form dieser Verabschiedung. Dieses Nicht-mehr-für-sie-Erreichbarsein als Lebensthema half ihr in den Lebensthemenspannungsbogen.

Die Aufgabe meiner Klientin war, genau dieses zu verstehen und damit klar und eindeutig den Schlüssel wahrzunehmen, den Schlüssel zur Erlösung, den ihre Oma mit ihrer Handlungsweise als letzten Liebesbeweis ihr übergeben hat.

Mit dieser Erkenntnis lässt sich der alte Standpunkt der Klientin, ihrer Persona und ihres inneren Tyrannen, nicht mehr aufrechterhalten. Im Gegenteil, sie muß sich eingestehen, mit etwas mehr Bewusstheit und dem Willen, hinter die Kulissen ihres Lebens zu blicken, hätte sie von selbst in eine neue Entwicklung starten können. Doch die Abwehrmechanismen haben hier ganze Arbeit geleistet, und die Dame musste erst Ende vierzig Jahre alt werden, um in mehreren Einzelsitzungen ihr Thema aufzuarbeiten.

Der neue Weg führt sie genau dorthin, diese Abwehrmauerung rund um ihr Herz aufweichen zu lassen, er darf jetzt schmelzen, und die darin verborgene Herzenskraft kommt wieder zum Vorschein und steht ihr nun für ein wahrhaftiges Begegnen mit allen Menschen wunderbar zur Verfügung. Der Vorstandsdame gelang es vorzüglich, nach und nach ihre Daseinspalette so aufzuräumen, dass sie mit einem eindeutig befreiten Herzen einen wahrhaftigen Ehrenplatz in der Vorstandsetage ihrer Firma, unter den Kollegen, im Freundeskreis und vor allem in der Liebe zu einem Mann erleben durfte.

Kommentar:

Derartige Fälle sind keine Einzelfälle. Ich hoffe, dass dieses Buch, diese Einsichten in das Mysterium des Lebens, vielen Menschen den Mut geben, ebenfalls bei sich genauestens und detailliert hineinzuschauen, dass sie die Übungen und Werkzeuge tatsächlich in Anwendung bringen oder aber den Entschluss treffen, zum Beispiel hier in München einmal eine Therapiesitzung zu nehmen oder die Seminare zu besuchen, um ebenso schnellsten in ein transformiertes Sein aufzubrechen.

Lieber Leser, mich freut es immer wieder im Herzen ganz tief, wenn meine Klienten nach so langer Zeit endlich ein Leben kreieren, das dem entspricht, worauf sie sich schon so lange freuen. Dass dies tatsächlich gelingt und nicht nur in Einzelfällen, kann Ihnen nur den Mut machen, selbst bei sich anzufangen und diese Tips an Freunde, Bekannte oder auch Arbeitskollegen weiterzureichen. Damit schließt sich der Kreis der Herz-zu-Herz-Begegnung.

4. *Geschichte*

Eine Kollegin aus dem Fachgebiet der Heilpraktiker suchte meine Hilfe, da sie in ihrer Praxisgemeinschaft an Grenzen stieß oder besser gesagt, ihre Kollegen sie sehr stark aufregten und sie selbst überhaupt keine Lust mehr hatte, vor langer Zeit gemachte Vereinbarungen einzuhalten. Im Heute sah sie darin unnütze Grenzen. Sie wollte in ihrem Teil der Praxis endlich erfolgreich und völlig autark handeln. Erfolg nur für sich ganz allein und nicht mit einem Tag der offenen Tür wieder alle an möglicher Klientel teilhaben lassen. Ganz einfach nur ihr Ding machen und ohne Rücksicht durchziehen.

Das führte dazu, dass sie mit der Kündigung bedacht wurde. Sie saß zitternd vor mir und meinte, »Sie machen doch immer mit diesen Lebensthemen herum, könnten Sie mir nicht auch behilflich sein und entweder mir beim Aufdecken helfen oder auch mir deutlich erklären, dass ich ganz einfach im Recht bin und ich über meinen Anwalt einen Antwortbrief an meine Praxisgemeinschaft zu schreiben habe.«

Erlösungsthema:
Ich versuchte mir als erstes ein größeres Gesamtbild von der Situation meiner Kollegin zu machen, indem ich sie befragte, wie es denn sonst in ihrem Leben ausschaut? Ob sie das, was sie gerne für sich erwünscht, auch manifestieren kann. Dabei kam heraus, dass nicht nur in ihrer Berufsebene die Dinge anfingen äußerst schief zu laufen, sondern auch ihr Privatleben war insgesamt in einem desolaten Zustand. Das für sie aufzuräumende Lebensthema ist wie so oft aus dramatischen Kindheitserlebnissen, im Heute ihrem Tyrannen nicht zu erlauben, auf ihrer Nase herumzutanzen, der wie ein Tanzbär im Zirkus dabei im Außen ein komplettes Persona-Scheinsein aufführt, und ihr wahres Sein verkriecht sich derweil unter dem »Teppich«.

Sie hatte sich auf all den menschlichen Ebenen auf ein Kalkül verlegt, sie konnte nirgendwo gerade, klar, authentisch ihren Platz einnehmen. Ein innerer Drang versuchte drei bis vier Menschen permanent so in ihr Leben einzuspannen, dass keine der energetischen Verbindungsbahnen transparent und eindeutig laufen konnte, sondern alle in vertrackter Weise und nie der Wahrheit entsprechend miteinander zu tun haben.

Das fing an mit ihrer Tochter, wobei der Mann, den sie als Vater dafür in ihr Leben hereingenommen hat, nicht der wahre Vater war, dieser wusste allerdings gar nichts davon, ein anderer, der, der als Vater in Frage kam, wurde während dessen außen vor gehalten, hatte keine Ahnung. Aus den Schwierigkeiten mit ihrem eigenen Vater, der ihr keinerlei Liebe schenkte und sie wie ein kleines Verreckerli am langen ausgestreckten Arm im Grunde emotional verhungern ließ, konnte der Wille zum Überleben sie nur dahingehend unterstützen, den Überlebensmechanismus so anzulegen, dass sie dem Vater, den Eltern immer in Falschheit begegnete, diese zwangen sie regelrecht dazu, denn sonst hätte sie überhaupt keine Zuwendung erhalten. Sie lernte automatisch, dass Authentizität nicht in liebevolle Begegnung führt. Die Eltern, wahrscheinlich sehr unbewusst in dieser Richtung, merkten überhaupt nicht, was sie bei ihrer Tochter damit anrichteten.

Nun war die Dame aber auch schon um die vierzig und hatte zumindest versucht, sich aufzuräumen, landete damit bei einer buddhistischen Vereinigung, die den Menschen mit einem gewissen Zufluchtnehmen vorgaukelt, persönliche Probleme damit zu meistern. Auch gewisse buddhistische Rituale aus grauer Vorzeit werden in dieser religiöser Gemeinschaft angewandt. Jedoch bei meiner Klientin hatten sie lediglich eines bewirkt, dass sie sich selbst etwas vormachte, wobei es anderen Anhängern ähnlich ging. Aber dabei bemerkte sie nicht, dass in ihrem Unterholz, weiterhin stinkend und krachend, keinerlei Erlösung stattfindet.

Sie hatte sich in ihren Behandlungsmethoden für ihre Patienten ebenfalls immer stärker auf periphere Maßnahmen verlegt, ihr Heil im Wellnessbereich versucht. Im Äußeren sich zu finden gelang ihr aber nicht, sie konnte ihre Innenschau damit nicht vergrößern. Stattdessen wählte sie fortwährend den Weg ins Abseits. Die Dreifaltigkeit, Persona, Wahres Sein und innerer Tyrann spalteten sich dermaßen auf, sodass der tyrannische Lügenbold als Wahrheitsmachthaber ihr vorspielte, genau zu wissen, welche Schritte sie zu tätigen hat, um einen guten Verdienst einzufahren, aus der Sackgasse auszusteigen.

Innerhalb der Praxisgemeinschaft fing sie seit einiger Zeit an, ihren Kollegen, über die Maske der Persona, weiterhin eine aufgeräumte und bewusstseinswissensdurstige Dame zu präsentieren, die auf ihrem Weg in ihre Transformation doch ordentliche Fortschritte macht, blendete damit ganz ausgezeichnet ihre Genossen. Und trieb nun unter verdeckten Karten ihre eigenen Machtgelüste nach vorne. Ihr angeblich so bewusster innerer Beobachter war vom Tyrannen korrumpiert worden und damit absolut ausgeschaltet, sie hatte, tyrannisch bedingt, keinerlei Skrupel mehr, der immer stärker werdende Tyrann trieb sie in ein Spiel, mit Lug und Trug ihre egoistischen und despotischen Ziele durchzusetzen.

Zufällig kam einer ihrer Praxisgemeinschaftsfreunde ihr auf die Schliche, deckte auf, dass sie eine Werbe-Party für Büroangestellte, Gewerbebetriebe und deren Chefs aufzog. Darauf angesprochen, dass man ja einen Tag der offenen Tür zusammen gestalten könne, ließ sie erst zurückziehen, verkündete dies auch, aber dann fand doch ein Event, ein Stelldichein beim Wein, statt ohne dass die Gemeinschaft davon informiert und einverstanden war.

Die Praxisgemeinschaft beschloss daraufhin, eine Kündigung auszusprechen. Nun saß also die Kollegin vor mir, den Tränen nahe, und wollte eine Lösung erarbeiten.

Anhand des Gesamtbilds konnte ich ihr nur raten, sich grundlegend auf eine Therapie einzulassen, da es bei ihr mit kurzen Intervallen nicht abgetan sei und sie bereit sein müsse, mit aller Kraft sich selbst auf die Schliche zu kommen, über zwanghafte Verknäulung von Beziehungen Auswüchse des Heimzahlungsnimbus wahrzunehmen und aufzudecken und dass ihr innerer Tyrann immer mehr zum großen Tyrannen mutierte, was bedeutet, dass seine Zerstörungskraft und der freie Lauf, der ihm von ihrem wahren Sein zugestanden wird, eine wirkliche Gefahr für die Menschen in ihrer Nähe, ihre Klienten, für ihr ganzes Sein darstellt.

Die Dame wehrte sich sinnbildlich mit Händen und Füßen gegen dieses Aufdecken ihrer Unart, sie konnte es kaum aushalten, der eigenen Fratze in die Augen zu schauen, und musste doch zum Schluss zugeben, dass sie von einem erlösten, in buddhistischer Weise erhabenen Menschen weit entfernt ist.

Nach den ersten Sitzungen merkte ich, dass sie zwar mir gegenübersaß, aber auch zwei Gesellen ihrer Dreifaltigkeit sich im Sessel breit machten und ich immerfort Richtung Persona und Tyrann argumentieren musste und ich ihr daraufhin empfahl, entweder an Intensivkursen, den Quantensprung-Seminaren, teilzunehmen, um dabei wirklich die Bewusstseinswerkzeuge, die Grenzsetzung für den Tyrannen, das Kennenlernen von gedankenfreier Meditation, Kraftschöpfen aus der eigenen inneren Quelle, neue Entscheidungen, vom gewachsenen wahren Sein getroffen, in die Realität umsetzen zu lernen, oder aber, dass ich in diesem Moment die therapeutische Behandlung mit ihr abbrechen würde.

Sie verabschiedete sich in ihrer schnippischen Art, unverwechselbar hatte der innere Tyrann das letzte Wort, und ich sah sie daraufhin nie wieder.

Kommentar:
Gerade spirituell erfahrene Menschen neigen dazu, ihre wichtigsten Lebensthemen unter Verschluss zu halten, und meinen trotzdem, in ihrem spirituellen Heiler-Ego gefangen, ganz besonders Wichtiges für die Menschheit bereitzuhalten. Leider ist die Esoterik-Szene und ebenso die spirituelle Szene voll solch unaufgeräumter Wesen, die aufgeplustert auf die Klientel losstürmen, um ihren Säckel an ihr zu bereichern.

Deswegen, lieber Leser, achten sie bitte sehr, sehr sorgfältig darauf, in welche Behandlungsarme Sie sich fallen lassen!

5. Geschichte

Diese Geschichte handelt von einer Frau, die gerade von einer Nachbarin erfahren hatte, dass ihr Seelengefährte sie seit längerem betrog. Mit gerötetem Kopf schimpfte sie bitterlich, keifte geradezu wie eine Furie. Ihr war dies und Ähnliches bereits öfters mit anderen Partnern passiert, aber so schlimm wie diesmal war es noch nie. Es entsprang ein regelrechter Rosenkrieg zwischen den beiden Ex-Partnern.

Beim Nachfragen rückte sie dann mit den Einzelheiten heraus. Liebe und Partnerschaft setzte sie gleich mit Eifersucht und künstlichem Drama, an den amourösen Abenteuern ihrer wechselnden Partner war meinst überhaupt nichts dran. Sie trieb ihre Seelengefährten jedes Mal durch ihre permanenten haltlosen Anschuldigungen aus dem Haus und letztendlich in die Arme einer neuen Geliebten.

Erlösungsthema:
In ihrer Ursprungsfamilie wurde Liebe ausschließlich unter Bedingungen weitergegeben. Vater, Mutter, ihre Geschwister und sie mochten sich alle irgendwie, waren aber gleichzeitig gegenüber einander sehr unnahbar, standen in Konkurrenz, das heißt, die Liebe musste immer mit einer extra Portion Tat erkauft werden.

Meine Klientin war sich der Liebe der Eltern nie gewiss, spielte aber auf Grund ihrer Jugend dieses Spiel mit. Es prägte dies die Jugendjahre, jedes Fleckchen Liebe bedeutete Kampf. Dadurch, dass die Liebe zwischen allen Beteiligten nicht einfach aus ihren inneren Quellen der Liebe und Freude zueinander floss, standen Geschwister und Elternteile auch noch gegenseitig im Wettlauf um das, was gar nicht Liebe genannt werden kann.

In den späteren Partnerschaften mit Männern zeigte sich dasselbe Spiel zwischen den jeweiligen Partnern, nur eben auch, dass bei ihr die Angst, nicht wirklich geliebt zu werden, sehr groß war und sie gleichzeitig jedes Mal vor Wut platzte, wenn ihr Gedankenapperat Situationen einflüsterte, die eventuell mit der Realität überhaupt nichts gemein hatten.

Die Entwicklung ging dann sofort bei meiner Klientin in die Eifersucht und sogar so weit, dass der Mann seinen Stammtisch nicht mehr besuchen durfte. Auch der Gedanke, dass der Seelengefährte etwas alleine unternehmen könnte, war ihr total zuwider. Die Lage in der Beziehung folgte immer denselben ungesunden Gesetzmäßigkeiten. Die Klientin ließ dort permanent ihren inneren Tyrannen von der Leine, und der schlug erbarmungslos Richtung Seelenpartner. Wenn dann anschließend alles als Missverständnis aufflog, suchte sie über ihre liebevoll dreinschauende Persona die Liebe des Mannes zurückzuerobern und mit einer köstlichen Liebeseinlage zurückzukaufen.

Dabei ging ihr wahres Seelensein völlig unter, vor die Hunde, und sie musste nun in Einzelsitzungen erst einmal herausfinden, wer sie selbst ist, wohin sie das Lebensthema in diesen ganzen Geschichten bringen möchte und wie sie sich dann mit einem neuen Blickwinkel und neuer Handlungsweise ins weitere Leben stellt.

Kommentar:

Dieser Mensch stand in keinster Weise in der Realität, abgeschottet in dem Schattenreich einer angstmachenden Welt, versuchte sie krampfhaft, an unnahbaren Gesellen anzudocken und schrammt, dank dem zeitlebens Nichtgelingen, mit jedem weiteren Jahr ohne Erlösung immer knapper an der Nervenheilanstalt vorbei.

Das größte Lebensthema der Dame gilt ihrem Alleinsein, ihrem All-eins-Sein. Sie hat sich aus den Fängen ihrer Persona und des inneren Tyrannen herauszuschälen. Der Weg führt aus der Abhängigkeit, dem geradezu verrücktem Hinterherlaufen irgendeines dafür herhaltenden männlichen Wesens, in die Unabhängigkeit ihres befreiten Seins, an ihre eigene Energiequelle angeschlossen, ohne weitere Menschen für die Energiezufuhr zu benötigen. Damit beginnt für sie die Reise in die Realität, und ab dem Zeitpunkt des dort Ankommens hat sie sich im weiteren Sinne mit dem Thema Liebe und Partnerschaft, Nähe und Weite auseinander zu setzen.

Wir eifern gerade in der Liebe meist Bildern hinterher, die uns von den Eltern vorgelebt, gesellschaftlich eingetrichtert wurden oder aber von Jugendzeitschriften oder einem rebellischen Ganz-anders-machen-Wollen herrühren. Liebe erschließt man natürlich, indem man sie ausprobiert, sich vorsichtig an das andere Geschlecht herantastet, man erlebt, dass Freundschaft in neue irritierende Gefühle wächst.

Die einen folgen dabei eher einem Leitbild, woher auch immer es in ihnen entstanden ist, und gründen schnellstmöglich eine Familie. Andere wählen hier mal einen One-Night-Stand, dort eine Versuchsreihe von mehreren halbjährlichen Intermezzos. So macht jeder Mensch seine Erfahrungen mit dem Thema und sollte aber ein paar Dinge eigentlich noch vor der Pubertät über die goldene Art eines auch zusammen gemeisterten Weges erfahren.

Drei wichtige Schlagwörter vermitteln die goldene Regel für das Meistern der Lebensthemen und falls es auf dem Weg liegt gleichfalls die Meisterschaft in einer Beziehung aufs Wunderbarste zu erfahren. Die Schlagworte sind: **Freiheit, Liebe, Alleinsein.**

Noch höher als die Liebe steht die Freiheit, jeder Mensch ist absolut frei, in eine Beziehung einzutreten und wieder aus dem Verbund auszutreten. Ob man verheiratet ist oder nicht spielt dabei überhaupt keine Rolle. Der höhere Wert auf der Skala der Menschlichkeit und der Realität ist die absolute Entscheidungsfreiheit, was immer man tun möchte.

Jetzt Fragen Sie sich sicherlich, und was ist mit den Kindern, falls vorhanden? Auch da findet sich eine Lösung, wie bei so vielen geschiedenen Paaren ersichtlich. In Zukunft werden wir neue, tragfähigere Modelle der Kindererziehung entwickeln, in denen die Jugend innerhalb der Gemeinschaft anders eingebunden ist.

Also, auch wenn Kinder im Spiel sind, gilt, falls lediglich einer der beiden Partner entscheidet, aus der Partnerschaft auszutreten, dann ist es ohne Umschweife möglich und in keinem Falle verwerflich. Wenn bei einem oder beiden Schwierigkeiten auftauchen, werden in Zukunft Therapeuten mit kompetentem Wissen zur Verfügung stehen und versuchen den Menschen klar zu machen, wo ihre Lebensthematik liegt.

Das Zweite Schlagwort ist die Liebe. Dieses Experimentierfeld mit sich selbst und dem anderen führt uns in eine Erlebniswelt, in der die Intimität, das gegenseitige Erfahren von wahrem Sein zu wahrem Sein ohne Maskerade und ohne Tyrannen, die eigentliche Rolle spielt. Wer hier seine Hausaufgaben, die Erlösung seiner Thematik, ordentlich bearbeitet, wird sich wundern, wie viel Sternstunden die Intimität für Langzeitentwickler in Petto hält. Zwischen Mann und Frau gibt es Perlen der Liebe zu entdecken, die in Kurzweilerlebnissen nicht vorkommen.

Denn in dieser Form von Zweierbeziehung stehen dann zwei Menschen gegenüber, die in totaler Freiheit, totaler Unabhängigkeit, erlösten Lebensthemen und tiefer Zuneigung und Liebe nur füreinander geschaffen sind und sie dieses solange leben, bis sich etwas verändert, und sei es der Tod. Ein geschulter Partner weiß um das Geheimnis des goldenen Miteinanderseins, man trifft sich in der Liebe wie Bögen einer Brücke, deren Spiegelbild im Wasser leuchtet. Mal ganz nah, mal etwas ferner und dann wieder ganz nah!

Die Partner werden sehr bewusst der Wahrnehmung des Gegenübers, und gerade deswegen beschleicht man sich nicht gegenseitig, man kann sich in Ruhe lassen. Im weiteren Aufeinandereinlassen lernt man den spielerischen Umgang miteinander für ein tagtägliches Beieinandersein oder wann immer man Zeit zusammen verbringt. Das Thema Eifersucht spielt für den aufgeräumten Liebenden höchstens noch eine kleine Nebenrolle. Mit dem All-eins-Sein-Können lernt man den anderen nicht zu brauchen, kann ihn guter Dinge ziehen lassen, wenn die Liebe ihn in eine neue Richtung trägt.

In der Sexualität erlebt dafür der, der die Perlen einer langen Wegstrecke sammelt, den Raum der tantrischen Energie, der neben der mechanischen Eile wunderbare orgiastische Zuckerl in der Verschmelzung der Seelenenergie bereithält.

Das dritte Schlagwort, das All-eins-Sein, hat derjenige, der hier angekommen ist, bereits gelernt, es ist die wichtigste Voraussetzung im Erleben eines goldenen Aufeinandertreffens.

Der große Tyrann

1. Geschichte

Eine Überweisung seitens meines Leibarztes mit der Bitte, mein Bestes für sie zu tun, saß nun eine junge Frau mir gegenüber und blinzelte mit geweiteten Augen angstvoll zu mir herüber.

Ihre Geschichte ist kurz erzählt, momentan ist sie arbeitsunfähig, hatte sich einen Chef herausgesucht, dem sie als Sekretärin diente. Dieser konnte in keinster Weise ihre Arbeit würdigen und nicht einmal ein Lob aussprechen oder auch nur Danke sagen. Jeden Tag aufs neue lagen Berge von Akten auf dem Reststoß von gestern.

Sie wurde auf der Lebensbühne hier in eine Verdichtung von Emotionen geschickt, die mit ihren traumatisierten Jugendjahren zu tun haben. Und zwar hat sie in ihrem Elternhaus ebenfalls keinerlei Lob, Mut oder zusprechende Worte oder auch nur ein ehrlich gemeintes Dankeschön jemals erhalten. Von zärtlichem Aufgehobensein und Liebe ganz zu schweigen.

Es hatte in ihren Ausbildungsjahren und jetzt eben auch an verschiedenen Arbeitsstellen immer wieder zu ähnlichen Zuspitzungen im Arbeitsverhältnis geführt, sodass sie, nicht wissend warum und weshalb, auf der Körperebene mit Krankheit reagierte. Diese war mittlerweile chronischer Art, sie wurde allergisch gegenüber diverser Blütensamen, konnte und wollte am richtigen Leben einfach nicht teilnehmen, hatte die Nase permanent gestrichen voll, war verschnupft und, psychisch angeknackst, begann sie schon, wenn sie in die Arbeit fahren sollte, zitternd in ihr Auto zu steigen.

Erlösungsthema:

Ich versuchte ihr die Verbindung aufzuzeigen zwischen dem Elternhaus und den von ihr ausgesuchten Arbeitsstellen und den jeweiligen Chefs. Auch in ihrem Privatleben konnte sie kein befriedigendes Verhältnis mit einem Mann eingehen, weil sie dort halt gleichfalls den unnahbaren Zeitgenossen wählte, damit auch auf dieser Ebene sich in die Abschottung verrannte.

Der einzige Ausweg lag im Aufdecken ihrer Lebensthematik. Ich machte ihr klar, dass sie den geführten Kampf im Elternhaus im Lauf der Jahre auf ihre Ausbildungsebene, Arbeitsebene und Partnerschaftsebene übertragen hatte. Sie kreierte auf der Lebensbühne genau gleiche Situationen wie die im Elternhaus vorgefundenen, um den jeweiligen Ansprechpartner, wie die Eltern, in eine Position zu zwingen, in der sie eben genau diese Zuwendungen erhält, auf die sie schon ein Leben lang wartet. Nur nirgendwo klappte dieses Ansinnen, nicht bei Vater und Mutter, den Ausbildungsstätten, den Arbeitgebern oder den Liebhabern!

Arbeitsverhältnisse, in denen mehr Teamgeist herrschte, fanden bei ihr keinen Anklang. Männer, die für eine Frau ihren Mantel in die Pfütze legen, damit sie trockenen Fußes die andere Straßenseite erreicht, interessierten meine Klientin in keinster Weise!

Sie war vom inneren Tyrannen wie besessen hinter der Energie ihres Vaters her, und weil nicht von dort erhältlich, forderte sie genau diese Art der Zuwendung dann an jedem anderen, ähnlichen Ort, in der Arbeit und innerhalb von Beziehungen.

Da sie praktisch auf der Lebensbühne fortwährend ihr Lebensthema erzeugte, in dem sie dann unter Druck gerät, aber seit einiger Zeit diesem Druck nicht mehr standhalten kann, folgen ein Zusammenbruch und krankheitsbedingte Ausfälle aufeinander. Ihr inneres Kind war bereits zum großen Tyrannen mutiert, der auf keinen Fall in eine Transformation gehen will, sondern versucht, von sich aus auf alle Ebenen Druck über Krankheit und Boykott auszusenden, um endlich die so lange erwartete Energie einzustreichen.

Die Maske der Persona, die meiner Klientin über Jahre hilfreich Beistand gewährte, konnte von ihr nicht weiter aufrechterhalten werden. Es schwanden ihr die Kräfte und Sinne, sie stand kurz vor dem totalen Ausfall.

Krankgeschrieben, ließ sie ihre Eltern wissen, dass sie arbeitsunfähig in ihrer Wohnung lag und vor sich hin dämmerte. Ihre Wohnung hatte sie ebenfalls unaufgeräumt schleifen lassen, es kam sozusagen zum Show-down zwischen dem großen Tyrannen und den Eltern der Dame. Der große Tyrann bildete eine sehr dicke, künstlich energetische Nabelschnur aus, die sich Jahr um Jahr noch verstärkte, und versuchte damit den Eltern die Energie abzuzwingen, deren er in jedem Fall ermächtigt werden wollte.

Wie so oft spielte das wahre Sein in der Dame eine zunehmend kleinere Rolle. Genau dieses Häufchen Elend saß gerade vor mir und sah mich flehentlich an, ihr zu helfen!

Ich sagte ihr klipp und klar, dass die einzige Chance ein deutliches Erwachen ihres Seins bedeutet, indem sie ihren wahren Seinsplatz dementsprechend einnimmt und den Tyrannen vom Thron schmeißt. Außerdem galt es für sie einzusehen, dass sie nicht hinter der Energie der Eltern her sein sollte, sondern genau diese Art von Erhaschung von Energie aufgibt, um schließlich in ihr selber, an ihrer eigenen Quelle aufzutanken. Das ist ihr Lebensthema, auszusteigen aus dem Hamsterrad des tyrannischen Elends, Verantwortung für ihr wahres Sein auf Erden anzunehmen und sich eben nicht mehr in Abgründe gehen zu lassen, damit ein Tyrann irgendwohin zur Energiegewinnung aufbrechen kann.

Als Weiteres gab ich ihr zu bedenken, dass sie hier nur mit einem eisernen Willen gewinnen könnte. Jeden Augenblick droht der Absturz, und damit rückt die Einweisung in eine Nervenheilanstalt näher.

Kommentar:

Lieber Leser, es nützt alles nichts, wenn Sie an ähnlicher Stelle nicht anfangen, ihr Leben vollkommen in die eigenen Hände zu nehmen, fällt es Ihnen immer schwerer, aus derartigen Krisen aufzustehen. Wir haben in Deutschland so viele krankheitsbedingte Ausfälle, die ähnlich diesem hier geschilderten Fall abdriften, dass es immer wichtiger wird, genau diese Erkenntnis für eine Aufarbeitung der darin enthaltenden Lebensthemen anzuwenden, damit mehr Patienten aufwachen und, wie schon so oft gesagt, in ein Leben weiterziehen, das auch dem Wort Leben entspricht! Nebenbei erreichen wir eine riesige Entlastung für die Kosten unseres Gesundheitssystems!

2. Geschichte

Ein Fall, der mich sehr lange beschäftigte, war der eines Mannes, der trotz gehaltener Gespräche Warnungen leichtfertig in den Wind schlug und irgendwie nicht anders konnte als angstvoll auf das einmal gesattelte Pferd wieder aufzusitzen und hinfortzugaloppieren, in Richtung seines Abgrundes.

Vor allem schade, weil ich während unserer Therapiesitzungen meinte ihm über den Berg helfen zu können. Wegen seines unglaublich starken inneren Tyrannen konnte ich ihm aber trotz allem nicht wirklich helfen. Über viele Jahre verfolgte er hauptsächlich ein Ziel, und das war, irgendwo im Süden ein Haus zu bauen, damit er seine Ferien und seinen Altenteil dort verbringen könne. Dafür nahm er alle Unsäglichkeiten, die ihm widerfuhren, in Kauf und mit der Zielstrebigkeit eines Widders bewegte er seine Energie Richtung dieses Endziels.

Im wahrsten Sinne baute er sein Traumhaus damit auf Sand. Auf den Namen eines dort Geborenen wurde die Parzelle ins Grundbuch eingetragen und anschließend mit dem Neubau begonnen. Fortwährend schob er seine Geldreserven nach, wenn die Meldung erklang, der Bau hat alles verschlungen. Er war derartig verzückt, dass er schon im Vorfeld jeglichen Urlaub dort mit der Familie dieses jungen Mannes verbracht hatte, die ihn herzlichst aufnahm und ihn täglich zu Tisch einlud. Da in dem Land die Verdienstmöglichkeiten eher gering einzustufen sind und die Familie vom Fischfang am Meer und einem kleinen Taxi lebte, waren seine Geschenke, die er jedes Mal mitbrachte, äußerst willkommen, und auch für die Verköstigung zückte er großzügig seinen Geldbeutel.

Als dann im zweiten Jahr das Haus fertig gestellt wurde und er guter Dinge zum Einzug vor Ort erschien, merkte er, dass sein gebautes Haus nicht den Plänen entsprach und statt ihn mit Freude zu empfangen, traten seine »Freunde« ihm völlig unwirsch und ablehnend gegenüber.

Die Familie hatte bereits absoluten Besitz von dem Platz und seinem Traumhaus ergriffen, wohnte fest eingezogen dort und meinem Klienten schnellten plötzlich Worte entgegen wie, stopp, hier hast du keinen Eintritt, es ist unser Privatbesitz, und falls du die Schwelle übertrittst werden wir die Polizei holen und dich wegen Hausfriedensbruch anzeigen.

Für den Klienten brach eine Welt zusammen, wie diese »guten« Menschen ihm nun entgegenblickten und schrien, er solle verschwinden. Es blieb ihm nichts anderes übrig, als sich nicht weit entfernt in eine Pension einzumieten, doch in den Wochen, die er dann dort verbrachte, gelang es ihm nicht, diesen jungen Mann und seine Familie davon zu überzeugen, dass er ja all sein Geld ihnen gegeben habe und sie ihn doch jetzt nicht so behandeln könnten, es gab doch schließlich feste Absprachen!

Alles Hadern und Bitten nutzte am Ende nichts, die Unterschrift war nicht von ihm geleistet und damit lag für ihn eben kein rechtsgültiger Vertrag vor. Hilfe von offizieller Seite konnte er auch nur im geringsten erwarten!

Ein jahrzehntelanger Traum löste sich sprichwörtlich in Luft auf, in meinem Klienten begann es psychisch schwer zu knacksen. Geschockt, frustriert, gedemütigt, geschlagen, betrogen und dazu in körperlich schlechter Verfassung, beendete er zermürbt die Reise, kehrte nach Hause zurück, in ihm war etwas zerbrochen.

Der Schicksalsschlag hatte für meinen Klienten schwerwiegende

Folgen. Er wurde nie wieder der Alte. Der Schock lähmte ihn in seinem weiteren Tun, es katapultierte ihn in einen ähnlichen Zustand der Ohnmacht und Angst vor der feindlichen Außenwelt wie in seinen Kindheitstagen. Dieses Trauma hatte ihm freilich in all seinen Tagen zugesetzt, doch hierdurch wurde es nochmals multipliziert. Anstatt seine Wut herauszuarbeiten, kollabierte die Energie und er zeigte sich seitdem der Außenwelt nur noch als gleichgültiger, liebenswert ausgeglichener, angepasster und etwas apathischer Zeitgenosse. Lediglich im Sport bewies er nach wie vor alte Widderqualitäten. Etwa ein Jahr später erlitt er dann nach einem stundenlangen Tennismatch bei hohen sommerlichen Temperaturen ganz plötzlich einen Herzinfarkt und erlag diesem im Krankenhaus.

Erlösungsthema:
Etwa zwei Jahre vor seinem Tod und der Betrugsgeschichte besuchte mich dieser hier Betroffene und bat mich, ein wenig nach seinen Lebensthemen Ausschau zu halten. Es stellte sich heraus, dass der Mann in frühester Jugend, geschockt von der Begegnung mit Vater und Mutter und als Folge des daraus entstandenen Überlebensmechanismus, aufgehört hatte, mit seinen Eltern in Verbindung zu treten. Solange er sich innerhalb der Familie ruhig, nicht auffallend bewegte, ließ man auch ihn im Abseits der Ruhe stehen. Dank seinem Fabel für Chemie zog er sich Stück für Stück in die Kellerräume zurück und bastelte dort allerhand Stinkiges, und manchmal explodierte das Ganze sogar. Sein wirkliches Sein hatte sich tief ins Unbewusste zurückgezogen, seine Personamaske glich einem Mimiklosen und sein innerer Tyrann, das mutierte kleine Kind, sann auf ewige Rache, es den Eltern heimzuzahlen.

Sobald er die Schwelle der Volljährigkeit überschritt, verließ er das Elternhaus. In den wilden 70er Jahren haute er dann endlich ordentlich auf die Pauke. Er entwickelte sich selbst zur nach Außen quirlig und beredt auftretenden Kunstfigur als Mittelpunkte seiner Wohn- und Hippiegemeinschaft. Sein wahres Sein, gepaart mit der Maske der nun überkandidelten Persona, getrieben vom kleinen Tyrannen, zeigte es so den Eltern, zahlte es diesen Spießern und Kleingeistern heim.

Nach den wilden Jahren kamen die spirituellen Jahre und es zog ihn mit einer Lebensgefährtin nach Indien. In Deutschland gab er sein Zuhause auf, wollte für Jahre mal etwas völlig anderes erleben. Doch in der Beziehung mit seiner Lebensabschnittspartnerin kriselte es auf der Reise bereits nach wenigen Wochen dermaßen, dass beide sich immer wieder gegenseitig in schwere Auseinandersetzungen verstrickten.

Die Fernreise entspann sich für ihn einerseits als Offenbarung, in einem Land, wo er wie selbstverständlich eine Heimat fand, und auf der anderen Seite, in der Partnerschaft, wurde er durch die ständige Begegnung mit der Frau in abgrundtiefe Schocks verquickt. Ähnliche Vorkommnisse kannte er nur aus dem Elternhaus mit seiner Mutter mit umgekehrten Vorzeichen; diese in einer gewissen Eiseskälte und nun jene Frau mit einer Überforderung an Nähe, Sexualität und Energieraub. Sie erinnerte ihn in ihrer Gefräßigkeit auf allen Ebenen an einen dem Märchen entsprungenen bösen Wolf. Noch in Indien beendete er die Tortur mit dieser »Freundin« und reiste vorzeitig ab.

Während er nach Deutschland zurückkehrte empfand er nach diesen traumatischen Erlebnissen im Inneren einen fast identischen Zustand wie damals noch bei seinen Eltern in den Kellerräumen. Dieselbe Angst beschlich ihn wieder, nur in einem stärkeren Ausmaß. Er hatte beim Ankommen nun ja nicht mal mehr eine Wohnung, dazu kam, dass er jetzt auf der äußersten Ebene in Form von Geldverdienen nach außen Kontakt aufnehmen musste, in die Gesellschaft, was ihm einen weiteren Schrecken einjagte, Angst einflößte, sodass er versuchte, irgendwie bald in Sicherheit zu gelangen. Um ihn herum hatte sich wieder der alte Kokon der Angst gebildet, Fluchtpunkt lebensnotwendiges Abschotten vor einer gefährlichen Außenwelt. Die Flucht nach innen hinter die Barrikaden der Abwehrmechanismen ähnelte seinem Abrücken in die Kellerräume seiner Eltern.

In diesen Momenten besuchte er keinen Therapeuten, um die Situation mit jemand Kompetentem aufzuklären, damit eine innere Heilung zu erfahren oder gewisse Lebensthematiken aufzudecken, sondern verbiss sich in das Insicherheitbringen seines »schützenswerten« Kernes, des Tyrannen, der, als sein Seelensein getarnt, ihn zur Eile antrieb.

In dieser Phase lernte er eine Frau kennen, die für dieses Unterfangen genau zu passen schien. Sie wurde schnell seine neue Lebensgefährtin und später zur Gattin, die beiden konnten sich in Ruhe lassen, jeder seinen innersten Kern unangetastet in Sicherheit bringen, man ließ sich gegenseitig in Ruhe, und wenn Nähe stattfand, dann in dem Maße, wie es beide ertragen konnten. Sie stellte sein perfektes Spiegelbild dar in der Form, dass sie ebenfalls eine ähnlich traumatisierte Jugend hinter sich hatte und von ihren Ängsten getragen in Ruhe gelassen werden wollte.

In den nächsten zweiundzwanzig Jahren entwickelten sie langsam, aber stetig ein tieferes Aufeinandereinlassen, eine tiefere Liebesverbindung. Und auch die Beziehung zum Sohn, den sie miteinander zeugten, den der Klient, wie einst sein eigener Vater ihn, nur ganz schwierig an sich heranlassen konnte, durfte im Laufe der Jahre etwas mehr Tiefe vom Vater erfahren.

Doch in den wenigen Therapiesitzungen, die der Klient bei mir verbrachte, kam heraus, dass er seine Dreifaltigkeit, das wahre Sein, die Persona und den Tyrann selber nicht sehen konnte. Es war ihm überhaupt nicht bewusst, oder eher, er wollte es nicht wissen, warum er genau diese Entscheidungen in den letzten zwanzig Jahren getroffen hatte. Von einer bewussten Annahme seiner Lebensumstände für Transformationszwecke ganz zu schweigen.

Im Gespräch gab er zu, dass die Form des Zusammenlebens

in dieser Familie ihm die erwünschte Sicherheit gewährte. Dabei bewohnte er einen eigenen, abgeschlossenen Wohntrakt, der ihm ermöglichte, im Hinterhof des ländlichen Anwesens, in Zurückgezogenheit vor den weltlichen Dingen auszuspannen. Als Weiteres sogar in einer Zurückgezogenheit hinter die Maske des Ehemanns auf einem Wohnsitz, der nach außen den Namen der Frau trug, ihm allerdings hier in Deutschland das Leben erträglich machte. Auch im Geschäftsgebaren schob er überall die Frau nach vorne, um ja nicht in Erscheinung treten zu müssen, sondern dadurch lieber seinen gepflegten abgekapselten Zustand, ähnlich wie damals in den Kellerräumen seiner Eltern, weiterhin aufrechterhielt.

Es war sozusagen nicht nur die reine Liebe, die diese Menschen zusammenbrachte, sondern ebenfalls ein gegenseitiger, wenn auch unbewusster, Kuhhandel wechselseitig gegebener Sicherheiten. Er sprach davon, statt dieser ewigen »Zwischenlösung« schon lieber einen Vierseithof sein Eigen nennen zu wollen, vielleicht sogar mit einem Schutzwall außen herum und natürlich, noch wichtiger, dieser ewige Plan, weg aus Deutschland, im sonnig warmen Süden, wo permanent die Sonne scheint und Wärme seinen Körper geschmeidig macht, er seine »Erlösung« findet …!«

Die Zustände, die an dem Platz herrschten, an dem er sich hier in den hinteren Teil des Anwesens zurückgezogen hat, gefielen ihm nicht wirklich, so hatte auch zwischen den Ehepartnern eine gewisse Unzufriedenheit, wie man einen Platz gestaltet und in Ordnung hält, stattgefunden, aber mein Klient hat letztendlich auch hier aus der Gewissheit seiner Sicherheitszone, die man ihm ließ, sich nicht durchgesetzt, sondern es kollabierte eher seine Energie, und als er darüber sprach, merkte ich förmlich, wie seine Aura sowie seine Körperlichkeit schrumpften, zusammensackten. Genauso spürte ich dies bei ihm während meiner versuchten Aufdeckung und Ergründung seiner Lebensthemen.

Er wollte letztendlich nicht aufgedeckt werden, er wollte um alles in der Welt die Maskerade der Persona aufrechterhalten, getrieben von seinem mittlerweile riesigen Tyrannen, der versprach: »Nur dahinten, in der letzten Ortschaft, im kleinsten Teil, kannst du überleben, sonst erfolgen Angriffe von außen die dein wahres Sein vollkommen zerstören.«

Das dies völlig irreal war, konnte der vom großen Tyrannen in Besitz genommene Klient nicht mehr wahrnehmen. Er verweigerte die Zusammenarbeit, und doch hörte er sich meine Ausführungen an, und so erklärte ich ihm, dass sein komplettes Leben eine riesige Lüge sei und er die Verpflichtung hätte, sich selbst gnadenlos aufzuräumen, und wenn er seine Frau und seinen Sohn und alle Freunde und Bekannten liebt ebenfalls gegenüber denen ein offenes klares Spiel spielen muss, damit die das erste Mal sehen, welch angstvolles, zitterndes, kleines wahres Wesen in diesem Menschen, der ihnen sonst mit der Personamaskerade, getrieben von seinem riesigen inneren Tyrannen, da angstvoll gegenübersteht, wirklich ist.

Nun hatte ich sein wahres Sein direkt vor mir. Angsterfüllt, zitternd saß er da, im Begriff, sein Bündel zu greifen und so schnell als möglich aus der Praxis zu verschwinden.

Ich sagte ihm weiterhin, dass er ewig vor der Realität flüchtet und damit die Ebene in ihm gewinnt, die sich von einem vermeintlichen Feind umgeben fühlt, dem er nur antworten kann, indem er jetzt dieses Haus im Süden versucht aufzubauen und meint dadurch sein Glück zu erfahren.

Ich erzählte ihm vom Mysterium des Lebens, wie die Dinge hier auf der Lebensbühne zusammenkrachen, wenn wir nicht aufpassen und uns erlösen wollen. Ich mahnte und sagte andauernd: *»Vorsicht Falle! Vorsicht Falle! Sie haben nur eine Chance, in ein wirklich glückliches Leben aufzubrechen, und die ist, Ihr Thema zu bearbeiten und zu erlösen – zu Transformieren!«* Ansonsten führt, wie in diesem Buch schon öfters beschrieben, der Weg langsam oder schnell in den Abgrund.

Gesagt, getan, er bedankte sich mit einem eher verzweifelten Lächeln für meine guten Worte und Ratschläge, schaute noch einmal auf die Uhr und meinte, jetzt ist wirklich Zeit, und versprach mir, sich wieder zu melden, um gegebenenfalls die eine oder andere Sitzung zu buchen, um mal die Bewusstseinswerkzeuge kennen zu lernen.

Das sollte unsere letzte Begegnung gewesen sein, bei der ich ihn noch lebend sah.

Kurz nach seinem Tod rief mich seine Frau an und erklärte mir, was in den letzten zwei Jahren stattgefunden hatte. So erfuhr ich von einer dramatischen Wende seines Schicksals, das ihn letztendlich einholte. Und da er eine wirkliche Aufarbeitung, eine Erlösung seiner Lebensthemen so strikt verweigerte, lieber der tyrannischen Angst mit Hilfe seiner Maskeraden folgte, die ihn in ein Tun aufbrechen ließ, das ihn über den Schicksalsschlag, den ZEN-Schlag, des ihm nicht Gelingens des Hauses im Süden, und des weiterhin nicht in die Aufräumung Spazierenwollens, dann in ein endgültiges innerliches Straucheln brachte.

Er trug zwar weiterhin eine Maske des Ruhigen und Seligen nach außen, seiner Frau vorspielend und gleichfalls seinem Umfeld, doch innen hatte er aufgegeben. Die in ihm kochende Wut, die früher ab und zu in gewalttätigen Ausfällen sichtbar wurde, ballte in ihm nun zum letzten Gefecht, dem Griff nach dem eigenen Herzen. Zuallerletzt hat er als Erlösung sogar zusätzlich noch mit seinem wahren Sein lieber nach dem Tod gegriffen.

Kommentar:

Ein Paradebeispiel des Eigenlebens eines großen Tyrannen zeigt uns diese Geschichte. Der Klient räumte nicht rechtzeitig seine Lebensthematik beiseite und unterstützte so seinen inneren Unterdrücker, den Tyrannen, der bereits in der Kinderstube laut und deutlich das von ihm kreierte Lebensmotto vortrug: *die ewige Verweigerung als Rache gegen Vater und Mutter.*

Nach der Pubertät sprang dieser Leitsatz auch auf sein erwachsenes Ich über, korrumpiert vom Tyrannen, stimmte das wahre Sein, unterstützt von seiner Persona, zu und damit wurde nun die Gesellschaft, natürlich die Schule, aber ebenfalls das Gemeinwesen, die Obrigkeit, Autoritäten als Ersatz für Mutter und Vater in diesen Wahlspruch mit aufgenommen, also gemieden.

Das hatte zur Folge, dass der Klient sich umgeben sah von Feinden und es ihn aus diesem »unwirtlichem« Land hinauszog in südliche Gefilde, wo Wärme und Aufgehobenheit für ihn scheinbar vorhanden waren. Nicht dass dieser Mann von der Intelligenz her seinen Lebensirrtum nicht hätte bemerken können, aber als Gefangener eines übermächtigen Tyrannen, der über den Gedankenapparat Tag und Nacht zuflüstert, wie er zu agieren hat, das war für ihn auf der Lebensbühne, also im richtigen Leben, der Aufruf zur Verweigerung von realer Innenschau und Erlösung der Lebensthemen. Musste er auch nur kleine Schritte in behördliche Ecken treten, erwachte sofort die Angst, und er hatte große Mühe standzuhalten.

Doch wie die Geschichte zeigt, nützt einem Menschen alles Drumherummogeln nichts, am Ende muß er die bittere Pille, die er sich einbrockt, schlucken und damit das Mysterium des Lebens als universales Gesetz akzeptieren, und dies hat für jeden Fall eine individuelle Eigendynamik parat.

Wenn Sie sich, werter Leser, in dieser Paradegeschichte auch nur annähernd wiederfinden, bitte halten Sie ein, suchen Sie kompetenten Rat, um ähnliche Schicksalsschläge zu vermeiden!

3. Geschichte

Ein selbstbewusst auftretender Mann im Alter von Mitte vierzig nahm mir gegenüber auf dem Stuhl Platz und meinte, es sei im Grunde gar nicht Zeit oder nötig, ein therapeutisches Gespräch zu führen. Er hatte allerdings ein Buch von mir gelesen und irgendwo innen drinnen sagte ihm etwas, da gehst du jetzt hin und du musst ja nichts annehmen, was dort besprochen wird. Von weither angereist, zeigte er sich, kaum gelandet, schon wieder auf dem Sprung, tunlichst schnell hier herauszukommen.

Ich bat ihn nun, erst einmal durchzuatmen, sich zu entspannen und dann einfach ein bisschen aus seiner Vita zu plaudern. Langsam sprudelte es dann aus ihm heraus, das, was eben noch so eisern darauf bedacht schien, ein fröhliches, kerniges, sportliches, unantastbares, über allem stehendes Sein darzustellen, schmolz in sich zusammen, und plötzlich brach es richtiggehend aus ihm heraus, dass es ihm eigentlich überhaupt nicht gut gehe. Er könne sich aber Schwachstellen nicht leisten, nicht vor sich selbst und auf gar keinen Fall vor seinem Umkreis.

Er verbarg bereits seit Jahren das wahre Sein hinter der bis jetzt so erfolgreichen Maske des Supermannes. Nur mit ungeheurem Kraftaufwand ließ sich die Personamaske im Augenblick noch aufrechterhalten. Immer wieder brach sie, wenn er nicht aufpasste, entzwei. In diesen Momenten konnte er die Tränen kaum halten.

Auch jetzt kullerten plötzlich ein paar Wassertropfen an seinen Backen hinab und er sagte verzweifelt: »Sehen Sie, jetzt geht's schon wieder los!«

In der weiteren Erzählung gestand er, wie leicht er mit jedermann wie fremdbestimmt in ein Konkurrenzverhalten abdriftet. Wie zwanghaft musste er der Beste, der Redegewandteste sein und Designerklamotten zeigen. Bis auf eine bestimmte gesellschaftliche Ebene hatte er es gebracht, doch es grämte ihn maßlos, dass ihm die höchsten Weihen verschlossen blieben. Seine Familie mit Frau und Kindern hatte es vor einigen Monaten direkt gesprengt, der Klient zog in eine neue Wohnung und sah seine Kinder leider seit dem nur noch an bestimmten Wochenenden und in den Ferien.

Auf seine Kindheit angesprochen, meinte er, es wäre schon in der Gebärmutter seiner Mutter recht eng gewesen, da ein Bruder ihm schon dort den Platz streitig gemacht hatte. Beim Aufwachsen empfand er den Zwillingsbruder als permanente Gefahr für seine schwerlich getroffenen

Freundschaften, und im Erwachsenenalter verließ er dann schnellstmöglich seine Ursprungsfamilie. Wann immer der Bruder ihn besuchte und den jeweiligen Freundeskreis traf, hatte mein Klient jedes Mal das Gefühl, in den Hintergrund zu geraten. Das stank ihm ein Leben lang gewaltig.

Die eigene Kinderstube habe es ihm zusätzlich nicht leicht gemacht, der Vater und die Mutter brachten ihm nie die Liebe entgegen, die er so sehr benötigte und wünschte. Darauf angesprochen, wie es ihm denn jetzt im Erwachsenensein mit dem Vater ergeht, sagte der Klient, dass er nach wie vor sehnsüchtig auf die Anerkennung von diesem wartet und leider bei eventuellen Treffen eher die Reifengrößen der Autos miteinander gemessen werden, als in einer Innenschau mit Freundschaft und Liebe diese Stunden zu verbringen.

Die Gemahlin des Klienten hat ihn nach all den Jahren des gemeinsamen Weges doch ziemlich durchschaut und ab einem bestimmten Punkt, der schon einige Zeit zurücklag, sich aus der Beziehung zurückgezogen. Da keinerlei weitere Gesprächsmöglichkeit und Aufräumung mehr stattfand, kam es schließlich zur Trennung.

Erlösungsthema:
Da er ebenso im Berufsleben über ähnliche Phänomene klagte, kam ich nicht umhin, ihm zu sagen, dass er hier doch ganz grundsätzlich mal ordentlich hinschauen müsse und gewisse Zusammenhänge erkennen solle. Es sei jedenfalls relativ leicht, aus diesem Potpourri der Geschehnisse gewisse Parallelen und Wiederholungen und Stagnationen als eine bestimmte Lebensthematik wahrzunehmen.

Sein wahres Sein hatte von frühester Kindheit die Idee des unglaublichen Abstrampelns um Gleichberechtigung. Seinem Lebensthema entsprechend musste der Klient nun seinen Selbstwert finden und die als Antwort seines inneren Kindes auf den Überlebensmechanismus tyrannisch aufgeblasene Selbstherrlichkeit und Egomanie, die in Konkurrenzverhalten deutlich wurden, komplett ablegen. Auch das Verhältnis zum Vater zeigte, wie man in dieser Familie Lebenszeit vergeudete, indem man um jeden Zentimeter der Reifengröße rang. Mein Klient musste sich aus diesem Hamsterrad, das seitens des Vaters vermutlich niemals in die Erfüllung gehen kann und auf die er aber trotzdem so Sehnsüchtig wartet, nun doch mal verabschieden.

Es galt für ihn in der Thematik die Lernerfahrung anzunehmen, in seiner eigenen Mitte authentisch, an der inneren Quelle labend sich in Frieden und Gleichheit und ohne Besessenheit von Konkurenzdenken mit dem Leben neu zu verbinden.

Dieses tyrannische innere Kind hatte sich in ihm dermaßen verselbständigt, eine Personamaske des Superhelden aufgebaut. In meiner Praxis zerrann dieses Bild nun mit den Tränen meines Klienten und damit kam sein wahres Sein zum Vorschein. Ich sagte ihm, dass dieses Sein viel, viel schöner sei als dieses mit allen Kräften Aufrechterhalten von einem Scheinsein, das er ja innerlich niemals gewesen sei.

Er verpflichtete sich nun, seine Thematik auf den zu Weg bringen, schaute hin und wieder auf eine Coachingsitzung herein und damit erledigte sich nach einigen Monaten wie von selbst jegliches weitere Rennen um gesellschaftliche Höhe und sämtliches Über-anderen-Menschen-Stehenmüssens.

Kommentar:
Der große Tyrann vermiest in allen Fällen, wo er auftritt, die wunderbare Zeit eines Erdenlebens. Die kurzen orgiastischen Gefühle, wenn man mit einem dicken Schlitten vorfährt oder über den roten Teppich stolziert, verblassen doch recht bald und dann strampelt man wieder um die Wette!

Man kann es nicht anders sagen, jegliches Beherrschtwerden vom inneren Tyrannen wird irgendwann in unschönen Dingen gespiegelt. Von der anderen Seite betrachtet, sollte man, sobald die Geschehnisse auf der eigenen Lebensbühne so ausfallen, dass sie einem nicht mehr gefallen, kurz innehalten und mal einen

Blick Richtung persönlicher Lebensthematik wagen. Glück, Liebe und ein wunderbares Füllhorn Gottes geschieht nicht von selbst, sondern nur, wenn man den eigenen Beitrag beisteuert, den Mut zur Transformation!

Kinder und der kleine Tyrann

Kinder sind die lohnendsten Klienten; wenn man mit ihnen von Seelendasein zu Seelendasein spricht, fällt ihnen Erkenntnis relativ leicht. Sie öffnen gerne ihre Herzen, weil sie merken, hier ist jemand, der mich mag, dem ich vertrauen kann und der anscheinend etwas mehr weiß als ich, und dem höre ich jetzt ganz einfach einmal zu.

Natürlich sitzen mir dann auch Kinder gegenüber, die erst einmal mit ihren kleinen tyrannischen Augen aus der Wäsche schauen, aber sehr schnell sich dann doch darüber freuen, jemandem zu begegnen, bei dem sie loslassen dürfen und ihre kleinen und großen Wunden des Lebensthemenspannungsbogens einmal offenbaren können. Jemandem, der sie so annimmt, dass sie Lösungen sehen, und ihnen zeigt, dass sie eben auch schon im zarten Alter neue Entscheidungen ohne weiteren Einfluss ihres kleinen Tyrannen tätigen können. Daraufhin zeigen sie ihre Liebe und Dankbarkeit, indem sie hocherfreut in ein neues Leben springen. Eltern sind darüber oft verblüfft, haben aber nur dann eine Chance für eine dauerhafte Veränderung mit den Kindern und ihrem sonstigen Umfeld, wenn beide Elternteile ebenfalls die Erlösung ihrer Lebensthemen beginnen.

1. Geschichte

In einer Einzelsitzung berichtete mir eine Dame von der Trennung von ihrem Ehemann und dem Stress, den sie seit dem mit einem völlig ver-

änderten Kind aushalten muß. Die Frau war aus der gemeinschaftlichen Wohnung samt ihrer Tochter ausgezogen und bewohnt seit einigen Wochen in einer halbstündigen Entfernung eine neue Wohnung mit Gartenanteil. Seit der Separation sah der Gemahl die Tochter bloß an den Wochenenden, doch danach kam das Kind meist mit viel stärkeren Antipathien gegen die Mutter wieder in ihre neue Heimat.

Die Tochter ging in den vergangenen Wochen lediglich ein einziges Mal nach der Schule hinaus in den Garten spielen oder das neue Umfeld erkunden, den Rest der Zeit saß sie verbockt an ihrem Computer im Zimmer.

Erlösungsthema:
Ich riet der Mutter, die mit ihr jetzt besprochene Akzeptanz und Richtigkeit der Trennung sowie alle Facetten, die zum Auseinandergehen führten, anzunehmen.

Allerdings ebenfalls das Mysteriums des Kennenlernens und dann der Entfremdung innerhalb einer Zweierbeziehung und den Sinn der Transformation von Lebensthematik mit und ohne Partner immer wieder einmal vor dem inneren Auge zu entfalten.

Als weiteres machte ich sie mit den Bewusstseinswerkzeugen vertraut, die ihr bei der Erlösungsarbeit und dem Arrangieren der neuen Situation im Sinne der Transformation helfen. Als Nächstes dann solle sie das Ganze auch noch im Kontext der Thematik, die alle Beteiligten, Mutter, Vater, Kind, für einen Quantensprung in ihrem Leben ausgesucht hatten, begreifen.

Das betraf den Lebensthemenspannungsbogen im eigenen früheren Elternhaus, aber auch die Wahl der Freunde und vor allem der Lebens- und Liebesgefährten. Ansonsten alles, was sie noch auf der Lebensbühne produzierte, dann Selbiges für ihren Ex-Mann und wiederum das, was beide Elternteile als Lebensthemenspannungsbogen für das durch sie gestartete Kind nun erzeugen.

Natürlich galt es außerdem dem Vater des Kindes Grenzen

aufzuzeigen, er dürfe eben nicht übergriffig oder aus seiner Angst vor dem Alleinsein missbrauchstechnisch im Verhalten der letzten Wochen fortfahren. Dann gehört dazu, dass die Offenheit, die, ausgehend von meiner therapeutischen Arbeit, zwischen Mutter und Kind erzeugt wird, auf einer Ebene fortgesetzt werden kann, die beiden ermöglicht, so miteinander zu reden und umzugehen, dass sie in Liebe verbunden bleiben. Ebenso mit dem Vater sollte eine Lösung in diese Richtung gefunden werden.

Es lag auf der Hand, dass die Tochter, unterstützt von der Manipulation des Vaters, sich den Schuh des Vaters angezogen hatte und nun den Kampf für ihn an dem neuen Lebensort gegen die Mutter tagtäglich ausfocht. Der Vater aktivierte damit in der Tochter den kleinen Tyrannen, der dann unbeirrt ein Eigenleben begonnen hatte, das sie selbst eigentlich überhaupt nicht will. Nur fand sie halt bis jetzt nicht raus aus diesem Dilemma und vor allem konnte sie, dank der Unwissenheit, in der Kinder meist gelassen werden, keinen übergeordneten Blickwinkel erreichen.

Es galt nun dem wahren Sein der Tochter klar zu machen, dass dies nicht ihre Angelegenheit ist, dass die Eltern das untereinander ausmachen müssen. Sie darf ab sofort in ein Leben aufbrechen, wie sie es gerne hat, und den künstlichen Gesellen, den kleinen Tyrannen, einfach ausknipsen. Denn dieser zeigte seit einiger Zeit, über die Personamaske, der Mutter, wie viel Kraft er aufbringt und mit welchen Taschenspielertricks er im Stande ist, dieses junge Mädchen, unter Mithilfe der Manipulationsenergie des Vaters, in die Sackgasse zu lotsen.

Unbewusste Eltern richten in den Kindern über diese Art der selbstverständlichen und übergriffigen Benutzung ungeheuren Schaden an. Kinder können sich schlecht erwehren, werden zu Spielbällen degradiert und mit Ängsten traumatisiert. Doch wenn man ihnen verdeutlicht, welche Ebene, Persona, Tyrann oder wahres Sein, in ihnen gerade funktioniert, sind sie schon sehr früh in der Lage, dies zu begreifen und mit ein wenig Übung sich so zu beobachten, dass sie selbst eingreifen, wenn ihnen der Tyrann durchgeht.

Werter Leser, auch Sie kennen Ihr wahres Sein, und dieses altert im Gegensatz zum Körper eben nicht, es kann dafür aber in Weisheit aufsteigen! Im Kind sitzt ebenfalls schon dieses wahre Sein, auch wenn der Körper noch ganz jung ist. Deshalb kann man dorthin auch Kontakt aufnehmen und man wird sich wundern, wie viel Verständnis bereits in ganz jungen Jahren hier Platz nimmt!

Genau dieses versuche ich in einer Einzelsitzung mit dem jungen Seelensein. Dabei gelingt es recht einfach, »vernünftig« mit dem Kindklienten in das angesagte Thema aufzubrechen. Kinder sind Kinder, ja, doch sind wir, und zwar wir alle, in der Lage, in Liebe, Wahrheit und vor allem mit der Realität und mit größtem Respekt dem jungen Erdenbürger zu begegnen. Dafür müssen wir uns aber der Realität des Mystenums Leben auch dementsprechend stellen. Dass Kinder trotzdem Kinder sind, die herumtollen, Spaß haben und sich auch mal streiten, gehört dazu, ebenso, dass es oft genug gilt ihnen gesunde Grenzen zu setzen. Aber vor allem von der freien spielerischen Art der Kinder sollten wir »Erwachsenen« uns viel öfters inspirieren lassen …!

Jetzt bat ich meine Klientin, die Tochter hereinzuschicken, um mit ihr den Versuch einer Verständigung, Aufklärung und Umorientierung herbeizuführen. Bei der Begrüßung schauten wir uns in die Augen und ich las darin, dass sie friedlich eingestimmt und mit einem Hoffnungsschimmer mir entgegentrat. Ich bat sie, sich zu setzen, und dann sagte ich zu ihr, dass ich mich freue, dass sie hergekommen sei und dass das ohne ihre Entscheidung gar nicht realisierbar gewesen wäre, also ich sehe, dass sie ebenfalls ein Interesse daran hat, dass die Lage anders wird. Sie bestätigte mir dies und ich fing an von den Zusammenhängen zu sprechen, dass es vielen Menschen so geht, mit den Dingen konfrontiert zu sein, die ihnen passieren, und dass sie kein Einzelfall ist und auch nicht die Eltern, sondern dass es eher zum Leben gehört, dass Lebensumstände Veränderungen ausgesetzt sind.

Wir hatten sehr schnell die Ebene miteinander gefunden, in der wir Klartext reden konnten, und mit dem direkten Ansprechen des wahren Seins gelang es, alles zu besprechen, was wir für den Schubs in eine tolle Zukunft benötigten.

Ich berichtete ihr von der Seelenreise einer jeden Seele, dass es für die Eltern und für sie und all die anderen Erdenbewohner bedeutet, über gewisse Erfahrungen weiterzuwachsen. Dass jede Seele sich ihre Eltern vor der Geburt aussucht, passend zur vorher ausgesuchten Lebensthematik, und mit den Dingen, die einem jungen Menschen dann widerfahren, beginnt die Zeit der Auseinandersetzung, des Einsehens, Begreifens und des Neuentscheidens.

Die Tochter stimmte mir zu, dass sie schon viel mehr begreift in den komischen Handlungsweisen von Vater und Mutter, aber dennoch irgendwo in ihrem inneren den Druck verspürte, verbiestert auf die Mutter zu reagieren. Dass sie bis jetzt nicht anders gekonnt hätte, als total dichtzumachen und in ihrem Zimmer herumzuhängen. Doch jetzt begriff sie den Unterschied der ihr zur Verfügung stehenden Entscheidungsebenen. Sie merkte auch, wie es in ihr zur Entspannung und Freude kam, wenn sie in eine neue Entscheidung mit der Mutter und dem Vater tritt. Sie weinte einige Tränen und es entsprang in ihr das Bedürfnis, mit der Mutter sofort Frieden zu schließen.

Ich holte nun die Mutter hinzu und freute mich sehr darüber, dass beide sich sogleich in den Armen lagen. Ohne es von meiner Seite ihr aufgetragen zu haben, entschuldigte sich die Tochter bei der Mutter für ihr Benehmen in den letzten Wochen und ebenso entschuldigte sich die Mutter für ihr sicher auch nicht ganz in Ordnung gewesenes Auftreten in letzter Zeit.

Kommentar:
Kinder und Eltern sind auch nur Menschen, doch wenn man die verstaubte Mottenkiste der Erziehungswissenschaften einmal lüftet und sich der Seelenreise bewusst nähert, dann weiß man auch, dass ein Vater und eine Mutter zu sein sehr relativ zur Seelengeschichte steht. Genauso, dass wir versuchen den Kindern einzureden, dass Mama und Papa als die einzigen und engsten Blutsverwandten als Verbindung zum Kind stehen. Es ist eine Tatsache, dass wir uns eben genau nach den Lebensthemen unsere Eltern aussuchen und diese sich unbewusst zur Verfügung stellen. Wenn wir eine andere Thematik für dieses Leben gewählt hätten, hätten wir auch andere Eltern für uns erwählt. Das heißt ganz klar und deutlich ausgesprochen, es ist wunderbar, miteinander liebevoll und sehr nah zu sein, aber dennoch sollte man im Geiste die Tatsache tragen, dass wir gegenseitig Gäste sind und auch nach einer gewissen Zeit uns wieder voneinander verabschieden müssen, ob wir das wollen oder nicht. Für ein glückliches Miteinander von Kindern und Eltern sind genau diese Punkte äußerst wichtig, und ich bitte Sie, werter Leser, dieses einmal für sich selbst in die eigene Kindheit zu stellen, und es werden sich für Sie viele Sachen relativieren.

2. Geschichte

Eine Mutter kam mit ihrem Sohn in die Praxis und wollte mit mir die Probleme bei ihm ausräumen, die sie mit den schlechten Leistungen in der Schule in Zusammenhang brachte. Schon bei der Betrachtung des Kindes fiel mir auf, dass er etwas verbockt schien und es so aussah, als ob er nicht ganz freiwillig mit in diese Therapiesitzung kam.

Bevor ich allerdings bei ihm mit der Arbeit anfing, bat ich erst einmal die Mutter zu mir herein. Sie hatte von der Lebensthementherapie im Gespräch mit einer Freundin erfahren, bei der die ganze Familie von mir erfolgreich gecoacht wurde. Ich versuchte ihr zu verdeutlichen, dass wir die Probleme des Kindes in einem Gesamtbild der Familie anschauen müssen, damit die Lebensthematik aller zum Vorschein kommt. Bereitwillig erzählte sie mir daraufhin Einzelheiten aus der Familienchronik.

Sie selbst hatte große Schwierigkeiten in ihrem Elternhaus. Ihr Mann hielt es kaum im Hause aus, und wenn, dann saß er lieber für sich vor dem Fernseher als mit Frau und Kind. Er wuchs ebenfalls in einer Familiensituation auf, in der ihm wenig Liebe zufloss. Beide, Vater und Mutter, hatten damit zu kämpfen, ihre Liebe im Herzen spürbar an das Kind weiterzugeben.

Erlösungsthema:

Im Inneren des Kindes vollzogen die Schocks über die Elternteile ebenfalls eine Abkapselung. Den Eltern erging es in ihren Elternhäusern genauso; wie in durchsichtigen Blasen standen sie aus der Authentizität der Geburtsstunde verbogen in der Welt, nicht fähig, Kommunikation mit ihrem wahren Wesen in die Außenwelt und gegenseitig aufzunehmen. Die Persona gilt als Chef im Ring und der innere Tyrann spinnt im Hintergrund die Fäden. Davon hatten aber alle drei keine Ahnung, sie litten zwar unter den Folgen, doch ein bewusstes Hinterfragen und Erkennen konnte mangels Informationen über die inneren Abläufe nie stattfinden.

Der Sohn multiplizierte in sich das energetische, psychische und körperliche Verhalten der Eltern und konnte, seiner Lebensthematik gerecht, nichts anderes in seiner Lebenssituation tun, als mit Boykott jeglicher positiver Kommunikation zu antworten.

Seine Dreifaltigkeit splittete in das wahre Sein, weit im Hintergrund fassungslos wartend auf Erlösung, die Personamaske, die mit versteinerter Miene auf keinerlei Ansinnen von außen mehr reagiert, und den kleinen Tyrannen, der sich hinter seinem Vorhang genüsslich ins Fäustchen lachte und keinerlei Anstalten zeigte, seine Kraft liebevoll dem Sein zur Verfügung zu stellen. Im weiteren Umfeld verweigerte der Bub so jegliche schulische Leistung.

Die Mutter des Jungen verstand verhältnismäßig schnell, worauf ich hinauswollte. Sie bat mich um weitere Einzelsitzungen für sich selbst, auch den Partner wollte sie versuchen für einige Einzelsitzungen zu gewinnen, und bat mich nun, mit ihrem Jungen anzufangen.

Ich rief ihn herein und begrüßte ihn nochmals, was er, da seine Mutter den Raum bereits verlassen hatte, auch bereitwillig mit Handschlag entgegennahm. Mit Erklärungen und Fragen wandte ich mich direkt an das wahre Sein des Kindes und versuchte über das Treffen von meinem wahren Sein mit seinem wahren Sein freie, ehrliche Kommunikation aufzubauen.

Es gelang mir über diesen Zugang ein Tor zu errichten, das wir wechselseitig in unserer Verständigung nun benutzten. Ich erklärte seinem wahren Sein, dass seine Eltern ebenfalls darauf bedacht seien, hilfreich für ein glücklicheres Miteinander zu arbeiten und dass er dieses Tor auch mit seinen Eltern und sogar in der Schule mit den Schülern und im Unterricht mit den Lehrern benutzen könne.

Ich half ihm, Mut zu fassen und dabei das wahre Sein in seinem Inneren in die erste Reihe der Kommunikation zu platzieren.

Langsam fasste er Vertrauen zu mir, und nach weiteren Einzelsitzungen mit ihm, seinen Eltern und anschließend mit allen gemeinsam fand endlich zusammen, was zusammengehörte, die Eltern begannen mit der Erlösung ihrer Lebensthematik und der Sohn entwickelte, eingebunden in die erwachende Liebe innerhalb der Familie, eine Lebensfreude, die ihn auch in der Schule weit vorwärts brachte.

Kommentar:

Verzagen Sie nicht, wenn bei Ihrem Kind Fehlentwicklungen erscheinen, es ist ein sicheres Zeichen, selbst einmal hinter den

Kulissen der eigenen Vergangenheit nach der darin vergrabenen Lebensthematik Ausschau zu halten. Damit helfen Sie Ihrem Kind am allerbesten, denn wenn Sie Quantensprünge in Ihrer Thematik vollenden, verändert das Ihr Auraschwingungsfeld, Ihre Gedankenwelt, Ihre Einsichten und mit deren Integration Ihr Handlungsbewusstsein.

Helfen Sie als Weiteres unbedingt Ihrem Kind mit den Informationen dieses Buches oder indem Sie es in eine Beratungsstunde mit einem Therapeuten der Lebensthementherapie bringen. Genau das kann dem Kind die so wichtigen Einsichten ermöglichen, sodass es von selbst anfängt, in seinem Inneren die Kommunikationsbahnen in neuer befreiter Weise aufzubauen. Und erinnern Sie sich immer an die Tatsache, Ihre Kinder sind Seelen wie Sie selbst, auf der Reise in die Erlösung ihrer Lebensthemen, nur etwas jünger!

Tod

1. Geschichte

In meiner Therapiestunde erschien eine Dame Mitte 50, der man die Trauer und das Abgeschottetsein direkt ansehen und anfühlen konnte. Wie sich herausstellte, war ihr Sohn einige Jahre zuvor durch einen Sportunfall ums Leben gekommen.

Auf dem Weg zum inneren Schatzkästchen traten weitere Details zutage, die ihre Lebensthematik als Spiegel aufzeigten. Der Tod des Sohnes war sozusagen der Höhepunkt und zugleich das Ende einer Verkettung von Ermahnungen und Hinweisen bis hin zur regelrechten Katastrophe.

Die Frau fühlte sich im Leben seit jeher fehl am Platz, weder mit dem Elternhaus noch mit Freunden oder später mit ihrer Wahlfamilie war sie jemals wirklich in Liebe verbunden. Sie kam sich vor, als säße sie im falschen Film, und musste trotzdem funktionieren. Sie hatte auch niemanden, dem sie sich anvertraute; ja, ihr war nicht einmal selbst klar, wie es um sie tatsächlich stand, da sie von ihrem Standpunkt aus keine Alternative kannte. Jetzt wo sie älter wurde, blieb ihr nur die verbitterte Einsamkeit. Mit ihrem Mann, der nur der Ziehvater des verstorbenen Kindes war, führte sie eine Zweckehe, die nach diesem schweren Erlebnis in Sprachlosigkeit gemündet war.

In einer Rückführung stellte sich heraus, dass die Seele des Sohnes ihre Lebensthematik erfüllt hatte. Der Gipfel der Erfüllung war der Tod gewesen, wobei dieser gleichzeitig der Mutter helfen sollte, die eingefahrenen Gleise zu verlassen und endlich die Transformation anzupacken.

Erlösungsthema:

Dieser Schicksalsschlag konnte den Felsen der Unbewusstheit leider nicht sprengen. Anstatt ihre Thematik zu erlösen, wurde die Mutter zu einer spröden, leb- und kraftlosen Marionette ihrer Schattenseiten.

Als roter Faden zog sich bei der Klientin von Geburt an durch Kindheit, Jugend und Erwachsensein das Problem einer nicht verstandenen, sich missbraucht fühlenden, am falschen Platz aufgewachsenen Seele, die mit aufgestauter Wut und verletzt ihre Liebe in sich selbst verschließt. Seit dem Tod ihres Kindes hatte sich ihr Abstand zur Umwelt noch vertieft.

Für mich galt es, sie langsam an die Realität heranzuführen, indem ich ihr vom Weg der Seele, von der Seelenreise erzählte.

Ihr Lebensthema ist es, die Einsamkeit und düstere Abkapselung aufzugeben und ins Leben zurückzukehren. Wichtigster Schritt dabei war für mich, sie in einer Phantasiereise zur Seele ihres Kindes zu geleiten. Dadurch lernte die Klientin, dass der Tod für die Kinderseele zum richtigen Zeitpunkt erfolgt war. Die Seele freute sich riesig, ihrer Mutter in der Traumreise zu begegnen, und sprach ihr Mut zu, wieder ins Leben einzusteigen.

Nach einigen Einzelsitzungen entschloss sich die Klientin zur Teilnahme an meinem Seminar »7 Tibeter – Eine Reise ins

Licht«. Dort vollzog sich bei ihr eine Transformation, die es ihr ermöglichte, das Dasein zum ersten Mal in ihrem Leben zu genießen und auch mit ihrem Mann in ein liebevolles Miteinander zurückzufinden.

Kommentar:
Manche Themen brauchen eine intensivere Auseinandersetzung. Das Seminar »7 Tibeter – Eine Reise ins Licht« unterstützt die Transformationsarbeit. Ziel des Seminars ist es, nachdem heftige Schicksalsschläge keine Veränderung gebracht haben, endlich das Lebensthema zu erlösen. Für eine noch weiter führende Transformation empfehle ich das zu diesem Buch konzipierte Seminar »Transformation der Lebensthemen«.

2. Geschichte

Vor Jahren suchte mich eine Frau in meiner Praxis auf, die an einem Wendepunkt stand, diesen aber nicht endgültig herauszukristallisieren wagte. Dadurch war sie in ihrer Entscheidungskraft blockiert.

Sie fing an zu erzählen, dass ihr Kind kurz zuvor im Alter von zweieinhalb Jahren nach einem Regenguss hinterm Haus in einer Pfütze ertrunken sei. Einige Monate zuvor hatte sie sich wegen unüberbrückbarer Probleme vom Vater des Kindes getrennt, und nun stand sie ein halbes Jahr später vor der Entscheidung, ob sie in Deutschland bleiben oder in ihr Heimatland zurückkehren sollte.

Erlösungsthema:
Es gibt Seelen, die schon als Kinder die Erde wieder verlassen, weil das zu ihrem Lebensthema gehört. Das Thema Kindstod hatte hier die Bedeutung, den Eltern dabei zu helfen, sich vollständig voneinander zu lösen. Ganz egal wie lange der Aufenthalt einer Seele dauert, in der anderen Dimension fühlt sie sich immer liebevoll empfangen und aufgehoben.

Nachdem die Trennung zwischen den Eltern vollzogen und das Kind gegangen war, stand für die junge Frau an, sich als weiteren Teil der Erlösung ihres Lebensthemas kompromisslos für ihre eigene Wahrheit einzusetzen und mit den gemachten Erfahrungen in die Heimat zurückzukehren.

Für diese Lernerfahrungen musste sie Schmerzvolles durchleiden und vieles Liebgewonnene loslassen: als Erstes ihren Mann, als Zweites ihr Kind und als Drittes die Wunschvorstellung einer heilen Familie. Sie hatte zu lernen, sich nicht mehr zu verbiegen, um das leben zu können, was sie sich so sehr wünschte – eine intakte Familie. Da wurden gleich mehrere Lebensthemen auf einmal in Angriff genommen.

Nach einigen Einzelsitzungen war die Klientin so gefestigt und hatte, da sie ihren Lernweg annahm und ihre Lebensthemen verarbeitete, so viel Mut und Kraft geschöpft, dass sie sich mit der Entscheidung ihres zukünftigen Lebensmittelpunkts befassen konnte. Obwohl es ihr in Deutschland sehr gut gefiel, vermisste sie ihre Heimat, Freunde und Familie und freute sich nun auf eine baldige Rückkehr.

In einem Brief teilte die Klientin mir nach einiger Zeit mit, dass ihr die Heimkehr und auch die Integration im dortigen Umfeld ziemlich leicht gefallen sei, da sie in sich gefestigt war und mit dem entsprechenden Selbstvertrauen ihren Alltag bewältigte.

Einige Zeit später traf sie den Mann, mit dem es ihr möglich wurde, die Partnerschaft zu leben, für die sie nun reif war, und wie ich hörte, ist auch etwas Kleines unterwegs.

Kommentar:
Manche Seelen stellen sich für die Weiterentwicklung anderer Seelen zur Verfügung. Auch der Tod eines geliebten Menschen kann uns zur Betrachtung der eigenen Lebensthemen und zur Suche nach unserer gewählten Bestimmung veranlassen.

3. Geschichte

Eine Klientin lag nach einem Autounfall im Koma. Sie erlebte sich in einem Wachzustand, hatte aber keinerlei Gefühl der Körperlichkeit. Plötzlich war alles anders, keine Bewegung mehr möglich. Sie konnte in sich eine schreckliche Todesangst spüren. Mit aller Kraft sträubte sie sich dagegen und betete zu Gott: »Bitte lass mich leben.«

Sie spürte, dass ihre Seele nur noch an einem seidenen Faden hing. Doch sobald sie das Gebet gesprochen hatte, fühlte sie sich wieder stärker mit ihrem Körper verhaftet. Das Gebet war eigentlich eine Abmachung mit Gott, dass sie ab jetzt ihr Leben in die Hand nehmen und sinnvoll gestalten würde.

Somit nutzte sie diesen Unfall als Wendepunkt in ihrem Leben. Sie entwickelte für Außenstehende eine ganz andere Persönlichkeit, wurde zielorientiert und machte sich die Ausbildung, die ihr ihre Eltern ermöglicht hatten, endlich zunutze. In der Jugend war sie von den Eltern mit viel Liebe ausgestattet ins Leben geschickt worden.

Von dem Augenblick der Genesung an startete sie mit unglaublicher Energie in ein neues Sein. Da sie sehr lange ans Bett gefesselt war, hatte sie die Zeit, sich mit dem Unfall auseinander zu setzen und sich ihrer Lebensthematik zu stellen.

In der Ukraine geboren, fand sie sich nach ihrer vollständigen Gesundung plötzlich in Italien wieder und leitete innerhalb kürzester Zeit ihre eigene Theaterproduktion.

Sie hatte mit sich die Vereinbarung getroffen, keine Zeit mehr zu vergeuden, sondern ihrer Berufung zu folgen. Ihr Lebensthema heißt: Spring in deine Berufung und inspiriere die Menschen durch dein Tun.

Erlösungsthema:

Manche Seelen brauchen einen Anstoß von außen, um in ihre Bestimmung zu gelangen. Meine Klientin wollte in den Sitzungen für sich herausfinden, ob sie ihre Thematik im richtigen Licht sah. Zu Anfang wollte sie es gar nicht fassen, dass sie tatsächlich erst einen so harten Zen-Schlag bekommen musste, bis sie endlich wie in einer Rakete, Gott sei Dank festgeschnallt, in die Vollendung ihrer Berufung fand.

Inzwischen gibt sie in vielen Städten Tanzseminare für Frauen – ein Teil der Berufung meiner Klientin – und unterstützt so diese dabei, zu ihrer eigenen Kraft vorzustoßen. Am Ende des Seminars zeigen die Teilnehmerinnen dann ihr verändertes Sein in Form von Bühnendarbietungen. Die Klientin arbeitet mit zahlreichen Werkzeugen, unter anderem mit Meditation und Begegnungsspielen aus dem Bereich der Schauspielerei und Therapie, und formt so aus den Frauen tanzende Göttinnen.

Kommentar:
Nahtod-Erlebnisse fordern uns ultimativ auf, das innere Schatzkästchen zu heben, die Lebensthemen anzuschauen und neue Handlungen einzuüben. Lassen Sie es nicht so weit kommen, machen Sie sich schon vorher auf, mithilfe der Phantasiereise ihr Bewusstsein zu erweitern und auf diese Weise Ihre Berufung und Vision zu finden.

4. Geschichte

Ein Klient war in letzter Sekunde vom Zug ins Jenseits gesprungen. Er hatte einen körperlichen Zusammenbruch erlitten und der herbeigerufene Notarzt konnte ihn gerade noch rechtzeitig ins Krankenhaus einweisen. Dort stellte sich heraus, dass ein bis dahin nicht erkannter Darmkrebs ihn innerlich vergiftete. In einer Notoperation wurde dem Mann ein großes Stück Darm entfernt und ein künstlicher Ausgang gesetzt.

Als während der Operation sein Leben auf der Kippe stand, erlebte der Klient die typische Nahtod-Erfahrung, bei der er sich in einem Lichttunnel wiederfand und auf das Licht am anderen Ende zu-

steuerte. Doch plötzlich wurde er wie in einem Sog nach hinten gezogen und er hatte das Gefühl, wieder in seinen Körper hineingeschleudert zu werden. Als er aufwachte, lag er im Krankenbett. Seine schlimmste Leidenszeit sollte aber erst jetzt kommen.

Nach der Operation hatte er leider keine psychologische Begleitung, die sich mit ihm und seinem Thema adäquat auseinander gesetzt hätte. So heilte zwar sein Körper recht gut, doch das Thema, das ihn in die Krebserkrankung geführt hatte, wurde nicht aufgearbeitet.

Das erste Mal kam der Klient in eines meiner Seminare, und mir fiel auf, dass sein ständiger Seinszustand in gewisser Weise zwischen himmelhoch jauchzend und zu Tode betrübt schwankte.

Äußerst besorgt bat ich ihn darum, in einer Einzelsitzung sein Thema beleuchten zu dürfen. Dankbar stimmte er zu und wir versuchten zusammen hinter die auf der Lebensbühne erschienenen Dinge zu schauen. Für mich bedeutete es ein hartes Stück Arbeit, auch nur in die Richtung seines Schatzkästchens zu gelangen. Die Abwehrmechanismen der inneren Schatztruhe hatten den Mann dermaßen umwölkt, dass es für ihn schier unmöglich war, der Thematik Herr zu werden.

Auf der Fährte ins Lebensthema zündete der Klient unbewusst alle Abwehrbomben, die in der Nähe der Schatzkiste stationiert waren. Was ich ihm auch mitteilen konnte, behauptete er zumeist bereits zu wissen, andere Tatsachen lehnte er rundweg ab.

Erlösungsthema:
Sein Lebensthema ist es, aus der Ego-bezogenen Einsiedelei, in der er Ziele ausspricht, die völlig absurd sind, heraus in die Liebe zu sich selbst und anderen Menschen zu gelangen. Dort, wo er stand, bemerkte er nicht, dass ihn dieser Weg des Egos in die Krankheit führte. Durch die Wut und den Frust über die Lieblosigkeit in seinem Elternhaus und auf seinem Lebensweg klammerte der Klient sich so stark an eingefahrene Handlungsweisen, dass er nichts loslassen konnte. Durch den künstlichen Darmausgang war er jetzt zumindest wieder imstande, den körperlichen Abfall abzutransportieren. Seine größte Aufgabe

bestand darin zu erkennen, welch eine Chance in der Krankheit für ihn lag.

Doch jede angebotene Unterstützung im Seminar und in den Einzelsitzungen versuchte er zu ignorieren, um nur ja seinen vor langer Zeit eingeschlagenen Lebensweg fortsetzen zu können. Er vermochte nicht einzusehen, dass es zwischen der Krankheit, seiner Zielsetzung und seinem Umgang mit Menschen einen Zusammenhang gibt. Als nächstes Betätigungsfeld hatte er sich ausgerechnet auch noch die Sterbehilfe auserkoren.

Man kann vor solchen Zielsetzungen wie ein Engagement in der Sterbehilfe in so einem Fall nur warnen, da Sterbende eine ganz andere Art der Unterstützung brauchen. Weder in den Einzelsitzungen noch im Seminar fand der Klient lernwürdige neue Handlungsweisen, und so mussten wir uns voneinander verabschieden, ohne dass er den Quantensprung erreicht hatte.

Kommentar:
Lassen Sie es nicht so weit kommen, in dieser Art aufs Abstellgleis zu geraten. Lesen Sie bitte noch einmal das Kapitel über das Ego. Auch die Phantasiereise mit der CD sollten Sie zur Selbsterkenntnis des Öfteren unternehmen.

5. Geschichte

Tragisch ist eine Lebensthematik, die nicht erfüllt ist. Tragisch ist das vor allem für eine Seele, die sich durch Selbstmord aus der Affäre zieht. Man darf nicht meinen, durch ein selbst entschiedenes Verlassen dieser Erdenwelt könne man Thematiken erlösen. Das geht jedenfalls nicht bei dem Lebensthema, das im Folgenden geschildert wird.

Der betreffende Klient kam kurz nach dem Tod seiner Freundin in meine Praxis und wollte mit mir das Erlebte verarbeiten. Natürlich lag es ihm am Herzen, die Tat seiner Freundin zu begreifen. Sie hatte seit Jahren unter Depressionen gelitten und sich deswegen aus dem normalen Arbeitsleben zurückgezogen. Sie verstieg sich immer mehr in die Idee, keine Chance für ihr Sein auf der Erde zu haben. Mein Klient unterstützte sie finanziell, tätigte die Einkäufe, und sie kümmerte sich in den letzten Jahren hauptsächlich um den Haushalt.

Als sie dann Selbstmord beging, befand sich mein Klient auf einer Seminarreise. Von der Nachricht über den Verlust seiner Lebensgefährtin war er verständlicherweise tief geschockt.

Grundsätzlich möchte ich an dieser Stelle sagen, dass viele Menschen in ihrer Lernzeit Prüfungen und Feuerproben zu bestehen haben, die sie an den Rand des Erträglichen bringen, und dass somit auch der eine oder andere schon über den Freitod nachgedacht hat. Das ist ein Teil der Feuerprobe, und der Betreffende hat hier die Aufgabe zu erkennen, dass es eventuell die Abwehrmechanismen seines Schatzkästchens sind, die ihn in den Tod zwingen möchten.

Das in die Ecke getriebene Ego rüstet sich für einen Kampf auf Leben und Tod. Ins bewusste Sein aufzuwachen und das Lebensthema zu erlösen lautet in diesem Fall die Herausforderung.

Leider wählen einige Menschen am Ende den Freitod. Nur bei wenigen ist die zubemessene Erfahrungszeit auf Erden da wirklich schon beendet, sodass sie in Frieden gehen können. Den meisten dieser Menschen hätte geholfen werden können, wenn sie sich einen Therapeuten gesucht hätten, der sie an der Hand genommen und aus dieser Sackgasse hinausbegleitet hätte.

Die Lebensgefährtin meines Klienten hatte sich im Innern und damit auch im Äußeren völlig gehen lassen. Sie hatte sich mit ihrer Thematik nur scheinbar auseinander gesetzt und sich als leidtragendes Opfer in den schützenden Bau ihres Heims zurückgezogen.

Durch den Einfluss, den sie auf meinen Klienten hatte und der wiederum seine eigene Thematik in dieser Geschichte hat, auf die ich gleich noch zu sprechen komme, war dieser ihr in dem Punkt geradezu hörig. Er hatte den Eindruck, sie habe eine spirituelle Reife erreicht, die ihm helfen könnte, seine eigene zu erhöhen. Die Frau verband in sich eine Mischung aus vermeintlicher Meisterschaft und der fehlgeleiteten Überzeugung, mit all dem Schmerz und Leid, der Trauer sowie mit diesem misslungenen Leben das absolute Opfer zu sein.

Mit ihrem Freitod hat sie das Klassenziel jedoch vollkommen verfehlt, sie hat sich vielmehr auf leisen Sohlen davongestohlen. Sie wird nun in dem einen oder anderen neuen Leben wieder mit derselben Thematik konfrontiert werden.

Für den Lauf der Zeit, den lieben Gott, die Existenz, das schöpferische Sein ist dies kein Problem, die Seele verursacht in sich durch diese Tat lediglich einen Rücksturz in die andere Dimension, der dort nicht einfach in einem Crescendo endet.

Ihr Empfang in der anderen Dimension ist gewissermaßen vom Schuldgefühl der Seele wegen dieser Tat beeinflusst. Das Ende auf Erden erzeugt den entsprechenden Widerhall in der anderen Dimension. Es kann also sein, dass sie in einer gewissen Weise eine Höllenerfahrung durchmachen muss. Nach einer Ruhephase wird die Seele dann einen weiteren Aufenthalt auf der Erde planen, vielleicht dasselbe Thema für das Erdenleben wählen und diese Thematik eventuell ins Licht bringen.

Erlösungsthema:

Für meinen Klienten galt es nun zu begreifen, welcher Unsinn ihn veranlasst hatte, seiner Lebensgefährtin nicht die Leviten zu lesen und sie nicht direkt zu einem Therapeuten zu bringen.

Er musste verstehen lernen, dass er sich jemanden auf den Thron gesetzt hatte, um diesen anzubeten, zu dienen, anstatt mit einer Frau eine wirkliche gleichberechtigte Liebesbeziehung einzugehen. In seinem Schatzkästchen lag das Thema vergraben: Er musste sein Selbstwertgefühl aus sich selbst, aus seiner eigenen Kraftquelle schöpfen. Er hatte zu lernen, keine Power oder Kraft mehr an andere abzugeben und sich auf diese Weise nicht mehr von dem Betreffenden führen zu lassen.

Das Thema Mutterliebe spielte hier ebenfalls eine große Rolle. Die Mutter hatte ihn mit ihrer Liebe so erdrückt, dass er zeitlebens vor der wahren Liebe zurückschreckte. Er hatte seine Freundin als Ersatzmutter auf den Liebesthron gesetzt. Erst nach deren Tod konnte er seinen eigenen kranken Zustand, den er im Selbstmord gespiegelt bekam, annehmen, sodass er endlich dieses Thema aufzuarbeiten begann.

Außerdem musste ich den Klienten darauf aufmerksam machen, nicht gleich in den nächsten Fehler zu verfallen und sich selber runterzumachen. Da er sich für den Tod der Lebensgefährtin verantwortlich fühlte, war er geneigt, dieser Frau noch ein Märtyrertum anzudichten. Für ihn war es wichtig, sich in einem Ritual völlig von der Dame zu verabschieden und daran zu erinnern, dass es bei einer Beziehung stets ein Vorher und ein Nachher gibt.

Nach einigen Monaten erschien er dann mit einer neuen Frau in einer Paarsitzung, ich konnte beiden nur gratulieren. Er hatte seine Lektion gelernt und damit eine weibliche Seele angezogen, mit der er das leben konnte, auf was er sich immer gefreut hatte.

Kommentar:
Bitte betreiben Sie Früherkennung. Nehmen Sie sich die Zeit für eine Phantasiereise in Ihr inneres Schatzkästchen. Vorbeugend sollte man in ähnlicher Situation einen Therapeuten aufsuchen!

6. Geschichte

Ein Fernsehredakteur bat mich um eine Unterredung in einer Zeit des Umbruchs für ihn. Er hatte für sich den Eindruck, gleichzeitig mit der Welt Frieden zu schließen, seine Dinge zu ordnen und sich fertig zu machen für das letzte Kapitel seines Verbleibens auf der Erde. Aus dem

Berufsleben hatte er sich zurückgezogen, traf aber nach wie vor aus freundschaftlicher Verbundenheit noch seine Kollegen und andere ihm bekannte Persönlichkeiten des öffentlichen Lebens. Die Kinder waren schon lange aus dem Haus, die Frau hatte ebenfalls den Platz an seiner Seite verlassen, und er löste gerade zudem seine Wohnung auf, um in eine kleinere umzuziehen.

Für ihn ging es in unseren Gesprächen hauptsächlich darum, mit mir als spirituellem Begleiter den Einklang, den er mit sich und der Welt spürte, auf seine Richtigkeit zu überprüfen.

Erlösungsthema:
Der Klient hatte es geschafft, er hatte seine Themen transformiert. Nun war er bereit und offen für alles, wohin ihn das Leben weiter tragen wollte. Die Transformation seiner Lebensthemen führte ihn ins All-eins-Sein, und darin war er völlig zufrieden. Er beschäftige sich im Alltäglichen mit den alltäglichen Dingen.

Für mich gab es nichts weiter im Schatzkästchen nachzuforschen, wir lernten uns gegenseitig mit Respekt in Freundschaft näher kennen. Nach nicht allzu langer Zeit erfuhr ich dann von seinem Wechsel in die andere Dimension. Da wurde mir klar, dass er alles geklärt und gerichtet hatte, friedlich, liebevoll im Einklang mit sich und seiner Umwelt die letzten Tage genossen hatte, um dann ohne große Krankheit von einem Augenblick auf den anderen die Ebenen zu wechseln.

Ich nehme diese Geschichte absichtlich in dieses Buch auf, weil ich damit ausdrücken möchte, dass es sehr wohl möglich ist, als Mensch im Einklang mit sich selbst die Dimensionen zu wechseln.

Kommentar:
Keiner.

7. Geschichte

Ein Arzt, der in der Notaufnahme eines Unfallkrankenhauses arbeitete, kam zu mir in die Sprechstunde, um über das Thema Tod seiner Familie und das Phänomen der Begegnung mit der anderen Dimension zu sprechen.

Er hatte bei einem Eisenbahnunglück in Indien seine Frau und sein Kind verloren und damit war für ihn eine Welt zusammengebrochen. Seine Arbeit im Krankenhaus konnte er nur noch wie in Trance verrichten, bis es auf einmal überhaupt nicht mehr ging, da ihn der Schock über den persönlichen Verlust in einen Zustand versetzte, der sein komplettes Energiesystem lahm legte.

Er hatte das Gefühl, seine Geliebten wollten ihn in seinem Haus, gerade wenn er des Nachts alleine in seinem Bett lag, trösten. Nach einigen Tagen fing er wieder an zu arbeiten und hatte plötzlich merkwürdige Begegnungen mit Patienten, die Nahtod-Erlebnisse hinter sich hatten, mit Menschen, die über die Schwelle durch den Korridor ins Licht getragen und plötzlich wieder auf die Erde in den Körper zurückgezogen worden waren.

Was erst vereinzelt vorkam, häufte sich allmählich auf merkwürdige Weise. Patienten, die von einer Nahtod-Erfahrung zurückkehrten, sprachen ihn während der Visite an und überbrachten ihm aus der anderen Dimension von seiner Frau Tröstung und die Aufforderung, sich mit der Nachricht ihres Todes nicht zufrieden zu geben.

Erlösungsthema:

Als ihm klar wurde, was das bedeuten konnte, traf ihn ein anderer Teil der Nachricht wie ein Schlag. Es waren Anzeichen vorhanden, dass beide zwar mit dem Tode rangen, aber ins Leben zurückkehren sollten. Da man die Leichen nicht gefunden und das Unglück sich fernab von jeglicher Zivilisation ereignet hatte, war es möglich, dass seine Frau und sein Kind noch am Leben waren. Es konnte sein, dass die Verunglückten ohne Registrierung in irgendeines der Krankenhäuser gebracht worden waren, die im Umkreis von der Unfallstelle lagen.

Mein Klient setzte alles daran, umgehend nach Indien zu reisen, um vor Ort selbst nach Kind und Frau zu suchen.

Sein Lebensthema begegnete ihm auf eine Weise, dass ausgerechnet er, der davon nie etwas wissen wollte, sich nun mit dem Thema Tod so nah, so betroffen auseinander setzen musste. Er ging dabei durch alle erdenklichen Phasen der Emotion und erlebte dabei Millimeter für Millimeter eine Transformation, die sein Leben für immer verändern sollte.

Der Klient hatte mich aufgesucht, weil er mit mir diese Erlebnisse besprechen wollte. Was ich hier sah, hörte und spürte, bestätigte, dass er auf dem richtigen Weg war. Er hatte für die nächsten Tage seine Abreise nach Indien gebucht.

Ich konnte diesem sonst so verstandesorientierten Arzt nur nahe legen, dass das Leben mehr ist als das, was wir über den Verstand begreifen können. Die Chance, durch den Prozess wach und aufmerksam seine Lernerfahrung zu machen, nahm der Klient wahr. Ich war überzeugt, dass er seine Familie finden und sie zusammen nach Deutschland zurückkehren würden.

Tatsächlich fand der Klient innerhalb weniger Tage seine Familie, indem er sich intuitiv darauf verließ, Anzeichen, Führung, Hinweise zu erhalten. Er heuerte in Indien einen Taxifahrer an, der ihm bei seiner Suche sehr behilflich war. Als der Arzt das Krankenzimmer, in dem seine Frau und sein Kind lagen, dann endlich betrat, konnte er es vor Glück kaum fassen, die beiden bei Bewusstsein zu erleben und sie vorsichtig in die Arme schließen zu können.

Nach weiteren zwei Wochen in der Klinik flogen sie gemeinsam mit einem Heimhol-Transport zurück nach Deutschland.

Die Transformationserfahrung für diesen Klienten bestand darin, sein Bewusstsein von der logischen Verstandesebene in eine ganzheitliche Sichtweise zu erweitern. Leben und Tod sind ein Mysterium. Seine Frau und sein Kind hatten tatsächlich eine Weile zwischen den Daseinsebenen geschwebt.

Kommentar:
Das Leben ist ein Mysterium, es will nicht in Sicherheit, sondern *mutig* gelebt werden. Stellen Sie sich Ihren Lebensthemen!

8. Geschichte

Neben der persönlichen Begegnung mit dem Tod gibt es auch die kollektive Variante, die beides zugleich beinhaltet, etwa wenn Menschen aus bestimmten Gründen durchdrehen und andere zu Tode bringen. Gerade als ich diese Zeilen schrieb, hatte ein Ex-Schüler in einer Erfurter Schule etliche Lehrer und zwei Schüler erschossen. Ich möchte an dieser Stelle vor allem auf das kollektive Geschehen eingehen. Diese Menschen waren nicht in meiner Praxis, aber trotzdem lässt sich an diesem tragischen Geschehen etwas zeigen, das wir alle dringend zu lernen haben. Das heißt, unsere Gesellschaft hat ein Transformationsthema, für dessen Erlösung wir uns definitiv entscheiden sollten.

Es geht wie schon mehrfach angedeutet darum, im Leben zu erkennen, dass die Verantwortung des Einzelnen und der Gesellschaft tiefer und weiter reicht, als wir das im Augenblick wahrnehmen wollen.

Bei Ereignissen wie dem Erfurter Amoklauf sind vor allem die Eltern, die Politiker und die Schulen gefragt. Gerade die Eltern sollten mehr Information erhalten, die sie veranlassen, wenn Kinder ins Haus stehen, sich mit dem Thema Erziehung ernsthaft auseinander zu setzen. Ja, noch vor diesem Zeitpunkt gilt es für jeden bereits, mithilfe der Erlösung der Lebensthemen ins innere Schatzkästchen vorzudringen.

Es ist in der Gesellschaft äußerst schwierig, von oben Dinge zu verordnen, ohne zu viel zu reglementieren. Dennoch ist es unsere Pflicht, mehr zu wagen, zu experimentieren, neue Ideen zu den

Themen Werte, Lebensformen, individuelles Betrachten der Seele und Lebensthematik in uns aufkeimen zu lassen. Die Politiker und Behörden sollten, mit Unterstützung der Menschen im Lande, praktisch immer wieder an wichtigen Stellen des Lebens Informationsschleusen herstellen, die es allen ermöglichen, für mehr Achtsamkeit und Bewusstsein im Umgang mit Kindern und Erwachsenen zu sorgen.

Wir alle müssen genau überlegen, wie viel Erziehung, Grenzsetzung, Öffnung und Freiraum der Mensch von klein auf braucht, und an jeder derartigen Informationsschleuse könnten wir uns dazu den neuesten Wissensstand beschaffen. Damit könnten wir von der Geburt der Kinder bis zu deren Volljährigkeit auf eine völlig neue Art und Weise die Verantwortung für die Individuen und für die Gesellschaft als Ganzes wahrnehmen.

Erlösungsthema:
Wir als Gesellschaft haben insgesamt die Verpflichtung, uns definitiv für Werte, die wir leben und erleben wollen, einzusetzen. Ganz konkret sollten wir auf der Basis des jeweils aktuellsten Wissens die Werte kreieren und für die Umsetzung dieser Werte einstehen. Die Schule darf nicht nur als Wissensvermittlerin, sondern muss auch als Vermittlerin von Werten fungieren.

Wo immer das Leben die jungen Menschen dann hinführt, in eine weitere Ausbildung etc., sollte es Begleiter für sie geben, die ihnen gewissermaßen nicht von der Seite weichen und mit einer sanften, liebevollen und Grenzen aufzeigenden, freien Beratung allzeit zur Seite stehen.

Außerdem müssen wir überlegen, welche Initiationsriten für den Sprung von der Kindheit in die Erwachsenenwelt hilfreich sind. Auch hier gibt es mittlerweile viele wertvolle Ansätze, mit denen verschiedene Menschen und Gruppierungen Jugendlichen helfen, ihren Weg zu finden.

Die Menschen, die in Erfurt ums Leben kamen, dürfen

nicht umsonst gestorben sein. Wir müssen endlich dem ewig Gleichen, Traditionellen Einhalt gebieten und uns mit dem, was das Erlebte als Spiegel zeigt, von Grund auf auseinander setzen.

Nutzen wir die Chance und verändern wir die Dinge in der Gesellschaft. Der Schock hat auch etwas Positives: Viele Politiker, Lehrer, Eltern und Jugendliche reden wieder mehr miteinander und ziehen dabei neue Möglichkeiten des Miteinanderseins in Erwägung.

In meiner Familientherapie berate ich Eltern und Kinder, die vor Schwierigkeiten stehen, und versuche sie in ein neues erquickendes, glücklicheres Miteinander zu führen.

Kommentar:
Wenn in Ihrer Familie Dinge nicht im Lot erscheinen, so suchen Sie bitte bei Fachleuten Hilfe. Das Beste ist, so früh wie möglich gegensteuern. Nutzen Sie die beiliegende CD, konfrontieren Sie sich mit Ihren Lebensthemen.

9. Geschichte

Der Tod eines Meisters, eines Buddhas ist etwas völlig anderes. Einst starb ein großer Zen-Meister im Beisein all seiner Schüler, indem er sich von seinem Lager erhob, den Hut aufsetzte, den Spazierstock in die Hand nahm, einen Schritt machte und dann in sich zusammenfiel. Er war gegangen.

Erlösungsthema:
Er zeigte seinen Schülern eine würdige Art zu sterben und symbolisierte mit seinem Tun den Aufbruch in die andere Dimension. Er verließ die Erdenebene und ließ nur die Hülle der Seele, den Körper, zurück. Dass er Stock und Hut nahm, sollte den Schülern zum einen die Realität der Reise zeigen

und zum anderen ihnen klar machen, dass es keinen Grund zur Trauer gab, da er nur die Form und die Ebene wechselte.

10. Geschichte

Drei andere Zen-Meister wollten kein Aufhebens von ihrem Tod machen. Sie entschlossen sich, im selben Augenblick zu sterben, und schrieben auf einen Zettel, den sie immer bei sich trugen, dass man sie mit den Kleidern, die sie am Leib trugen, verbrennen solle, wenn es so weit wäre.

Die drei Meister waren dafür bekannt, dass sie von Dorf zu Dorf zogen, sich auf den Marktplatz stellten und einfach loslachten, bis alle Menschen in das Gelächter einfielen. Damit erhöhte sich der Energielevel aller und es fand automatisch bei jedem Beteiligten ein kleiner Quantensprung zu seinem individuellen Thema statt.

Als ihre letzte Stunde dann geschlagen hatte, starben die drei tatsächlich im selben Augenblick. Bei der Verbrennung ihrer Leichen geschah etwas Sonderbares, in dem Augenblick nämlich, als die Menschen den Holzstapel unter ihnen anzündeten, ging ein grandioses Feuerwerk los. Die drei hatten sich einen letzten Witz erlaubt und in ihren Mänteln unzählige Feuerwerkskörper versteckt: Sie verwandelten sich in ein wunderbares Feuerwerk.

Erlösungsthema:
Keines.

Ich hab es geschafft

Manfred K., Geschäftsmann, Leverkusen, berichtet:
Dank den Einzelsitzungen im Neo Holistic Institut und einem Therapeuten, Herrn Kathrein, der mich mit allem Verständnis für meine psychische und gesundheitliche Lage sanft an der Hand nahm und Schritt für Schritt die Gründe dafür in der

Kindheit entschlüsselte, konnte ich meine Lebensthemen erkennen und meinen wirklichen Aufgabenbereich im Leben über die wunderbare Kraft der Intuition erarbeiten.

Meine Lebensthemen lagen vor mir ausgebreitet, lesbar wie in einem Buch und mit der Erkenntnis, wie doch die Dinge auf der Lebensbühne miteinander verknüpft sind und mich auf etwas hinweisen wollen, und dem daraus entstehenden Verstehen des Ziels dieser teils unschönen Erlebnisse hat dies mein Sein, meinen Stand im Leben, grundsätzlich verändert.

Meine Magengeschwüre erlösten sich kurz vor einem operativen Eingriff. Mit dem erfolgreichen Verkauf meiner Firma erlaubte ich mir meinen in der Lebensthementherapie erkannten Lebenstraum zu erfüllen. Gerade die Bewusstseinswerkzeuge der Meditation und der Bewusstseinsschalter sowie die Kraftplatzarbeit, die ich in den Seminaren handhaben lernte, und die schon in den Kursen in Richtung Umsetzung gehende Arbeit brachten in kürzester Zeit den Erfolg, auf den ich vorher nicht zu hoffen wagte!

Karla F., Medienberaterin, Hamburg – Dank per E-Mail: Lieber Herr Kathrein, ich möchte mich ganz herzlich bei Ihnen und Ihrem Team für den Schub, den Sie mir mitgegeben haben, bedanken. Schon das Reiki 1. Grad Seminar hier in Hamburg hat mir sehr gut getan. Gerade die Selbstbehandlung mit dieser alten tibetischen Energie-Medizin verhilft mir täglich während meiner Morgenmeditation in eine unglaubliche Vitalkraft. Auch meine Kollegen erfreut es, wenn ich ab und zu bei Zipperlein ihnen die Hände kurz auflege. Dank Ihren Quantensprung-Seminaren in der herrlichen Umgebung der Alpen fühle ich mich endlich in mir selber aufgehoben und auch mit der göttlichen Liebe verbunden, sodass ich nach Jahrzehnten mich auch alleine wohlfühle. Ich genieße das Leben, jeder Tag ist so voller Frische.

Alles Liebe und Gute, Ihre Karla F.

Helmut K., Redakteur, Bonn:
Das hat richtig gut getan, einmal einen Strich unter all die Jahre ziehen und Tabula rasa neu losleben! Ihre Seminare sind ein Hit!!! Vielen Dank

Maria S., Schneidermeisterin, Schwerin:
Ich fühle mich wie nach einem Jungbrunnen, alle Sorgen und Kummer, sogar der Kummerspeck, sind wie abgefallen. Ich weiß nun, dass ich richtig bin, und habe schon einige neue Modellentwürfe in meiner Intuitionsbox, jetzt geht's erst richtig los! Herzlichen Dank für Ihre Mühe!!

Thomas H., Möbeldesigner, Berlin
Das hätte ich nie gedacht, mit dem Einblick in das innere Schatzkästchen und die Entdeckung meiner Lebensthemen finde ich genau die Antwort für mein Leben als Fragezeichen! Die ganze Zeit habe ich mich gefragt, warum habe gerade ich so eine schmerzliche Kindheit, warum funktioniert meine Ehe nicht, und das Schlimmste von allem, ich hatte keinerlei Ideen mehr für den extravaganten Geschmack meiner Kunden.

Nachdem ich dann von der Lebensthementherapie bei uns hier im Fernsehen erfahren habe, wollte ich Genaueres wissen und habe unter der angegebenen Adresse Kontakt aufgenommen. Ich flog für ein paar Wochen einmal die Woche ins Neo Holistic Institut nach München, und vor allem die Seminare *die 7 Tibeter – eine Reise ins Licht* und *Transformation der Lebensthemen* brachten schließlich den Durchbruch und meine kühnsten Träume wurden wahr. Auf allen Ebenen, bei den Eingebungen, in meiner Ehe, mit den Kindern, läuft nun alles wie geschmiert! Tausend Dank und Ciao (fahren gerade nach Italien in Urlaub).

Michael M., Computerfachmann, München:
Ich glaube, ich war ein schwerer Brocken, doch am Ende war's

letztendlich doch ganz leicht. Die Verantwortung für mein Leben wollte ich nicht annehmen. Für mich waren einfach die Umstände und meine Eltern daran Schuld, dass mir kein Berufungswunsch einfiel. Ich fühlte mich vom Leben vergessen. Doch nach den aufklärenden Einzelsitzungen mit Ihnen, Herr Kathrein, wurde mir meine Verantwortung, auch für die Wahl meiner Lebensthematik, derart bewusst, dass ich meinen Tick für Computerspiele in eine Weiterbildung zum Computerfachmann umwandelte. Mit meinem danach gefundenen Job bin ich rund herum zufrieden. Vielen Dank und alles Gute, Ihr Michael M.

Cornelia B., Handelsvertreterin, Kiel:
In meiner früheren Arbeit erfuhr ich nichts als Mobbing-Energie. Nach den Quantensprung-Seminaren bin ich nun mein eigener Chef und fühle mich so richtig gut! Ich hatte nie den Mut und war ständig auf alle sauer, jetzt fehlt mir nichts mehr und ich komme auch noch richtig herum in Deutschland. Alles Gute, tschüss Cornelia

Stefan M., Vorstandsetage, Düsseldorf:
Ich hatte schon lange keine Lust mehr, mich mit meinen Kollegen herumzuärgern. Nachdem ich mich mit Hilfe der Lebensthementherapie selbst aufgeräumt habe, darf ich mir gestatten, den Job an den Nagel zu hängen, meine Firmenanteile zu verkaufen, und arbeite nun im Bereich Firmencoaching für Werte, die durch den konsequenten Boykott meiner früheren Vorstandsetage in der von mir mitbegründeten Firma nicht möglich waren. Die Therapeutenausbildung im Neo Holistic Institut hat mir dabei sehr geholfen. Ich bedanke mich für die liebevolle und freundschaftliche, aber trotzdem immer wieder, wenn es nötig war, auch klare und eindeutige Aufnahme und Ausbildung. Mit kollegialem Gruß, Stefan

Uschi D., Lehrerin, Köln:
Dank der Erlösung meiner Lebensthemen kann ich heute meine Arbeit als Lehrerin wieder erfüllt ausüben. Völlig ausgebrannt und mit vielen Krankheitssymptomen behaftet, bekam ich von einer Kollegin den Tip und fuhr dann als letzte Hoffnung zu einem Termin nach München. Nach all der Zeit konnte ich für mich meine Missbrauchserlebnisse erlösen und Frieden schließen mit den Männern. Meine Batterien funktionieren wieder und ich kann sie mit den 7 Tibeter-Gymnastikübungen und weiteren Bewusstseinswerkzeugen, gelernt in den Seminaren mit dem Herrn Kathrein, wunderbar zu jeder Zeit aufladen. Mit herzlichen Grüßen, Uschi D.

Ulli B., Sängerin, Duisburg:
Die Jahre der Rebellion sind Gott sei Dank vorbei, mein eigentlicher Traum von Familie mit vielen Kindern erfüllt sich nach und nach. In der Einzelarbeit und dem 7 Tibeter-Seminar hat es plötzlich gefunkt, ich lernte einen unheimlich süßen und knuffigen Mann, nämlich meinen jetzigen Mann, kennen, und es erlöste sich auch eine Art Schwangerschaftsblockade, habe mittlerweile eine Tochter von drei Jahren und bin im vierten Monat schwanger mit Zwillingen. Ich kann nur sagen, herzlichen Dank, und ich bin total begeistert und wir alle schwimmen im Glück.

Hartmut D., Journalist, Thüringen:
Wir hatten große Probleme mit unserer Tochter. Als Einzelkind versuchten wir sie rundherum zu verwöhnen. Nach dem Motto, sie soll es besser haben als wir Eltern, entwickelte sie sich mehr und mehr zum Familientyrannen. Herr Kathrein half uns mit seiner rundherum Familientherapie, in die gesunden Plätze des Familiensystems einzusteigen. Meine Frau und ich unterzogen uns einer Aufarbeitung unserer Kindheit und erkannten über unsere Lebensthemen, wie wir der Tochter am besten in

ihrer Lebensthematik helfen können. Wirkliches Liebhaben hat eben auch etwas mit gesunder Grenzsetzung zu tun, denn nur so lernen Kinder die Werte, die uns alle in eine bessere Welt aufbrechen lassen.

Frank H., Malergeselle, München:
Mir hat die Therapie bei meinen finanziellen Problemen geholfen. Ich bin Maler, hatte aber eigentlich überhaupt keinen Bock auf arbeiten und so. Lieber laute Musik hören und kräftig Biertrinken, war meine Devise. Ballermann auf Malle fand ich total geil. Doch das war bei mir nicht oft drin. Mit meiner Ollen gab's oft Zoff wegen kein Geld mehr am Monatsende. Ein Freund sagte dann irgendwann am Stammtisch, er hätte auf Anregung seiner Freundin mal eine Beratung beim Herrn Kathrein gehabt und das hätte ihm etwas gebracht. Ich bin also auch dort hingegangen und muß sagen, die Einzelgespräche haben mich überzeugt und es hat sich seitdem viel getan. Lieber Gruß F. H.

Gabi E., Therapeutin, Berlin:
Ein Unfall war der Höhepunkt meiner Lebenskrise, und nach der Genesung wollte ich raus aus dem Druckkessel, der mich irgendwie verfolgte. Aber erst die Erlösung der Lebensthemen brachte mich auf den Trichter, mal eine Innenschau zu halten, und so erlebte ich in den Quantensprung-Seminaren eine erfolgreiche Vision Quest und nach der Umschulung zur Lebensthementherapeutin die Faszination der Berufung. Vielen Dank an das Team vom Neo Holistic Institut.

Horst K., Buchdrucker, München:
Zeit Lebens bin ich mit einer ungeheuren Wut im Bauch herumgelaufen. Meine Eltern sind bei einem Unfall frühzeitig gestorben, und ich bin im Waisenhaus aufgewachsen. Das Personal dort versorgte uns gut, doch richtige Nestwärme habe ich

nie kennen gelernt. Das in dieser Zeit entstandene Lebensgefühl hat sich in meinem Gesicht und in meinen Taten eingegraben. Nach der Lektüre des Reiki-Praxisbuch mit den dort erklärten Chakra-Themen veranlassten mich die Infos dazu, Herrn Kathrein wegen einer Beratung aufzusuchen. Nach mehreren Einzelsitzungen ist mir klar geworden, wie ich zum Opfer des inneren Tyrannen wurde, und über die Zusammenhänge der Lebensthemen konnte ich meine Vergangenheit annehmen.

Heute habe ich Spaß an meinem Beruf und freue mich über jeden neuen Tag.

Michaela K., Bürokauffrau, München:
In meinen Partnerschaften ging es immer daneben. Herr Kathrein erklärte mir in der Therapie, dass meine unaufgeräumte Beziehung mit dem Vater und das ewige Suchen eines funktionierenden Ersatzes mich stets an den Falschen bringt. Denn wen ich anziehend fand, hing mit der Aussendung einer energetischen Nabelschnur meinerseits zusammen, um vom Mann meiner Träume Vaterenergie zu bekommen. Hatte ich ihn dann an der Angel, versuchte ich die mir entgegenschlagende Unnahbarkeit bei ihm zu knacken, und auf der anderen Seite sprang ich mit ihm um, wie ich gerade wollte. Herr Kathrein sprach in diesem Zusammenhang immer von einem Heimzahlungsnimbus, weil ich beim Vater ewig zu kurz kam.

Doch Dank der Lebensthementherapie ist mir das jetzt alles klar geworden und ich wusste auf einmal, wohin ich wirklich will. Ich hatte zwar nach der Therapie noch eine gewisse Durststrecke, musste anscheinend mit dem Alleinsein klarkommen, doch seit einem Jahr habe ich einen neuen Freund und uns geht's richtig gut miteinander. Vielen Dank für die Hilfestellung!!

Hardy E., Therapeut und Experte für Innovation, München:
Irgendwann reichte es mir vom üblichen Hamsterrad des meine Frau, meine Kinder, mein Auto, mein Boot, mein Haus, mein ich weiß nicht was! Es musste noch etwas anderes in der Welt geben, als Statussymbolen hinterherzulaufen!

Ich nahm damals eine Auszeit in der IT-Branche und machte mich rund um die Welt auf eine spirituelle Suche. Vom Jakobsweg bis zum Himalaya und vom südamerikanischen Indianer-Schamanen bis in den Dschungel von Vietnam probierte ich aus, was mir gefiel.

Nichts befriedigte wirklich meinen Wunsch, an ein mir noch unbekanntes Ziel zu gelangen. Und nach all den beschwerlichen Reisen fand ich »per Zufall« die Adresse von Satyam Kathrein in einem seiner Bücher und meldete mich für eine Einzelsitzung an.

Ich konnte es gar nicht fassen, was der alles über mich wusste, obwohl ich nur wenig über mich erzählt hatte. Meine ganze Geschichte inklusive Mutter- und Vater-Thema mit den dazugehörigen Lebensthemen breitete er vor mir aus. Ich lernte verstehen, es fiel mir wie Schuppen von den Augen, genau diese Arbeit war das, wonach ich mich immer gesehnt hatte.

Dazu sprach er viel von Meditation, Bewusstseinsarbeit und der Reise der Seele in ihre endgültige Bestimmung, die Buddhaschaft. Themen, die immer auch auf den Reisen anklangen, aber erst jetzt beantwortet wurden. Er lehrte mich den Weg in die Meisterschaft meines Seins. Und ermutigte mich, noch weiter voranzuschreiten, mich als weiterer Bringer der Realität zu qualifizieren.

Ich wurde also Therapeut und arbeite seitdem im Team von Herrn Kathrein, in den Quantensprung-Seminaren, und wir entwickeln miteinander Weiterbildungskurse für verschiedene gesellschaftliche Bereiche. Meine Schwerpunkte sind dabei Management-Coaching, Kinder-Seminare, Fortbildung für spirituelle Sucher und nicht zuletzt als Meister der tibetischen Energie-Medizin, Reiki, ebenfalls in Ausbildungskursen mein Wissen weiterzugeben.

Monika G., Meditationsleiterin, München:
Die von Satyam S. Kathrein entwickelten Gymnastikübungen für Körper, Geist und Seele, die *»7 Tibeter«,* verbinden wunderbar körperliche Fitness und Meditation. Die Übungen unterstützen aktiv und in Ruhe und Stille alle sieben Chakren und schaffen damit einen optimalen Ausgleich und Einklang.

Natürlich verbreiten die tibetischen Heilklänge, komponiert vom Haindling, eine tiefe heilende Grundstimmung während der Ruhephase, der Meditation. Das Reiki-Praxisbuch verdeutlicht zu den Chakra-Übungen eben auch sehr schön die Chakra-Themen, man wird sich des Wohlfühlbarometers der Chakren besonders bewusst.

Wir sind eine Gruppe von Meditationslehrern, die sich auf die »7 Tibeter« spezialisiert haben und diese in einigen der besten Fitnesszentren hier in München anbieten. Wir schulen dabei auch Fitnesstrainer von Zentren in ganz Deutschland. Viel Glück für das neue Buch von Monika und ihrem Team.

Dr. Franz M., Arzt, Berlin:
Ich bin zwar als Berliner nicht auf den Mund gefallen, doch in meiner ganzen beruflichen Laufbahn behinderte mich fortwährend ein Gefühl von Makel und Schuld. Es dauerte lange, bis ich mein Studium beendet hatte, und noch mal fast ein Jahrzehnt, bis ich so weit klar kam, mich als Arzt niederzulassen. Erst mit Ihrer Hilfe, Herr Kathrein, wagte ich den entscheidenden Schritt nach vorne. Ich lernte meinen Überlebensmechanismus einzudämmen und über verschiedene innere Kind-Rituale befreit aufzuatmen.

Und das Beste ist, ich habe das Gefühl, meinen Patienten durch das selbst transformierte Leid viel besser und mitfühlender unter die Arme zu greifen. Liebe Grüße aus Berlin, Ihr Franz M.

Gerlinde F., Bankangestellte, Allgäu:
Ich fühle mich wohl im Allgäu, doch die hier gelehrten Tugenden von wir sind die Größten, der Mittelpunkt der Erde, hatten mich schon bei meinem Vater total genervt. Als »Eingeschmeckter«, nicht hier Geborener, drangsalierte er mich von klein auf mit seinem Trachtenwahn. Mir war's immer nur peinlich, wie er den Oberindianer spielte. Im ganzen Dorf wurde ständig hinter vorgehaltener Hand über ihn hergezogen. Die Spottverse färbten halt auch auf mich ab. Ich kam mir immer klein und wertlos vor. Und so erlebte ich auch das richtige Leben, antriebslos und schuldbeladen, mich grau fühlend und keine Lust zu gar nichts, ließ ich mich hängen. Von einer kleinen Stütze und einem Nebenjob vegetierte ich so dahin.

Das Buch mit den Chakra-Themen hat mir Auftrieb gegeben, und im dazugehörigem Seminar lernte ich mich selbst etwas besser kennen und konnte die Hintergründe meiner Leidenszeit besser verstehen. Es half mir sogar so weit, dass ich heute ein völlig anderes Leben führe.

Das ewige Kränkeln ist vorbei, meine ganze Statur geht jetzt aufrechter und ich habe ein neues Selbstwertgefühl. Anstatt ewig kein Geld zu haben machte ich erfolgreiche Weiterbildungen und arbeite heute als Bankangestellte mit gutem Salär. Aus dem Dorf bin ich weggezogen und lebe nun in einer größeren Stadt. Mit meinem Vater, der mich fortlaufend hänselte, habe ich gebrochen. Ich kann nur jedem empfehlen, die Jahre des Leidens aktiv zu verkürzen, und die Hilfe von Herrn Kathrein hat mir dabei außerordentlich geholfen.

Gerd von T., spiritueller Sucher, Stuttgart:
Wenn einer die Szene kennt, dann ich, ich habe so viele Gurus, Therapeuten und Erleuchtete gesehen und erlesen, von Krish-

namurti bis Osho und Sai Baba bis Maharishi Yogi, Yogananda und den heutigen Satsang-Lehrern. Alles Stillsitzen, Meditieren, Therapieren, Zusehen und Zuhören war wunderbar, doch wenn ich ehrlich bin, hat es mir nur peripher geholfen.

Ich merkte, ich bin mit meinen Mitmenschen noch derselbe Tyrann wie eh und je. Im Ashram verhalte ich mich natürlich nach den Sitten und mein spirituelles Ego zerplatzt fast vor guter Laune, wie wir uns alle hofieren, spintuellen Respekt zollen. Kaum schaut aber der Satsang-Chef einen Augenblick zur Seite, boxe ich gerne meinem Nachbarn, der sich immer so breit macht, kurz mal mit Vergnügen in die Seite, mache dabei allerdings ein besonders heiliges Gesicht.

Gebe auch gerne mal ein Seminar, wo ich dann der Meister im Ring bin, mal sage, wo es langgeht, ah, das tut so gut! Buddha-Bewusstsein, na klar, kenne ich gut, hatte selbst schon so manches Satori-Erlebnis, oder war das etwa die schlechte Luft im Raum oder die Räucherstäbchen, ich weiß es nicht, aber sagen wir ganz einfach Satori zu diesem leicht entrückten Zustand.

Dann hatte ich von diesem Satyam gehört, was soviel wie Wahrheit bedeutet, kommt aus dem Sanskrit, ich war lange in Indien, da bekommt man den einschlägigen Slang sehr gut mit. Den wollte ich ja dann doch auch noch testen. Nach etwa drei Minuten hat der mich allerdings aus der Praxis geworfen und mir untersagt, jemals wieder aufzutauchen!

Das konnte ich mir nicht bieten lassen, jetzt war mein Ehrgeiz geweckt. Ich, der ich in der ganzen Welt zu Hause bin, wollte ab sofort alles unternehmen, um zu beweisen, dass ich im Recht bin!

Tatsächlich schaffte ich einen zweiten Besuch. Diesmal verlief alles völlig anders, Herr Kathrein zeigte sich von seiner freundlichen Seite. Und irgendwie schaute er mir diesmal so verschmitzt in die Augen, redete dabei ununterbrochen vom Mysterium des Lebens und wickelte mich damit förmlich ein, oder anders gesagt, griff mich am Schlafittchen. In meinem

Kopf drehte sich alles, bis er mächtig in die Hände klatschte und mir danach kräftig auf die Schulter klopfte. Ich erwachte wie aus einem Dauerschlaf, hellwach und die Sinne glasklar geschärft.

Auf einmal verstand ich seine Worte, er hatte sich zu mir gebeugt und flüsterte mir ins Ohr, »alles klar, dann sollten Sie sich für die Erfüllung ihrer Lebensthemen in die Quantensprung-Seminare einschreiben«. Und auf meine körperlichen Wehwehchen angesprochen, gab er mir noch einen Satz mit auf den Weg: »Wenn die Seele nicht erfüllt wird, stirbt der Körper!« Vier Wochen später sah ich ihn wieder im Chakra-Themen-Seminar – Eine Reise ins Licht. Kaum zu glauben, in mir hatte seit dem zweiten Treffen ein Prozess begonnen, den ich nicht mehr steuern konnte. In mir war der Platz meines Bewusstseins verschoben, das alte Handlungszentrum war ins Abseits gerückt, ich funktionierte auf einer neuen Handlungsebene.

Fünf Tage dauerte das Seminar und ich fasste immer mehr Vertrauen zu unserem Therapeuten. Er hatte mich dort abgeholt, wo noch nie jemand hinfand. Anstatt mit meinem inneren Kind, meinem Tyrannen, zu sprechen versetzte er meinem Bewusstsein mit dem Stoß in der Einzelsitzung einen Schlag, sodass ich in meinem wahren Sein aufwachte.

Im Seminar verstand er es ganz geschickt, mir beide Seiten klarzulegen und ich lernte von selber, mich hin und her zu bewegen. Im wahren Sein begriff ich den Sinn meiner Suche und den Grund dafür in meinem Lebensthemenspannungsbogen. Ich hörte auf, mich zynisch über alle zu stellen, und fand in die Selbstliebe und Liebe für die Menschen meiner Umgebung.

Mein innerer Tyrann hatte sich jahrzehntelang quergestellt und eigentlich überhaupt nichts verstanden. Aus meinem unterernährten, selbstgefälligen Egotyrannen begegnete ich der Welt und fand meist ebenso arme Kreaturen, die trotz spiritueller Hilfestellung nicht mal einen Hauch von Buddha-Bewusstsein in sich trugen. Die meisten wollten in einem Nest aufgehoben sein und saßen vor allem immer wieder lieber vor einer weiteren Vaterfigur, die sagt, was man tun soll, als in die Wirklichkeit, die Erlösung der eigenen Lebensthemen aufzubrechen.

Satyam S. Kathrein hat mir wirklich geholfen, zu mir selbst zu finden, meine Themen aufzulösen und endlich die Transformation in mir zu entfachen, an die ich schon nicht mehr geglaubt hatte. Ich kann spirituellen Suchern nur empfehlen, den hier angebotenen Schlüssel anzunehmen und den *Neuen Menschen* aus seinem Kokon zu befreien.

Meditation alleine bringt nicht den wichtigen Umschwung, weil wir es eben nicht schaffen, den hohen energetischen Stand vierundzwanzig Stunden lang aufrechtzuerhalten. Wer also seines Lebensthemas nicht gewahr wird, verzettelt sich auf der Lebensbühne. Ich bin auf meinem Pfad Tausenden Suchern begegnet und muß sagen, die meisten sind auf halber Wegstrecke stehen geblieben. Sie werden alt und geben sich Mühe, doch Mühe allein langt nicht! Man muß die *Big Points* verstehen und integrieren, sonst verbittert man. Wer seine Lebensthemen unbewusst oder bewusst nicht aufräumt, verwandelt sein Inneres allmählich in einen stinkenden Pfuhl. Da nützt es auch nichts, wenn man seine Persona auf Hochglanz poliert, der dahinter versteckte tyrannische Puppenspieler wird am Ende frustriert und zu Tode betrübt mit dem Körper sterben. Damit man dem nicht auf dem Leim geht, sollte man, egal wie alt man ist, sich immer wieder einmal auf die Fährte seiner Lebensthemen begeben und dabei vermeiden, weiteren Umlaufbahnen, den Tricks der Abwehrmechanismen, anheim zu fallen. Ich bedanke mich mit aller Liebe bei meinem Lehrmeister für seine Geduld und Liebe! Gerd

Peter F., Salesmanager, Frankfurt:
Ich hatte ständig das Bedürfnis, mich nach getaner Arbeit ins Bett zu legen. Die restliche Zeit verbrachte ich kraftlos in einer negativen Beklemmung, nicht fähig, irgend etwas kreatives

mehr mit meiner Freizeit anzufangen. Der Job raubte mir gänzlich die Energie.

In der Therapie mit Herrn Kathrein bemerkte ich, dass mein Grundproblem als eigentlicher Krafträuber fungierte. Mein innerer Boykotteur wollte nicht akzeptieren, dass er unbewusst ein Leben auf die Lebensbühne drängte, das mich in verschiedene Transformationssprünge schieben sollte.

Anstatt permanent Kraft zu verlieren, lernte ich nun in den Quantensprung-Seminaren Kraft zu akkumulieren. Kraft anzusammeln, mir ein Kraftpolster anzulegen. Dafür benötigt man die Meditation, eine Zeit, in der sämtliches Tun abgeschaltet wird. Aus dem Nicht-Tun erwächst eine innere Bewusstseinsverschiebung, man bewegt sich aus dem Profanen in das Elementare. Man ist direkt mit dem Sein der Existenz, mit der göttlichen Schöpferkraft, über die Intuition, die innere Stimme, verbunden. Alle Angst, negative Stimmung und alle künstliche Anhaftung an die erdenen Dinge fallen plötzlich ab.

Gleichzeitig übt man die Selbstbeherrschung und die Selbstdisziplin. Damit entwickelt man die Unnachgiebigkeit eines Meisters des inneren Selbst. Man legt ein Energiedepot an, auf das man im Ernstfall zurückgreifen kann, gerade dann, wenn alle Stricke reißen und man sich wieder völlig dem Selbstmitleid und dem armen angstvollen kleinen Ich hingibt, hält es einen in der Realität des Seins.

Dazu installierte ich noch den unnachgiebigen bewussten Beobachter, der sofort vor meinem inneren Auge Meldung erstattet und meine Handlungen in makelloser Form aufrechterhält.

Dies funktioniert allerdings nur, wenn man bereit ist, sich selbst ins Antlitz zu schauen. Sich nicht gehen lässt, weder ins Tyrannische, noch ins Verzweifeln abrutscht. Sekündlich auf der Hut, permanent in Bereitschaft, den Bewusstseinsschalter umzudrehen. Der Lebensthemen ansichtig wird und nicht in launisches Aufhören abtrudelt.

Aufgepasst, meine Abwehrmechanismen waren dermaßen trickreich, dass ich kaum eine Chance besaß, heil durchzukommen. Nach dem ersten Quantensprung-Seminar dachte ich bereits, ich wäre so weit, doch weit gefehlt. Wieder fand ich mich erschöpft, mit keiner Lust zu gar nichts, in meinem Bett. Erst der zweite Anlauf brachte dann den Durchbruch.

Kraft ansammeln, anhäufen meint, mit dem Sein in der Realität, ohne Anhaftung an alte traumatische Erlebnisse, meditativ sich in der göttlichen Existenz vertrauensvoll aufgehoben zu fühlen, absolutes Wohlsein zu erlangen, für diesen Moment nichts und niemanden zu brauchen!

Dies übten wir täglich im Seminar, es ist hauptsächlich eine aktive Entscheidung des wahren inneren Seins, sprich auch Energie, es half mir, mich von dem ewigen krankhaften mich Gehenlassen zu erlösen.

Satyam erinnerte uns stets daran, dass die Aufrechterhaltung des alten Zustandes ebenso viel Kraft benötigt wie die Anstrengung, in die Erlösung unserer Lebensthemen zu gelangen. Das spornte an und die vielen kleinen und großen Erfolge der Transformation geben ihm Recht!

Ich habe mein Leben endlich in *meinen* Griff bekommen, werde nicht weiter von Lebensthemen oder tyrannischen Energieräubern am Rande des Untergangs spazieren geführt. Ich kann diese Seminare nur empfehlen und wünsche allen Lesern viel Erfolg bei ihren Quantensprüngen! Danke, und alles herzlich Gute für Satyam und sein Team!!!

Helmut G., Fernsehtechniker, München:
Eines habe ich gelernt, wie mir geht es vielen Menschen, und die meiste Verzweiflung und der krankheitsbedingte Ausfall am Arbeitsplatz entsteht aus mangelnder Liebe. Ich bekam von meinen Eltern fast ausschließlich nur Streicheleinheiten, wenn ich krank war, und im späteren Leben hatte ich von Hautkrankheiten bis Darmverschluss alle möglichen Krankheiten, nur keine Liebe.

In den Einzelsitzungen wurde mir bewusst, wohin diese Entwicklung führen sollte. Heute geht's mir gut, habe Freude an der Arbeit und für Kuscheleinheiten erfreue ich mich mit meiner Freundin.

Margarita K., Gärtnerin, München:
Dank den Quantensprung-Seminaren erlöste ich meine Lebensthemen. Doch gerade jetzt fällt mir auf, wie viele Freunde, Bekannte und Menschen überhaupt ihr Leben eher verschlafen. Irgendwie treiben sie verloren und seelenlos in ihren Hamsterrädern. Sie klammem sich an Sicherheiten, die keine sind, und stapfen trotzdem selig überzeugt, wie von ihren Konditionierungen hypnotisiert, aber tief drinnen unglücklich, durchs Leben. Nur wenige Menschen riskieren alles für den Durchbruch und kommen so ans eigentliche Ziel ihrer Lebensreise. Im Bewusstseins-Freundeskreis des Neo Holistic Institut erfahre ich, wie schön es ist, am Bewusstsein weiterzuarbeiten und gleichzeitig ganz normale Sachen miteinander zu erleben, wandern, schwimmen in den Naturseen, meditieren, Ski fahren, grillen und im Buddha Disco Club, einem Tanzstudio, zweimal im Monat richtig abzutanzen.

Sebastian B., Fußballspieler, München:
Tja, ich bin über die Gymnastik und Meditation auf Satyam S. Kathrein aufmerksam geworden. In meinem privaten Fitnesscenter gab mir der Trainer den Tip zu den 7 tibetischen Reiki-Gymnastikübungen und ich bin ordentlich darauf abgefahren. Mental hat es mir über die sechste und siebte Chakra-Gymnastikübung sehr geholfen, meine Tor-Flaute abzubauen. Zuzüglich wollte ich über die Chakrathemen inspiriert etwas mehr über mich erfahren. Die Adresse ist im »7 Tibeter« Buch mit angegeben, und so buchte ich bei Herrn Kathrein eine Einzelsitzung.

Ich war doch sehr erstaunt, wie der Therapeut in mir lesen

konnte. Meine Mentalprobleme und fehlende Motivation erschlossen sich aus meiner unverstandenen Kindheit. Dass ich da nicht bloß Opfer war, sondern dass mich dieses unleidliche Desaster im Elternhaus in eine Verwandlung schicken wollte, half mir einerseits, das Ziel dieses Unterfangens zu begreifen, und andererseits mein aktives Anpacken für tragende Lösungen mit großem Ehrgeiz anzupacken. Mir hat die Lebensthementherapie auf meinem Lebensweg sehr geholfen!

Stefan K., Religionswissenschaftler, Berlin:
Nachdem ich viele der großen Religionen erforscht hatte, das Ganze untermauert mit Reisen in die jeweiligen Länder, merkte ich, dass mir dieses erlernte Wissen für meine praktische Selbstfindung auf der Reise zu Gott nur sehr bedingt weiterhalf. Auch fehlte mir die direkte Verbindung, der heiße Draht, ich wollte unbedingt mehr wissen.

Durch Zufall traf ich in Indien auf einen lebenden Meister, und das erste Mal in meinem Leben ging es für mich rund wie in einer Achterbahn. Die Wissens- und Energieübertragungen im Energiefeld des Erleuchteten lösten in mir immense katapultartige Wachstumsschritte aus. Ich benötigte einige Zeit, mein Körper-Geist-Seele-System darauf einzustellen. Das erste Mal geschah in mir Meditation, totale innere Stille. Meine schmerzliche Vergangenheit war wie weggeblasen, kein inneres Nörgeln mehr zu spüren.

Dies alles ist heute lange her, mittlerweile verließ der Meister unsere Welt. Nach wie vor übe ich täglich die Meditation, habe einen Beruf, der mir Spaß macht, und ich lehre die Religionswissenschaft in völlig neuem Kontext.

Eine Freundin machte mich auf ein Buch von Herrn Kathrein aufmerksam, und als ich dann mit der Lebensthementheorie näher vertraut war, kam in mir die Idee hoch, in einem Termin mit dem Autor nach den meinigen Lebensthemen einmal Ausschau zu halten.

Als wir uns dann gegenübersaßen, strahlte er mich nach wenigen Erzählungen freudig an und meinte, ihm säße heute jemand gegenüber, der gelernt hätte, mit der Buddha-Natur Kontakt aufzunehmen.

Verblüfft blickte ich ihn an mit der Frage in den Augen, was er wohl meinen könne? Er sprach von der Verwandlung der Seele in das Christusbewusstsein, der Eventualität alle Lebensthemen, erlöst und damit auf dem höchsten Punkt der Evolutionsspirale anzukommen!

Gut, und was hat das mit mir zu tun? Satyam vermittelte mir, dass Es in mir Platz nimmt, das, was schon immer da war, sich herauskristallisiert! Er wies mich darauf hin, dass es nun Zeit ist, anzunehmen, die Suche zu beenden.

Eines Tages, nach all der Anstrengung in Erlösung und Meditation zu gelangen, weigert sich das Wahre Sein im letzten Augenblick das Unfassbare auf allen Ebenen einzunehmen. Erst wollen alle Bewusstseinswerkzeuge erprobt und vielleicht über Jahrzehnte angewandt werden und dann muß man sich, falls kein Meister zur Hand, selbst einen Schubs geben, die letztendliche Wahrheit und Realität anzunehmen. Denn die Blüte ist aufgegangen! Das Selbst aufgelöst und doch vereint mit dem Ganzen, erblüht, der Duft der Gnade strömt ohne Unterlass.

Von dem Festkrallen der Persona und des inneren Tyrannen an der Vorstellung, als Chef der Inkarnation die Fäden auf der Lebensbühne für immer in den Händen gegen das wahre Sein zu steuern, bis zum Boykott der Transformation aus Gründen der Todesangst des Egos mit seinen Abwehrmechanismen. Und dann wiederum dem Festhalten des Wahren Seins an der Vorstellung, ohne die Instrumente der Bewusstwerdung nirgendwohin zu gelangen, gehört dies alles zur Seelenreise der Evolution. Doch die hat nun ein Ende.

Die Bewusstseinswerkzeuge und die Meditation werden als Medizin nicht mehr gebraucht! Die Essenz der Meditation, des Bewusstseins und des Vertrauens sind eins mit dem Sein. Alle

Disziplin und bewusste Beobachtung kann jetzt abfallen, man muß sie zurücklassen.

Alles weitere im Leben entsteht spontan, aus der Stimmigkeit eines jeden Momentes, mit dem Göttlichen in vollkommenem Einklang. Man ist dort angekommen, was die alten Meister damit bezeichnen, man holt Wasser von der Quelle, vom Brunnen, man hackt Holz, trinkt eine Tasse Tee, isst etwas, wenn man hungrig ist und schläft ein wenig, wenn die Müdigkeit einen einholt. Alles läuft absolut normal, Meister sind die normalsten Menschen der Welt und doch von einer völlig anderen Kategorie.

Das Ego ist immer in einer Weise überkandidelt, entweder aufgeblasen oder unterwürfig hilfreich und nett. Der Verstand, das Sprachrohr der Dreifaltigkeit, wird meist vom inneren Tyrannen oder der Personamaske dominiert, das wahre Sein dabei unterdrückt. Bis zum Punkt der Erleuchtung steht der Mensch in der meist unbewussten Auseinandersetzung mit seinem zerrissenen Wesen. Doch ist der Groschen einmal gefallen, darf er nicht zögern, er dient der göttlichen Schöpferkraft ab sofort als Sprachrohr und Handlungsbeauftragter. Wie auf einer hohlen Bambusflöte spielt durch ihn die göttliche Melodie.

Ich konnte es kaum fassen, doch tief in mir drinnen spürte ich, das ist die Wahrheit und sie geschieht mir. Danke …!

Veränderung leicht gemacht – das Handwerkszeug

Die Kraft der Stille – Meditation

Die Kraft der Stille ist der Turbolader unter den Handwerkszeugen. Turbolader deshalb, weil Sie, wenn es Ihnen gelingt, Ihren inneren Gedankenmonolog abzuschalten, von allen störenden Nebengeräuschen unbehelligt in einem meditativen Zustand leben. Damit haben Sie das erreicht, was wir sonst, wenn nötig, in therapeutischen Einzelsitzungen und Seminaren zu erarbeiten versuchen, nämlich ein von vorgegebenen Handlungsweisen freies Leben zu führen. Als vorgegebene Handlungsweisen bezeichne ich die Handlungen, die uns nicht frei zu wählen erlauben, sondern uns Mustern und Konditionierungen unterwerfen, die sich unter anderem aus traumatischen Erlebnissen ergeben haben. Das heißt, wir leben dann wie ferngesteuert. Das hängt natürlich mit den Lebensthemen zusammen, die uns auf den Weg der Befreiung und Transformation schicken.

Meditation leben bedeutet nicht nur über die Zusammenhänge Bescheid zu wissen, sondern diese Einsichten auch ins Leben integriert zu haben. Ein meditativer Mensch setzt sich nicht nur eine Stunde am Tag hin und meditiert, er wendet vielmehr das, was er durch eine bestimmte Meditationstechnik gelernt hat, den ganzen Tag lang an. Es reiht sich dann ein Tag an den anderen, an denen er aus der meditativen Stille heraus agiert.

Meditation heißt, dass die Positionen im System stimmen, die Seele der Chef im Haus und der plappernde Verstand der Diener ist. Der Verstand wird so wie alle anderen zur Verfügung stehenden Teile des Systems benutzt. Allen wird der gleiche Respekt gezollt, so lebt ein gesunder Mensch.

Wenn Sie sich in Meditation befinden, bestimmen die Intuition und der Fluss des Lebens, welche Entscheidungen Sie treffen. Wenn es Ihnen gelingt, diesen Zustand ein Leben lang zu halten, haben Sie alle Lebensthemen auf einen Streich erlöst. Dann haben Sie die Meisterschaft eines Buddha erreicht. Den meisten Menschen hilft die Meditation, ihre Lebensthemen wesentlich entspannter zu lösen. Durch den vorübergehend erreichten Zustand fällt es dem Meditierenden leichter, zu seiner Intuition vorzustoßen.

Wenn Sie Meditation kennen lernen wollen, so finden Sie in den Buchhandlungen genügend Bücher zu diesem Thema. Ein paar Meditationen möchte ich Ihnen hier empfehlen. Die Kundalini-Meditation, eine Meditation in vier Phasen zur Musik-CD »Vom Tanz zur Stille«; die Dynamische Meditation für Menschen, die mit Ekstatischem besser zurechtkommen, als sich sofort in die Stille zu setzen, ebenfalls eine mehrphasige Meditation zur CD. Beide sind von Osho inspiriert.

Auch die 7 Tibeter-Gymnastikübungen aus meinem *REIKI Praxisbuch* empfehlen sich in folgender Anwendung: Machen Sie als Erstes die Gymnastikübungen. Anschließend setzen Sie sich auf ein Kissen und wenden sich mithilfe der nachfolgenden Musik nach innen. Auf dieser CD werden die heilenden Klänge noch ein zweites Mal ohne Text gespielt. Nach dem Ende des Musikstücks verweilen Sie weitere fünf Minuten in der Stille. Dann ist die Meditationsübung beendet.

Natürlich finden Sie Meditation auch andernorts in Ihrem Leben, Sie nennen es vielleicht nur nicht so. Ob Sie einen Spaziergang machen, ein Bild malen, Zärtlichkeiten mit dem Partner austauschen, ein köstliches Gericht zubereiten, musizieren oder durch den Wald laufen – alles, bei dem für eine gewisse Zeit das Denken ruht, kann zur Meditation genutzt werden.

Das innerliche Einstimmen

Das Experimentieren mit Meditation führt zum inneren Einstimmen und damit zur Nutzung der Intuition. Versuchen Sie sich als Erstes innerlich völlig frei zu machen, von allen Gedanken zu entleeren. Begeben Sie sich in den Zustand der Meditation, der Gedankenfreiheit und stimmen Sie sich auf das ein, auf das Sie sich einstimmen wollen. Das können Probleme sein, für die Sie Lösungen suchen. Sie können das Einstimmen nutzen, um ein Urlaubsziel zu finden; wenn Sie sich nicht sicher sind, in welche Richtung Sie beruflich oder in der Ausbildung gehen wollen etc.

Das innere Einstimmen auf Situationen ist eine Möglichkeit, eine andere ist die, sich bei Begegnungen auf Menschen einzustimmen, wenn man es für nötig hält. Zum Beispiel beim Vorstellungsgespräch, bei Teambesprechungen, Konferenzen, aber auch in Partnerschafts- und Familienangelegenheiten.

Von der Meditation zur Intuition und damit in das Verbunden-Sein mit der göttlichen Schöpferkraft, so erhöhen wir in unserem System die Energie auf eine Ebene, in der wir für die Inspiration der bestmöglichen Lösung offen sind. Gleichzeitig begegnen wir dem Einzelnen oder der Gruppe mit einer gestärkten, auf hoher Energie schwingenden Aura, wir verbinden uns so mit dem Energiefeld des anderen oder der Gruppe. Die Energie aller erhöht sich auf diese Schwingungsebene, und wenn keine Egospiele dem im Wege stehen, kann der Reigen dessen, wohin das Treffen führen soll, beginnen. Wenn Sie derart handeln, werden Sie verblüfft sein, wie effektiv die Auswirkungen sind. Die Ergebnisse werden Ihre schönsten Hoffnungen noch übertreffen.

Ein weiterer Aspekt ist, dass Sie so eingestimmt über alle Sinnesorgane, das Dritte Auge und eine hohe Schwingungsfrequenz in Ihrer Aura den gegenüberstehenden Menschen und die Umwelt anders wahrnehmen. In dieser Weise hellsichtig, bekommen Sie Informationen und Bilder, die über die Intuition, ohne den Gedankenapparat zu passieren, auf Ihrer inneren Leinwand erscheinen.

Je weiter Sie mit dem Aufräumen Ihres Schatzkästchens der Lebensthemen gekommen sind, umso weniger werden diese Eindrücke vom Egoverhalten gestört, und damit können Sie dem reinen Bild vertrauen. Das bedarf aber einer jeweiligen Infragestellung und langjährigen Übens, um diesen Einsichten vertrauen zu können. Wenn Sie diesen Zustand erreicht haben, werden Sie auch in Ihrem System so weit geklärt sein, dass Sie diese Informationen zum Wohle der Gesamtheit anwenden. In jedem Fall gilt: Innerlich eingestimmt, in meditativer Stille, spricht Ihre Intuition zu Ihnen über die innere Stimme und Ihr wahres Sein richtet sich nach dieser Eingebung.

Was ich wirklich will

Damit sind Sie am Punkt der Klärung angekommen, was Sie wirklich wollen. Sie wollen erfahren, was das ist, was Sie drängt oder eben nicht drängt.

Wenn Sie sich von der Reihenfolge Meditation, innerliches Einstimmen, Inspiration leiten lassen, finden Sie heraus, was Sie wirklich wollen. Es werden Ihnen über die Intuition genau im richtigen Moment die Einfälle oder Bilder verständlich übermittelt, damit Sie sich bewusst weiterbewegen können. Dann gehört eine ordentliche Portion Mut dazu, was sich hier zeigt, auch im Leben umzusetzen.

Hier sollten wir von den Naturvölkern und von den Menschen lernen, die im Laufe der Jahrhunderte mit der Meditation gearbeitet haben. Bei den Indianern wurden die jungen Männer zur Visionssuche in die Wildnis geschickt, in anderen Gegenden wählte man den Weg nach innen in die Meditation.

Zur Beantwortung von Fragen ziehen Sie sich am besten nach innen zurück, begeben sich in Meditation oder halten sich in der Natur auf. Oder Sie fasten eventuell, um sich so auf die göttliche Schöpferkraft zurückzubesinnen, die aus einer inneren Leere und entspannten Haltung heraus inspiriert.

Es ist im Leben immens wichtig, von Zeit zu Zeit einen Strich zu ziehen, innere Einkehr zu betreiben, ein Fazit zu erstellen und gegebenenfalls das Leben neu auszurichten. Erst recht, wenn mir endlich mein Lebensthema klar ist.

Die Entscheidung

Wenn Sie sich für Dinge oder Handlungsweisen entscheiden, sollten Sie dies mit Nachdruck tun. Ab diesem Augenblick gilt diese Entscheidung und sie ist mit aller Kraft zu tragen.

Wenn sich Veränderungen ergeben oder Sie die Intuition auf etwas aufmerksam macht, das Ihre Entscheidung revidiert oder eine neue Handlungsweise verlangt, werden Sie diese mit aller Klarheit und Eindeutigkeit treffen. Erinnern Sie den Lebensfluss, er trägt den Vertrauensvollen an sein Ziel!

Jetzt geht's los

Ist der Prozess der Entscheidungsfindung abgeschlossen, gilt es diese Entscheidung mit der Energie umzusetzen, die sich auf das zu erreichende Wunschziel zu bewegt. Andererseits fließt durch diesen Schritt auch von diesem Ziel eine Energie zu

Ihnen unterstützend zurück. Sobald eine eindeutige Entscheidung getroffen ist, baut sich ein Schwingungsfeld auf, das diese Entscheidung über den Prozess von Idee, Wort und Handlung nach außen schwingen lässt. Diese Schwingungen erzeugen im Umfeld wiederum eine Energiebewegung, die uns das, was wir erreichen oder erhalten wollen, entgegenbringt.

Gehen Sie also frisch ans Werk, zaudern Sie nicht, bleiben Sie bei Ihrer Entscheidung, bis Sie eine andere treffen. Auch hier ist darauf zu achten wann der Verstand sich mit seinen immerfort zweifelnd wälzenden Gedanken einmischt, und diesem eine klare Abfuhr zu erteilen. Ebenso dürfen Sie den Abwehrmechanismen Ihrer inneren Schatztruhe keinerlei Einfluss mehr zubilligen. Sie haben über den Weg der Intuition und Ihrer Schöpferkraft zu einer Entscheidung und Handlung gefunden, und solange keine Neuorientierung erfolgt, gilt: Volldampf voraus!

Der Bewusstseinsschalter

Bewusstseinsschalter nenne ich einen imaginären Schalter, den meine Klienten sich in der linken Armbeuge einbauen sollen. Jedes Mal wenn sie merken, dass alte Schattenmuster von neuem die Oberhand gewinnen wollen und sich gegen die getroffenen Entscheidungen stellen, kann hier sofort mit einem Kippschalter Contra gegeben werden.

Sobald also ähnlich wie bei einem Sicherungskasten der Schalter herausfliegt, kann man ihn sofort wieder hineindrücken.

Dieser Kippschalter muss an manchen Tagen eventuell sogar minütlich betätigt werden, je nachdem wie oft die alten Handlungsweisen wieder nach Ihnen greifen. Die störenden Gedanken können Ihre Bemühungen pfeilschnell zunichte machen. Also Achtung, und gegebenenfalls sekündlich mit dem Kippschalter gegensteuern. Halten Sie durch, auch das geht vorüber!

Je öfter Sie sich im Leben im bewussten Bereich befinden, desto eher spüren Sie, wann der Zeitpunkt gekommen ist, den Bewusstseinsschalter zu betätigen. Dieser Schalter ist die größte Hilfe bei der Umsetzung von Entscheidungen und neuen Handlungsweisen. Bitte erinnern Sie die Tatsache, dass Ihr wahres Sein der Chef ist und der bewusste Beobachter, einmal installiert, Ihnen jedes Mal ein Zeichen gibt, den Bewusstseinsschalter umzuknipsen!

Wenn es mal nicht klappt

Wenn es mal nicht klappt, ist das nicht weiter tragisch. Bis Sie Ihre Thematik erlöst haben, tritt dieser Fall einfach hin und wieder ein. Versuchen Sie, wenn Sie in die Falle getappt sind, darauf zu achten, wann Sie sich dessen bewusst werden. Sobald dieser Zustand eintritt, stehen Sie auf, klopfen sich ab und setzen Ihren Weg fort. Wichtig ist, dass Sie für einen solchen Fehltritt keinerlei Schuldgefühle entwickeln und sich auch nicht so etwas wie eine Buße auferlegen. Ich empfehle meinen Klienten, bei jedem Aufwachen sich selbst etwas Gutes zu tun, sich zu belohnen.

Die einzige Lehre, die Sie daraus ziehen sollten, ist die, denselben Fehltritt nicht permanent zu wiederholen. Also machen Sie sich keinen Stress, versuchen Sie trotzdem Ihren Energielevel täglich möglichst hoch zu halten, sodass Selbstzweifel und ähnliche Emotionen gar nicht erst aufkommen. Sollte das doch einmal geschehen, dann bemerken Sie irgendwann, dass Sie im alten Schlamassel sitzen. Denken Sie jetzt an Ihren Bewusstseinsschalter, schalten Sie um – und weiter geht's.

Dies ist keine Entschuldigung für ständiges Fehltreten, sondern ein Weckruf, lassen Sie sich nicht gehen, greifen Sie an, dann gelingt's!

Geistige Disziplin

Die größte Falle auf dem Weg in die Erlösung der Lebensthemen ist die, in alten Verhaltensweisen verhaftet zu bleiben. Wenn wir neue Entscheidungen mit uns vereinbart haben, haben wir die äußerste Verpflichtung, diese Entscheidungen uns selbst gegenüber durchzusetzen. Hier ist die größte geistige Disziplin angesagt, zu der wir fähig sind. Eigentlich gilt es sogar, darüber hinauszuwachsen und mehr als 150 Prozent zu bringen.

Wenn Sie an diesem Punkt Schwierigkeiten haben, nützen Sie die Hilfe dieses Buches oder suchen Sie Unterstützung von außen. Gehen Sie zu einem guten Therapeuten, der in dieser Richtung arbeitet, auch eine Selbsthilfegruppe ist von Vorteil. Falls es in Ihrem Umkreis keine derartige Gruppe gibt, gründen Sie eine. Ansonsten rufen Sie in unserem Institut an, wir helfen gerne weiter.

Falls Sie immer wieder Fehlschläge auf dem Weg erleiden, so geben Sie trotzdem nicht auf, nützen Sie jeden Moment als weitere Chance.

Die beobachtende Instanz

Die beobachtende Instanz, *the watcher on the hill*, der Seelenwächter, ist der Zuschauer, der alles wahrnimmt und beobachtet. Es gibt diese Ebene in unserem Sein, Sie haben sie sicherlich auch schon einmal bemerkt. Das ist der Beobachter, der alles, was geschieht, ob es sich um schmerzhafte Erfahrungen, Trauer oder glückselige, zärtliche Momente handelt, letztendlich unberührt von allem wie eine Videokamera aufnimmt und notiert. Er hat im Hintergrund die Funktion des stillen Teilhabers.

Das ist unser innerstes Sein, das, was durch uns Körper-Geistsystem auf der Erde weilt. Diese Ebene können Sie vor allem in Zeiten der Not direkt nutzen. Sie finden auf dem gleichen Weg wie oben beschrieben dorthin, über die Meditation zur inneren Stille. Der Platz, an dem Sie sich dann befinden, ist die Einswerdung mit dem Seelenwächter, das ist der Teil in Ihnen, der niemals stirbt.

Versuchen Sie einmal, jetzt sofort beim Lesen dieser Zeilen, den Platz des inneren Beobachters in sich zu finden. Wie fühlt sich das an? Spüren Sie die erhabene Ruhe? Die Gelassenheit und das Wissen um das Einssein des Tropfens mit dem Ozean, unser Aufgehobensein im göttlichen Ganzen? Dass die Grenze zwischen Leben und Tod, Sterben und Wiederkehr verschwunden ist?

Mit der beobachtenden Instanz fällt es Ihnen wesentlich leichter, die Abwehrmechanismen des inneren Schatzkästchens auszuschalten, Ihre Lebensthemen klar und eindeutig zu erkennen und die Erledigung der Themen anzugreifen. Von diesem Platz aus verschwindet die Angst, Sie fühlen in sich aus Ihrer Quelle heraus eine immense Kraft aufsteigen, die Ihr komplettes System erfüllt. Gänzlich gestärkt werden Sie Ihren Prozess zu Ende bringen. Vierundzwanzig Stunden am Tag ist Ihr Bewusstsein nun präsent.

Tägliche bewusste und authentische Wahl aus der inneren Mitte

Die Herausforderung besteht darin, nicht nur hin und wieder etwas aus der inneren Mitte zu entscheiden, sondern täglich alles bewusst und authentisch zu wählen.

Wenn Sie diesen Weg beschreiten, spüren Sie, dass Sie in jedem Augenblick Ihres Lebens am richtigen Fleck das Richtige tun. Es gibt dann kein gespaltenes Sein mehr, Sie befinden sich nicht einmal in einem bewussten Zustand, also in der richtigen Minute am richtigen Ort, und fühlen sich danach sofort am falschen Ort zur falschen Zeit, fehl am Platz.

Auch wenn Sie auf dem Weg in diesen Zustand manchmal hadern oder zweifeln, nur im stetigen Üben formt sich die Gewissheit, dass diese Worte stimmen. Experimentieren Sie so oft wie möglich mit der bewussten Wahl. Die Anleitung ist immer dieselbe, über die Meditation in die innere Stille gelangen Sie zur Intuition und damit zur Inspiration. Dann treffen Sie stets die richtige, gesunde Wahl.

Es ist mit dieser Handlungsweise genau wie bei der Meditation: Was Sie zuerst nur für Stunden üben, integriert sich langsam in Ihr Leben und wird damit zum Seinszustand.

Übung macht den Meister

Die vielen Briefe, E-Mails, Danksagungen und Berichte über die starke Wirkung der 7 tibetischen Reiki-Gymnastikübungen und die begeisterten Teilnehmer, die in Einzelsitzungen, Reiki-Ausbildungen und Therapiegruppen ihren Transformationsprozess durchschritten haben, fragen immer wieder nach, ob sie sich in die Arbeit mit einbringen können oder ebenfalls in diesem Sinne die Wahrheit weitergeben dürfen. Dazu sind Sie ganz herzlich eingeladen.

Das erklärte Ziel des Neo Holistic Instituts, Zentrum für Gesundheit und Bewusstsein, ist es, Hilfe zur Selbsthilfe zu leisten. Damit die Menschen in die Freiheit der Erlösung ihrer Lebensthemen gelangen und somit ihre Berufung und Lebensvision gestalten können.

Durch die Veränderung und Transformation in uns selbst reihen wir uns ein unter die vielen mutigen Helfer, die die Evolution der Menschheit mit ihrer Weisheit und Entscheidungskraft auf diesem Planeten weitertragen. Die Quantensprung-Seminare weisen dabei in die Ausbildung zum Therapeuten. Als Lebensthementherapeut mit Zertifikat können Sie die Menschen in Ihrer Umgebung in die Erlösung der Lebensthemen begleiten. Alle Altersstufen finden hierbei Berücksichtigung, Kinder, Jugendliche, Frauen und Männer. Die Lebensthementherapie erweist sich als idealer Schlüssel für die Transformation!

Falls Sie sich das nicht zutrauen, üben Sie weiter mit den Bewusstseinswerkzeugen, denn gerade auch Ihr erfolgreich transformierter Leidenskreuzweg bringt Sie in die Position des wertvollen Beraters.

Wir sind dabei, einen Verein zu gründen, der es uns erlaubt, auf vielerlei Weise zu wirken und als Zentrum für neue Werte und Lebensformen ein Arbeits- und Lebensgemeinschaftsprojekt zu gründen, in dem man für eine Weile zu Gast sein kann, um an Seminaren, Einzelsitzungen, Ausbildung, Weiterbildung oder an der Arbeit am Projekt teilzunehmen.

Für weitere Informationen schauen Sie einfach auf unsere Internet-Seite www.neo-holistic-institut.de oder schreiben Sie uns an SatyamKathrein@hotmail.com.

Geführte Phantasiereise zum inneren Schatzkästchen

Wir begeben uns auf eine Phantasiereise zum inneren Schatzkästchen, in dem unsere Lebensthemen darauf warten, erlöst zu werden. Sie brauchen dazu eine bequeme Unterlage, ein Kopfkissen, eine zusammengelegte Decke zur Entlastung des Rückens und eine leichte Zudecke, damit Sie nicht auskühlen.

Legen Sie sich nun entspannt auf die Unterlage, schieben Sie sich das Kissen unter den Kopf und die eine Decke unter die Knie. Mit der anderen decken Sie sich zu.

Schließen Sie die Augen und atmen Sie jetzt bitte dreimal tief durch, bis in den Unterbauch. Kehren Sie dann zu Ihrem normalen Atemrythmus zurück. Sie fühlen sich geborgen, ruhig und bereit, auf diese kleine Reise zu gehen.

Lockern Sie Ihren Körper noch ein bisschen, und falls es noch gemütlicher geht, so darf das sein. Atmen Sie ganz entspannt, fühlen Sie, wie Sie gleichmäßig ein- und ausatmen.

In den nächsten Minuten brauchen Sie an nichts zu denken, lassen Sie alle Gedanken los. Ihr gesamtes Sein fühlt sich nun so locker an, als ob Sie schwerelos sind. Sie wissen sich aufgehoben und sind jetzt bereit für unsere Reise.

Stell' dir vor, du liegst auf einem weichen Teppich und lässt dich von ihm in die Lüfte tragen. Jetzt geht es los, weit weg an einen Ort, der verzauberter Bewusstseinsgarten genannt wird.

Hej, wie du durch die Lüfte saust.

Nach geraumer Zeit landest du ganz sacht, fast unmerklich auf einer grünen Wiese. Du stehst langsam auf und schaust dich um. Die Wiese, die du nun betrittst, spannt sich sanft über eine Kuppe und wird von imposanten, einzeln stehenden Bäumen gesäumt, die zauberhaft in ihr Frühlingskleid gehüllt scheinbar herüberwinken. Dein Blick schweift weiter und fällt auf das Tal, das den Hügel umgibt, und von dort auf die ansteigenden himmelhohen Berge auf der anderen Seite. Tief verschneit grüßen die Gipfel herüber.

Du wendest den Blick wieder zurück zur Frühlingswiese. Dort schaust du auf ein Meer von Schlüsselblumen, Löwenzahn und Veilchen.

Plötzlich dringt das Plätschern von Wasser an dein Ohr. Du drehst dich um und siehst genau hinter dir eine Quelle. Das Geräusch beruhigt, und du fühlst, wie alle Sorgen, die noch in dir verankert sind, jetzt loslassen, und du vertraust sie dieser Quelle an, ihr sprudelndes Wasser trägt sie mit ins Tal. Wenn noch mehr Gedanken auftauchen, so lass sie auch einfach ins Wasser fallen.

Gleichzeitig schenkt die Quelle dir Kraft, so unendlich viel Kraft. Du saugst diese Kraft förmlich in dich auf – bis in die letzte Zelle. So genährt, fühlst du die Stille und Geborgenheit an diesem Platz.

Voll innerer Ruhe und aufgetankt, schweifen deine Augen über den blauen Himmel. Vögel zwitschern lauthals und lachen dir zu. Ha, was für eine Freude und Vitalität du hier spürst!

Du lässt dich anstecken, springst auf und tollst vor lauter Spaß und Bewegungsdrang auf der Wiese umher, kugelst dich wie ein Kind in den Wiesenblumen, lässt deiner Seele freien Lauf.

Glücklich schaust du dich dabei um und staunst über die Berge, die ihre schneebedeckten Gipfel bis in die Wolken strecken, über die Almen, auf denen die Kühe grasen, und du hörst das Bimmeln der Glocken, das von weitem an dein Ohr klingt.

Der Augenblick lädt ein, die gute Luft richtig tief einzuatmen. Dieses Durchatmen entlässt die letzten Reste von Spannung, und du fühlst dich immer wohler auf deiner Zauberwiese.

Dort drüben, unter einem großen Lindenbaum, steht eine Bank. Du gehst zu ihr hinüber und lässt dich darauf nieder. Wie gut es tut, hier zu rasten! Grillen zirpen ohne Unterlass. Es duftet nach wilden Kräutern.

Geborgen unter dem Dach der Linde, spürst du, wie viel Liebe der Baum zu geben hat. Der uralte Baum verströmt seine Herzensenergie, hüllt dich ein in seine Herzensgüte.

Wie warm es hier ist, die Sonne kitzelt an der Nase. Dein Sein frohlockt über diese wohlig warmen Sonnenstrahlen.

Deine Aufmerksamkeit fällt nun auf fünf große Steine in der Mitte der Wiese, von denen du dich angezogen fühlst. Mit leichtem federndem Schritt gehst du darauf zu. Da du barfuß bist, spürst du das Gras und den nachgebenden Wiesenboden unter deinen Fußsohlen.

Jetzt kommst du an diese wunderbare, kreisförmig angeordnete Steinformation. Den magischen Kreis zu betreten hat etwas Besonderes.

In diesem Moment erscheint vor deinen Augen, genau im Zentrum der Steine, eine Kiste, eine Art Schatztruhe. Du spürst, dass diese Truhe zu dir gehört. Irgendwie weißt du auf einmal, dass das dein inneres Schatzkästchen ist.

Hier sind die Dinge eingeschlossen, die zeigen, warum du auf der Erde weilst. Das sind die Lebensthemen, die wir uns vorgenommen haben, in diesem Leben zu erlösen, zu leben, an ihnen zu wachsen. Das Schatzkästchen ist verschlossen, doch der Schlüssel steckt. Du drehst ihn einfach um, und augenblicklich öffnet sich der Deckel.

Ein kleiner Sack mit Aufschrift kommt zum Vorschein, und du versuchst die Zeichen zu entziffern. Es gelingt dir, die Worte zu lesen, es sind die Worte deines Lebensthemas, das sich dir für diese Reise zeigen möchte. Jetzt erkennst du dein Thema.

Du nimmst den Sack heraus, löst die Verschnürung und öffnest ihn. Die Dinge, die du darin findest, nimmst du nacheinander heraus, betrachtest sie und legst sie dann auf den Wiesenboden. Jedes Objekt spiegelt eine Facette, die dich dazu bringen möchte, dein Thema zu transformieren.

Während du jedes Stück beiseite legst, sagst du: »Ja, du gehörst zu mir, ich gehöre zu dir und wir haben miteinander etwas vor.« Nachdem du alle Teile besehen und angenommen hast, eröffnet sich dir ganz leicht der Zusammenhang dieser Teile, der rote Faden, der sie alle verbindet. Das ist der Wunsch nach Transformation.

Du weißt plötzlich ganz intuitiv, warum du all dies kreiert hast und wohin es dich tragen möchte. Es fällt dir wie Schuppen von den Augen, in welche Erlösung dich das führt.

Mit diesem Wissen fällt es dir leicht, neue Entscheidungen zu treffen, und du triffst nun deine neuen Entscheidungen für den weiteren Umgang mit den Dingen, für neue gesunde Handlungsweisen.

Du vereinbarst mit dir selbst deren Integration und erreichst so die Tür zur Transformation. Du kannst jetzt spüren, wie sich die Transformation anfühlt.

In dieser Gewissheit verweilst du eine Weile und genießt den Zustand des Erlöstseins.

Nun ist es an der Zeit, alle Dinge wieder in das Säckchen zu legen, dabei jeder Perle der Erfahrung dankend einen respektvollen Platz einzuräumen und dann den vollen Sack unverschnürt in das Schatzkästchen zurückzulegen. Es ist vollbracht, die Vorbereitung auf die Rückreise kann beginnen.

Mit einem dankbaren Gefühl und einem letzten Blick in die Runde verabschiedest du dich von deinem Kraftplatz mit einer Verbeugung und den Worten: »Danke, liebe Existenz, lieber Gott, dass du mich in diesen Zaubergarten geführt hast, damit ich verstehe, was mir so lange ein Rätsel war.«

Und du weißt, dass du jederzeit hierher zurückkehren und andere Lebensthemen auf diesem Weg erlösen kannst.

Nun legst du dich mit dem Rücken auf deinen fliegenden Teppich, der wundersamerweise genau hinter dir bereitliegt, hebst langsam ab von der Bewusstseinswiese und fliegst so schnell oder langsam, wie du magst, zurück an deinen Ausgangsort.

Wenn du in diese Welt zurückgekehrt bist, lässt du dich von der Musik in die Gegenwart tragen.

Bewege dich nun ein wenig, strecke Arme und Beine, öffne langsam die Augen.

Wenn Sie dann, in Ihrem eigenen Tempo, so weit sind, richten Sie sich bitte langsam wieder auf. Jetzt sind Sie bei sich zu Hause angekommen.

Wiederholen Sie diese Übung, wann immer Sie es für nötig halten, wann immer Sie das Gefühl haben, etwas nicht zu begreifen, um hinter die Kulissen des Lebens zu blicken.

Seminare

Die Quantensprung-Seminare

Ein kompakter therapeutischer Prozess, der hinführt in die Erlösung der Lebensthemen und darüber hinaus! Mit dem Verstehen, Erkennen und Aufarbeiten der persönlichen Vergangenheit und Gegenwart kann Heilung auf der Körper-, Psyche- und Seelenebene geschehen. Die Bewusstseinsentwicklung, die jede Seele in diesem Erdenleben über die spezifischen Lebensthemen vorwärts schreiten möchte, wird sichtbar. Aktiv wird der bewusste Mensch von diesem Moment an in das Geschehen eingreifen. Mit den in den Seminaren erlernten Bewusstseinswerkzeugen kann man den eigenen Lebensweg sprichwörtlich in neue Bahnen lenken. Egal, woher ich aufbreche, in meinen individuellen Quantensprüngen gewinne ich den Schlüssel zu – Liebe, Gesundheit, Berufung und Glück …!

I. Teil: Die 7 Tibeter – Eine Reise ins Licht

Das Chakra-Themen-Seminar

Die Lebensthemen spiegeln sich in den Chakra-Themen. Die sieben Chakren stehen für verschiedene Aufgaben und Themen, die es zu entwickeln und zu verarbeiten gilt. Sie sind unsere feinstofflichen Energiezentren. Der Name kommt aus dem Sanskrit und steht für Kreis oder Rad. In der Tat handelt es sich um kleine, in ganz unterschiedlichen Frequenzen schwingende Energiewirbel, durch die wir Energie entweder aufnehmen oder abgeben. Die Chakren dienen uns als Verteilerstellen der Energie, Tore der Kraft, für die Körper, Geist und Seelenebene. Die sieben Chakren sitzen zwischen Scheitel und Damm in einer gedachten geraden Linie entlang der Wirbelsäule im Ätherkörper.

Grundsätzlich sind alle Chakren und Chakra-Themen miteinander verbunden, sie transportieren Energie zwischen der Körper-, Psyche- und Berufungsetage. Die sieben Chakren versuchen ständig, alle Lebensthemen auszugleichen und zu harmonisieren. In diesem Seminar führen wir mithilfe der Bewusstseinswerkzeuge die in den Lebensthemen eingeschlossene und nun frei fließende Lebenskraft den Chakren zu, der Bewusstseinsprozess verläuft so wesentlich leichter, was die Transformation der jeweiligen Themen sehr unterstützt.

Wenn der Mensch die Herausforderung seiner Lebensthematik annimmt, stellt er sich den Chakra-Themen auf optimale Weise. Er beschreitet dank seiner Erlösung aufrecht, entspannt, erfolgreich, liebevoll und vorbildlich mit einer strahlenden Aura seinen weiteren Lebensweg.

Die 7 Chakra-Themen spannen den spirituellen Bogen von existenziellem Überleben, Sexualität, Liebe – Partnerschaft, Wahrheit sprechen, Intuition, Drittem Auge bis zur Einheit mit der göttlichen Dimension. Also transformiert die Seminararbeit Themen wie: Was mache ich hier auf diesem Planeten, Missbrauch, Krankheit oder plötzlicher Unfall, Familien- und Partnerschaftsprobleme, Mobbing, Berufung und: Gibt es ein höheres Bewusstsein?

In diesem Seminar bewegen wir uns mit Spiel, Spaß und Spannung durch die Chakra-Themen. Verschieden Werkzeuge sowie praktische Übungen, Bewusstseinsarbeit, therapeutische Einsicht, Kraftplatz- und Energie-Meditationen bringen uns in die Begegnung mit dem, was uns noch festhält. Wir kommen mit unserer innersten Wahrheit in Kontakt und schaffen den lange ersehnten Durchbruch. In einer Vision-Quest gelingt es, Ziele herauszukristallisieren, die ab sofort auf Umsetzung drängen. Jeder Teilnehmer erarbeitet sich während des Seminars eine Mappe, die ihm für die nächsten Monate als *Roadmap* dient.

Das fünftägige Seminar findet in regelmäßigen Abständen in einem Tagungshotel auf dem Lande statt.

II. Teil: Transformation der Lebensthemen

Das Seminar zur Lebensthementherapie
Für Fortgeschrittene, die im *zweiten Teil der Quantensprung-Seminare,* nach erfolgreich bearbeiteten Chakra-Themen, ihre weiteren Lebensthemen aufspüren und sie in die Erlösung schicken.

Dank der Transformation in neue Entscheidungen und Handlungsweisen, optimaler Klarsicht und dem erworbenen Mut auf mehr Kulissenschau in *Teil 1. – der Reise ins Licht* und der damit gewonnenen Auseinandersetzungen mit den inneren und äußeren Instanzen, aber auch erneuter Leidensdruck oder einfach nur erwachte Abenteuerlust erzeugen im Menschen die Energie, die gebraucht wird, um Großes, das endgültig erlöste Sein, zu vollbringen. Angestachelt von Erfahrungen und Erzählungen, Geschichten, die das Buch beschreibt, derer, die es geschafft haben, und inspiriert in Einzelsitzungen wählt der angehende Meister seines Lebensweges eine nächste Herausforderung, die *Transformation der Lebensthemen!*

Es geht um **Ihr persönliches Thema im Leben**, das es letzten Endes zu bearbeiten gilt! Das ist der Hintergrund für die Geschehnisse auf Ihrer Lebensbühne, das Buch, das Sie gerade lesen, und für dieses Seminar!

Finden Sie Ihr wesentliches Thema!

Tief in Ihnen schlummert das Wissen um die Aufgabe, die Sie sich für dieses Leben vorgenommen haben, die sich daraus ergibt. Und damit auch die Chance, sie jetzt zu lösen, damit Ihre Seele einen weiteren großen Entwicklungsschritt gehen kann und Sie Ihr Glück, das Paradies auf dieser Welt, erschaffen, nach dem Sie sich schon so lange sehnen. Alles, was Ihnen im Alltag und den Etappen Ihrer Biographie begegnet, weist Sie auf diese Lebensaufgabe hin. Wir entwickeln und bauen uns die Gunst des Schicksals und erfüllen dank der befreiten Kraft der erlösten Lebensthemen sämtliche Wünsche und Träume!

Das Schicksal eines Menschen ist verknüpft mit der gewählten Lebensthematik. Alles, was uns im Leben widerfährt, möchte uns dazu auffordern, unsere Lebensthemen zu erkennen. Probleme, Krankheit und Leid zeigen uns spiegelbildlich, wie wichtig es ist, die Lebensreise zu erforschen!

Die lebensthemengemäße Wahl der Eltern, Umstände und der Zeitschiene führt innerhalb des Lebensthemenspannungsbogens über den Überlebensmechanismus in die Dreifaltigkeit Personamaske, Wahres Sein und innerer Tyrann, der, seinem Heimzahlungsnimbus folgend, dem wirklichen Leben ein Schnippchen schlägt. Erst das Erkennen und bewusste Bearbeiten der Lebensthemen erlöst uns aus dem tödlichen Kreislauf tyrannischer Machtspiele, die uns wie seltsam aufgehängte Puppen an den Fäden der Lebensthemen auf den Abgrund oder die Erlösung zusteuern lassen!

Das Seminar **Transformation der Lebensthemen** wird Ihnen helfen, die Wahrheit über Ihren persönlichen Lebensweg herauszufinden. Lassen Sie sich jetzt darauf ein, setzen Sie durch Ihren Mut einen Umwandlungsprozess in Gang, der Sie schnell zur *Erlösung Ihrer Schwierigkeiten* führt!

Der nun erreichbare Zustand von Gesundheit, Glück, Liebe und die Gewissheit des *Eins-Seins mit der göttlichen Schöpferkraft* bringt sie in Kontakt mit dem göttlichen Füllhorn, das im Zusammenspiel mit Ihrem befreiten Wahren Sein die größten Wünsche mühelos erfüllt, es geleitet Sie in die höchste Bewusstseinsetage, die *Berufung und Vision Ihrer Seele,* die Buddha-Natur!!!

Das fünftägige Seminar findet in regelmäßigen Abständen in einem Tagungshotel auf dem Lande statt.

III. Teil: Die Buddha-Natur – Quelle des Seins, wir erschaffen, was wir sind!

Der Schlüssel der Bewusstheit öffnet das Schloss in die Buddha-Natur, ein Seminar, in dem wir das Unglaubliche, das Unfassbare möglich machen!

Der Fokus liegt auf der Erlösung der Restlebensthemen, dem experimentieren mit Meditation und dem Halten dieses Zustandes über vierundzwanzig Stunden am Tag, dem Sprung vom Verstand in das göttliche Sein.

Spirituelles Ego, Personamasken und jegliches tyrannische Verhalten wird aufgespürt und in Verstehen und Liebe umgemünzt, lose Enden des Prozesses integriert. Der plappernde Verstand ergibt sich in die Stille der Meditation.

Das Erlernen diverser weiterer Bewusstseinswerkzeuge und das damit mögliche Halten der Energie und Aufsteigen in die Buddha-Ebene bringt den weiteren Durchbruch in die höchste Bewusstseinsklasse. Satori-Erlebnisse ebnen den Weg in die Buddha-Natur.

Gleichzeitig bemühen wir uns mit größter Achtsamkeit, den Bewussten Beobachter deckungsgleich mit dem Wahren Sein auf Dunkle-Flecken-Suche auszuschicken.

Die nächsten Wochen und Monate wird sich das totale Bewusstsein erweisen. In Nachfolgetreffen und Retreats wird mithilfe aller Bewusstwerdungswerkzeuge gegenseitiges Aufdecken von Unreife anvisiert. Im Bewusstseinskreis aller Teilnehmer erlöst das Bewusstsein auf dieser hohen Energieebene weitere Schatten des Spirituellen Egos. Im täglichen Umgang wird, ob in Beruf oder der Berufung, in Freundeskreis, Partnerschaft und der Wahlfamilie, nichts anderes gelebt als die höchsten Werte, die man verwirklichen möchte. Bei Fehlhandlungen kann durch eine bewusste neue Entscheidung und das disziplinierte Halten der Energieebene nächstes Abrutschen vermieden werden. Es geht im Umfeld und für jeden individuell nicht um Sieg oder Niederlage, sondern um Bewusstseinsarbeit!

Wir sind als »Götter« geboren und können nun, nach der Erlösung der letzten Lebensthemen auf der Evolutionsspirale, unsere Göttlichkeit tatsächlich erfahren!

Jetzt beginnt ein nächster Schritt in die Berufung! Die Werte einer erlösten Seele und das Meisterliche Sein wirken automatisch im morphogenetischen Umfeld für die Genesung und Auferstehung weiterer Seelen.

In diesem Seminar können die Teilnehmer im Zusammenspiel und unter der Anleitung des spirituellen, meisterlichen Therapeuten mit dem wichtigsten Quantensprung ihrer Seelenreise experimentieren, dem Schritt in die eigene *Buddha-Natur!*

Das fünftägige Seminar findet in regelmäßigen Abständen in einem Tagungshotel auf dem Lande statt.

Alle Seminare werden gehalten von Satyam S. Kathrein und seinem Team!

Nachfolgetreffen und Retreats

In regelmäßigen Abständen lädt das Neo Holistic Institut die Teilnehmer der Quantensprung-Seminarreihe ein, ihren Status quo zu überprüfen. In Gesprächen, Übungen und Meditationen versuchen wir aufkommende Fehlentwicklung aufzuspüren und in einem Miteinander-Einstimmen füreinander Lösungen und richtungsweisende Hilfsmittel zu erarbeiten.

Vor allem dienen diese Zusammenkünfte dafür, die Freiheit des Wahren Seins in der Meditation zu vertiefen. Es ist wie ein vertrauensvolles Schweben und Aufgehobensein im göttlichen Reigen. Ab einem bestimmten Entwicklungsgrad ist die Meditation voll integrierter Bestandteil des Alltags und die absolute Wachheit des Bewusstseins ein dauerhafter Zustand.

Die Seelen erblühen und teilen mit den anderen Teilnehmern ihre Eingebungen, Ideen und Vorhaben. In diesem synergetischen Kreis finden wir Unterstützung und Gleichgesinnte um unsere Taten zu vollbringen.

Diese Wochenendseminare halten Satyam S. Kathrein und sein Team in regelmäßigen Abständen in einem Tagungshotel auf dem Lande.

Die Lebensthementherapie: Ausbildung zum Therapeuten

Wir bieten Schulungsseminare für die Ausbildung zum Therapeuten der *Lebensthementherapie* an, außerdem die Weiterbildung von Psychologen, Psychotherapeuten und Körpertherapeuten.

Für weitere Informationen wenden Sie sich bitte an unser Münchner Stammhaus (Adresse siehe Seite 381): *Neo Holistic Institut – Zentrum für Gesundheit und Bewusstsein*

Die Quantensprung-Seminare: Ausbildung zum Seminarleiter

Für geschulte Therapeuten in der Methode der *Lebensthementherapie* bieten wir als Weiteres die Ausbildung zum Seminarleiter für *die Quantensprung-Seminare* an.

Für weitere Informationen wenden Sie sich bitte ebenso an unser Münchner Stammhaus (Adresse siehe Seite 381): *Neo Holistic Institut – Zentrum für Gesundheit und Bewusstsein*

Der Forschungskreis: Aufbruch ins Goldene Zeitalter – der Neue Mensch!

Satyam S. Kathrein ist Initiator und Teilnehmer an dem Forschungskreis, kompetente Kollegen aus allen Sparten der Gesellschaft erarbeiten neue tragfähige Modelle des Miteinander-Seins für eine lebenswerte Zukunft in Europa und für alle Erdenbürger.

Ob Stiftungen, Einzelpersonen oder politische Einsicht, viele Menschen unterstützen dieses Tun aus demselben Grund, wir haben keine andere Chance! Nur das Bündeln und die Mobilisierung aller Kräfte, ohne politisches Kalkül, hilft uns, in eine lebenswertere Zukunft aufzubrechen.

Wir brauchen viele Enklaven voll experimentierfreudiger Menschen, die versuchen, zeitgerechte Modelle für alle Ebenen der Gesellschaft zu entwickeln. Der Zustand auf Erden fordert uns geradezu heraus, Neues zu testen.

Vernageltes Sicherheitsdenken und ein altgedientes, evolutionär nicht weiter tragbares Anhäufen und Hamstern von Ressourcen und finanziellen Mitteln hört dank der *Erlösung der Lebensthemen* endlich auf. Ein Mensch kann nach dem Tod nichts Materielles mitnehmen, nur die Bewusstseinsentwicklung ist der Gewinn seiner Seele. Alle Religionen werden zur simplen Wahrheit und Realität zurückkehren, **Wir sind alle Eins!** Der Kampf der Seelenfänger hat ein Ende. Gott ist Liebe, wir alle sind Liebe, und das werden wir nach der Transformation unserer Lebensthemen unweigerlich zeigen!

Arbeits- & Lebensgemeinschaft für innovative Schulung e. V.

Das Team vom Neo Holistic Institut gründet den Verein und arbeitet mit Gleichgesinnten an der Umsetzung einer *Enklave der Wahrheit, der Realität – gelebter Paradigmenwechsel der äußeren und inneren Werte* in Form eines Zentrums mit Seminarbetrieb, einem Schulungshotel, mit Kuraufenthalt für Transformation und Meditation, ein Platz, an dem Neues erprobt, Gemeinschaft erlebt und Schulungen für viele Bereiche der Gesellschaft vorbereitet und durchgeführt werden. Das Herzstück ist dabei immer die Aufarbeitung der eigenen Thematik, *die Erlösung der Lebensthemen!*

Die neuen »7 Tibeter« – Gymnastik & Meditation

Ein guter Tip für zu Hause:

Die neuen 7 tibetischen Reiki-Übungen entwickelte Satyam S. Kathrein zum Gesunderhalten von Körper, Psyche und Seele. Ausführlich in Bildern beschrieben und mit Übungs-CD versehen in seinem Buch: Das Reiki Praxisbuch, Verlag: Mosaik bei Goldmann.

Leichte sportliche Bewegungen, gepaart mit anschließender Ruhephase, bringen den Menschen in eine optimale Voraussetzung für die Erlösung seiner Lebensthemen! Gedankliche Stille in Meditation versetzt der Eingebung, der Intuition, einen kleinen Schubs, den sie braucht, um dem Suchenden ein Licht auf seinem Weg zu sein.

Die neuen »7 Tibeter« sind eine wunderbare Möglichkeit, über die Gymnastik in die Energiearbeit einzusteigen, damit den Schlüssel für Meditation in der Hand, die Reise zu sich selbst zu starten!

Die 7 verschiedenen Gymnastikübungen aktivieren und harmonisieren das Chakren-System. Die Chakren sind unsere feinstofflichen Energiezentren. Der Name kommt aus dem Sanskrit und steht für Kreis oder Rad. In der Tat handelt es sich um kleine, in ganz unterschiedlichen Frequenzen schwingende

Energiewirbel, durch die wir Energie entweder aufnehmen oder abgeben. Die Chakren dienen uns als Verteilerstellen der Energie für die Körper-, Psyche- und Seelenebene. Die sieben Chakren sitzen zwischen Damm und Scheitel in einer gedachten geraden Linie entlang der Wirbelsäule im Ätherkörper. Jedem Chakra ist hier eine Übung zugeordnet; sie besteht aus folgenden Teilen: Gymnastik, Summen und Farbvisualisierung. Die »7 Tibeter«-Heilklänge komponierte Hans-Jürgen Buchner, HAINDLING, angelehnt an die Urweisen des tibetischen Buddhismus.

Die Gymnastik ist für jedermann/frau und alle Altersstufen geeignet!

Mit diesen Übungen stärken wir sämtliche Körperpartien; die Lebensenergie fließt frei, vital und frisch! Mit dem erhöhten Kraftpotenzial enträtseln wir unsere Alltagsprobleme, Erlösen die Lebensthemen. Die achte Übung dient unserer Aura zum Schutz und zur Stärkung.

Nach den Gymnastikübungen setzt man sich bequem in einen meditativen Sitz und spürt im zweiten Teil der Heilklänge (ab Stück 9 auf dem CD-Spieler), wie die soeben aufgebaute Vitalkraft frei im Körner fließt. Gleichzeitig lernt man abzuschalten und in Gedankenstille eine meditative Pause einzulegen.

Ausbildungskurse in der tibetischen Energie-Medizin

Die tibetische Energie-Medizin: REIKI – universale Lebenskraft

Die Reiki-Energie-Medizin wurde vor einigen Jahrhunderten in den Klöstern Tibets von den Medizinlamas entwickelt. Sie war ein fester Bestandteil des Medizinrades, des tibetischen Gesundheitswesens. Der Urgedanke der buddhistischen Mönche war, den einfachen Menschen ihres Landes, dem zerklüfteten Hochland Tibet, ein Instrument der Heilung in die Hand zu geben, das einfach und schnell zu erlernen ist. In der Mitte des *19. Jahrhunderts* stieß der Japaner Dr. Mikao Usui bei seinen Recherchen zur Energieheilung auf dies alte Methode. Er meditierte lange darüber, wie das Wissen in einer auch für uns verständlichen Form zur Anwendung gebracht werden könnte. Er entwarf das komplette Behandlungs- und Ausbildungssystem, das auch heute noch in dieser Art und Weise gelehrt wird.

Der erste Reiki-Grad

Im Reiki-Grundkurs erlernen wir die Wirkungsweise der Energieübertragung mithilfe der Hände, rund um das Chakren-System. Auch die Energieerhöhung für Speisen und Getränke, vor allem die Levitation der Wassermoleküle – der Mensch besteht zu hoher Prozentzahl aus Wasser –, sowie die Anwendung für Tiere und Pflanzen ist Teil der Ausbildung. Mit dem I. Reiki-Grad erwirbt man sich ein gutes Rüstzeug gegen viele Alltagsbeschwerden, das man mit etwas Übung sofort in der eigenen Familie und im Freundeskreis anwenden kann.

In einem Einführungsseminar zu Reiki bekommt man folgendes Weitere Vermittelt:

- *Einstimmungsrituale: Hier wird der Energiekanal geöffnet.*
- *Die Eigenbehandlung: Die grundlegenden Positionen an Kopf, Vorder- und Rückenseite sowie entlang der Gliedmaßen werden hier erlernt. Die Kraft der eigenen Hände wird erprobt.*
- *Die Partnerbehandlung: Ich gebe eine Reiki-Einzelsitzung für Freunde, Kinder, den Partner oder als Therapeut in eigener Praxis.*
- *Die Reiki-Positionen und ihre Wirkung: Welche Positionen mit welchen Chakren, Organen, Körperteilen, Krankheiten, psychischen Problemen oder Mobbing am Arbeitsplatz, Krisen etc. als Aufgaben und Lebensthemen korrespondieren, wird hier generell erklärt.*

Nach erfolgreichem Abschluss des Kurses erhält jeder Teilnehmer eine Urkunde als Zertifikat.

Der zweite Reiki-Grad

Mithilfe von Kraftsymbolen, Mandalas, und energetisch hoch wirksamen Wortsilben, Mantras, können wir für unsere Gesundheit und Bewusstseinserweiterung einiges tun. Ebenfalls die Wohlfühlsituation, das *feng shui,* in den eigenen vier Wänden, auf Reisen oder an Orten, wo man sich nicht gut beieinander fühlt, sofort verbessern, die Lebensqualität heben.

Im II. Grad Reiki-Seminar steht Folgendes auf dem Programm:

- *Die Energiereinigung von Räumen.*
- *Schutzfunktion auf Reisen.*
- *Die Affirmationsbox, Ziele und Vorhaben lassen sich mit den Symbolen und Mantras unterstützen.*
- *Die Reiki-Fernbehandlung, das Senden von Energie an Menschen oder in Krisengebiete.*
- *Reiki-Energie-Depots für die Zukunft anlegen, bei Prüfungen, Operationen, Vorstellungsgesprächen, Auftritten vor Pubilkum.*

Nach erfolgreichem Abschluss des Kurses erhält jeder Teilnehmer eine Urkunde als Zertifikat.

Der dritte Reiki-Grad

Der III. Grad ist der so genannte Meister- und Lehrergrad.

Er befähigt, als Reiki-Meister und Lehrer alle Reiki-Seminare abzuhalten.

Die Meistereinstimmung beendet das »Schülerdasein« und ist gleichzeitig der Einstieg in den Reiki-Meisterweg. Mit der Meistereinstimmung wird das bewusste Sein gereinigt und energetisiert, das Ego tritt zurück, und der Mensch wird zum Werkzeug der göttlichen Existenz. Voraussetzung für die Ausbildung als Reiki-Meister ist die aktive Transformation der

Lebensthemen. Nach erfolgreichem Abschluss des Kurses erhält jeder Teilnehmer eine Urkunde als Zertifikat.

Alle Ausbildungsseminare finden in regelmäßigen Wochenendkursen im Neo Holistic Institut – München und anderen Großstädten statt.

Therapiesitzungen

Satyam S. Kathrein und sein Team geben Einzelsitzungen in der *Lebensthementherapie.* Aufarbeitung der Lebensthemen bieten wir für Einzelpersonen, in der Partnerschaftsberatung, der Familientherapie, Hilfe für Kinder aller Altersstufen und auch im Bereich des Firmen- und Management-Coaching. Themenorientiertes Auflösen von Krankheitssymptomen auf der Körper-, Psyche- und Seelenebene, bei Mobbing, in Lebenskrisen und der Berufungs-, Visionssuche sind feste Bestandteile der Lebensthementherapie.

Eine Liste der Fachtherapeuten in Ihrer Nähe bitte im Neo Holistic Institut erfragen!

Anschrift – Info – Anmeldung

NEO HOLISTIC INSTITUT
Zentrum für Gesundheit und Bewusstsein
Germaniastr. 10
80802 München
Tel. 089-33 89 33
Fax 089-68 00 25 44
Alle Seminartermine und aktuelle News:
Internet: Neo-Holistic-Institut.de
Fragen und Antworten:
E-Mail: SatyamKathrein@hotmail.com

Literaturhinweise

Elgin, Duane: *Ein Versprechen für die Zukunft* 2004.

Dahlke, Ruediger: *Krankheit als Sprache der Seele.*

Kathrein, Satyam S.: *REIKI – Mehr Energie, Gesundheit und Wohlbefinden durch die heilende Kraft der Hände.* München 1997.

Kathrein, Satyam S.: *Das REIKI Praxisbuch – Die 7 tibetischen Reiki-Übungen.* München 2001.

Osho: *Das Buch der Heilung.* Berlin 2004.

Osho: *Das Buch der Frauen.* Berlin 2004.

Osho: *Das Buch der Männer.* Berlin 2004.

Osho: *Das Buch vom Ego.* Berlin 2004.

Osho: *Liebe, Freiheit, Alleinsein.*

Osho: *Mut.* Berlin 2004.

Osho: *Reife.* Berlin 2004.

Osho: *Autobiographie eines spirituellen Provokateurs.* München 2002 (Neuausgabe Berlin 2005).

Redfield, James: *Die Prophezeiungen von Celestine.* Berlin 2004.

Redfield, James: *Die Zehnte Prophezeiung von Celestine.* Berlin 2004.

Tepperwein, Kurt: *Die geistigen Gesetze.*

Walsch, Neale Donald: *Gespräche mit Gott.* 3 Bände, München 2000.

Walsch, Neale Donald: *Freundschaft mit Gott.* München 2001.

Walsch, Neale Donald: *Gemeinschaft mit Gott.* München 2002.

Walsch, Neale Donald: *Gott heute.* München 2004.